Karl Braun

Von Friedrich dem Großen bis zum Fürsten Bismarck

Karl Braun

Von Friedrich dem Großen bis zum Fürsten Bismarck

ISBN/EAN: 9783742870827

Hergestellt in Europa, USA, Kanada, Australien, Japan

Cover: Foto ©ninafisch / pixelio.de

Manufactured and distributed by brebook publishing software (www.brebook.com)

Karl Braun

Von Friedrich dem Großen bis zum Fürsten Bismarck

…
Von
Friedrich dem Großen
bis zum
Fürsten Bismarck.

Fünf Bücher Parallelen
zur
Geschichte der Preußisch-Deutschen Wirthschaftspolitik.

Von
Karl Braun-Wiesbaden.

Berlin.
Verlag von Leonhard Simion.
1882.

Den

verehrlichen Mitgliedern

der

Kongresse Deutscher Volkswirthe

von 1858 bis 1882

gewidmet.

Inhalts-Verzeichniß.

Erstes Buch.
Vor Friedrich dem Großen.

		Seite
I.	Einleitung	3
II.	Im Reich	4
III.	In den Einzelstaaten	13
IV.	In Preußen	20

Zweites Buch.
Unter Friedrich dem Großen.

I.	Erste Regierungs-Periode	29
II.	Zweite Regierungs-Periode	41
III.	Das Holzmonopol	53
IV.	Das Getreidemonopol	62
V.	Monopolistische Gesellschaften	69
VI.	Edelmann, Bauer und Bürger	74
VII.	Glaubensbekenntniß Friedrichs des Großen	88

Drittes Buch.
Mirabeau und Napoleon I.

I.	Mirabeau und Friedrich der Große	101
II.	Mirabeau und Friedrich Wilhelm II.	110
III.	Mirabeau über die kleineren deutschen Staaten	136
IV.	Der Umschwung	141
V.	Rückblicke	146
VI.	Die Kontinentalsperre	153

Viertes Buch.
Unter Friedrich Wilhelm III.

	Seite
I. Friedrich der Große und Friedrich Wilhelm III.	163
II. Friedrich Wilhelm III. und die politische Reaktion	170
III. Der Zollverein und die volkswirthschaftliche Reaktion	205

Fünftes Buch.
Nach Friedrich Wilhelm III.

I. Fürst Bismarck und die Peripetie von 1879	219
II. Die Rückkehr des Monopolgeistes	238
III. Varnbüler und Mohl	242
IV. Löwe-Calbe und die Zweihundertundvier	249
V. Das Ergebniß	264
VI. Das Glaubensbekenntniß Friedrich Wilhelms III.	270
VII. Das Glaubensbekenntniß des Kaisers Wilhelm	283
VIII. Fürst Bismarck und die deutsche Freihandelspartei	308

Erstes Buch.

Vor Friedrich dem Großen.

> **Motto:**
>
> „In einem Privathaushalt muß die Ausgabe sich nach der Einnahme richten; aber in der Staatsverwaltung ist das Verhältniß bis jetzt leider umgekehrt gewesen. Daher wäre es besser, daß die Finanzleute an ein weises System der Ausgaben dächten, statt unaufhörlich neuen Quellen von Einnahmen nachzuspüren und die Welt mit unreifen Plänen von Auflagen zu beunruhigen und zu überströmen."
>
> Heinrich von Béguelin, „Historisch-kritische Darstellung der Accise- und Zollverfassung in den Preußischen Staaten" (Berlin 1797), Seite 8–9.

I. Einleitung.

Der Zweck dieses Buches ist, einige historische Parallelen zu ziehen, welche geeignet sind, uns vor Abwegen und Rückfällen zu warnen. Vor Rückfällen in die Zeit des tiefsten wirthschaftlichen Verfalls Deutschlands im siebzehnten und achtzehnten Jahrhundert, welcher Verfall größtentheils der unwirthschaftlichen Finanzpolitik der Regierungen, ihrer Monopol=, Regal= und Regie=Sucht, zur Last fällt.

Fürst Schwarzenberg, dieser kluge und thatkräftige Minister Oesterreichs, pflegte mit Vorliebe zu versichern und sich damit zu berühmen:

„Ich kann aus der Geschichte nichts lernen."

Er hielt das für einen Vorzug. Der Mißerfolg, welchen alle seine, mit Geist ersonnenen und mit einer außergewöhnlichen Energie in Vollzug gesetzten Pläne erlitten, reicht vielleicht schon aus, den Beweis zu führen, daß jene Unfähigkeit, Etwas zu lernen, doch ein Mangel war und kein Vorzug.

In dem Stadium, in welchem sich die deutsche Entwickelung und Verwickelung, die unklaren Stimmungen und Verstimmungen, von welchen die Hergänge begleitet und zugleich in einem nicht geringen Grade beeinflußt werden, im gegenwärtigen Augenblicke befinden, erscheint eine historische Behandlung der wirthschaftlichen Fragen um so gerechtfertigter, fast möchte ich sagen nothwendiger, als unsere Staatssozialisten und Monopolisten, wenngleich sie sich äußerlich als Konservative geriren, in ihren Schriften sich eines so unhistorischen Radikalismus befleißigen, wie man ihn bisher nur bei den Gegnern einer ruhigen, praktischen und organischen Entwickelung zu finden gewohnt war.

Unter diesen Umständen dürften vielleicht meine historischen Parallelen nicht ganz ohne praktischen Werth sein, wenngleich ich zugebe, daß sie die Fragen, um die es sich hier handelt, nicht gänzlich erschöpfen.

II. Im Reich.

Jenes System der Monopole und der Regie, der Ein- und Ausfuhr-Verbote, der wirthschaftlichen Bevormundung und Beschränkung, der Schutzzoll- und Accise-Verfassung, des Merkantilism und Protektionism, welches in Deutschland so viel Unheil gestiftet hat, ist entstanden in der Zeit unserer Erniedrigung und hat das Seinige dazu beigetragen, den Verfall des Nationalreichthums immer ärger zu machen.

Während das deutsche Reich stets den Grundsatz des freien Verkehrs, des „liberum commercium", gleichsam als Grundrecht proklamirt, aber schon frühzeitig die Kraft verloren hatte, ihn durchzuführen, ist das soeben bezeichnete System in den Territorialstaaten entstanden unter einer verhängnißvollen Komplikation eigenthümlicher Umstände, welche ich nachstehend mit einigen Strichen zu skizziren unternehme:

Die Steuerverfassung entwickelt sich gleichen Schrittes und in Zusammenhang und Wechselwirkung mit der Staats- und Heeres-Verfassung. Das hat schon Tacitus erkannt, indem er (Histor. lib. IV) schrieb: Der Landfriede kann nicht ohne bewaffnete Macht bestehen, die bewaffnete Macht nicht ohne Sold, der Sold nicht ohne Steuern.

Die Wehr-Verfassung hat im deutschen Reiche folgende Stadien durchlaufen:

1. Allgemeiner Heerbann, welcher alle Freien gleichmäßig verpflichtet, dem König, — auf den Ruf des königlichen Beamten, Grafen, — Heeresfolge zu leisten (bis etwa 1000 n. Chr.).

2. **Feudalbann.** An die Stelle des Volksheeres tritt der feudale Soldat, welcher an seinen Beruf gefesselt und bezahlt wird durch erobertes Land, das ihm zu Lehen gegeben ist. Die Oberoffiziere erhielten das Lehen vom König, die unteren Offiziere von den oberen u. s. w. Der demokratische Heerbann verkapselte sich in eine aristokratisch-feudale Lehens-Miliz (von Ende des zehnten bis Anfang des dreizehnten Jahrhunderts).

3. **Die Söldner-Miliz** folgt der Feudal-Miliz, nachdem die Feudalverfassung die alte Reichs- und Volksverfassung von Innen heraus zerstört hatte, da die Herzöge sich von dem König, die Grafen sich von den Herzögen, die Burgherren von den Grafen emanzipirten, und alle diese kleinen Herren, früher nur Beamte des Kaisers, nach der Territorialhoheit strebten und sich zu diesem Zwecke Söldnerschaaren hielten (von Anfang des dreizehnten bis Anfang des fünfzehnten Jahrhunderts).

4. **Der Reichssoldat.** Von 1422 ab tritt neben die besoldeten Haustruppen der besoldete Reichssoldat. Zu diesen Truppen stellen die Reichsstände ihre Kontingente, welche umgelegt werden analog den Landfrieden- und Bundesgesellschaften (vom Anfang des fünfzehnten bis Mitte des sechzehnten Jahrhunderts).

5. **Die stehende Reichs-Armee** von Reichs-, Kreis- und Exekutions-Soldaten, welche durch die Kammergerichtsordnung und den Religionsfrieden nöthig wurden und nach Maßgabe der Reichs-Exekutionsordnung von 1555 verwendet werden sollten, höchstens aber die kleinen und die allerkleinsten Regierungen noch ein wenig unter reichsgerichtlicher Vormundschaft hielten; die Uebrigen ließen es sich nicht mehr gefallen.

Dies war die Entwickelung zur Reichszeit. Mit dem Jahre 1806 ging das innerlich längst abgestorbene Reich auch formell und äußerlich zu Grabe. Es ging „klanglos zum Orkus hinab". An seine Stelle traten Preußen, Oesterreich und der von Napoleon kommandirte Rheinbund, von 1815 ab aber der deutsche Bund, welcher eine, wenig verbesserte neue Auflage des Rheinbundes war, nur mit dem Unterschied, daß nicht Napoleon, sondern der Fürst Metternich die dritte Gruppe beherrschte. Leider ließ sich zeitweise auch Preußen von ihm kommandiren, oder wenigstens persuadiren. Man ging, von Preußen abgesehen, zum System der französischen Konskription über.

Dies vorausgeschickt, wenden wir uns von der Wehr- zur Steuerverfassung, indem wir sie zunächst von dem Standpunkte des Reiches und dann von dem des Territorialismus aus betrachten.

Im Reich stellt sich der Verlauf während der oben aufgeführten fünf Perioden der Heeres-Geschichte so dar:

In der ersten bestreitet der König die Ausgaben von den Kron-Gütern. Der Heerbann versorgt sich selbst. Später entrichtet jeder Freie, gleichsam als Anerkennung seiner Verpflichtung zur Heeresfolge sowohl an den König, als auch an seinen Kommandanten eine Naturalabgabe; dem König wird das Mai-Geschenk, dem kommandirenden Offizier das Grafen-Korn und das Grafen-Ei verabreicht. Beides hat noch halbwegs den Charakter der freiwilligen Gabe.

In der zweiten Periode finden wir als öffentliche Abgabe die Bede, eine an herkömmlichen Terminen, in der Regel jährlich zweimal, einmal im Sommer und einmal im Herbst, in einem unabänderlich festen Satz zu entrichtende Naturalabgabe, welche weder auf der Person noch auf dem Gesammt-Eigenthum ruht, sondern an dem Besitze des häuslichen Herdes haftet.

In der dritten Periode, in welcher an die Stelle des Reichs die Territorialgewalten mit ihren Söldnerschaaren treten, verwandelt sich die Bede in eine Steuer, welche ursprünglich, gleich der Konskription, in Frankreich erfunden ist und dort „Taille" genannt wird. Diese Steuer ist nicht an den Herd gebunden; auch nicht individuell, quantitativ und qualitativ, sowie nach Erhebungsterminen, fixirt, wie die Bede; sie trifft die Person und wird bemessen nach dem Vermögen oder nach dem Einkommen. Sie wird „nach Bedürfniß" erhoben, — so viel und so oft es nöthig ist —, man könnte auch sagen: nach Willkür.

In der vierten Periode heben die Territorialherren die Steuern (Taillen), das Reich aber hebt den „Gemeinen Pfennig", d. h. eine Mischung von Kopf- und Vermögenssteuer, welche die Reichsgewalt direkt von den Reichsangehörigen einzieht, von jedem erwachsenen Manne, ohne Unterschied des Standes, — und den „Römer-Monat", der nach der „Matrikel" auf sämmtliche Reichsstände vertheilt wird.

In der fünften Periode finden wir die Reichskreissteuern, welche nach der Matrikel der Römer-Monate auf die Reichsstände repartirt werden.

Betrachten wir nun die Kehrseite der Medaille, nämlich die **Finanzpolitik der Territorialherren.**

Die indirekten Abgaben, die Zölle, die Regalien, das Münzrecht stand ursprünglich nur Kaiser und Reich zu.

Allein je mächtiger die Territorialherren wurden, desto mehr bemächtigten sie sich dieser kaiserlichen Rechte. Ein Jeder wollte „Kaiser in seinem Land" sein. Vor Allem leisteten dieselben an Aufrichtung zahlloser Geleits-, Fluß-, Wege- und sonstiger Passage-Zölle das Uebermenschliche. Desgleichen in Erfindung neuer Lasten, als da sind: Leibespflichten und Frohnden, Gülten und Zinsen, Nachsteuer und Abzugsgeld, Handlohn, Weisat, Fräulein-Steuer, Braut-Vieh u. s. w.

Die rheinischen Territorialherren, an ihrer Spitze die Erzbischöfe, welche zugleich Kurfürsten waren, sperrten die beste Wasserstraße Deutschlands der Art mit Zöllen, daß sie gänzlich zu veröden drohte. Die Kaiser schritten öfters ein gegen diesen landesherrlichen Unfug. Sie forderten sogar die Unterthanen auf, sich den Kurfürsten thätlich zu widersetzen, deren Zollbuden umzureißen und die Zöllner zu verjagen. So 1236 Kaiser Friedrich, 1287 Kaiser Rudolf, 1301 Albrecht, 1332 Ludwig, 1360 Karl. Dann kam aber wieder ein Schwächling, der dem Reiche Alles vergab, oder ein geldbegieriger oder geldbedürftiger Kaiser, wie z. B. Wenzel, der all' seine Rechte verkaufte.

Die Steuer-Exzesse der Landesherren nahmen immer mehr zu, —

mit jedem Jahrhundert. Ich werde in den nächsten Abschnitten auf die Einzelheiten näher eingehen. Im sechzehnten Jahrhundert, das mancherlei verspätete Reform-Anläufe machte, versuchte man noch einmal durch die Reichsgesetzgebung und die Reichsgesetze dagegen einzuschreiten. Die Reichs-Exekutions-Ordnung von 1555 schreibt in § 82 vor, daß die Obrigkeit, d. h. der Territorialherr, sein Land von Reichs wegen „nicht höher und nicht weiter mit Steuern belegen dürfe, als soferne der einer jeden Obrigkeit gebührende Antheil an der Reichssteuer betrage". Sie sollten also auf Additionalsteuern beschränkt sein, wie jetzt die Gemeinde hin und wieder im Verhältniß zum Staate.

Gegen die Kleinen wurde diese Vorschrift auch gehandhabt. Ein Urtheil des Reichskammergerichts von 1717 erkennt zu Recht, daß der Fürst von Nassau-Siegen, wenn er sich, neben dem Reichs-Exekutions- und Kreis-Kontingent, noch besondere Haus-Truppen und Grenadier-Kompagnien halten wollte, diesen Aufwand aus seinen eigenen Privatmitteln bestreiten und das dazu erforderliche Geld nicht durch Besteuerung seiner Unterthanen aufbringen dürfe.

Schon in der Mitte des siebzehnten Jahrhunderts hatte der Fürst von Mecklenburg-Schwerin, welcher damals noch mit seinen Ständen (Städten und Rittern) im Streit lag, sich aber später mit denselben auf Kosten der Bauern verglich, bei dem Reichstag den Antrag gestellt, die Unterthanen „indefinitive" zur Beschaffung der erforderlichen Mittel schuldig zu erklären, (so „daß sie alles, was von ihnen, und so oft es von ihnen gefordert wird, gehorsamlich und unweigerlich darzugeben schuldig seien"), Klagen der Unterthanen wegen rechtswidriger Besteuerung nicht mehr zuzulassen und die zum Schutze derselben bereits erlassenen Urtheile mit rückwirkender Kraft zu kassiren.

Der Reichstag war damals schon so heruntergekommen, daß er den Mecklenburger Antrag annahm, mit einer Majorität, an deren Spitze abermals die geistlichen Herren standen.

Der Kaiser jedoch legte am 3. Februar 1671 sein Veto ein, indem er erklärte: Der Regel nach könne der Unterthan von dem

Territorialherrn zu nicht mehr angehalten werden, als was das Reich zu seiner Sicherheit verwillige (Reichssteuer), was die Reichs-Exekutionsordnung vorschreibe (Kreissteuern), und was, dem Herkommen und der Nothdurft nach, zur Landesdefension erforderlich sei; er, der Kaiser, könne sich nicht entschließen, darüber, oder über sonst bestehendes Herkommen hinaus, die Stellung der Unterthanen zu beeinträchtigen, oder gar die, zu deren Gunsten ergangenen Urtheile der Reichsgerichte zu kassiren, vielmehr hätten letztere nach wie vor Klagesachen der Unterthanen gegen die Landesherrschaft wegen rechtswidriger Besteuerung anzunehmen.

Das Reichskammergericht in Wetzlar erkannte noch 1771 in einem Prozesse der Grafen von Sayn-Wittgenstein-Berleburg mit ihren Unterthanen, daß die Herrschaft schuldig sei, den Unterthanen, wenn sie es verlangen, einen jährlichen Kostenvoranschlag der Landesbedürfnisse — eine Art Budget — vorzulegen, und daß sie die Steuern nicht zu anderen Zwecken verwenden dürfe, als zu den in diesem Anschlag speziell benannten — also schon eine Art Spezialität und Publizität des einjährigen Budgets. Der Fürst Wied-Neuwied hatte, neben den herkömmlichen alten Grundabgaben, unter dem Titel „allgemeine Landesnothdurft" eine Steuer eingeführt. Die Unterthanen klagten bei dem Reichskammergericht, und dieses erließ am 28. Januar 1791 Urtheil, daß diese Steuern abzustellen, und daß den Unterthanen nicht nur das von ihnen über Gebühr Bezogene wieder zurückzugeben, sondern auch, und zwar zu Händen der Deputirten der Stadt- und Landgemeinden, alle Jahre der status exigentiae (also einjährige Budgetperiode) vorzulegen sei.

Je mehr aber die Territorialgewalten auf dem Gebiete der direkten Steuern durch die Reichsgewalt beschränkt wurden, desto mehr ergingen sie sich auf dem Gebiete der indirekten, das ihnen nach und nach immer mehr vom Kaiser preisgegeben wurde und auf dem man sie weniger kontroliren konnte. Man sagt zum Preise der indirekten Steuern, sie heben sich ganz von selbst und ohne den Exekutor. Das ist wahr. Aber um so gefährlicher sind die Mißgriffe; und mit Recht hat der Generalsteuerdirektor Kühne gesagt: „Auf dem Gebiete der indirekten Steuern liegt der Mißbrauch stets neben dem Gebrauch." Auch ist der Effekt beider Steuern für den Besteuerten derselbe. Bei der einen wie bei der andern Art greift der Staat in den Beutel der wirthschaftlichen Gesellschaft, und wenn er zu tief greift, erstarrt das wirthschaftliche Leben. Ob ich Jemanden, während er wacht, das Geld abnehme, oder während er schläft, ist insoweit dasselbe, als unter allen Umständen ein Manko entsteht, das wieder beigebracht werden muß.

Seit dem westfälischen Frieden warfen sich die Territorialstaaten, hierin wie in den meisten anderen schlimmen Dingen dem französischen Vorbilde folgend, mit Eifer auf jene Verbrauchssteuern, welche man Accise, Aufschlag, Impost, Lizenz oder Oktroi nannte, ohne jedoch die oben erwähnten feudalen Abgaben aufzuheben. Vielmehr lagerte sich, um desto mehr zu drücken, auf die feudale Schicht noch die moderne. Das neue System wurde immer mehr kultivirt. Die kleinfürstlichen Kameralisten und Finanzkünstler schrieben zu Lob und Preis desselben ebenso dickleibige als geschmacklose Bücher, die uns ein trauriges Bild von den wirthschaftlichen Zuständen und ein noch traurigeres von den unwirthschaftlichen Anschauungen der damaligen Staatsmänner geben.

Die erste vollständige Kodifikation dieser plusmacherischen Künste hat Kursachsen mit seiner „General-Konsumtions- und Accise-Ordnung" von 1707 geliefert.

Den betreffenden Einrichtungen Preußens, namentlich unter Friedrich dem Großen, werde ich in späteren Abschnitten eine besondere Aufmerksamkeit zuwenden, weshalb ich sie hier, in dieser Generalübersicht, vorläufig übergehe.

Die Auflösung des deutschen Reiches räumte die reichsrechtliche Beschränkung in Betreff der Macht der Territorialherren, ihre Unterthanen willkürlich zu besteuern, aus dem Wege. Das Danaergeschenk der Souveränetät befreite sie daneben auch von der Kontrole und dem Verwilligungsrecht ihrer Stände. Damit war die letzte Schranke gefallen.

Gleichzeitig trat 1806 die Katastrophe ein, welche Preußen niederwarf. Aber hier zeigte sich die unvertilgbare Lebenskraft des spartanischen Staates, welche alle plusmacherischen Finanzschwindeleien Frankreichs nicht vermocht hatten, zu untergraben.

Er raffte sich auf, indem er unwiderruflich brach mit dem System des Mercantilism, der Accise, der Regie und der Monopole, indem er 1808—1816 gleichmäßige Vertheilung der Staatslasten auf alle Staatsbürger nach Maßgabe ihrer Leistungsfähigkeit, Abstellung aller veralteten, die wirthschaftliche Entwicklung hemmenden Abgaben und Alles dessen, was von jener Plusmacherei noch übrig war, vollständige Gewerbefreiheit, Aufhebung aller Wasser-, Binnen- und Provinzialzölle auf sein Banner schrieb, indem er am 11. Juni 1816 ankündigte, daß die Regierung beabsichtige, „den Verkehr der Unterthanen durch ein einfaches und allgemeines Grenzzoll-System von den Hindernissen zu befreien, welchen derselbe bei der bisherigen, in ältern Zeiten entstandenen, verwickelten Zoll-, Durchgangs- und Handels-Abgabenverfassung unterworfen gewesen", indem er diese Ankündigung verwirklichte durch den Tarif vom 26. Mai 1818, welcher vollständig aufräumte mit den fiskalischen Künsten des französischen Monopol-, Regie- und Schutzzoll-Systems, aus den zerrissenen und gegen einander abgesperrten Theilen der Monarchie auch in handelspolitischer Beziehung ein einheitliches und untheilbares Reich machte, kurz: den Uebergang aus dem mittelalterlichen Chaos und aus dem bevormundenden und aussaugenden polizeilich-fiskalischen Territorialstaat in den modernen Rechts- und Wirthschaftsstaat mit einem einzigen großen und resoluten Schritte vollzog.

Mit der allgemeinen Wehrpflicht und der allgemeinen Einkommensteuer kehrte man, soweit es die veränderten Umstände möglich erscheinen ließen, wieder zurück zu der Basis des alten deutschen Volksstaates, wie er war, bevor er durch den Feudalismus und den Territorialismus korrumpirt ward. Der Unfug von Accise, Oktroi, Ein- und Ausfuhrverboten, Privilegien, Regie und Monopolen, der seit drei Jahrhunderten in Deutschland grassirte, erhielt dann den Todesstoß durch den deutschen Zollverein, welcher uns zu der wirthschaftlichen Einheit und Freiheit zurückführte und die bürgerliche Gesellschaft von den interterritorialen Hemmnissen befreite, indem er die Schlagbäume umwarf. Sowohl die Vielköpfigkeit, als auch die übertriebene Fiskalität und Protektion, welche in der deutschen Finanzpolitik geherrscht und die Bevölkerung in Armuth und Unthätigkeit niedergehalten hatte, mußten verschwinden, sobald sich um den größeren Theil von Deutschland ein einheitliches Band schloß, das stärker war als der unter K. K. Bundespräsidial-Gesandtschaft fortvegetirende Bundestag in Frankfurt.

Innerhalb des Zollvereins bewegte sich die Entwickelung langsam aber unaufhaltsam vorwärts. Die Schutzzölle begannen sich in Finanzzölle zu verwandeln. Wenig einträgliche Zollsätze verschwanden. Der Tarif begann sich zu vereinfachen und zu klären. Die Institutionen und die Geschäftsformen des Vereins wurden, den Bedürfnissen des gesteigerten und beflügelten Verkehrs entsprechend, immer beweglicher und leichter.

Auf dieser wirthschaftlichen Grundlage baute sich das Deutsche Reich auf. Die militärische, die politische und die handelspolitische Hoheit, die Vertretung des Reiches nach außen, wurden wieder zurückgegeben in die Hände des Kaisers. Der Zollkrieg und der Bürgerkrieg, welche so lange die Eingeweide Deutschlands zerfleischten, sind seitdem nicht mehr möglich. Der in der Zeit des tiefsten Verfalles von einem deutschen Dichter ausgestoßene Schmerzensschrei:

> Wären wir All' unter einem Haupte,
> Hätten wir immer Gott vor Augen,
> Einerlei Maß, Gewicht und Geld,
> Ständen wir besser in dieser Welt.

beginnt Erhörung zu finden.

III. In den Einzelstaaten.

Ich habe auf wenig Seiten den Weg gezeigt, den Deutschland in dem letzten Jahrtausend durchlaufen, und den erhabenen Punkt markirt, auf welchem wir post tot discrimina rerum angelangt sind. Ich mußte mich in Obigem auf Andeutungen beschränken. In dem Nachfolgenden will ich ausführlicher auf einzelne Stationen unseres staats- und volkswirthschaftlichen Passionsganges zurückkommen.

Wir haben das Einschreiten der Reichsgesetzgebung und der Reichsrechtsprechung gegen die Territorialgewalten bis in die letzten Zeiten des heiligen römischen Reiches verfolgt. Es waren zuletzt nur noch ohnmächtige Zuckungen und Deklarationen.

Je schwächer das Reich, je stärker die Territorialgewalten wurden, desto mehr wandten die Finanzmänner der letzteren ihren Scharfsinn und ihre Gewalt daran, neue Finanzquellen zu entdecken, namentlich solche, welche sich der Kontrole des Reiches entzogen. Statt den Verkehr zu beschützen, waren sie darauf aus, ihn „bluten zu machen". Das beste Mittel hierzu waren die Zölle, die Regalien und die Monopole. Um das immer größer werdende stehende Heer der Beamten und Soldaten zu unterhalten, warf man sich mit Umgehung direkter Steuern, deren Gebiet zu leicht übersehbar und vom Reiche aus kontrolirbar erschien, zunächst auf die Regalien. Die neuen, meist indirekten Abgaben lagerten sich ebenfalls schichtenweise über die alten, direkten, deren Abschaffung wohl in Aussicht gestellt, aber niemals realisirt wurde.

Man erfand das Bergregal, das man über alles Grundeigenthum ausdehnte und endlich sogar auch auf die Fossilien und Halbmetalle erstreckte.

Man erfand das Forst- und Jagdregal und benutzte dasselbe, um die Waldungen der Markgenossenschaften und der sonstigen korporativen Verbände rechtswidrig für fiskalisches Eigenthum zu erklären.

Man erfand das Wasserregal, um die Schifffahrt, die Landwirthschaft, die Triebwerke, jede Benutzung der dynamischen, chemischen und mechanischen Kräfte des Wassers in Seen, Flüssen und Bächen, die Fischzucht, den Fischfang und Alles was darum und daran hängt, der territorialen Fiskalität tributpflichtig zu machen.

Dann ging man über zu den Monopolen, mittelst deren man vorzugsweise den unteren Schichten der Bevölkerung das Leben vertheuerte.

Das Branntweinbrennen, das Bierbrauen, der Mühlenbetrieb, der Handel mit Getreide und Brennholz, das Salz, der überseeische Handel u. s. w. wurden für Monopol erklärt.

Dann folgt Kaffee, Salpeter, Schießpulver, Tabak u. dgl.

An die Stelle der Reichspost trat das territoriale Postregal, ausschließlich in fiskalischem Geiste verwaltet.

Das Monopol der Banken, namentlich der Zettelbanken und Pfandbrief-Institute, die ausschließliche Befugniß des Staats, öffentliche Glücksspiele, wie Spielbanken, Zahlen- und Klassen-Lotterie und ähnliche höchst zweifelhafte Geschäfte zu betreiben, Lotterie-Anleihen aufzunehmen, reihten sich an.

So wurde der Landesherr, wenn nicht der ausschließliche, denn doch der privilegirteste, vornehmste und größte Gewerbetreibende in seinem Lande, indem er die öffentliche Gewalt dazu mißbrauchte, die wirthschaftliche Thätigkeit der bürgerlichen Gesellschaft zu unterdrücken, Alles zu vertheuern und alle Unterthanen arm zu machen, um sich allein zu bereichern.

Kurfürst August von Sachsen machte sogar den Versuch, den Pfefferhandel in allen fünf Welttheilen zu einem sächsischen Monopol zu machen. Da aber seine fürstliche Gewalt nicht so weit reichte, ist er damit elend gescheitert.

Es ist natürlich, daß die Territorialherren, welche selbst die einzigen Handeltreibenden in ihrem Lande sein wollten, den freien Handel der Privaten mit aufrichtigem Hasse und mit all' ihren fiskalischen Künsten verfolgten. Dies geschah auch auf Kosten der Landwirthschaft, für welche sie sonst eine Art von Vorliebe zu zeigen bestrebt waren.

Sie verboten den Aufkauf der landwirthschaftlichen Produkte auf dem Lande und schließlich auch den Handel der Produzenten. Die Letzteren wurden gezwungen, alle ihre Produkte in die Stadt zu bringen. Nur dort durften sie auf offenem Markte verkauft werden, „ohne daß Jemand im Ein- oder Verkaufe einen Vortheil genieße". Das ist eine Verquickung der kanonischen Weltanschauung mit der modernen fiskalisch-polizeilichen Plusmacherei, die sich doppelt seltsam ausnimmt im Munde eines Herrschers, der bei allen Akten der Gesetzgebung sich in erster Linie leiten ließ von der Absicht, sich und seinen Fiskus zu bereichern; „Gewinn machen" war schändlich für jeden Handel- und Gewerbetreibenden, wohlanständig war es nur für den Fiskus und die Junker, welche die Städte brandschatzten.

Im sechzehnten Jahrhundert, wo diese Finanzkünste sich zum ersten Male so mächtig entfalten, finden wir bei den deutschen Schriftstellern, welche durch klassische Bildung und durch Reisen im Auslande geschult sind und die Dinge nicht von dem Standpunkte des engherzigen, fiskalischen Territorialismus betrachten, eine entschiedene Opposition gegen diese plusmacherischen Praktiken, insbesondere gegen die Vertheuerung der unentbehrlichen Lebensmittel, von welcher vorzugsweise die untersten Schichten der Bevölkerung getroffen werden. Ich will dafür nur ein Beispiel anführen:

Henning Arnisäus*) schreibt in seinem Buche „De jure Majestatis" (Lib. III., cap. 7, not. 5):

---

*) Arnisäus, geboren 1568 in Schlettstadt bei Halberstadt, wurde, nachdem er große Reisen im Auslande, namentlich in England und Frankreich gemacht hatte, Professor in Frankfurt a. O. und dann in Halberstadt. Er starb 1635 in Kopenhagen als Rath und Leibarzt des dänischen Königs Christian IV. Er hat sich als medicinischer, philosophischer und politischer Schriftsteller ausgezeichnet. In der Philosophie steht er auf aristotelischem Standpunkt. In der Politik vertheidigt er das streng monarchische Prinzip gegen seinen Zeitgenossen Johannes Althusen, genannt Althusius, damals Professor an der kleinen nassau-oranischen Universität Herborn, welchen man — freilich etwas unpassend — als „den Vater der modernen Volkssouveränetät" bezeichnet. Des Arnisäus zwei Hauptwerke auf dem Gebiete der Politik sind „die drei Bücher über das Majestäts-Recht", (Libri tres de jure majestatis, Francofurti 1610), und die „Abhandlung über die Autorität der Fürsten, die dem Volke gegenüber immer unverletzlich sei", Tractatus de

— „Ja, ſelbſt in einigen Ländern Deutſchlands iſt es ſchon ſoweit gekommen, daß wir gezwungen werden, für das Getreide, das zur Mühle gebracht wird, für Alles, was wir eſſen und trinken und womit wir Leib und Leben unterhalten, einen Zoll zu bezahlen, ſo daß wir gleichſam das, was ohnehin ſchon unſer iſt, noch einmal von der Herrſchaft kaufen müſſen. Tadelt doch ſchon Suetonius die neuen Zölle des Gajus, weil derſelbe eine beſtimmte Abgabe fordere von Allem, was an Lebensmitteln aus der ganzen Welt in die Stadt Rom gebracht werde, während die römiſchen Kaiſer ausdrücklicher verbieten, daß man Steuern und Zölle herausſchlage aus den Waaren, welche zu des Lebens Nothdurft dienen und zum eigenen Gebrauche, alſo daß Laſten nur auf das fallen dürfen, aus dem man Gewinn herausſchlägt, als da ſind die Waaren und die Artikel der Kaufleute, wenn dieſe Waaren um des Handels und des Gewinnes willen von Ort zu Ort transportirt werden." (Im Urtext: „Imo eo res devenit etiam in nonnullis Germaniae provinciis, ut pro frumento quod ad molendinum defertur, et pro eo quod edimus, quod bibimus, quo sustentamus corpus et vitam, vectigal praestare cogamur, et quae nostra sunt quasi iterum emere, quum tamen Suetonius insolita vectigalia Gaji referat, quod pro eduliis quae tota urbe venirent, certum statumque exegerit, et imperatores vetuerunt quidquam extorqueri ex iis, quae ad victum vel usum proprium referuntur, ita ut dispendium sequatur tantum ea, ex quibus quaeritur compendium, quales sunt species et merces mercatorum, quae commerciorum faciendorum et lucri gratia de loco in locum transportantur.")

---

auctoritate in populum semper inviolabili, Francofurti 1612). Wenn ein ſo hochkonſervativer und ſtreng monarchiſch geſinnter Mann, wie Arnisäus ſeine Stimme erhebt gegen die Plusmacherei der fürſtlichen Finanzkünſtler in Deutſchland, namentlich gegen die Beſteuerung und Vertheuerung der nothwendigſten Lebensbedürfniſſe, ſo muß die Sache damals ſchon, am Anfange des 17. Jahrhunderts ſehr ſchlimm geweſen ſein. Freilich hatte A. ſeinen Blick auf Reiſen im Auslande geſchult und war in Kopenhagen den Griffen und Verfolgungen der gedachten Steuerkünſtler glücklich entronnen.

Der Polyhistor Arnisäus beruft sich u. A. auch auf das Corpus juris. Und er hat Recht. Wir finden nicht nur in verschiedenen Pandekten-Titeln das Verbot, Lebensmittel zu besteuern; sondern auch in dem Codex, also schon in recht schlechten Zeiten, wird dieser Grundsatz der alten Zollverfassung noch festgehalten. So schreibt z. B. der Kaiser Constantinus an den Präfekten Mänander (Lex 5 Codicis, de vectigalibus et commissis, IV. 61):

„Allen Einwohnern der Provinz soll von denjenigen Dingen, welche sie zu ihrem eigenen Verzehr und Gebrauch einführen, oder als Produkte ihrer Landwirthschaft ausführen, kein Zoll abgefordert werden."

Die Kaiser Severus und Antoninus erlassen strenge Verbote der Einführung neuer Accise- und Oktroi-Abgaben in den Städten; es scheint, daß damals die Städte noch fiskalischer waren als der Fiskus, ähnlich wie heute noch der Gemeinde-Zoll, das Dazio communale, in den italienischen Städten eine verhängnißvolle Rolle spielt und die wirthschaftliche Entwickelung mehr hemmt, als die Staatssteuern, obgleich auch letztere dort außerordentlich hoch sind.

Die genannten beiden Kaiser schreiben an Victorinus (c. 1. Cod., Vectigalia nova institui non posse, IV. 62):

— „Auflegung neuer städtischer Zölle ist ohne triftigen Grund nicht zu gestatten", und an Callistianus ibidem, const. 2):

— „Neue Zölle können auch nicht durch Beschlüsse der Städte eingeführt werden."

Eine Wiederherstellung der Mahl- und Schlachtsteuer hätten sie also der Stadtgemeinde schwerlich gestattet.

Die klassischen Juristen donnern wider die Zöllner und Steuerpächter (Publicani), welche im 17. und 18. Jahrhundert bei unseren finanziellen und kameralistischen Hexenmeistern in Deutschland so beliebt waren.

„Wie keck und verwegen," schreibt Ulpianus (lex 12., de publicanis et vectigalibus, XXXIX, 4), „unsere Staatspächter-Banden sind, ist Jedermann bekannt, deshalb hat der Prätor, um ihrer Frechheit Zügel anzulegen, dieses Edikt erlassen." Und nun folgen die drakonischen Vorschriften wider die Zöllner.

Es ist ein Glück für Ulpianus, daß er seinen Kommentar nicht in heutiger Zeit geschrieben. Es würde ihm schwer geworden sein, einem Preßprozeß aus dem Wege zu gehen.

Doch kehren wir (von dieser literar- und dogmengeschichtlichen Abschweifung, zu der uns der Vorwurf, wir sähen die Dinge des sechzehnten Jahrhunderts nur mit den Augen des neunzehnten an, veranlaßte,) zu den fiskalischen Künsten des klein- und vielstaatlichen Territorialismus zurück.

Man ging dabei von der Meinung aus, der betreffende Territorialstaat bilde gleichsam den Mittelpunkt des Universums und sei berufen, auf Kosten der Nachbarn zu leben. Jede Beeinträchtigung der Nachbarstaaten hielt man für Gewinn, jede Handelsfeindseligkeit für einen Akt des Patriotismus. Die Hintansetzung der Interessen Gesammt-Deutschlands zu Gunsten des eigenen Ländchens, erachtete man für die erste Pflicht des Territorialherrn, der am liebsten eine chinesische Mauer um sein liliputanisches Gebiet aufgerichtet hätte, um zu verhindern, „daß das Geld aus dem Lande geht", ohne zu bedenken, daß, wenn keins heraus kann, auch keins herein kommt, und daß doch Flachsenfingen und Kuhschnappel keine Goldminen haben.

Die enormen Zölle, welche diese Staaten an ihrer Grenze aufrichteten und durch welche sie Ein- und Ausfuhr erschwerten, hatten um so unheilvollere Wirkungen, als ja die einzelnen deutschen Territorien ihre Gestaltung und Begrenzung meistens reinen Zufälligkeiten verdankten, nicht aber auf natürlichen ethnologischen und geographisch-physikalischen Grundlagen beruhten. Hing es ja doch noch am Anfange des neunzehnten Jahrhunderts davon ab, ob und wieviel Geld ein deutscher Fürst hatte, um Talleyrand zu bestechen. Je nach dem blieb sein Territorium bestehen, oder nicht, — wurde die Grenze so oder anders gezogen. So sind zum großen Theile unsere heutigen „Staaten" entstanden, welche durchaus nicht mit Volksstämmen oder irgend Etwas der Art zusammenfallen. Im sechzehnten, siebzehnten und achtzehnten Jahrhundert waren der Territorien weit mehr und ihre Grenzen noch krauser gezogen. Diese Grenzen und die Zölle oder die Ein- und Ausfuhrverbote, welche an ihnen bestanden, trennten gleichsam geflissentlich und gewaltsam Das, was nach der Natur der Dinge wirthschaftlich zu einander gehörte, indem sie den Rohstoff absperrten von den Fabriken; das Halbfabrikat von dem Ort, wo es in Ganzfabrikat vervollkommnet werden konnte; die Produktion von der Konsumtion, und den Markt von den Manufakturen. Und das Alles geschah nicht einmal zufällig, sondern man errichtete diese Hemmnisse und Erschwernisse absichtlich, um den Nachbar auszuschließen, um ihm sein Geschäft zu verderben, um ihn zu verhindern, „Geld aus dem Lande zu schleppen", d. i. nützliche Dinge in dasselbe zu bringen.

Der heilloseste Schwindel hüllte sich in den Mantel einer profunden Geheim-Idee oder einer genialen Erfindung. Man glaubte Alles regeln zu können, wie ein Uhrwerk. Der Staat war Alles, die Gesellschaft Nichts. „Der Staat", d. h. die Menschen an der Regierung solcher minimaler Territorien, wollten die Naturgesetze auf den Kopf stellen. Sie wollten Wunder wirken, aber natürlich nur für den Fiskus. Der heutige Sozialismus und Kommunismus, mit seinem Neid und seiner Phantasterei, ist nur ein Niederschlag des Staatssozialismus, wie er in den gouvernementalen Köpfen des siebzehnten und achtzehnten Jahrhunderts geherrscht hat, ähnlich wie unsere „Volkstrachten" nichts sind, als die Trachten der höheren Stände aus vergangenen Zeiten.

Die Zünfte, welche früher Genossenschaften von hoher politischer, kommunaler und gewerblicher, ja sogar von militärischer Bedeutung waren, arteten unter dem Einflusse des Territorialismus in monopolisirte Zwangs- und Prohibitivanstalten von polizeilich-fiskalischer Tendenz aus.

Der Bauer wird durch Frohnde oder sonstige Feudallasten erdrückt; seine Werke der Kultur zerstört das landesherrliche Wild. Dagegen ist es seine Pflicht, bei der Jagd als Treiber zu dienen und auf eigene Kosten des gnädigen Herrn Hunde zu füttern. Mit dem Bauer verarmt auch der Kleinbürger. Er hofft vergeblich Rettung von verzweifelter Potenzirung des Zunftzwanges. Wo er sich auch hinwende, stößt er auf Monopole, Regalien, Accise, Oktroi, Regie und dergleichen.

IV. In Preußen.

Wenden wir uns nunmehr zu Preußen.

Obgleich Friedrich der Große 1746 befahl, sorgfältige Nachforschungen über das Einkommen seiner Vorgänger, von den Kurfürsten Johann Siegmund, Georg Wilhelm und Friedrich Wilhelm an, anzustellen, so ist es doch selbst dem Fleiße eines Riedel (Siehe: Adolf Friedrich Riedel „Der brandenburgische Staatshaushalt in den beiden letzten Jahrhunderten", Berlin 1866) nicht gelungen, eine vollständige Uebersicht über den Hof- und Staats-Haushalt in den älteren Zeiten zu gewinnen.

Wir sehen noch im siebzehnten Jahrhundert direkte Lieferungen von Naturalien aller Art. — Getreide, Fleisch, Pferdefutter, Wein, Bier, Leinwand, Bettzeug, Daunen u. s. w. — Seitens der Domänen-Aemter sowohl an die Hofhaltung, als auch an die einzelnen Beamten, unter welchen einige Fourage für 24 Pferde und große Holz-Quantitäten in natura erhalten. Allmählich traten Geldprästationen an die Stelle der Naturallieferungen.

Am 26. Juni 1515 schreibt der Kurfürst an einen Amtshauptmann:

„Du weißt, daß nunmehr in unserem Dir befohlenen Amte Unserer herzgeliebten Gemahlin, der Kurfürstin, das Bettgeld von drei Jahren her noch restirt wird. Weil denn der Frankfurter Margrethen-Markt vor der Thür und Ihre Liebden solch Geld zur Erkaufung von allerhand Bettsachen gegen diese Zeit benöthigt sein wird, also befehlen Wir Dir hierdurch ernstlichst, dahin bedacht zu sein, daß Angesichts Dieses sothaner Rest vor Ihr Liebden geliefert werden möge."

Außer diesen Naturalbezügen machen auch die direkten Zahlungs-Anweisungen an die einzelnen lokalen Kassen und Hebungsstellen eine Gesammtübersicht der Finanzen unmöglich.

Im Ganzen bilden die Erträgnisse der Domänen, Kron- und Kammer-Güter die Haupteinnahme-Quelle. Daneben finden wir noch als direkte Steuern die Urbeden, an indirekten Steuern und Verbrauchs-abgaben: Zölle, Biergelder, Schleusengelder u. dgl.

Es herrschte hier noch nicht der durch die Irrthümer des Mer-kantilsystems gesteigerte Fiskalismus.

Dieser nimmt seinen Anfang unter dem großen Kurfürsten, welcher zur Ausführung seiner großen militärisch-politischen Aktionen außerordentlicher Mittel bedurfte. Er trennte die Domänen-Verwaltung (Hof-Kammer) von der Steuer-Verwaltung (Kriegs-Departement).

In einer Zeit äußerster finanzieller Bedrängniß läßt er sich zu einer Ausprägung geringhaltiger Münzen, in Widerspruch mit dem zu Recht bestehenden Reichs-Münz-Fuß, verleiten. Es geschah in der Absicht, damit dem Publikum eine Zwangs-Anleihe auf nur kurze Zeit aufzuerlegen und später das schlechte Geld gegen vollhaltige Münzen wieder auszutauschen. Allein der Weg zur Hölle ist mit guten Vor-sätzen gepflastert und so blieb denn, da die Mittel zu dem früher beabsichtigten Umtausch sich nicht fanden, nichts übrig, als 1660 diese Münzen auf ihren wirklichen Metallwerth herabzusetzen und die da-maligen „unglücklichen Besitzer" den Schaden tragen zu lassen. In der Zwischenzeit aber war durch die Unsicherheit der Umlaufsmittel die größte Störung entstanden. Kein Mensch wollte mehr auf den Märkten als Verkäufer erscheinen, weil dort die Obrigkeit den Zwangs-kurs des Kipper- und Wipper-Geldes durchsetzen wollte. Die Preise im kleinen Verkehr, namentlich für die Lebensmittel, stiegen um die Differenz zwischen dem Nominalwerth und dem Metallwerth in schlechten Münzen, und noch merklich darüber. Kurz, diese fiskalische Ausnutzung des Münzregals erwies sich als äußerst verderblich.

Desto besser gerieth es dem Kurfürsten mit dem Postregal, das er 1662 für die preußischen Staaten einführte, indem er sich von der Reichspost emanzipirte. Im Jahre 1662 lieferte die Post nur 17 000 Thaler Ueberschuß, im Jahre 1687 aber schon 80 000 Thaler. Das Nähere bitte ich in dem klassischen Werke Stephan's „Geschichte des preußischen Postwesens" nachzulesen.

Auch das Salzregal lieferte einen ansehnlichen Ueberschuß; allein die Absicht des Kurfürsten, durch Ankauf des Salzes im Großen dasselbe den Konsumenten billiger zu liefern, als es der freie Verkehr that, ist gänzlich mißlungen.

Sowohl der große Kurfürst, als auch sein Nachfolger, der erste König, hatten sich mit dem „Mühlstein=Regal" viel Mühe gegeben. Der große Kurfürst ließ sich dasselbe 1653 für die Kurmark verwilligen und dehnte es durch Verordnung vom 21. Januar 1665 auf alle Theile der Mark aus. König Friedrich I. erneuerte das Regal sofort nach seinem Regierungs=Antritte; allein obgleich er die Kontrol=Maß= regel bis auf das Aeußerste schärfte, hat das Regal niemals mehr als dreitausend Thaler eingetragen, dabei aber an Kontrole wohl ebensoviel gekostet und endlich das Publikum und das Mühlen=Gewerbe gestört und belästigt.

Den althergebrachten Zöllen fügte der große Kurfürst einen neuen hinzu, indem er auf alles aus= und durchgehende Getreide eine nicht unerhebliche Abgabe legte, welche in einzelnen Jahren eine Einnahme bis zu 30 000 Thalern abwarf. Damals war es die Ritterschaft, welche sich gegen die Korn=Zölle lebhaft beschwerte, aber erfolglos.

Dieselbe wehrte sich auch gegen das Salz=Regal, indem sie ver= sicherte, der Landtags=Rezeß von 1653 habe sie gänzlicher Freiheit von solcher Abgabe versichert. Der große Kurfürst ließ sich dadurch jedoch nicht beirren, sondern ordnete durch die Verordnungen vom 17. December 1660, 28. Juni 1671 und 20. November 1684 nur desto strengere Kontrol=Maßregeln an. Wir werden später sehen, welchen verhängnißvollen Verlauf diese Belastung des Getreidehandels unter Friedrich dem Großen genommen.

König Friedrich I. hat zwar nicht an großen politischen Erfolgen, wohl aber an fiskalischen Maßregeln ebenso viel aufzuweisen, als der große Kurfürst, und an Mißgriffen noch mehr, als dieser. Er arbeitete vorzüglich für die „Chatoulle", die ihm die Mittel zur Befriedigung seiner kostspieligen Prunksucht liefern sollte. Auch Münze und Post wurden als zur „Chatoulle" gehörig betrachtet und behandelt.

Am Schlimmsten verfuhr der König mit den Domänen. Zunächst wechselte er sehr häufig mit den obersten Beamten der Domänen-Verwaltung. Er war eben unzufrieden mit Allen, und bei Jedem aus dem nämlichen Grunde, nämlich weil er nicht genug Geld herausschlug. Eben so oft änderte er das System der Verwaltung. Endlich genehmigt er ein Projekt, welches der Kammer-Rath Luben am 1. Mai 1700 dem König vorgetragen hatte. Es ging dahin, sofort alle Domänen ohne Ausnahmen in Erbpacht zu geben.

Vernünftig, d. h. nach und nach und mit den nöthigen Ausnahmen, vollzogen, hätte das System der Vererbpachtung nicht nur dem Fiskus, sondern auch der Landwirthschaft und dem öffentlichen Interesse zum Vortheil gereichen können. Allein da es sich hier nur darum handelte, möglichst schnell möglichst viel Geld herauszuschlagen, und da man in Folge dessen die Sache überstürzte und ohne alle und jede planmäßige ruhige Ueberlegung verfuhr, so gerieth man bald in die Brüche und mußte schon nach zehn Jahren wieder das ganze Projekt aufgeben und rückgängig machen, um zu dem System der Zeitpacht zurückzukehren. Daß aber dieses Hin- und Herschwanken und wiederholte Umsatteln nicht ohne große Verwirrung und zahlreiche Rechtsverletzungen abging, versteht sich von selber.

Eben so verkehrt war der Versuch, aus dem Salzmonopol, das übrigens ohnedies schon einen recht schönen von Jahr zu Jahr steigenden Ertrag abwarf, durch eine plötzliche Erhöhung des Preises noch mehr Geld herauszuschlagen. Der Konsum nahm ab und die allgemeine Klage zu, so daß der König schon im März 1711 genöthigt war, den 1708 angeordneten Preis-Zuschlag wieder aufzuheben.

Der König war unermüdlich im Ersinnen neuer Abgaben. Es war eine Art „Sport" für ihn, auch wenn der Ertrag die Mühe der Veranlagung nicht lohnte. So führte er am 20. März 1698 eine Perrücken- und Karossen-Steuer ein, und zwar um damit die Kosten des Berliner Straßen-Pflasters zu bestreiten. Der Zusammenhang der Karossen mit dem Pflaster läßt sich begreifen, nicht aber der der Perrücken. Freilich wird gegenwärtig der Ertrag der Hundesteuer für die Pflasterung der Straßen verwendet, was schon Julius Faucher zu dem Apophthegma veranlaßte: „Wenn ich in Berlin besseres Pflaster wünsche, muß ich mir einen Hund halten."

Anfänglich bestand die Perrücken- und Karossen-Steuer nur für Berlin.

Als aber der König 1701 in Anbetracht, daß es nöthig sei, „wegen der gegenwärtigen Konjunkturen und weit aussehenden gefährlichen Zeiten in eine stärkere Kriegsverfassung zu treten", mit Erhöhung der Accise-Abgaben begann, wurde auch die Perrücken- und Karossen-Steuer in die Accise aufgenommen und mit dieser zunächst auf die Mark Brandenburg und dann auf alle Königlichen Lande ausgedehnt. Bisher erstreckten sich die Accise-Abgaben auf die gewöhnlichen Verbrauchsgegenstände. Friedrich I. aber dehnte sie auch auf eine große Anzahl bisher davon befreiter Import-Artikel aus, namentlich auf Manufaktur- und Kolonialwaaren; und bei dieser Gelegenheit kommt in der preußischen Gesetzgebung, so viel ich weiß, zum ersten Mal das Merkantilsystem zum unverschleierten Ausdruck. Die aus der Erweiterung und Erhöhung der Accise sich ergebende Mehrbelastung und Vertheuerung wird nämlich offiziell dadurch zu rechtfertigen versucht, „weil auch das Geld dadurch im Lande zu halten". Unter den neuen Erfindungen von 1708 sind folgende zu registriren:

Jede Familie, welche Thee, Kaffee oder Chokolade zu trinken beabsichtigt, muß eine Lizenz erwirken und dafür zwei Thaler jährlich bezahlen.

Jede einzelne Person, welche eine Perrücke, oder Kleider mit

Gold-, oder solche mit Silber-Stickerei tragen will, hat dafür einen Thaler jährlich zu entrichten. Dieselbe Jahres-Accije bezahlt jegliches Frauenzimmer, welches, obgleich noch nicht vierzig Jahre alt, für sich allein wohnt. Auch die Leute auf dem Lande, welche in einem halb oder ganz verdeckten Wagen fahren wollten, mußten dafür fünf Thaler jährlich bezahlen.

Von letzterer Abgabe befreit waren die Rittergutsbesitzer. Ein Bürgerlicher durfte damals noch kein Rittergut erwerben.

Unter **Friedrich Wilhelm** I. (1713—1740) nahmen die Dinge eine andere Wendung. Dieser König ist in Deutschland noch lange nicht zur Genüge gewürdigt. Man glaubt immer noch, er habe nichts verstanden, als Rekruten zu drillen und die Menschen zu tyrannisiren. Wer aber die Entwickelung der inneren Verhältnisse untersucht, der muß darüber erstaunen, was dieser König während seiner siebenundzwanzigjährigen Regierung gewirkt hat. An die Stelle der lüderlichen französischen Wirthschaft à la Versailles setzte er die Strenge der bürgerlichen und der militärischen Tugend, an die Stelle der Verschwendung die Sparsamkeit, an die Stelle des Müßiggangs die ernsthafte ehrliche Arbeit.

Die Minister mußten Morgens um 7 Uhr antreten und arbeiten, bis Alles erledigt war „bis zum letzten Zettul". Wollten sie nach Hause, um Mittagbrod zu essen, dann ließ der König etwas Nothdürftiges aus der Hof-Küche herauf holen und nachdem das in Eile verzehrt war, mußten sie weiter arbeiten. „Dann," heißt es in der Instruktion, „dann wir sie davor bezahlen, daß sie arbeiten sollen."

Auch er suchte die Domänen einträglicher zu machen, aber durch ganz andere Mittel, nämlich dadurch, daß er an denselben großartige Meliorationen vornahm und die darauf noch ruhenden Schulden bezahlte. Auch den Ertrag der Waldungen hat er durch Einführung einer rationellen Waldwirthschaft gesteigert.

In der Handhabung des Münzregals ging Friedrich Wilhelm mit der größten Gewissenhaftigkeit zu Wege. Er verschmähte jeden rechtswidrigen Gewinn, jede Plusmacherei. Weit entfernt, das Publifum mit unterwerthigen Münzen heimzusuchen, hatte er vielmehr den richtigen Grundsatz, es etwas knapp mit Scheidemünze zu halten. Denn bei der Zirkulation der Scheidemünze ist das „Zuviel" schlimmer, und namentlich auch weit gefährlicher, als das „Zuwenig".

Friedrich Wilhelm I. hat auch in Zollsachen neue Anordnungen erlassen; dieselben hatten den Zweck, eine gerechtere Vertheilung und eine bessere Ordnung herzustellen, nicht aber eine Erhöhung der Tarifsätze herbeizuführen. Auch die Accise-Abgaben hat er nicht erhöht, vielmehr ein scharfes „Patent" wider das falsche Spargement von Erhöhung der Accise erlassen. Die alberne Perrücken- und Karossen-Steuer hat er am 6. November 1717 aufgehoben, dagegen die Stempel-Einkünfte beinahe um die Hälfte gesteigert.

Sein Hauptverdienst aber besteht darin, daß er Einheit, Einfachheit und Ordnung in die Finanzverwaltung brachte, indem er alle die verschiedenen Zweige in einer einheitlichen Spitze, dem „General-Ober-Finanz-Kriegs- und Domänen-Direktorium" zusammenfaßte und sich selbst zu dessen Präsidenten ernannte; und er hat in der That da fungirt, wie ein getreuer, gewissenhafter, fleißiger und einsichtsvoller Beamter. In seine Fußtapfen ist nach zwei Menschenaltern und länger König Friedrich Wilhelm III. wieder eingetreten, indem er das von Friedrich Wilhelm I. kaum begonnene Werk wieder aufnahm unter Anwendung aller der größeren Einsicht und wirksameren Mittel, welche ihm der Fortschritt der Wissenschaft und die gesteigerte wirthschaftliche Entwickelung seiner Zeit und seiner Nachbarländer darboten.

Zweites Buch.

Unter Friedrich dem Großen.

Motto:
„C'est une grande folie, d'être sage tout seule."
Le Duc de la Rochefoucauld.

I. Erste Regierungs-Periode.

Wir kommen nun zu Friedrich dem Großen. Wir müssen in Betreff der Finanz- und Volkswirthschafts-Politik — abgesehen von einigen Akten der äußersten Noth, zu welchen ihn der Selbsterhaltungstrieb während der Kriege gezwungen — zwei Perioden unterscheiden. Erstens von seiner Thronbesteigung bis zum Jahre 1760. Zweitens von da bis zu seinem Tode.

Während der erstgenannten Periode wandelte er in den Spuren seines Vaters. Ueberall finden wir den nämlichen Geist der Sparsamkeit und der Ordnung, überall das Bestreben, jeden ungerechten und unwirthschaftlichen Druck bei Aufbringung der für den Staat erforderlichen Mittel zu vermeiden. Der König richtet sein Hauptaugenmerk auf die Volkswirthschafts-Pflege. Er will den Verkehr und den Wohlstand seiner Lande steigern und deren Bevölkerung sich mehren lassen. Es bleibt dabei natürlich nicht ausgeschlossen, daß er sich zuweilen in den Mitteln vergriffen.

Während der zweiten Periode ist der Sinn des Königs vorzugsweise auf Vermehrung der Einnahmen gerichtet. Jedes Mittel, das ihm geeignet scheint, hierzu zu dienen, ist ihm recht. Es ist ein Rückfall in die Finanzpolitik Friedrich I., nur um so gemeinschädlicher, je mehr Friedrich II. jenem Friedrich I. an Scharfsinn, Erfindungsgabe und eisernem Willen überlegen war. Auch auf dem Volkswirthschafts-Gebiete ist der Glaube an die eigene Kraft der Bevölkerung, an die Selbstthätigkeit und Selbstverantwortlichkeit des Einzelnen und der bürgerlichwirthschaftlichen Gesellschaft ganz zurück getreten. Der Staat soll Alles selbst und Alles allein machen, der Einzelne Nichts. Es ist die Periode des Staatssozialismus, welcher an kein natürliches organisches Wachsthum mehr glaubt, sondern Alles von Oben herunter mechanisiren, reglementiren und diese komplizirte Maschine aufziehen will, wie ein Uhrwerk, ohne zu bedenken, daß das Uhrwerk nicht mehr geht, wenn man es nicht aufziehen kann oder will. Alles soll Monopol, Alles Regal werden. Die Meinung befestigt sich immer mehr, daß nur Das gedeihen könne, was subventionirt wird, während doch die Erfahrung in hundert Fällen den Beweis liefert, daß die Subvention ein Danaer-Geschenk ist, welches dem beschenkten Unternehmer den Sporn der Konkurrenz abnimmt und ihn gleichgültig und dumm macht.

Die glücklichste Periode während der glänzenden Regierungsgeschichte Friedrich des Großen waren die Friedensjahre von 1746 bis 1756.

„Diese zehn Jahre," schreibt der alte ehrliche Prediger Gottfried Traugott Gallus in seiner „Geschichte der Mark Brandenburg" (Züllichau und Freistadt, 1806), Band VI., Abtheilung 1, Seite 122 u. ff., „diese zehn Jahre, welche vom Dresdener Frieden an bis zum siebenjährigen Kriege hingeflossen, waren die schönsten für Friedrich und die erfreulichsten für die Unterthanen in seiner ganzen Regierungszeit. In ihnen war Wohlhabenheit, Vaterlandsliebe, Zufriedenheit, Sittlichkeit, Gemeingeist mehr als in den späteren Jahren Friedrichs in den preußischen Staaten sichtbar. Damals war das Volk noch mit enthusiastischer Liebe seinem König zugethan und sah in ihm den Gegenstand seines Stolzes und seiner Verehrung. Denn es hatte noch kein drückendes Monopol, noch keine französische „Regie", noch kein übertriebenes Kontrebande-System die Herzen der Unterthanen dem Herrscher abwendig gemacht und die heilige Flamme des Patriotismus ausgelöscht. Der König hatte seine Einkünfte jährlich zu zehn Tonnen Goldes, Schlesien und Ostfriesland ungerechnet, erhöht und doch keine neue Steuer ausgeschrieben, keine alte erhöht, vielmehr statt dessen große

Summen zur Erleichterung der Verunglückten (und Kriegsbeschädigten), zur Austrocknung meilenlanger Moräste und zur Belebung der Gewerbe angewendet. Er hat in dieser zehnjährigen Periode 280 neue Dörfer angelegt, und in den ausgetrockneten Oder-Sümpfen von Swinemünde bis Küstrin, von Küstrin bis Wriezen, von Schwedt bis jenseits Stettin 3500 Familien angesetzt; und da, wo seit Jahrhunderten nur Frösche gequakt hatten, ließ er von jetzt an frohe Menschen sich ansiedeln und wohnen. Um den Handel Stettins zu erhöhen, wurde 1748 der Hafen an der Swine mit großen Kosten in einen guten Stand gebracht, und an dem dabei befindlichen Dorfe eine neue Stadt unter dem Namen „Swinemünde" erbaut. Von 1753 ab wurde der Oberbruch urbar gemacht, und heute noch verdankt diese ganze Gegend, in welcher damals der König 1178 Kolonisten ansiedelte, ihren bedeutenden Wohlstand den damaligen Meliorationen."

Allerdings waren nicht alle Maßregeln, welche Friedrich der Große im Interesse der Volkswirthschafts-Pflege ergriff, erfolgreich; und der Grund der Mißerfolge lag auch hier darin, daß er die Gesetze des Staats für stärker hielt, als die der Natur, und daß er von der freien wirthschaftlichen Thätigkeit der bürgerlichen Gesellschaft eine zu geringe, von der Staatsomnipotenz dagegen eine zu große Meinung hatte. Ich werde darauf noch zurückkommen.

Vorerst will ich noch Einiges sagen über die Finanzpolitik des Königs während der glücklichen und jugendfrischen Periode seiner Regierung und seines Lebens.

Bis gegen Ende des siebenjährigen Krieges hat Friedrich das Finanzsystem seines Vaters beibehalten. Er hatte das Programm: Vermehrung der Einkünfte ohne Schädigung der wirthschaftlichen Thätigkeit, ohne Einführung neuer Steuern und ohne Erhöhung der alten; Hebung des Verkehrs, insonderheit des Kommerziums und der Landwirthschaft.

Die Instruktion, welche auf Befehl des Königs am 1. Mai 1752 den pommerschen Aemtern zum Zwecke der besseren Bewirthschaftung der Domänen ertheilt ward, zeigt uns, wie er damals noch allen plusmacherischen Künsten fremd war. Er suchte die Erhöhung des finanziellen Ertrages ausschließlich in der intensiven Steigerung der Kultur und in der Verbesserung der Wirthschaft. Ob alle die Anregungen und Anweisungen, welche er mit unermüdlicher Sorgfalt in Betreff des Kartoffelbaues (1746 und 1748), des Baues und der Zubereitung des Weines (1748), des Anbaues von Esparsette und Luzerne (1756), von Anis, Saffran, Krapp, Rübsen, von Kümmel (1757) und von Hopfen (1743) ertheilte, landwirthschaftlich richtig und zweckmäßig waren, darüber wurde schon damals lebhaft gestritten. Gewiß aber ist, daß er, obgleich die Pachtperioden für die Domanialgüter sehr kurz waren, dennoch damals noch keine Plusmacherei trieb, sondern die Pächter längere Zeit hindurch in erneuertem, ungestörtem Besitz ihrer Pachtung und ihres Amtes ließ. Er verwandte auch auf die Pachtgüter beträchtliche Meliorationen, nur hielt er fest an dem Grundsatz: „Wo ich bezahlen soll, da will ich auch vorher gefragt sein", d. h. Alles selbst sehen und vorher genehmigen. Später (in der zweiten Periode) pflegte er seinen Pächtern auf dergleichen Anliegen zu antworten: „Auf diesem Ohre bin ich taub".

Mit gerechtem Stolz sagt der König in seinem Patente vom 3. Januar 1750, er habe alle Zollabgaben auf der Netze, der Warthe und der Oder für die aus Polen kommenden Schiffe aufgehoben, und er sei überhaupt stets geneigt, sein finanzielles Interesse zu opfern, um die wirthschaftlichen Zwecke zu fördern, „um nur den Zweck eines blühenden Kommerziums zu erreichen".

Er that sehr viel für Verbesserung der Wasserstraßen und für ein thunlichst vollständiges Kanalnetz. Namentlich erbaute er den heute noch so nützlichen Finowkanal. Der Gedanke der finanziellen Ausbeutung dieses Unternehmens lag ihm damals noch fern. Die Zoll- und Schleusen-Abgaben, wie solche durch Verordnung vom 15. Juni 1747 festgesetzt wurden, sind mäßig. Auch hier heißt es, man habe nicht hohe Verzinsung und Einnahmen, sondern die Steigerung der Benutzung des Kanals und die Belebung des Verkehrs in erster Linie im Auge, da „des Königs Intention bei Anlage des Finowkanals nicht gewesen, das Kommerzium zu beschweren, sondern vielmehr solches auf alle Art zu erleichtern". Auch für andere Wasser- und Land-Straßen hat der König während der Zeit von 1740 bis 1750 die Abgaben neu geregelt, aber nicht um die Sätze der Abgaben zu erhöhen, sondern um sie so zu vereinfachen, sowohl in Betreff der Höhe, als auch in Betreff der Erhebungsweise, daß sie dem Verkehr weniger zur Last fallen.

Die Peripetie, der Umschlag aus dem bisherigen guten System des Königs in das schlechtere, welches das letzte Vierteljahrhundert seiner Regierungs- und Lebenszeit beherrscht hat und charakterisirt wurde durch den bekannten Hexameter:

„Creverunt et opes et opum furiosa cupido",

nahm seinen Ursprung auf dem Gebiet des Münzwesens. Im Jahre 1744 schon hatte der König einen seltsamen Einfall. Wie er die Juden zwang, bei ihrer Verheirathung für schweres Geld irgend ein Schaustück aus seiner Porzellan-Manufaktur zu kaufen (der in dieser Weise dem berühmten Philosophen Moses Mendelssohn aufoktroyirte porzellanene Affe war auf der Berliner Gewerbe-Ausstellung von 1879 noch zu sehen), so zwang er sie von 1744 ab, das für die Münze erforderliche Silber zu liefern. Er legte nämlich allen jüdischen Familien die Verpflichtung auf, daß die reicheren 6 Mark, die minder reichen 4 Mark Silber alljährlich für den Preis von 12 Thalern per Mark der Münze liefern mußten, welche letztere dabei auf Kosten der Juden zwangsweise profitirte.

Offiziell wurde versichert, „daß die Gewinnsucht der Juden daran schuld sei, daß der Silberpreis um 14 Groschen gestiegen".*) Ob wohl Friedrich der Große selbst dies Ammen-Märchen geglaubt hat?

Im Uebrigen aber huldigte damals noch Friedrich II. bei Aus-

---

*) Wenn man doch heute, 1881, einige dieser „Juden" von 1744 haben könnte, damit sie machen, daß das Silber steigt und das deutsche Reich seinen Ueberfluß an diesem Metall zu gutem Preise los wird!

übung des Münz-Regals soliden Grundsätzen. Er ist der Urheber des „Preußischen Münzfußes", wie er seit dem 14. Juli 1750 bis zum Uebergange des deutschen Reiches zur Goldwährung bestanden. Der König folgte damals den Rathschlägen seines Münzkommissarius Johann Philipp Graumann, den er beauftragt hatte, „zum Besten des Landes und der Unterthanen" — nicht zum Besten des Schlagschatzes oder des Fiskus — „eine gute und heilsame Münzverfassung zu machen".

Als aber Graumann gestorben und an dessen Stelle ein General Retzow getreten war, den der König mit außergewöhnlichen Künsten begabt glaubte und „Mon petit Colbert" zu nennen pflegte, und als der bevorstehende Krieg, welcher ganz Europa in eine, dem Preußen-König wenig günstige Mitleidenschaft zu ziehen drohte, große Mittel erheischte, da trat zum ersten Mal der plusmacherische Versucher, der böse Geist der Kipper und Wipper, an den so einsichtsvollen und wohlmeinenden König heran; und dann ging es mit rasender Eile bergabwärts.

Schon 1755 begann man, in Aussicht auf den bevorstehenden kriegerischen Zusammenstoß, eine große Anzahl Friedrichsd'or unterwerthig auszuprägen, deren 145 Stück an Goldwerth nur gleich 100 Stück der Graumann'schen, nach der Münz-Ordnung von 1750, gleichkamen. Man beschwichtigte sein Gewissen mit der Ausrede: „Bah, wir in Preußen haben ja Silberwährung, mögen also diese neuen leichten Friedrichsd'or immerhin ihr Glück in dem Auslande versuchen." Man hatte damit die schiefe Ebene betreten; et „ce n'est que le premier pas, qui cout". Kurz danach, Ende 1756, schlug der gedachte Herr von Retzow, genannt der „kleine Colbert", dem großen König vor, auch unterwerthiges Silbergeld auszuprägen.

Der König wies Anfangs mit großer Entrüstung diesen Vorschlag zurück, da „derselbe offenbar seinen Landen zum höchsten Verderben gereichen würde"; allein, schon ergriffen von jenem Geiste der Handelsfeindseligkeit, welcher sich dem Nachbarn gegenüber Alles glaubt erlauben zu dürfen und auf jeden Wettbewerber den Satz anwendet: „Contra hostem omne licet", erließ er schon am 22. Januar 1757 eine Kabinets-Ordre des Inhaltes, „daß er allenfalls wohl die Ausmünzung von dergleichen schlechtem und infamem Gelde zulassen könne, wenn seine Armee erst im feindlichen Land stehe und das Geld hier ausgegeben werde".

Diese Idee verdichtete sich schnell zu einer verhängnißvollen Praxis. Als der Krieg gegen den König von Polen und Kurfürsten von Sachsen begonnen, verlieh der König einer Gesellschaft von „Münz-Entrepreneurs", ich weiß nicht, soll ich sagen: die Konzession, das Monopol, das Regal, oder aber den Kaperbrief und das Freibeuter-Privilegium, in den Münzwerkstätten des okkupirten (oder wie man damals mit einem neu erfundenen Ausdruck sagte, ad depositum, en dépôt, in Verwahrung, genommenen) Kurfürstenthums Sachsen unterwerthige Gold- und Silbermünzen mit sächsisch-polnischem Wappen und Gepräge auszuprägen, gegen die Verpflichtung, dafür der Kriegskasse einen sehr erheblichen Zuschuß zu zahlen, so daß also diese Kasse wenigstens an dem Ertrage des Geschäftes partizipirte. Wir, das jetztlebende Geschlecht der Deutschen, haben noch nach beinahe Fünfviertel-Jahrhundert unter den damals in der Pleißenburg in Leipzig von den privilegirten Münz-Entrepreneurs (richtiger Falschmünzern) in enormer Menge geprägten sächsisch-polnischen Zehngroschen- (damals Achtgroschen = 1 Mark) Stücken gelitten. Als nämlich Deutschland während der siebziger Jahre zu seiner Münz-Reform schritt und die alten Silbermünzen der einzelnen deutschen Territorien einzog und einschmolz, schied man diese polnischen Drittelthaler-Stücke hiervon aus. Erstens waren sie denn doch gar zu verzweifelt unterwerthig. Zweitens sagte Preußen: „Sie sind sächsisch". Drittens sagte Sachsen: „Sie sind preußisch"; und endlich sagten Alle:

— „Sie sind polnisch; sie sind überhaupt keine deutschen Münzen, folglich ist das deutsche Reich nicht verpflichtet, sie einzulösen."

Und dabei behielt es sein Bewenden. Sie wurden außer Kurs gesetzt und nicht eingeschmolzen. Der Verlust traf die damaligen „Beati Possidentes", die ohne Zweifel sehr unschuldig waren. So werden auch auf wirthschaftlichem Gebiet die Sünden der Väter heimgesucht an den Enkeln bis zum siebenten Grade.

Nach dem ursprünglichen Plane also wollte der König mit „diesem schlechten und infamen Gelde" nur das Ausland beglücken; allein als im Jahre 1758 der Vertrag mit den „Entrepreneurs" ablief und der König des Geldes bedürftiger war als jemals, sah er sich auf Anbringen dieser Gesellschaft, welche nur unter dieser Bedingung den Vertrag erneuern und die Zahlungen fortsetzen wollte, genöthigt, die weitere Konzession zu machen, daß diese schlechten „sächsischen" Münzen auch in Preußen zugelassen und an den königlichen Kassen für voll angenommen werden sollten. Die preußischen Münzen wurden zwar vor wie nach in Uebereinstimmung mit dem Münzfuß von 1750 ausgeprägt; allein was konnte Das helfen? Bekanntlich wird stets das gute Umlaufsmittel von dem schlechten aufgefressen oder aus dem Lande getrieben. Die gute Münze wich der schlechten, auch wurde sie vielfach in letztere durch neue Prägung umgewandelt.

Und nun kamen die Kleinfürsten aus allen Ecken und Enden des deutschen Reiches und beeilten sich, dem großen König, dessen große Thaten sie nicht nachmachen konnten, wenigstens in der Münzverschlechterung nachzunahmen. Es war ein Rückfall in die schlimmsten Zeiten der Kipper und Wipper. All diese kleinen Herren, welche sich des Münzregals und einer Münzstätte erfreuten, prägten noch weit unwerthiger, suchten aber ihr schlechtes Geld dem preußischen möglichst ähnlich zu machen. Die Herren „Münz-Entrepreneure", nicht zufrieden mit dem Unfug, welchen sie unter polnisch-sächsischem Namen trieben, erkauften sich für 200 000 Thaler von dem Herzog von Anhalt-Bernburg das Recht, in dessen Münzstätte zu Harzgerode noch weit unwerthigere Münzen zu prägen; und sie machten auch diese den preußischen möglichst ähnlich. So sehen wir denn die preußischen Lande von allen Seiten bedroht von einer furchtbaren Invasion „schlechter und infamer" Münzen. Und Preußen konnte sich, nachdem es einmal selbst das Signal zu diesem Mißbrauch des Münzregals gegeben, dagegen nicht wehren.

Anfangs versuchte es wenigstens dergleichen. Allein alle Verbote, trotzdem daß man sie von Zeit zu Zeit erneuerte und verschärfte, erwiesen sich wenig wirksam. Und endlich begann man selbst, die Verbote zu durchbrechen und zu durchlöchern.

Am 6. April 1759 erließ das Königlich Preußische Feld-Kriegs-Direktorium in Sachsen — ob auf Befehl oder mit Wissen des Königs, ist nicht zu ermitteln — eine Verordnung, die von den „Münz-Entrepreneurs" mit Anhalt-Bernburgischem Stempel geprägten schlechten Fünf- und Zehn-Groschenstücke nicht nur im Handel und Wandel kursiren zu lassen, sondern auch bei den Steuerkassen anzunehmen; „da sie jetzt etwas besser ausgeprägt würden", fügte man wahrheitswidrig hinzu. Diese Zulassung war jedoch beschränkt auf die sächsischen Lande.

Als aber 1759 abermals der Vertrag mit den Münzverschlechterern ablief, und die Finanznoth größer war als jemals, sah sich der König genöthigt, auch den Schritt zu thun, gegen den er sich so lange gewehrt hatte. Er mußte sich den härtesten Bedingungen unterwerfen. Am 18. Februar 1760 erging eine Bekanntmachung, „der König habe bei Schließung eines anderweitigen Münz-Kontraktes mit den Münz-Entrepreneurs Ephraim und Genossen darin kondeszendiret", daß alle von denselben ausgeprägten Münzen ohne Unterschied (also auch die Bernburger) „in den Königlichen Landen kursiren sollten". Natürlich begannen nun die Bernburger Münzverschlechterer die preußischen Lande mit ihrem Fabrikat zu überschwemmen.

Das intelligente Publikum suchte sich dagegen zu wehren. Im August 1762 beschwerte sich z. B. die Stettiner Kaufmannschaft über die „neuen Bernburger", welche noch viel schlechter seien als die alten, und fragte bei den Ministern an, ob denn auch diese Sorte Geld für Seiner Majestät Rechnung ausgemünzt würde, und ob man gezwungen sei, es im Handel und Wandel anzunehmen. Die Minister fragten den Münz-Direktor. Dieser verweigerte jede Beantwortung der Interpellation, „darüber könne er keine Rede und Antwort stehen, das sei Sache des Generallieutenants von Tauentzien".

Welch ein anarchischer und desultorischer Zustand!

Der genannte General von Tauenzien aber brachte bald eine verhängnißvolle Klarheit in die Sache. Er setzte, auf Betreiben der Münzverschlechterer, es durch, daß in allen preußischen Landen ein Zwangskurs eingeführt wurde, nicht nur für die schlechten sächsischen, sondern auch für die noch schlechteren Bernburger Münzen. Nun regnete es Geld- und Gefängnißstrafen, ja sogar Prügel wider alle Die, welche das Bernburger Geld nicht annehmen wollten, gegen Die, welche, um den Schaden wieder auszugleichen, die Preise ihrer Waaren erhöhten, ja sogar gegen Die, welche ihre Geschäfte schlossen, um dem Zwang zur Annahme von Bernburgern aus dem Wege zu gehen. Aber es half Alles nichts. Handel und Verkehr litten mehr unter der Störung des Geldumlaufes, als unter dem so kolossalen Drucke des schier endlosen Krieges. Am meisten litten darunter die armen Soldaten, welche ihren Sold in den schlechten Münzen aus-bezahlt erhielten und sie trotz aller Strafen nicht an den Mann bringen und sonach die dringendsten Bedürfnisse nicht befriedigen konnten.

Der Verlauf dieser Geldwirthschaft in dem sonst so sorgfältig geregelten und strenge überwachten Staatswesen einer legitimen Monarchie erinnert auf Schritt und Tritt an die Assignaten-Wirthschaft in dem durch und durch erschütterten und aufgelösten revolutionären Frankreich zu Ende desselben Jahrhunderts. Hier wie dort glaubte man dadurch helfen zu können, daß man zu immer härteren Maß-regeln schritt; allein auch der noch so sehr gesteigerte Terrorismus erwies sich als unwirksam gegen die Grundgesetze über den Umlauf des Geldes. Er vermochte nicht, dem „schlechten und infamen Gelde" einen Werth zu geben, den es nicht hatte. Die Kaufkraft desselben sank trotz allen Zwanges immer tiefer.

Die lebhaften Beschwerden, welche aus allen Theilen des Landes laut wurden, vermochten nichts daran zu ändern. Die Minister sahen wohl ein, wie begründet diese Beschwerden waren, aber sie zitterten vor dem Zorn des Königs und wagten nicht einmal eine ehrfurchtsvolle Gegenvorstellung zu machen gegen die Anordnungen, die aus der Ferne ergingen.

Erst als bei den öffentlichen Kassen nichts mehr einging als entwerthete Münzen, begann man auch vom fiskalischen Standpunkt aus die Mißstände zu erkennen.

Allein wie suchte man denselben abzuhelfen? Zunächst dadurch, daß man für alle Zoll- und Lizenzabgaben, für die Salzgefälle, für Land- und Wasserzölle, Kanalgelder u. s. w. einen Aufschlag dekretirte und immer höher steigerte, und dann dadurch, daß man verfügte: alle Abgaben dürften nicht mehr in sächsischer und bernburger, sondern nur noch in brandenburgischer Münze bezahlt werden. Letzteres war einfach unmöglich. Denn wie vorauszusehen war, hatte das schlechte Geld das gute vertrieben. Daran waren die Verirrungen der gouvernementalen Münzpolitik schuld; da man aber immer einen Sündenbock haben muß für die Fehler, die man selber begangen, so sagte man, „die herumreisenden Juden hätten das gute Geld bis zum letzten Fünfgroschenstück aufgekauft und außer Landes gebracht". Alle Juden der Welt hätten dies natürlich nicht vermocht, wenn nicht die Regierung durch die geschilderten, sich immer mehr steigernden Mißgriffe einen solchen Erfolg unvermeidlich gemacht hätte; ob es aber Juden oder Christen waren, ist schwerlich zu ermitteln, hebt und legt aber auch durchaus nichts an der Sache. Hat doch auch der berühmte Voltaire, der bekanntlich als guter Katholik gestorben, ebenfalls einen nicht sehr loyalen Gewinn aus dem von seinem Freunde, dem König, angestifteten Münzwirrwarr bezogen.

Schließlich aber folgte, was folgen mußte: ein Münz-Krach, ein staatlicher Partialbankerott auf dem Gebiete des Münzwesens. Man reduzirte die Geltung der sächsischen und bernburger Münzen auf ihren Metallwerth und begann wieder besseres Geld auszuprägen. Endlich am 18. Mai 1763, setzte man überhaupt dem Umlaufe der schlechten Münzen ein Ende, und abermals waren es die glücklichen oder vielmehr unglücklichen letzten Besitzer, welche Hab und Gut daran verloren.

Man hatte nur das Ausland, mit welchem man im Krieg lebte, zu schädigen gedacht, allein die Pest, welche das zirkulirende Medium ergriffen hatte, mußte sich, wie wir gesehen haben, ausdehnen auch auf das Land, dessen Herrscher den ersten Anstoß zu ihrer Entstehung gegeben, und Friedrich II., der nur äußersten Falles „dergleichen schlechtes und infames Geld im feindlichen Lande prägen und ausgeben" wollte, war es, welcher demselben Allerhöchstselbst den Weg in seine eigenen Lande bahnen mußte, so daß Preußen nicht weniger litt, als das unglückliche Sachsen.

Wie viel Geld der König von seinen „Münz-Entrepreneurs" bezahlt erhalten und wieviel er sonst aus seiner Münz-Verschlechterung Nutzen gezogen, hat er mit Sorgfalt verheimlicht, und es wird schwerlich jemals ermittelt, wie hoch die Beträge gewesen. Aber man wird wohl nicht fehl gehen, wenn man annimmt, daß der Schaden der Unterthanen zehn Mal so groß war, als der Nutzen des Königs, und daß die Ersteren viel weniger gelitten haben würden, wenn ihnen der König direkt und ohne die höchst kostspielige Vermittlung der „Entrepreneurs" das Geld abgenommen hätte, sei es durch eine allgemeine Kriegssteuer oder wie sonst. Da sich die Schädigung auf indirektem Wege bewerkstelligte, so wurde sie anfangs — das muß zugegeben werden — nicht so schmerzlich empfunden, aber das war denn doch nur eine grausame Täuschung, welche das Uebel verzehnfachte, indem sie es hinausschob in eine Zeit, wo das Volk es weit weniger zu ertragen im Stande war, und welche schließlich die Vertheilung der Last und des Schadens dem blinden Zufall anheimstellte, indem sie eine gerechte, vorsorgliche und schonende Vertheilung unmöglich machte.

Ich habe deshalb mich bei dieser Geschichte der Münz-Wirren etwas länger aufgehalten, weil dieselbe ein lehrreiches Beispiel bietet, wie das Abweichen von gesunden volkswirthschaftlichen Grundsätzen, auch wenn es anfangs ein unverfängliches Ansehen hat, so daß die Indifferenten geneigt sind, dies für eine „offene Frage" oder für eine „Angelegenheit der Praxis" zu erklären, mit jedem Schritte tiefer in das Verhängniß führt, indem die verkehrten Maßregeln die Tendenz zeigen, sich von Innen heraus immer mehr zu steigern und zu schärfen, und in ihrer konsequenten Entwickelung eine solche Macht offenbaren, daß sie sogar den thatkräftigsten König unter ihr Joch beugen und ihn zwingen, jeden Tag mehr von seinen wohlmeinenden Gesinnungen und seinen aufgeklärten Grundsätzen einem Konsortium zu opfern, dem er gehorcht, obgleich er es haßt und verachtet.

II. Zweite Regierungs-Periode.

Als endlich der lange und verheerende Krieg ein Ende gefunden, war der Staat und das Land gleichmäßig erschöpft. Auch der große König war ein anderer geworden. Die schrecklichen Wechselfälle des Krieges, die unerhörten Strapazen, die aufreibenden Sorgen hatten ihm die körperliche und geistige Elastizität und Frische genommen, die Menschenverachtung und das Mißtrauen, wozu er von Natur einige Anlagen hatte, bedeutend gesteigert und ihn in eine einseitige Richtung gedrängt. Von nun an wollte er im Frieden verwalten, in derselben Weise, wie er im Kriege kommandirt hatte. Er duldete keinen Willen neben oder unter dem seinigen. Ja, nicht einmal eine Meinung! Auch die bürgerliche Gesellschaft sollte gleich der Armee seinen Winken folgen. Er betrachtete dieselbe als Maschine und als Werkzeug. Wie es im Kriege die Nothwendigkeit zum Oefteren erfordert, Menschen zu opfern, so wollte er — und seiner Meinung nach konnte er es nicht — auch im Frieden seine Unterthanen nicht schonen. Der Staat ging über Alles. Außer ihm gab es nichts, das irgend eine Rücksicht verdiente. Er wollte Alles selbst und Alles allein, vor Allem aber Alles für den Staat machen. Seine Minister meinten, man müsse nunmehr die ganze Regierungs-Thätigkeit auf den einen Punkt konzentriren, wie man das ausgesogene Land und das niedergetretene Volk wieder aufrichte, schone und erleichtere. Davon wollte der König nichts wissen.

Er hatte nichts im Auge, als Wiederansammlung eines möglichst großen Kriegsschatzes, Retablissement der Armee, Vermehrung und Stärkung derselben. Er verlangte eine Vermehrung der Einnahmen um viele Millionen jährlich. Seine alten preußischen Kameralisten versicherten, so viel sei zur Zeit unmöglich aus dem armen Lande herauszuschlagen. Er beehrte die gewissenhaften Beamten mit nicht sehr schmeichelhaften Titeln und endete damit, seine Generalkommission bei Seite zu schieben und eine neue, aus Franzosen bestehende Behörde, genannt „Administration générale des accises et péages" einzusetzen, welche er selbst ganz allein vom Kabinet aus regierte.

Indem ich zur Schilderung dieser „Regie" schreite, folge ich im Wesentlichen dem Buche „Von Schlesien, vor und nach dem Jahre MDCCXXX, Freiburg 1785", über das ich hier ein paar Worte sagen muß; denn es ist eine wichtige Quelle für die Geschichte der Staatswirthschaft Friedrichs des Großen und die dadurch hervorgerufenen ökonomischen Zustände des Volkes und des Landes.

Das zweibändige Buch giebt sich in der Vorrede für die Uebersetzung eines englischen Werkes aus, betitelt „Accounts from Silesia. With remarks on the Austrian and Russian Governments", London 1778. Die Wahrheit ist, daß ein solches englisches Original gar nicht existirt. Das deutsche Buch ist vielmehr das Original, und zwar ein sehr werthvolles, das die Biographen des großen Königs nicht genug berücksichtigt haben. Der Verfasser, Herr von Kleeber und Hellseborn, Schweizer von Geburt, seit 1758 in preußischen Diensten, 1795 als Geheimer Rath und Kammerdirektor in Breslau gestorben, ist allerdings in der englischen Geschichte, Politik und Literatur sehr wohl bewandert, wie seine zahlreichen Exemplifikationen auf England und seine Zitate aus englischen Autoren beweisen. Allein das ist nur eine Maske, die er vornimmt, weil er nicht ohne Besorgniß war, sein „Aus der Schule Schwatzen" und sein unabhängiges und freimüthiges Urtheil (auch über amtliche Dinge) könne Anstoß erregen, obgleich er als Autor im Großen und Ganzen Friedrich vertheidigt, ja sogar bewundert. In den Thatsachen ist er zuverlässig, in der Darstellung anschaulich, im Urtheil erfahren; denn er kennt nicht nur die preußisch-schlesischen Einrichtungen, sondern auch die in den übrigen deutschen Landen, die in Oesterreich, England und Frankreich. Lehrreich ist besonders der zweite Band, welcher eine Darstellung der staatswirthschaftlichen Einrichtungen Friedrichs in Schlesien und eine Vergleichung derselben mit den Institutionen der anderen deutschen Provinzen und der österreichischen Staaten enthält, eine Darstellung, die ich an verschiedenen Stellen meiner Auseinandersetzung benutzt habe.

In Preußen sind stets die neu erworbenen Provinzen besser behandelt worden, als die alten, und so hat denn auch Friedrich Schlesien mit der entsetzlichen Maschinerie von Monopolen, Regalien und sonstigen fiskalisch-polizeilichen Maßregeln, welche die wirthschaftliche Thätigkeit der bürgerlichen Gesellschaft bevormunden, hemmen und unterdrücken, zugleich aber auch alle Lebensbedürfnisse vertheuern, mehr verschont; ja sogar seinen schutzzöllnerischen Feuer-Eifer hat er hier gemäßigt und den Grenzverkehr, namentlich mit Böhmen und Mähren erleichtert.

Er beschränkte in Schlesien seine Besteuerung auf die Accise in den Städten und die direkte Steuer auf dem flachen Lande.

Nach dem siebenjährigen Kriege nun zeigte sich ein entschiedener Rückgang in der Einnahme der Zoll- und der Accise-Kassen, nicht nur in Schlesien, sondern auch in den anderen Provinzen. Die Volks-Zahl, der Wohlstand, der Verbrauch der accise- und zollpflichtigen Waaren hatten abgenommen. Der lange Krieg hatte eine Menge Menschen außer Nahrung gebracht und andere in einen Zustand der Verwilderung versetzt, in welchem sie die Gefahr weniger scheuten, als die Arbeit. Sie warfen sich auf den Schmuggel, der damals lohnender war, als jeder andere (solide bürgerliche) Erwerbszweig, namentlich seitdem Friedrich die Zoll- und Accise-Sätze erhöht hatte. Er hätte wissen können, daß in der Zollpolitik manchmal zweimal vier nicht acht, sondern nur drei ist, das heißt, daß unter solchen Umständen der erhöhte Zollsatz weniger einträgt, als der niedrige.

Leider wußte er es nicht, und statt den in Obigem angedeuteten Ursachen nachzuforschen, glaubte er, — mißtrauisch wie er war, mißtrauisch gegen Jedermann, und vielleicht am meisten da, wo zum Mißtrauen am wenigsten Grund war, — seine preußischen Beamten seien schuld daran, sei es durch Unzuverlässigkeit oder durch Dummheit.

Das Unglück wollte, daß gerade in diese Zeit des Königlichen Mißmuthes über die Ebbe der Kassen der Aufenthalt des französischen Millionärs und Schriftstellers Helvetius in Sans-Souci fiel, dessen materialistische Philosophie dem König außerordentlich zusagte, und daß dieser Philosoph nicht nur Verfasser des vielgelesenen Buches „de l'esprit", sondern auch Generalsteuerpächter in Frankreich war, welche Pacht ihm Jahre lang eine Rente von 100 000 Thalern jährlich verschaffte. Helvetius benutzte die drei Monate seines Aufenthaltes, während dessen er fast täglich mit dem König verkehrte und sein Vertrauen in höherem Grade gewann, als es den einheimischen bewährten Beamten vergönnt war, dazu, den König zum Uebergang zu dem französischen Regie-System zu bewegen; mit den direkten Steuern, so überredete ihn der philosophische Generalpächter, sei es überhaupt nichts; da sei nicht viel herauszuschlagen; eine thunlichste Vermehrung und Erhöhung der indirekten Steuern oder eine Ausdehnung derselben auf alles und jedes, was nur irgend wie dem menschlichen Gebrauch dienen könne, auch auf die geringfügigsten und den unteren Klassen dienenden Sachen (denn die Menge müsse es bringen), werde die reichlichsten Erträge liefern; freilich könne man das mit so unbeholfenen und sterilen Köpfen, wie mit den preußischen Beamten, nicht machen; er, Helvetius, werde ihm eine Anzahl französischer Finanzkünstler schicken, welche ihre hohe Schule bei den französischen Generalpächtern gemacht hätten und selbst den letzten Groschen aus den verborgensten Verstecken herauszulocken verständen, ohne daß die Leute es merkten. Leider ließ sich der König überreden und schuf eine Einrichtung, bei welcher er zwar an Geld vielleicht etwas gewann, aber die Liebe seiner immer mehr verarmenden Unterthanen verlor, die er früher durch seine kühne Politik und seine glücklichen Kriege im höchsten Maße erworben.

Zwar zu dem Institut der Generalpächter konnte sich der König doch nicht entschließen, aber er schuf etwas dem Aehnliches. Er bildete aus den Franzosen, die ihm Helvetius schickte, eine „General-Zoll- und Accise-Administration", gewöhnlich „die Regie" genannt, und gab Jedem der Fremdlinge, deren Zahl sich noch immer vermehrte, einen festen Jahresgehalt von 12 000 Thalern und eine Tantième, die sich etwa eben so hoch belief. Ein solcher Regie-Franzose hatte also ein jährliches Einkommen von etwa 24 000 Thalern, während ein preußischer Minister nicht mehr als 4000 Thaler bezog. Natürlich versicherten diese Helvetius-Männer den König sofort, auch zu Unterbeamten seien die Preußen absolut nicht zu brauchen. Und so begann denn jene feindliche Invasion der Franzosen in die friedlichen Staaten eines siegreichen Königs; die alten invaliden Soldaten, welche bisher in diesem Dienste Verwendung gefunden hatten, wurden „als zu dumm" (trop bête) entlassen. Niemals ist die Sucht der Deutschen, die abgelegten und verbrauchten Kleidungsstücke der Franzosen zu tragen, auf eine unheilvollere Weise zum Ausbruch gekommen. Das Ausland erging sich in Spottreden darüber.

Der englische Gesandte Mitchel sagte: „Vormals sind eines Tags die Franzosen von den Preußen geschlagen worden (bei Roßbach), heute aber werden jeden Tag die Preußen von den Franzosen geschlagen, in allen Städten und an allen Grenzen der preußischen Monarchie."

Es langte, schreibt Herr von Kleeber, 1766 eine Kolonie von französischen „Regisseurs" und „Commis" an, auf der Post, zu Pferde, auf Eseln und zu Fuß, in den preußischen Landen. Sie errichteten in Berlin eine „Regie" und schickten „Directeurs", „Inspecteurs", „Visitateurs", „Controleurs", „Commis" und „Plombeurs" nach allen Provinzen, daneben auch noch ganze Brigaden von „Anti-Contrebandiers" zu Pferd und zu Fuß an die Grenzen. Man sah nichts mehr, als Himmel und Franzosen.

Diese Fremdlinge erließen eine Menge Ordnungen, welche, auch abgesehen von der fremden Sprache, Widersprüche und Verwirrung hervorrufen mußten, da deren Urheber die bisherigen Zoll- und Accise-Verordnungen, die übrigen bestehenden Gesetze und deren Begründung nicht kannten, auch sich gar nicht dazu herabließen, von ihnen Kenntniß zu nehmen.

Sie führten eine Menge von Zetteln, Attesten und Quittungen ein. Für diese mußte eine Gebühr, und wenn man sie verlor, auch noch eine Strafe bezahlt werden. Diese Zettel-Gelder waren an sich schon eine neue Steuer, und diese Steuer floß nicht in die Kasse des Königs, sondern in die der Franzosen. Den Eingeborenen war es kaum möglich, diese hunderte in fremder Sprache abgefaßten Zettel und Verordnungen kennen zu lernen, geschweige denn sie zu befolgen und den Strafen zu entgehen. Dazu kam dann noch die außerordentliche Beschwerlichkeit, Zeitversäumniß und Vergeudung an Mühe und Kräften. „Wenn Jemand, der einen Eimer Wein aus Böhmen erhalten, mit der Bezahlung der Abgaben für denselben an einem Tag fertig wird, — bis er überall nachgefragt und Auskunft erhalten, alle die verschiedenen Bureaux abgelaufen und sich die Dutzende kleiner Zettel, deren er bedarf, um Bestrafung zu meiden, eingesammelt und in seiner Hand hat — dann hat er von Glück zu sagen", schreibt Kleeber.

Die Strafen waren enorm. Sie wurden von Ausnahme-Gerichten verhängt, deren Mitglieder ebenfalls Franzosen waren und zur „Regie" gehörten. Dieselben erhielten Tantièmen von allen Geldstrafen, die sie erkannten, weshalb sie eine gewisse Idiosynkrasie gegen Freisprechungen hatten. Ein solcher gewöhnlicher „Juge d'Attribution" stand sich auf jährlich tausend Thaler Strafantheile, ein Oberrichter auf fünftausend Thaler. Selbst dem König, dem Urheber dieses Treibens, war dasselbe doch zuweilen zu arg. Als die Regie-Richter einen Soldaten, der ein Röllchen Tabak verschwiegen, zu hundert Thalern Strafe verurtheilt hatten, schrieb der König an den Rand des Straferkenntnisses: „Man soll mir erst einmal begreiflich machen,

wie ein Soldat von acht Groschen Löhnung hundert Thaler bezahlen kann."

Ich will die Kritik des Herrn von Kleeber wörtlich hierher
setzen. Man darf dabei nicht vergessen, daß er ein enthusiastischer
Verehrer des großen Königs, daß er dessen Kriegs- und Domänen-
Rath, später Geheimrath und Kammer-Direktor war und daher stets
geneigt ist, den König zu vertheidigen, oder wenigstens zu entschul-
digen und möglichst gelinde zu beurtheilen.

Kleeber schreibt im Jahre 1783:

„— Es ist ein Geheimniß für das Publikum, ob durch diese
Regie die Einkünfte des Königs merklich vermehrt worden sind;
aber soviel kann man aus den Klagen der Unterthanen abnehmen,
daß diese zehnmal mehr beschwert zu sein glauben, als vorher.
Es ist natürlich, daß ein deutsches Volk schon deshalb wider diese
Einrichtung eingenommen sein muß, weil sie von Franzosen herrühret,
denen man immer die Neigung zuschreibt, sich auf Kosten der Deutschen zu überheben und zu bereichern. Sie werden als Feinde angesehen. Da der große Haufen der Einwohner sich nicht überzeugen
kann, daß die Strenge dieser fremden Zoll- und Accise-Verwaltung
den Nutzen der königlichen Kasse zum Endzweck habe, so hält ein
Jeder dasjenige, was er ihrer Wachsamkeit durch Kontrebande entziehen kann, für rechtmäßige Beute.

Eben so wenig glaubte das Publikum, seit dieser Zeit, daß die
Erhöhungen des Zolles auf eingehende fremde Waaren die Beförderung der inländischen Erzeugnisse und Fabriken zur Absicht habe.
Die Regie, heißt es, braucht dieses nur zum Vorwand, um
ihre gegenwärtige Einnahme zu verstärken, unbesorgt um den Schaden,
den der Handel des Landes in der Folge dadurch leiden muß. Es
wird dabei immer als wahrscheinlich vorausgesetzt, daß diese französischen Staatswirthe sich keine lange Dauer ihrer Verwaltung versprechen, und also gleich den Pächtern, die ein Landgut auf einige
Jahre gemiethet haben, mehr darauf bedacht sind, allen möglichen
Nutzen daraus zu ziehen, — was man in unserer heutigen „Salon-

sprache" vulgariter „auspowern" nennt —, als ihren Nachfolgern oder dem Eigenthümer gute Ernten zu bereiten. Die Vorsicht, welche schon einige Regie-Bediente gebraucht haben, sich mit guter Beute wieder nach Frankreich zurückzuziehen, bestätigt diese Vermuthung.

Es ist also nicht zu verwundern, daß wenig preußische Unterthanen es für ein Verbrechen gegen den Staat und die Unterthanenpflicht halten, Zoll- und Accise-Diener zu betrügen, und Schleichhandel zu treiben. Von der Menge der entdeckt werdenden Kontrebanden kann man einen Schluß auf das Bestreben zu kontrebandiren machen; es ist glaublich, daß dieses Bestreben nur in den wenigsten Fällen vereitelt wird. Oft geschehen dergleichen Unternehmungen mit gewaffneter Hand, noch öfter mit Wissen und Theilnehmung der Aufpasser. Die Franzosen selbst bewundern die listigen Erfindungen, durch welche dergleichen Zoll- und Accise-Unterschleife ausgeführt werden. Alle Bemerkungen stimmen darin überein, daß gegenwärtig mehr Waaren heimlich ohne Zoll und Accise eingebracht werden, als vorher, und daß der Handel seit 1766 alle Jahre abgenommen hat.

Da der König von Preußen bei allen vorhergehenden Finanz-Einrichtungen die Absicht gezeigt hat, selbige seinen Unterthanen so wenig als möglich beschwerlich zu machen, so ist kaum zu glauben, daß er von den Klagen und von dem Widerwillen wider die französische Regie unterrichtet sein kann. Denn diese Regie hat nun schon über zehn Jahre lang eine fast eigenmächtige und von anderen Landeseinrichtungen unabhängige Autorität in Ansehung der Zoll- und Accise-Abgabe behauptet. Man bemerkt ihr Bestreben, auch die Bewohner des platten Landes in Ansehung der accisebaren Sachen unter ihre Verwaltung zu ziehen und sich des ausschließenden Verkehrs mit fremdem Wein, Tabak, Kaffee, Branntwein u. s. w. unter dem Namen eines königlichen Regals zu bemächtigen."

So weit Herr von Kleeber.

Dieses verderbliche französische System, durch welches in Frankreich die Revolution von 1789 heraufbeschworen worden ist, hat bis zum Tode des Königs in wachsender Kraft gestanden. Es hat während dieser einundzwanzig Jahre des Friedens die Vermehrung der Bevölkerung und die wirthschaftliche Entwickelung des Landes mit eisernem Drucke niedergehalten. Hätte es Friedrich der Große bei der Finanzpolitik seines Vaters, welcher ja auch er anfangs gehuldigt, belassen, so würde er zwar seine Kasse nicht so schnell, aber desto nachhaltiger gefüllt haben. Er hätte einen weit größeren Staatsschatz, als in seinen eisernen Schränken und feuerfesten Gewölben, in der Steuerkraft seines stets so opferwilligen Volkes ansammeln können, und mit dem wachsenden Wohlstande des Landes würde der Ertrag der Abgaben, auch ohne daß man die Einheitssätze erhöhte, sich nicht plötzlich, sondern nach und nach weit höher gesteigert haben. Dies war die Wirthschafts-Politik Friedrich Wilhelms III. in der Friedenszeit nach 1815. Auch hätten die gewissenhaften und treuen preußischen Beamten nicht den Löwen-Antheil für sich vorweg genommen, wie es die französischen „Fermiers" thaten, welche nicht nur dem Volk sein Vermögen wegnahmen, sondern auch den König der Liebe seines Volkes beraubten.

Nach dem Tode des großen Königs wurde nicht nur die Regie abgeschafft, sondern man wollte auch den Franzosen, die solche dirigirt hatten, zu Leibe gehen. Der Chef der „Regie", Geheimer Finanzrath de la Haye de Launay wies jedoch nach, daß alle die eigenthümlichen Geschäftsmanipulationen, wegen deren man ihn anklagen wollte, auf direkter Anordnung Friedrichs beruhten. Er veröffentlichte auch einen „Compte rendu au Roy", worin er seine Verwaltung vertheidigte, indem er nachzuweisen versucht, daß die Regie während der einundzwanzig Jahre ihres Bestehens in der Brutto-Einnahme ein Plus von 42 718 656 Thalern geliefert habe. Er berechnet das Plus nach den letzten Etatsjahren vor der Einführung der Regie, d. h. nach den Accise- und Zoll-Einnahmen von 1765 auf 1766, und schreibt das Mehr den Verdiensten der Regie zu. Dagegen ist folgendes zu bemerken:

Erstens ist die Summe, die er herausrechnet, sehr übertrieben. Dann aber nimmt er keinerlei Rücksicht darauf, daß seit 1766
1. sich Preußen um den Netze-Distrikt und Westpreußen vergrößert, woran die Regie unschuldig war;
2. daß man die Einheitssätze der bestehenden Abgaben wesentlich und wiederholt erhöht und fortwährend neue eingeführt, für Erhöhung der Strafgelder u. s. w. gesorgt, die Erhebungskosten vermehrt und jedenfalls dem Volke viel mehr abgenommen, als dem König gegeben hat. Dem finanziellen Plus gegenüber aber steht ein großes wirthschaftliches Minus.

Die Regie zeigt sich also im schlechtesten Lichte. Dies schließt nicht aus, daß de la Haye in seiner Art ein ehrlicher Mann war, und daß, wenn man einmal das französische Regime wollte, man es nehmen mußte mit seinen berechtigten Eigenthümlichkeiten, aber auch mit seinen Fehlern. Der König hätte es eben nicht einführen dürfen, oder, nachdem er gesehen, daß es, bei höchst zweifelhaften finanziellen Verdiensten, wirthschaftlich nur Mißerfolge aufzuweisen hatte, bei Zeit wieder abschaffen sollen. Wenn überhaupt die Regie einen erheblichen Ueberschuß in den Brutto-Einnahmen erzielt haben sollte, so hat sie dies nur durch Steigerung der Zölle und Verbrauchs-Abgaben, durch Mehrbelastung, namentlich der ärmeren Klassen, und durch Vertheuerung der nothwendigsten Lebensbedürfnisse bewerkstelligt, gleichzeitig aber auch die Erhebungs- und Verwaltungskosten in weit höherem Grade gesteigert.

Wenn der König, welcher so oft sich dahin ausgesprochen, daß er zwar die Staats-Einnahmen steigern müsse, daß es aber sein ausdrücklicher Wille sei, daß dies nicht geschehen dürfe durch höhere Belastung der unteren Klassen, unter dem französischen Regime auch auf dem Gebiete der Accise und der Zölle, der Regie, der Monopole und Regalien, zu dem entgegengesetzten Verhalten getrieben wurde — ganz eben so, wie wir dies oben auf dem Gebiete des Münzwesens sahen —, wenn der König allen Gegenvorstellungen seiner alten bewährten preußischen Beamten kein Gehör mehr schenkte und die von diesen vertretenen und von ihm selbst beinahe zwanzig Jahre lang festgehaltenen soliden und ruhmvollen finanziellen Traditionen seines königlichen Vaters, den Einflüsterungen seiner französischen Quacksalber, Wunderdoktoren und Schwarzkünstler folgend, als „veralteten Schlendrian" brandmarkte, so ist das nur aus einem Gesichtspunkte zu begreifen.

Je älter nämlich der König wurde, desto mehr wurde er beherrscht von der Begierde, „kein Geld aus dem Lande zu lassen" und wo möglich Alles in einer besonderen Kasse zu vereinigen, über die er ganz allein verfügte unter Ausschluß seiner Minister und obersten Räthe. Die von der Regie beschafften Mehreinnahmen, sowie die sonstigen Einnahmen aus den von dem Könige neugeschaffenen und aus seinem Kabinet geleiteten Finanz-Einrichtungen, flossen nämlich nicht in die ordnungsmäßigen Kassen der Steuer- und der Domänenverwaltung, d. i. in die General-Kriegs- oder die General-Domänen-Kasse, sondern wurden direkt zu Händen des Königs oder zu seiner Verfügung gehalten. Sie gehörten zu den reservirten Dispositions-Geldern, über welche der König allein verfügte ohne Mitwirkung und ohne Vermittelung irgend eines Ministers. Auch in anderer Weise vermehrte der König die Mittel dieses Dispositionsfonds. Wenn z. B. die Inhaber von Pensionen, welche auf irgend eine öffentliche Kasse angewiesen waren, starben, ohne daß ein Anderer in ihre Pensionsberechtigung eintrat, so ließ der König auch die Pensionsbeträge von nun an in diesen seinen Dispositionsfonds fließen. Auch die „Hofstaats- und Tafelgelder der Königin-Mutter", welche am 28. Juni 1757 starb, flossen von da ab bis zum Tode des Königs aus der General-Domänen-Kasse alljährlich in die Hände des Königs. Desgleichen die „Ersparnisse" der General-Kriegs-Kasse, d. h. Alles, was an Verpflegungs- und Montirungs-Kosten, Werbegeldern, Traktamenten, Marschkosten u. s. w., in Folge von Beurlaubungen, Vakanzen und aus anderen Gründen nicht zur Verwendung gelangte. Desgleichen eine Reihe von Einnahmen aus den neuerworbenen Provinzen. Aus Schlesien betrugen diese sogenannten „Ueberschüsse" in dem Etat-Jahre 1786 auf 1787 über 860 000 Thaler.

Kurz, die Einkünfte der alten Kassen, der Steuerkasse und der Domänenkasse waren gleichsam kontingentirt auf das Einkommen des Normal-Jahres 1766. Alles was darüber hinausging, und Alles, was seitdem Neues hinzukam, zog der König direkt an sich. Auch die „Tresor-Gelder", welche bestimmt waren, demnächst in den Staats- und Kriegs-Schatz übergeführt zu werden, flossen zunächst in den Dispositionsfonds des Königs, so daß dieser Fonds mehr Einnahme hatte, als die beiden ordnungsmäßigen Landeskassen zusammengenommen.

Es unterliegt wohl keinem Zweifel, daß der König diese „Dispositions"- oder „Ueberschuß"-Gelder nur zu öffentlichen Zwecken verwendet hat, — zur Füllung des Staats-Schatzes, — zur Verstärkung der Armee, — für Landesmeliorationen, — zur Subvention gewerblicher Unternehmungen, — zur Dotation seiner zahlreichen eigenen geschäftlichen Unternehmungen und Spekulationen, — zur Verabreichung von Brotkorn aus den Königlichen Magazinen in jenen Fällen von Hungersnoth, welche zum Theil wenigstens in der Beschränkung und Erschwerung des Getreidehandels ihre Ursache hatten — für die Erbauung von Schlössern und öffentlichen Gebäuden, — für Verschönerung der Residenzen und Gärten u. s. w.

Allein es ist schwer, wenn nicht unmöglich, das Einzelne zu ermitteln.

Von dem Augenblicke der Einführung der französischen Regie an hüllte der König diesen Theil der Finanzen in das tiefste Geheimniß. Selbst dem Finanzminister entzog er jegliche Kenntniß hierüber. Er hatte für seinen Dispositionsfonds einen eigenen Rendanten, Namens Buchholz. Eine ordnungsmäßige Rechnungsablage wie für die beiden anderen Kassen scheint hier nicht stattgefunden zu haben. Außer einigen höchst dürftigen „Journalen" und „Manualen" des genannten Buchholz findet man nichts in den Archiven über die Verwendung dieser großen Summen. Entweder hat weiter nichts darüber existirt, oder man hat das darüber Existirende vernichtet, sei es mit oder ohne Wissen und Willen des Königs.

So finden wir denn zur Zeit des Todes des großen Königs die preußischen Finanzen in einem unklaren Zustande. Die einheitliche, übersichtliche und klare Organisation, welche sie Friedrich Wilhelm dem Ersten verdankten, ist einer Zersplitterung und undurchsichtigen Complikation gewichen und einer Geheimthuerei, die sogar den Finanzminister selbst von jeder Kenntnißnahme wichtiger Branchen der finanziellen Verwaltung ausschloß.

III. Das Holzmonopol.

In Folge der Vorliebe für französische Finanz-Einrichtungen, von welcher der König während seiner letzten Regierungsperiode beherrscht war, verwandelte sich jeder Industrie-Zweig, den er berührte, in ein Monopol, und die meisten dieser Monopole drückten gerade die ärmeren Klassen.

Außerdem tritt immer mehr die Neigung hervor, die so geschaffenen Monopole sowohl, als auch die Staats-Regalien, sowohl die bisherigen, als auch die neu eingeführten, an „Entrepreneurs", namentlich an Handels-Gesellschaften zur Ausbeutung zu übergeben, gegen eine namhafte, dem König alljährlich zu entrichtende Abgabe.

In dieser Weise zu Finanzzwecken ausgebeutet werden die Münze und die Post, die Lotterie und das Tabaks-Monopol, die Kaffee-Brennerei und der Kaffee-Handel, das Elbschifffahrts-Monopol, das Herings-Fischerei-Monopol, das Salz-Monopol, der Getreide-Handel u. s. w.

In allen diesen Branchen verfährt man nach ein und derselben Schablone, welche ohne Zweifel auch französischen Ursprungs ist. Es lohnt der Mühe, einmal eines dieser Monopole näher in das Auge zu fassen. Ich folge in der Erzählung dieser Monopolgeschichte der Darstellung des Grafen Mirabeau, auf dessen Aufenthalt in Berlin und auf dessen Buch über die preußische Monarchie ich noch zurückkommen werde.

Heute, in der Aera der Holzzölle, vielleicht auch eines bevorstehenden Holzmonopols,*) hat das Holzmonopol, das Friedrich II. zuerst einer Gesellschaft und dann sich selbst verlieh, ein besonderes Interesse.

Durch Verordnung vom 20. Juni 1766 errichtete der König eine „Brennholz-Gesellschaft für Berlin und Potsdam" auf die Dauer von sechs Jahren. Am 3. März 1773 wurde deren Monopol erneuert.

Wie man für jedes Monopol und Privileg, welches den Staat oder einzelne Bevorzugte auf Kosten Aller bereichert, stets einen menschenfreundlichen Grund anzuführen pflegt, so heißt es in der Verordnung von 1766, das Monopol sei nothwendig, weil Fälle vorgekommen seien, daß es in diesen beiden Städten „zuweilen an Brennholz gefehlt habe".

Diese Behauptung wird nirgends anderweitig bestätigt. Es ist nicht leicht, derselben Glauben zu schenken. Denn rund um die beiden Städte finden wir ausgedehnte Waldungen. Freilich war die Gegend damals noch ziemlich wegelos: denn der König hat während seiner langen Regierungszeit auch nicht eine einzige Meile Chaussee (Kunststraße) gebaut. Allein die Wasserstraßen reichten schon hin zur Versorgung beider Städte.

Daß aber das Monopol der Brennholz-Gesellschaft" in Wirklichkeit keine Wohlthat für die Holzkonsumenten war, sondern eine schwere Beeinträchtigung, beweist deutlich der Umstand, daß die bevorzugten Personen und Gesellschaften sich dieser „Wohlthat" zu entziehen suchten. Dies gelang ihnen auch insoweit, als ihnen der König Befreiungen, oder wenn man so sagen darf: gegen das von ihm eingeführte allgemeine Monopol wieder spezielle Gegenprivilegien ertheilte. Jedenfalls aber hat es seit Aufhebung des Monopols in Berlin und Potsdam niemals an Brennholz und sonstigem Brennmaterial gefehlt,

---

*) Denn was ist es anders, als ein staats-sozialistisches Holzmonopol, wenn Adolf Wagner fordert, daß alle Waldungen Staats-Eigenthum werden sollen?

und dasselbe ist seitdem immer billiger geworden. Es war nie theurer und schlechter, als zu Monopolszeiten; und deshalb dürfen wir uns nicht darüber wundern, daß Jedermann, der auf die Gunst des Königs rechnen durfte, sich bemühte, durch ein Königliches Contre-Privileg sich dem Bann des Monopols zu entziehen.

„Ein neuer Beweis," sagt Mirabeau, „daß, wenn man die Dinge ihren freien Gang gehen läßt, sie immer, wo man sie braucht, im Ueberfluß da sind. Unter allen Städten der Welt haben gerade Berlin und Potsdam am allerwenigsten Ursache, sich vor Mangel an Brennholz zu fürchten. Bei der Menge der Wälder und der Wasserstraßen würden sie stets das Holz zu den billigsten Preisen und zu der gehörigen Zeit erhalten, wenn der König nur den Handel freilassen und die inländische Schiffahrt nicht durch so viel Zölle niederdrücken wollte. Trotz alledem konnte die Begierde nach Einnahmen die Seele eines hochherzigen Fürsten so klein machen, daß Friedrich II. beschloß, eine monopolistisch-privilegirte Kompagnie für das erste Bedürfniß der menschlichen Existenz in einem solchen Klima, wie das, worin diese Städte liegen, zu errichten."

Die Verordnung von 1766 ertheilt also der genannten Brennholz-Gesellschaft das Monopol für die beiden Residenzstädte. Sie verbietet den Handel den Privatpersonen, „insbesondere dürfe hinfüro Niemand mehr ein Holzmagazin halten oder errichten".

Letzteres liefert den Beweis, daß doch vorher, bei dem freien Verkehr, schon solche Magazine existirten und für den Bedarf der Bevölkerung sorgten, — ein Umstand, der das „menschenfreundliche" Motiv für Einführung des Brennholz-Monopols immer fragwürdiger erscheinen läßt.

Die Verordnung statuirt folgende Ausnahmen:

1. Die Königlichen Prinzen dürfen aus ihren Waldungen Holz in die Städte importiren, dürfen es auch verkaufen, aber nur zu demselben Preis, wie die Gesellschaft. Sie müssen aber allemal am Anfange eines jeden Jahres Anzeige machen, wieviel Holz sie nach

der Stadt schaffen lassen wollen, damit sich die Brennholz=Gesellschaft mit ihrem eigenen Bedarf danach einrichten könne.

2. Die große Königliche Tuchfabrik im Lagerhaus zu Berlin, die Königliche Realschule und die Königliche Porzellanfabrik daselbst sind gegen das Monopol der Gesellschaft durch ein Gegenprivileg geschützt.

3. Die in der Stadt wohnenden Gutsbesitzer dürfen von ihren Waldungen Holz in die Stadt kommen lassen, allein keinen Spahn mehr, als ihr eigener Verbrauch es erfordert. Ebenso ist es „denen Königlichen Bedienten", vom Civil sowohl als auch vom Militär=stande, die Holz in Natur als Theil ihres Gehaltes erhalten, ge=stattet, es in beide Städte zu bringen, jedoch nur unter einer kom=plizirten Kontrole, um Unterschleife zu verhüten; auch dürfen sie nichts davon verkaufen.

Trotz der lebhaften Beschwerden gegen das Brennholz=Monopol und die damit beliehene Gesellschaft wurde im Jahre 1773 das Pri=vilegium erneuert. Nur sah man sich genöthigt, einige weitere Be=freiungen und Contre=Privilegien eintreten zu lassen Einigen Dörfern um Berlin und Potsdam wurde gestattet, Holz einzuführen; jedoch wurde für das Gesammtquantum eine Marimalgrenze gezogen und außerdem auch noch das Partialquantum für jedes einzelne Dorf kontingentirt, ähnlich wie man heute das Notenquantum für die Zettelbanken kontingentirt hat. Der gemeinsame Charakter einer Klafter Holz und einer Banknote ist freilich schwer zu ermitteln.

Einer Anzahl Fabriken wurden ermäßigte Preise verwilligt, aber nur für das unmittelbar zur Fabrikation erforderliche Holzquantum. Man dürfe das Fabrikat nicht vertheuern, um den Fabriken nicht die Konkurrenz zu erschweren, — hieß es. Dagegen wurde auf das Strengste verboten, daß auch die Beamten und die Arbeiter an den ermäßigten Preisen für ihren Privatholzbedarf partizipiren. Daß aber, wenn man den Beamten und den Arbeitern die unentbehrlichen Lebensbedürfnisse vertheuert, dadurch auch die Arbeit vertheuert (oder, was noch schlimmer ist, verschlechtert) und die Fabrik erst recht lebens=

unfähig und konkurrenzunfähig gemacht wird, davon hatte man damals so wenig eine Ahnung, wie sie heute die Vertheidiger der Vertheuerungszölle haben.

Und diese verderbliche Maßregel wandte man gerade auf Berlin an, welches man doch zum Hauptsitz der Manufakturen in sämmtlichen preußischen Staaten machen wollte. Es ist dieselbe Politik der Widersprüche wie heute.

Daß Berlin unter einer solchen Zwangsjacke nicht prosperiren konnte (trotz aller künstlichen und mehr oder weniger zwangsweisen Maßregeln, welche man ergriff, um reiche Rentiers und Fabrikanten hinzulocken), ist nur zu begreiflich. In der That ist es erst in dem Sonnenscheine der wirthschaftlichen Freiheit und der Zollvereinspolitik — was man jetzt das „herzlose und verderbliche Manchesterthum" nennt, — zu einem soliden Wohlstand gelangt und in die Zahl der europäischen Millionenstädte hinaufgerückt.

Die Brennholz-Gesellschaft benutzte, wie Mirabeau nachweist, ihr Monopol, um das Holz um achtzig Prozent zu vertheuern. Natürlich wurde hierdurch, sowie durch die zahlreichen Ausnahmen, welche die Kontrole komplizirten und erschwerten, eine Reihe von Unterschleifen und Schmuggeleien hervorgerufen. Man sieht das deutlich aus den dagegen erlassenen Verordnungen, welche von Zeit zu Zeit erneuert und verschärft werden mußten, — ein Beweis, daß sie ziemlich wirkungslos waren. Namentlich ersieht man daraus, daß mit den Kontingentirungen und Lizenzen allerlei Unfug getrieben wurde. Bestechungen, Erpressungen, falsche Passirscheine waren an der Tagesordnung, und selbst der Scharfsinn eines Friedrich war außer Stande, sie zu unterdrücken.

Zwar war die Absicht darauf gerichtet, nur „die wohlhabenden Städter" zahlen zu lassen. Allein die Maßregel traf mindestens eben so hart die Gutsbesitzer, die Waldeigenthümer und die Bauern, die man zu begünstigen dachte.

„Die umliegenden Dörfer," schreibt Mirabeau, „durften nur viertausend Fuder Holz nach der Stadt bringen, und die Vertheilung dieses Quantums unter die Einzelnen stand ganz in dem Belieben der Domänen-Kammer. Es ist aber doch eine so nützliche Beschäftigung für den Bauer, Holz nach der Stadt zu fahren. Wenn seine Pferde sonst gerade nichts zu thun haben, verwendet er sie zu solchen Fuhren und verdient damit den Pferden ihr Futter und sich selbst baares Geld zur Entrichtung seiner Steuern. Selbst diesen kleinen Erwerb entzog man ihm zum größeren Theile und wegen des geringen Theils, den man ihm davon ließ, wurde er Erpressungen preisgegeben."

Ein neuer Beweis, daß man Stadt und Land nicht als feindselige Gegensätze wirthschaftlich gegen einander in das Feld führen darf, daß beide vielmehr solidarisch mit einander verbunden sind, daß beide entweder mit einander gedeihen, oder mit einander verderben und leiden. Freilich wird auch dieser Beweis nicht verhindern, daß irgend ein Politiker auf das „theile und herrsche" wieder zurückkommt und Stadt und Land gegen einander aufhetzt.

Nach Maßgabe der Verleihung ging das Privileg der Brennholz-Gesellschaft erst „auf Trinitatis 1785" zu Ende. Allein der König, der mit zunehmenden Jahren immer mehr dem fiskalischen Staatssozialismus huldigte, wartete dies Ende nicht ab, sondern beschloß schon am 18. Januar 1785, das Brennholz-Monopol auf alle preußischen Provinzen auszudehnen und es auf seine eigene Rechnung zu übernehmen. Mit anderen Worten, er legte zu Gunsten des Fiskus eine „Accise" auch auf alles Brennholz. Verschont blieb nur die Stadt Halle an der Saale, erstens wegen der Saline, zweitens wegen der Universität und drittens, weil dort ohnehin schon das Brennholz außerordentlich theuer war. Dann die westfälischen Territorien. Und endlich Schlesien, das als neueste Provinz immer noch etwas bevorzugt wurde, wie seit 1866 Hannover. Diese Bevorzugung hinderte jedoch nicht, daß sich die guten Schlesier mit einer ziemlich hohen Summe, als Aversum, von der verhaßten Abgabe loskaufen mußten. Es hieß eben: Quaerenda pecunia primum est, — gloria post nummos!"

Man sieht, wenn man einmal sich auf die schiefe Ebene der Plusmacherei durch Vertheuerung der unentbehrlichen Lebensbedürfnisse — und zu diesen gehört das Holz unter dem zwei und fünfzigsten Grad nördlicher Breite auch für den Aermsten — begeben hat, dann wächst der Appetit mit dem Essen. Zuerst eine lokale Maßregel für zwei, mit Unrecht für wohlhabend gehaltene Städte, dehnt sich die unvernünftige Maßregel bald auf das ganze Land aus; nur bevorzugte Personen und Institute und Orte werden davon ausgenommen, — ein deutlicher Beweis, wie sehr die Regierung sich der aus der Maßregel für die Betroffenen entstehenden Mißstände bewußt war. Zuerst Privileg einer Gesellschaft, entfaltet sich die Vertheuerung deshalb, weil die Gesellschaft entweder „zu viel verdiente" oder weil sie „zu wenig bezahlte", später zu einem Staatsmonopol, oder zu einer Landeskalamität, von welcher sich selbst die begünstigteste aller Provinzen durch eine solche Jahres=Rente, als eine Art Kriegskontribution, loszukaufen genöthigt wird und im Stande ist.

Bei Preuß („Friedrich d. Große" Band III. S. 67 Note 6) finden wir die Notiz, daß in Berlin vor dem Brennholz=Monopol der Haufen Eichenholz acht Thaler, nach dessen Einführung aber 20 Thaler gekostet hat, — Föhren=Holz vorher sechs Thaler, nachher 18 Thaler'—, mit dem Zusatz: „Bei der zunehmenden Theuerung war der Torf eine große Wohlthat."

Wie viel diese kolossale Vertheuerung eines unentbehrlichen Bedürfnisses eingetragen hat, läßt sich nicht ermitteln; denn das Verhältniß zwischen der privilegirten Gesellschaft und dem Fiskus hüllt sich in ein eigenthümliches Dunkel und seit 1785 steckt der Ertrag unter der allgemeinen Rubrik „Regie"; und auch die „Regie"=Verwaltung ist wenig durchsichtig.

Man kann aber schwerlich daran zweifeln, daß die Konsumenten wenigstens fünffach so viel unter der Vertheuerung gelitten haben, als der Fiskus an Einnahme gewonnen.

Wenn wir das Holzmonopol von 1785 mit dem Holzschutz=

Zoll von 1881 vergleichen, so finden wir einen großen Unterschied in der Wirkung.

Unser Holzschutzzoll sollte nach Ansicht der eifrigsten Verfechter desselben, die Holzpreise in die Höhe treiben und dadurch die Einkünfte der gegen die Konkurrenz des Auslandes geschützten deutschen Waldeigenthümer steigern.

Was war der Erfolg?

Die Holzpreise in Deutschland sind seitdem gefallen. Die allgemeine Vertheuerung und die dadurch eingetretene Erschwerung der wirthschaftlichen Produktion, auf der einen Seite, und die Herabdrückung des durchschnittlichen „Standard of Life", auf der andern, hat den Holz-Verbrauch und also die Nachfrage nach demselben in Deutschland vermindert.

Der Schutzzoll aber hat erstens den Holzimport unmittelbar vor seiner Einführung gesteigert. Zweitens haben die Waldeigenthümer, welche sich von diesem Zoll die Wiederkehr der „Saturnia Regna" versprachen, sich beeilt, außerordentliche Fällungen in ihren Forsten zu machen. Ein Jeder wollte der Erste und der Mächtigste auf dem Markt sein, ohne zu bedenken, daß es alle Uebrigen ebenso machen würden. So wurde denn zwar die auswärtige Konkurrenz vermindert, dagegen die im Innern krankhaft gesteigert, was bei unserem reichen Waldbestande in Deutschland gleichsam im Handumdrehen vollzogen werden konnte. Wir hatten plötzlich in Folge des Schutzzolls das diametrale Gegentheil dessen, was seine Urheber beabsichtigt hatten. Wir hatten mehr Holz zur Verfügung als wir bedurften. Die Nachfrage war gefallen, das Angebot hatte sich gleichzeitig gesteigert. Die Preise sanken.

Ein Aehnliches wird vielleicht für die Fleischpreise eintreten. Die künstlich bewerkstelligte Theuerung hat den Fleischkonsum vermindert. Der Futtermangel zwingt die Viehbesitzer zu verkaufen. Also auch hier vermehrtes Angebot bei gleichzeitiger Verminderung der Nachfrage.

Wann werden wir einsehen, daß die wirthschaftlichen Naturgesetze stärker sind, als die finanziellen und polizeilichen Satzungen des Staates?

Ich darf übrigens den seit 1879 für das Deutsche Reich eingeführten Zoll auf Schlachtvieh u. s. w. nicht erwähnen, ohne zu bemerken, daß wenigstens in diesem einen Punkt Friedrich II. eine höhere volkswirthschaftliche Einsicht gehabt hat.

Als ihm sein unersättlicher Regie=Direktor de la Haye de Launay auch Zölle auf den Import fremden Schlachtviehes vorschlug, ertheilte er am 16. März 1766 folgenden Bescheid in einem sich über die einzelnen Artikel verbreitenden eigenhändigen Briefe, den wir bei Preuß (Urkundenbuch. Dritter Theil, Kabinets=Ordres Friedrich des Großen in Regie=Sachen, Nummer 4, Seite 12) abgedruckt finden:

„Viande.

Il m'est impossible, de consentir à cet impôt, qui est trop onéreux pour le peuple. Pour la viande je consens qu'on la mette à un gros fenins; mais pour l'impot d'un écu par bœuf étranger, cela ne se peut pas, et il faut trouver quelque autre objet accisable, sur lequel il faut se refaire."

(„Fleisch.

Es ist mir unmöglich, dieser Steuer meine Zustimmung zu geben. Sie ist für den gemeinen Mann — für das Volk — zu drückend. In Betreff des Fleisches genehmige ich, daß man das Pfund auf 19 Pfennig setzt, aber den Eingangszoll von einem Thaler für jeden fremden Ochsen anlangend (oder überhaupt von jedem Haupte Rindvieh), so geht das nicht, und man muß irgend einen anderen für die Accise geeigneten Gegenstand ausfindig machen, daß man sich daran erholen kann.")

IV. Das Getreidemonopol.

Erwähnen wir noch einige der gemeinschädlichsten Beschränkungen der wirthschaftlichen Freiheit, welche der König einführte.

Lassen wir zunächst ihn selbst über seine Beschränkungen des Handelsverkehrs sprechen; er schreibt von der Theuerung von 1771 auf 1772:

— „Der König hatte große Magazine (oeuvres posthumes V, 148) sowohl in Schlesien, als auch in seinen Erblanden angelegt. 76 000 Wispel Korn waren aufgeschüttet, um die Armen ein Jahr lang zu erhalten. In Berlin lagen allein 9000 Wispel. Diese Anstalten bewahrten das Volk vor der Hungersnoth. Das Heer wurde aus den Magazinen ernährt; und außer dem unter das Volk vertheilten Brotkorn wurde auch noch Saatfrucht aus denselben geliefert. Auch in dem folgenden Jahre war die Ernte schlecht."

— „Wenn aber der Scheffel Roggen in den preußischen Staaten zwei Thaler kostete, so war doch das Elend in den Nachbarstaaten noch weit größer. In Sachsen und Böhmen galt der Scheffel fünf Thaler. Sachsen verlor durch die Hungersnoth im Erzgebirge (1772) an 100 000 Einwohner, Böhmen 180 000; 40 000 fremde Bauern fanden Aufnahme in den Staaten des Königs."

Je älter der König wurde, desto mehr setzten sich seine wirthschaftlichen Irrthümer bei ihm fest. Sie verknöcherten oder versteinerten sich gleichsam in seinem Kopfe.

In einer, fünf Jahre vor seinem Tode verfaßten politischen Abhandlung, betitelt: „Ueber Regierungs-Formen", sagt er:

„— Welcher Herrscher dem öffentlichen Wohl zugethan ist, der wird wohlgefüllte Getreide-Magazine unterhalten, um einer schlechten Ernte zu Hülfe zu kommen und einer Hungersnoth vorzubeugen."

Es ist sehr begreiflich, wie der König zu diesem Irrthum gelangte. Er dachte auch hier: Was gut ist im Kriege, das ist auch gut für den Frieden. Im Kriege war es, namentlich bei den Mängeln der

Transportmittel und der Schwierigkeit des Verkehrs in den damaligen Zeiten, nöthig, für Versorgung der Armee Getreide-Magazine zu halten; wenn dieselben auch zuweilen dem Feinde in die Hände fielen, so erwiesen sie sich doch in hundert anderen Fällen sehr nützlich. Im Interesse der Armee hielt der König Alles für erlaubt, mochte der Krieg schon begonnen haben oder nur noch bevorstehen. Gleich nach seiner Thronbesteigung befahl der König, alle Getreidevorräthe in seinen Staaten aufzunehmen, damit sich nicht große Getreidemassen gleichsam latitirend, unverkauft und heimlich, im Lande herumtrieben. (Eine ähnliche Vermuthung oder Behauptung in Betreff solcher Vorräthe hat auch der Fürst Bismarck im Reichstage von 1879 aufgestellt; die seit Einführung der Getreidezölle gemachten Erfahrungen haben ergeben, daß diese Vermuthung eine irrige war, und daß für dieselbe auch nicht die geringsten thatsächlichen Anhaltspunkte bestanden). Der König bot den Landwirthen einen niedrigen Preis für das zwangsweis ausgemittelte Getreide, wollten es die Eigenthümer nicht hierfür hergeben, so sollte es ihnen mit Gewalt fortgenommen und öffentlich versteigert werden. (Siehe die Edikte vom 19. Mai und 30. November 1740).

Natürlich wurde viel Getreide verheimlicht, oder in das Ausland, wo höhere Preise zu erzielen waren, als die, welche der König geboten, verfahren, und dadurch die Noth im Inland nur gesteigert. Ein dem Verhältniß zwischen Angebot und Nachfrage entsprechender Preis würde das im Inland versteckte Getreide und das Getreide des Auslandes wirksamer herbeigelockt haben, als alle Bedrohungen, Strafen und Zwangsversteigerungen. Aber freilich wollte man das auch gar nicht. Wie 1879 der Regierungskommissar Tiedemann im Reichstage bittere Beschwerde darüber führte, daß Deutschland mit fremdem Getreide „überschwemmt" werde, — ich glaube, er sprach gar von „Invasionen" —, so verbot Friedrich der Große schon im Jahre 1740, Getreide einzuführen aus denjenigen Ländern, mit welchen Preußen nicht im „wechselseitigen" Handelsverkehr stehe, — in der That eine Redensart schwer zu begreifen! Denn wie kann

sich denn ein wechselseitiger Handelsverkehr zwischen zwei Staaten
bilden, wenn der eine Staat die Einfuhr verbietet? Und ferner
würde nicht, wenn Preußen Getreide z. B. aus Böhmen bezogen
hätte, Böhmen wieder Sprit, Eisen, Flachs, Manufakturen und
andere preußische Produkte dafür eingetauscht und bezogen haben
und gerade dadurch die von dem großen König vermißte „Gegenseitigkeit" oder „Wechselseitigkeit" herbeigeführt worden sein?
Und endlich war es nicht auch eine große Ungerechtigkeit gegen die
eigenen Landwirthe, ihnen das Getreide zwangsweise zu einem niedri-
geren Preise abzunehmen und ihnen den freien Verkehr zu verbieten,
bei welchem sie höhere Preise erzielen konnten?

Der König hat bis zu seinem Tode geglaubt, er könne durch
seine Zwangsmaßregeln und durch seine Magazine die Getreide-Preise
beherrschen, dieselben auf einer mäßigen Höhe halten und nicht nur
die Armen, sondern auch die übrige Bevölkerung seiner Staaten vor
jedem Nothstand bewahren. Dies war der Irrthum, welcher beweist,
daß der König in seinen späteren Jahren nicht mehr im Stande war,
Alles selbst zu kontroliren, und daß man ihm diejenigen Dinge, bei
welchen man seinen Zorn und seine Ungnade fürchtete, verheimlichte.
Zu diesen Dingen gehörte denn auch der Umstand, daß, trotz der Vor-
sorge des Königs, in seinen Staaten zeitweise Hungersnoth herrschte,
namentlich aber gerade in den beiden Jahren, 1770 und 1771, von
welchen sich der König rühmt, durch seine Maßregeln jeder Noth
vorgebeugt zu haben. Siehe die „Historische Schilderung von
Berlin", Band V, Abtheilung 2, Seite 65—68. Diese Noth
herrschte namentlich auf dem Lande. Nach den Städten aber, wo
Getreide und Brot vertheilt wurde, strömten die Armen nicht nur
des Inlandes, sondern auch die des Auslandes. Berlin mußte ein
städtisches Darlehn von 63000 Thalern machen, um alle diese hier
von auswärts zusammengeströmten hungrigen Mäuler zu stopfen.
Siehe Nicolai, „Beschreibung von Berlin", Band II, Seite 643.
Dieser Zuzug hungriger Armen brachte Berlin keinerlei Vortheil.
Denn anstatt dort ihre Arbeitskraft nutzbringend zu verwerthen oder

sich dauernd niederzulassen, kehrten sie, sobald sie sich satt gegessen hatten, wieder in ihre Heimath zurück, nachdem sich dort die Verhältnisse gebessert. Auch ist es ein Irrthum, wenn der König glaubt, er habe durch die Lockspeise seiner Korn-Speicher für seine Staaten 40000 neue Bauern gewonnen. Diese Bauern sind ebenfalls, sobald die Noth vorbei war, dahin zurückgekehrt, von wo sie gekommen, wie denn überhaupt von den 250000 Kolonisten, oder „neuen Aubauern", welche Friedrich in seinen Staaten „angesetzt" hatte, ein sehr großer Theil wieder verschwand, nachdem er die Benefizien, welche ihnen der König bot, genossen, und sobald es mit der eigentlichen harten Arbeit anfangen sollte.

Wenn der König sich in den oben mitgetheilten Aufzeichnungen berühmt, daß, wenn seine Unterthanen unter der Theuerung litten, doch die Leute in Böhmen und Sachsen und anderen Nachbarstaaten noch mehr gelitten hätten, so ist das ein schlechter Trost. Man sollte sagen: „Solamen miserum (und nicht miseris), socios habuisse malorum". Die Hauptsache aber ist, daß wenn nicht der König und die Regierungen der übrigen Staaten dem Getreidehandel alle möglichen Hindernisse in den Weg gelegt und dadurch demselben alle Möglichkeit benommen hätten, Mangel und Ueberfluß zeitlich und örtlich auszugleichen, jene Hungersnoth gar nicht entstanden wäre, welcher abzuhelfen, alle Zwangsmaßregeln des klugen und mächtigen Königs sich unzureichend erwiesen. Hätte er, statt das Geschäft für sich monopolisiren und die Preise, welche sich nicht durch Königliche Ordonnanzen, sondern nur durch Angebot und Nachfrage auf dem Weltmarkt regeln, bestimmen zu wollen, dem freien Austausch seinen Lauf gelassen, so würden seine Brandenburger nicht gehungert haben, und auch nicht die Böhmen und die Sachsen. Das System der interterritorialen Handelsfeindseligkeit, der Krieg der Grenzsperren, der Repressalien und der Retorsionen mitten im Frieden, waren der Haupturheber des Nothstandes.

Zu den Erschwerungen des Grenzverkehrs traten dann noch die polizeilichen Hemmnisse im Innern des Landes. Ich habe schon erwähnt, daß im 17. und 18. Jahrhundert die Regierungen in Deutschland von einer Feindseligkeit gegen den Handel, namentlich gegen den Zwischenhandel beseelt waren, wie solche auch heut zu Tage noch z. B. bei dem Amerikaner Carey hervortritt, und sogar auch bei dem Fürsten Bismarck ihre Reflexwirkung zeigt, wenn er den Handel in einer Reichstags-Rede als „egoistisch" bezeichnet, während er nicht mehr und nicht weniger egoistisch ist, als jede andere wirthschaftliche Produktion, wie z. B. die Land- und Wald-Wirthschaft. Man glaubte, bei jedem Handel müßte Einer der betrogene Theil sein, und bei dem Zwischenhandel seien es Beide. Man verbot daher den letzteren, damit „bei dem Ein- und Verkauf Keiner einen Vortheil genieße". Auch in den preußischen Territorien waren ähnliche Verbote ergangen. Namentlich war der Zwischenhandel zwischen Produzenten und Konsumenten, zwischen Bauern und Städtern verboten, wobei alle Theile litten, und zwar am meisten die Bauern zu Gunsten der Ritter, der Grundherren und der sonstigen Latifundien-Besitzer; denn der Bauer war nicht im Stande, zu jeder Zeit seine Fuhren und seine Leute in die Stadt zu schicken.

Alle diese alten Verbote wurden zusammengestellt, erneuert, vervollständigt und verschärft durch Friedrichs ausführliches Edikt vom 17. November 1747 über die Auf- und Verkäuferei.

Die Beschränkungen und ihre unheilvollen Wirkungen wurden immer furchtbarer und veranlaßten endlich den Königsberger Professor und Volkswirth Christian Jakob Kraus, jenen vortrefflichen Aufsatz über „die Kornjuden" zu schreiben, in welchem er nachwies, daß an der Vertheuerung des Getreides nicht die Juden schuld seien, sondern die Handels-Beschränkungen und Feindseligkeiten. Die Abhandlung, die auch heute noch gelesen zu werden verdient, ist namentlich interessant durch die Art ihrer Beweisführung. Kraus stellt nämlich das Getreide und die Kartoffel neben einander und weist nach, daß wohl beim Korn zeitweiser Nothstand herrsche, nie aber bei Kartoffeln, trotz partieller Mißernte derselben. Dann fragt er: Woher kommt das, obgleich doch die Juden mit Kartoffeln eben so gut handeln, wie mit Getreide? Die Antwort auf diese Frage bildet dann den Beweis, daß der Unterschied ganz allein darin seinen Grund hat, daß der Getreidehandel gehemmt und unterdrückt, der Kartoffelhandel dagegen vollkommen frei sei.

Ein Viertel-Jahrhundert später, nachdem die von Kraus nach den wissenschaftlichen Anschauungen eines Adam Smith unterrichteten Studierenden in Amt und Würde gekommen waren und den König Friedrich Wilhelm III. von der Nothwendigkeit eines gänzlichen Bruches mit dem polizeilich-fiskalischen Schutz- und Merkantil-System der Vergangenheit überzeugt hatten, wurden alle jene Beschränkungen des inneren Verkehrs durch das Edikt vom 20. November 1810 aufgehoben.

Heute wissen wir, daß in dem Lande, wo der Herrscher sich am meisten der Monopolisirung des Handels und der Anhäufung aller Getreide-Vorräthe befleißigt, in Persien nämlich, die Hungersnoth gleichsam in Permanenz ist.

In seinen späteren Jahren, in welcher er ganz von dem Geiste des Staatssozialismus und des Staatsmonopoles beherrscht war, hat Friedrich durch die Patente vom 5. und 8. Februar 1770 auch zwei monopolisirte Getreidehandelsgesellschaften errichtet, welche die „Getreide-Handlungs-Kompagnie auf der Elbe" und die „auf der Oder" genannt wurden.

Mirabeau schreibt über diese beiden Gesellschaften:

— „Das Kapital einer jeden derselben sollte aus 200 000 Thalern bestehen, welche durch tausend Aktien zu je 200 Thalern zusammengebracht werden sollten. Der Adel hatte vor allen übrigen Staatsangehörigen den Vorzug, vorab so viel von diesen Aktien nehmen zu dürfen, als er für gut fand; und während ihm sonst der Betrieb des Handels und anderer bürgerlichen Geschäfte streng untersagt war, sollte die Betheiligung an diesem Getreide-Geschäfte seiner Ehre keinen Schaden zufügen. Beiden Gesellschaften wurde das ausschließliche Privileg, fremdes Getreide zu kaufen und zu verkaufen, verliehen. Kein anderer Unterthan sollte sich unterstehen, ihnen Konkurrenz auf diesem Gebiete des Handels zu machen. Auch erhielten beide Gesellschaften das Recht, mit einheimischem Getreide zu handeln. Dieses Recht war jedoch weniger exklusiv, wie jenes. Denn die übrigen Unterthanen durften auch mit einheimischem Getreide handeln, jedoch nur dann, wenn der Scheffel Roggen in Berlin einen Thaler und in Pommern und im Magdeburgischen achtzehn Groschen, oder weniger galt. Stiegen die Preise höher, dann durfte ohne besonderen königlichen Dispens überhaupt kein Getreide ausgeführt werden."

Natürlich hinderte das auch die Einfuhr; denn das Getreide kommt nicht herein, wenn es nicht weiß, daß es im äußersten Falle auch wieder hinaus kann.

— „Ob," fährt Mirabeau fort, „eine finanzielle Gegenleistung mit diesen Privilegien verbunden war, oder ob man Friedrich einen andern Vortheil derselben vorgespiegelt hatte, um ihn zu bewegen, ein so bedeutendes Monopol, wie das des exklusiven Zwischenhandels mit dem zur Ernährung der Bevölkerung unentbehrlichen Getreide auf zweien der wichtigsten Flüsse Norddeutschlands zu verleihen, das ist mir nicht bekannt. Eben so wenig kann ich sagen, wie hoch sich der Umschlag dieser beiden Gesellschaften belaufen. Das Monopol pflegt sich entweder in das Geheimniß der Verborgenheit zu hüllen oder sich in lügenhafter Gestalt zu präsentiren. Wenn die Monopolgesell=schaft viel gewinnt, dann wird sie über schlechte Zeiten klagen, um noch mehr Begünstigungen für sich herauszuschlagen. Wenn sie aber bereits am Rande des Abgrunds angelangt ist, dann wird sie mit ihrem blühenden Geschäftsstand renommiren, um sich noch eine Zeit lang zu fristen. Man sagt mir, daß die „Getreidehandlungs=Kompagnie auf der Elbe" in den Hunger=Jahren 1771 u. 1772 sehr viel Geld verdient habe, namentlich in Sachsen, wohin sie viel Getreide geliefert. Die Gesellschaft „auf der Oder" dagegen hatte sieben Jahre nach ihrer Konzessionirung überhaupt selbst noch keine Geschäfte gemacht, wohl aber Andere in ihren Geschäften gehindert. Wem springt nicht der Unsinn solcher monopolisirten Gesellschaften

in die Augen, namentlich aber der unheilvolle Einfluß, den sie noth=
wendiger Weise auf den Handel und Verkehr mit Getreide, auf den
direkten sowohl als auf den indirekten, ausüben mußten, und noch
mehr auf die Landwirthschaft?"

V. Monopolistische Gesellschaften.

Friedrich der Große hatte eine unwiderstehliche Neigung, mono=
polistische Gesellschaften zu errichten. Diese Sucht wuchs mit seinen
Jahren.

Die „Gesellschaft für den Handel mit Seesalz", errichtet 3. Okto=
ber 1772, die beiden Getreide=Handelsgesellschaften, die Brennholz=
Gesellschaft, die See=Assekuranz=Gesellschaft, die Bankgesellschaft, die
Ostindische Gesellschaft, die levantinische Gesellschaft, die Emdener
Herings=Kompagnie, die Seehandlungs=Gesellschaft u. s. w. sind Zeugen
dieses königlichen Dranges.

Der monopolistische Geist des Königs kam zu seiner vollsten
Entfaltung in der am 14. Oktober 1772 gestifteten Seehandlungs=
Gesellschaft. Vorher, am 3. Oktober, war schon die Seesalz=
Gesellschaft aufgerichtet worden. Man nannte jene die große und
diese die kleine Gesellschaft. Die erstere gab Anlaß zu den größten
Unterschleifen und Verlusten und lieferte den Beweis, daß ein solches
monopolistisches Institut wohl den Privathandel schädigen und unter=
drücken, trotz alledem aber selbst nicht prosperiren kann.

Den Anlaß zur Errichtung der Seesalz=Gesellschaft hatte
folgende Sachlage gegeben:

In Preußen war, wie wir gesehen haben, das Salz schon lange
Monopol. Daneben aber bestand ein freier Salzhandel, welcher sich
auf französisches, spanisches und englisches Seesalz beschränkte, und
namentlich solches dem benachbarten Polen zuführte, wo man dem
Seesalz vielfach den Vorzug gab vor dem einheimischen Steinsalz.
Bei der Theilung Polens gelangte nun Oesterreich in den Besitz der

großen polnischen Salzbergwerke, wie Wielizka, Bochnia und Halicz, und Friedrich fürchtete in Folge dessen, daß Oesterreich den ganzen Salzhandel an sich reißen werde, wenn man ihm nicht ein Paroli biete. Natürlich war man weit entfernt, dies Motiv öffentlich auszusprechen, vielmehr versicherte man auch hier in der dem Staatssozialismus eigenthümlichen Weise, man greife zum Monopol nur aus Menschenliebe und in gemeinnütziger Absicht.

Im Eingang zu der Verordnung heißt es nämlich, der Salzhandel sei zu großen Schwankungen unterworfen, manchmal hätten die Handelsleute zu viel und manchmal zu wenig Salz in ihren Magazinen; deshalb habe der König, um zum Rechten zu sehen und dem wahren Bedürfniß zu entsprechen, aus diesen und vielen andern fast noch erheblicheren Ursachen, von deren wirklicher Existenz er sich überzeugt habe, beschlossen, auch diesen Zweig des Handels den Kaufleuten zu entziehen und ihn einer privilegirten Monopol-Gesellschaft zu unterwerfen.

Zwar, hieß es weiter, würde dadurch „Unsere getreue und vielgeliebte Kaufmannschaft" in den Haupt-Oertern an der Ost-See, als da sind Königsberg i. Pr., Elbing, Memel und Braunsberg geschädigt, allein der König habe, um ihr eine mehr als hinreichende Schadlosigkeit zu verschaffen, beschlossen, ihr, der Kaufmannschaft, durch Verleihung des ausschließlichen Rechtes auf Einkauf allen Garnes, Leinens, der Potasche, der Hanf- und Lein-Saat, sowie des Wachses aus dem Ermeland, eine viel beträchtlichere Handlung zuzulegen. Man sieht hier wieder den Fluch der bösen That, welche fortzeugend Böses muß gebären. Weil man die Kaufleute durch das Monopol der Salzgesellschaften geschädigt hatte, mußte man auch die Landwirthschaft und die ihr verwandten Gewerbe schädigen durch ein Monopol der Kaufleute. Man wollte den Teufel austreiben durch Beelzebub. Zuerst schädigte man die Städte, und dann, damit diese sich nicht beschweren können, auch das Land.

Schon am 14. Oktober folgte die Gründung der „Seehandlung", von deren 2400 Aktien der König sich 2100 reservirte. Diese erhielt das Monopol des Wachshandels, welches man vor wenigen Tagen erst der getreuen Kaufmannschaft als Schadloshaltung überwiesen hatte.

„Wie konnte," fragt Mirabeau, „der Handel bei einer solchen Wandelbarkeit und Willkür gedeihen? Wie konnten Handelsleute Spekulationen wagen in einem Lande, in welchem nach der Diktatur eines unersättlichen Monopolgeistes, von Tag zu Tag das Finanzsystem und die Gesetze verändert wurden?"

Die Seehandlungs-Gesellschaft erhielt also das ausschließliche Stapelrecht auf alles Wachs zehn Meilen weit landeinwärts von beiden Ufern der Weichsel. Alles innerhalb dieses Bannbezirks produzirte Wachs mußte entweder nach Bromberg oder nach Jordon gebracht und an einem dieser Stapelorte fünf Tage lang der Gesellschaft zum Kauf angeboten und zu deren Verfügung gehalten werden. Verschmäht es die Gesellschaft, so darf es, damit der letzteren keine örtliche Konkurrenz erwächst, doch nicht an dem Stapelplatz verkauft, sondern es muß wieder zurückgebracht werden nach dem Orte seines Ursprungs; erst dort und erst dann war es frei verkäuflich. In der That konnte man schwerlich etwas Raffinirteres aussinnen, wenn es sich darum handelte, die Wachsproduzenten zu chikaniren. Hier aber geschah Alles — wenigstens wird dies bei jeder Kreirung eines Monopols immer wieder von Neuem versichert — in menschenfreundlichster Absicht.

Ein weiteres Privileg der Gesellschaft bestand darin, daß sie von dem Eingangszoll auf das aus Polen kommende Holz befreit ward, und dieses Holz war unentbehrlich für den Schiffsbau.

Dies Holz hatte bei seinem Import nach Preußen sonst einen Zoll von fünfzig Prozent ad valorem zu entrichten. An sich schon eine schwer verständliche Maßregel! In Preußen und Pommern baute man Schiffe zum eigenen Gebrauch und zum Verkauf an das Ausland. Friedrich's Minister, Graf Herzberg, erklärt selbst, dieser Schiffsbau sei eine von den Hauptarbeiten, durch welche die preußischen Territorien „Gewinn an den Ausländern machen", oder

wie man damals sagte, „Geld in das Land bringen". Die
Regierung hatte sich deshalb vorgenommen, diesen Industrie-Zweig
aufzumuntern und zu heben. Statt aber denselben im Bezug seines
Rohmaterials nicht zu hindern, vertheuerte man ihm dasselbe um die
Hälfte seines Werthes. Gleichzeitig aber gewährte man ihm Subventionen, um zu seinem Besten Fabriken von Segeltuch, Ankern u.
dergl. anzulegen. Dann aber gab man wieder seinen Konkurrenten
einen künstlichen Vorsprung von fünfzig Prozent. Wer vermag sich
zurecht zu finden in diesem Labyrinth des Merkantilismus und Staatssozialismus, welcher glaubt, der Vorsehung in das Handwerk pfuschen
zu müssen, und Alles verwirrt, während er sich vornimmt, Alles zu
regeln?

Man glaubte, der freie Verkehr könne die „wahren Bedürfnisse" nicht befriedigen, und entzog deshalb dem Handel drei wichtige
Artikel, nämlich das Salz, das Wachs und das Holz. Und warum
that man das? In der ausgesprochenen Absicht, „den Handel zu
heben!" Man sieht, selbst der „Weise von Sanssouci" verliert
seinen Scharfsinn und seine Logik, nachdem er sich einmal in den
Netzen des Merkantilismus verstrickt hat.

Die Form der Aktiengesellschaft war übrigens rein äußerlich.
Die überwiegende Mehrzahl der Aktien hatte der König. Die übrigen
Aktionäre hatten nichts mitzusprechen. Man gab ihnen, so lange es
ging, Dividenden, aber man legte ihnen nicht Rechnung und berief
sie zu keiner Versammlung. Diese unkontrolirte absolutistische Verwaltung eignet sich schlecht zu Handelsgeschäften. Sie führte zu
Unterschleifen und schweren Verlusten; der Bankerott konnte nur dadurch vermieden werden, daß der König intervenirte. Ursprünglich
war ein Franzose, Namens de Lattre, der Chef der Seehandlungs-
Gesellschaft. Er wurde in schlimme Prozesse verwickelt und zog es
vor, sich in sein „schönes Frankreich" zurück zu begeben. Ihm folgte
der Minister von Görne. Allein auch dieser wurde am 19. Januar
1782 wegen unredlicher Verwaltung verhaftet. Das Nähere über
den Görne'schen Prozeß findet man bei Karl von Moser („Patriotisches

Archiv für Deutschland", Frankfurt und Leipzig, 1784, Band I, Seite 409—482).

Die Seehandlung, welche die ganze Macht des Staats hinter sich hatte, dehnte ihre Wirksamkeit räumlich und sachlich so weit aus, daß man das Gebiet ihrer Thätigkeit kaum noch übersehen konnte. Sie war in beständigen Geldnöthen und Görne bediente sich aller Künste eines unsoliden Geschäftsmannes, um sich aus den stets wachsenden Verlegenheiten herauszureißen. Görne ritt Wechsel, lombardirte noch nicht begebene Aktien, grub immer neue Löcher, um die alten zu stopfen, verwechselte seine eigenen Geschäfte mit denjenigen der Gesellschaft, lieferte glänzende Bilanzen und belog den König so sehr, daß derselbe zu einer Zeit, da die Gesellschaft schon tief gesunken war, wiederholt seine Zufriedenheit mit dem guten Gang der Geschäfte durch Kabinets-Ordres aussprach. Zur Entschuldigung Görne's wurde angeführt, er sei in Folge seiner allmächtigen Stellung in Größenwahnsinn verfallen. Daß er sich für die Gelder der Gesellschaft große Güter in Polen kaufte, scheint für eine solche Störung zu sprechen.

Am 1. Januar 1796, als die ursprüngliche Konzessionszeit abgelaufen, wurde die Konzession noch einmal um 12 Jahre verlängert, die Monopole wurden aber theils abgeschafft, theils beschnitten. Im Jahre 1806 wurde die Seehandlung von den Franzosen ausgeraubt. Man nahm ihr Geld und ließ ihr nur ihre Schulden. Die letzteren wurden am 27. Oktober 1808 für Staatsschulden erklärt, zu deren Tilgung 1811 Seehandlungs-Obligationen ausgegeben wurden.

Seit 1820 ist die „Seehandlung", nachdem sie schon vorher ihren monopolistischen Charakter verloren, Staatsanstalt geworden. Der Staat bedient sich ihrer auch bei seinen kaufmännischen und finanziellen Operationen. Es ist mit ziemlicher Wahrscheinlichkeit vorauszusehen, daß das Institut, dem seine Giftzähne schon längst ausgebrochen sind, nicht mehr lange dauert. Wiederholt sind im preußischen Abgeordnetenhause Anträge auf dessen gänzliche Aufhebung gestellt worden.

VI. Edelmann, Bauer und Bürger.

Friedrich der Große hat sehr häufig versichert, er vertrete vor Allem den „kleinen Mann", er sei der „König der Armen". In seinen Schriften predigt er die Gleichheit aller Menschen, indem er gegen die Standesunterschiede und den Kastengeist polemisirt.

Seine Praxis stand jedoch nicht recht in Uebereinstimmung mit diesen Doktrinen. Er hielt die Edelleute, einerseits, und Bürger und Bauer, andererseits, strenge von einander geschieden. Dafür nur ein Beispiel:

Der französische Regie=Direktor Callard hatte dem Könige das Projekt einer fiskalischen Aepfelwein=Fabrik vorgelegt, das viel Geld eintragen sollte. Der König beauftragte die Handelskammer in Glogau, das Projekt mit Callard auszuarbeiten. Callard stolzirte in Glogau einher, eine große weiße Feder auf dem Hut. Eine solche Feder zu tragen war nach Friedrich's Gesetzen nur dem Adel gestattet, und da man den Adel des Callard bestritt, so hing man ihm wegen der weißen Feder einen schweren fiskalischen Prozeß an den Hals; und um sich demselben zu entziehen, fand er es für gut, heimlich zu verschwinden. Nachträglich stellte sich denn auch heraus, daß sein Aepfelwein=Projekt ein frecher Schwindel war und daß er eine ihm anvertraute Königliche Kasse um dreihundert Thaler bestohlen hatte. Siehe die, dem König Friedrich Wilhelm dem Zweiten gewidmete, interessante kleine Schrift „Historisch=kritische Darstellung der Accise= und Zollverfassung in den preußischen Staaten von Heinrich von Béguelin, Königl. Preuß. Geheimer Kriegs=Rath und Mitglied des General=Accise=, Zoll= und Handlungs=Departements" (Berlin, Unger 1797) S. 145. Es ist dies dieselbe Schrift, der ich das dem ersten Buch vorangestellte Motto entnommen habe.

Solche kleine Geschichten charakterisiren die Zeit und die Regierung besser, als lange Deduktionen.

Es lag im Interesse des Königs als obersten Kriegsherrn, den Adel gleichsam zu einer Kriegerkaste heranzuziehen und zu kultiviren. Die Soldaten gehörten nicht gerade zur Elite der Menschheit, vielmehr bestand wenigstens ein Drittel der Armee aus allerlei außerhalb des Landes zusammen gerafftem, schwer disziplinirbarem Gesindel. Um so mehr wollte der König gute Offiziere haben. Auf ihren Ehrgeiz und auf ihre Tapferkeit war er angewiesen. Deshalb wandte er dem Adel alle möglichen Ehren, Gnaden und Vortheile zu, um aus ihm das Offizier-Korps zu rekrutiren. Der Adel zahlte keine direkten Steuern, diese hatte vielmehr allein der Bürger und Bauer zu tragen. Bei Friedrich galt der ärmste Lieutenant mehr, als der reichste Kammerherr. Der König erwartete von jedem Edelmann, daß er diene. Wenn er das Land bereiste, fragte er bei jedem Rittergut nach dessen Besitzer. Die zweite Frage war „dient er?" und „hat er gedient?" Und dann folgte die weitere Inquisition: „Warum dient er nicht?" oder „warum hat er den Abschied genommen?"

Der König wandte große Summen auf, um seine Edelleute zu unterstützen: durch Meliorationen oder durch Darlehne, durch unverzinsliche, oder durch solche mit ein Prozent Zinsen u. s. w. Allein man darf nicht vergessen, daß er ihm auch schwere Lasten auferlegte. Der Offiziersdienst war nichts weniger als lukrativ. Die Gage betrug im Durchschnitt 30 Mark für den Monat. Viele Edelleute sind verarmt unter diesen Lasten. Ohne des Königs spezielle Erlaubniß durfte kein Adliger, mochte er ein Amt bekleiden oder nicht, außer Landes gehen. Keiner durfte auf einer nicht preußischen Hochschule studiren. Keiner konnte sein Gut an einen Bürgerlichen verkaufen. Ja, endlich verbot der König es sogar ganz, ein Rittergut ohne seinen Konsens zu verkaufen. Keiner durfte irgend ein bürgerliches Geschäft, insbesondere Handel oder Gewerbe betreiben. Kurz, der Adel sollte nur die Pflanzschule der Offiziere sein. Darauf sollte sich seine Berufsthätigkeit erstrecken, aber auch beschränken.

Was nun den „gemeinen Mann" anlangt, so hat allerdings Friedrich der Große einzelnen Individuen gegenüber das Eingangs erwähnte Interesse bethätigt. Er schenkte auch dem Aermsten bereitwillig Gehör, schon aus Mißtrauen gegen seine Beamten und Behörden, von welchen er auf diesem Wege etwas Nachtheiliges zu erfahren hoffte, und welchen er Ungerechtigkeiten gegen den „kleinen Mann" zutraute. Er wurde hierbei sogar zuweilen ungerecht gegen pflichteifrige und ehrenwerthe Beamte und zog sich eine Anzahl gewerbsmäßiger Beschwerdeführer oder Querulanten groß, welche ihn mit falschen oder leichtfertigen Denunziationen heimsuchten.

Abgesehen hiervon aber hat der König für den gemeinen Mann wenig gethan, und jedenfalls weniger als sein Vater.

Friedrich Wilhelm I. hat noch kurz vor seinem Tode das berühmte „Prügelmandat" erlassen „wider das barbarische Wesen, die Unterthanen gottloser Weise mit Prügeln oder Peitschen wie das Vieh anzutreiben". Er hat in Ostpreußen die persönliche Leibeigenschaft in Guts-Angehörigkeit verwandelt.

Friedrich der Große hat in dieser Richtung allerlei Anläufe genommen, es aber im Großen und Ganzen beim Alten gelassen, obgleich die Zustände, wie wir aus den nachgelassenen Papieren des Herrn von Schön erfahren, eben so unwirthschaftlich als barbarisch waren. Am 23. Mai 1763 befahl der König zunächst für Pommern:

— „Es sollen absolut und ohne das geringste Raisonniren alle Leibeigenschaften, sowohl in königlichen und adligen als auch in Stadteigenthums-Dörfern von Stund an gänzlich abgeschafft werden; und alle diejenigen, so sich dagegen opponiren würden, so viel wie möglich mit Güte, in deren Ermangelung aber mit Force dahin gebracht werden, daß diese von Seiner Majestät so festgesetzte Idee zum Nutzen der ganzen Provinz ins Werk gerichtet werde."

Die pommerschen Stände, d. i. die Rittergutsbesitzer, reichten am 29. Juli 1763 eine Remonstration ein. Es ist ein seltsames Aktenstück. Dasselbe versucht den Beweis zu führen, daß es die gutspflichtigen Bauern so gut hätten, daß ihnen ihre Hörigkeit nicht zum Nachtheil, sondern vielmehr zum wichtigen „Benefizium" gereiche. Nachdem dies mit allerlei beweglichen Worten demonstrirt worden, folgt die Versicherung, sobald man die Schollen-Angehörigkeit aufhebe, werde kein Bauer mehr im Lande bleiben; zunächst werde das „junge unverständige Volk" fortgehen, um „anderswo noch besser zu fahren", d. h. um sich auswärts zu verdingen und hierdurch bessere Kost und höheren Lohn zu erhalten; dann würden aber auch die Bauern selber auswandern und nach deren Abzug würde das Land nicht mehr bebaut werden können, der „Mangel des Ackerbaues aber würde eine drückende Theuerung der so in den Städten als auf dem Lande nöthigen Lebensmittel nach sich ziehen". Das „An die Schollen gefesselt sein" (glebae adscriptio) sei bisher das einzige Mittel gewesen, die Bauern im Lande zu halten, „inmaßen ein jeder Gutsherr sich angelegen sein läßt, seine Gutspflichtigen jedesmal, wenn sie fortgehen, zu reklamiren, worin auch jedes Mal in Schwedisch-Pommern sowohl, als auch in Mecklenburg Justice erlangt, und auf solche Anzeige die Auslieferung sofort verfügt wird. Dieses aber würde hinfüro aufhören; keiner würde nach Aufhebung solchen (Leibeigenschafts-) Nexus einen ausgetretenen Bauer mehr zu verfolgen das Recht haben, noch weniger aber alsdann in Schwedisch-Pommern oder Mecklenburg dessen Auslieferung ferner verhoffen dürfen."

— „Sollte diese heilsame Verbindung (die glebae adscriptio) nicht beibehalten werden, so würde gegen Eurer Majestät huldreiche Intention eine Depeuplirung (Entvölkerung) Pommerns erfolgen."

Das Aktenstück findet sich abgedruckt bei Preuß, Bd. III, S. 99 bis 104.

Jedem, der es liest, springt sofort der Widerspruch in die Augen, daß die Bauern gerade in Folge der Leibeigenschaft nirgends glücklicher seien, als in Pommern, und daß dennoch, sobald man ihnen die Freiheit der Entschließung gestattet, diese Bauern alle auswandern würden, um sich diesem Pommern und diesem Glück der Leibeigenschaft zu entziehen.

Im Großen und Ganzen ist die Beweisführung der pommerschen Gutsherren ganz dieselbe, wie die der sklavenhaltenden und sklavenzüchtenden Cotton-Barone in den südlichen Staaten der amerikanischen Union für die Neger-Sklaverei.

Jedenfalls aber übertreffen die ehrlichen pommerschen Junker von 1763 die heutigen Feinde der Freizügigkeit und des Unterstützungswohnsitzes (denn Beides gehört untrennbar zusammen) an Ehrlichkeit und Aufrichtigkeit. Sie sagen ihre wirklichen Gründe. Unsere heutigen wirthschaftlichen Reaktionäre verschweigen ihre wahren Gründe mit Sorgfalt. Ja, sie versichern sogar, die Freizügigkeit und der Unterstützungswohnsitz seien während der „liberalen Aera Delbrück" (1867 bis 1876) von dem Reichstage erfunden, während sie doch ein Werk der preußischen Könige, Friedrich Wilhelms III. und IV. sind.

Die pommerschen Stände hatten mit großer Klugheit und Menschenkenntniß den empfindlichsten Punkt in der Seele des großen Königs getroffen. Er erschrak über die Möglichkeit, daß sich die junge Mannschaft der Militärpflicht entziehen könne.

Er nahm seinen Befehl zurück und schlug die entgegengesetzte Richtung ein, indem er z. B. am 7. April 1777 verordnete, daß sogar ausgediente Soldaten nicht nur sofort wieder ihrer vormaligen Gutsherrschaft zur Hörigkeit zufallen, sondern daß dies Loos auch ihre im Zustande der Freiheit geborenen Kinder, sowie ihre Weiber und Wittwen treffen solle.

Durch die Kabinets-Ordre vom 11. September 1784 verfügte der König, daß sämmtliche Urbarien (d. h. die offiziellen Verzeichnisse der den Bauern zu Gunsten der Gutsherren obliegenden Lasten) revidirt werden. Man hatte dabei hauptsächlich den Zweck im Auge, die sog. „ungemessenen Dienste" zu beseitigen und Alles auf ein gewisses Maß zu firiren.

Dieser Befehl ist jedoch nur in Schlesien einigermaßen ausgeführt worden. Da war es aber auch am Nöthigsten. Denn unter der verrotteten österreichischen Regierung hatten sich die Lasten in's Maßlose gesteigert. Die Söhne und Töchter der Bauern mußten fünf Jahre lang als Knechte und Mägde bei der Gutsherrschaft dienen, gegen schlechte Kost und einen Lohn von höchstens ein paar Thalern jährlich. In einem Urbarium findet sich sogar die Vorschrift, daß, wenn den Leuten ihr Vieh gefallen, sich der Bauer und die Bäuerin vor des Gutsherrn Pflug spannen müssen, um für die Herrschaft zu ackern, und daß sie hierbei durch Peitschenhiebe angefeuert werden sollen.

Noch wenige Tage vor seinem Tode hat Friedrich der Große die Absicht ausgesprochen, wenigstens auf den Krongütern die Leibeigenschaft aufzuheben (1. August 1786). Es ist aber nichts daraus geworden.

Das große Werk der Bauern-Emanzipation war Friedrich Wilhelm dem Dritten vorbehalten. Die Wirkungen dieser Wiederherstellung der seit Jahrhunderten unterdrückten wirthschaftlichen und persönlichen Freiheit haben sich als so heilsam erwiesen, daß die Bedenken der pommerschen Stände von 1763 vollständig widerlegt sind.

Der Verdienste Friedrich des Großen um die Landwirthschaft habe ich schon gedacht. Mit gerechtem Stolz konnte er nach Urbarmachung des Oderbruchs sagen:

„Hier habe ich eine neue Provinz erobert."

Allein auch hier verfiel er in den Irrthum, daß er an ein organisches Wachsthum von Innen heraus nicht glaubte, sondern Alles von Außen und von Oben auf gleichsam mechanischem Wege machen zu sollen und zu können glaubte.

Er hatte in seinem eigenen Lande das werthvollste Material, um neue bäuerliche Niederlassungen zu gründen und für das Wachsthum der Bevölkerung zu sorgen, das ihm, wohl vorwiegend aus militärischen Gründen, so sehr am Herzen lag. Da waren die Kinder, namentlich die jüngeren Söhne der Bauern, welchen ihre Eltern keine Stelle hinterlassen konnten und welche dazu verurtheilt waren, gegen einen minimalen Lohn bei den Gutsherren zu dienen. Wir haben aus dem Gutachten der pommerschen Stände von 1763 ihr Schicksal kennen gelernt. Dasselbe war so traurig, daß sie ihren Gutsherren entwichen und dann verfolgt wurden, wie flüchtige Sklaven.

Was für einen kräftigen Bauernstand hätte der König heranwachsen lassen können, wenn er in seinen Kolonien und Domänen diesen bäuerlichen Nachwuchs, seine eigenen Unterthanen, angesiedelt hätte!

Wie würde er dadurch für ein naturgemäßes Wachsthum der Bevölkerung gesorgt haben!

In Ermangelung dessen blieb der Zustand so, wie wir ihn vor 1867 in Mecklenburg beobachten konnten. Ehe die Reichsgesetzgebung die Verehelichungsfreiheit einführte, konnten dort die Bauern nur mit Genehmigung des Gutsherrn heirathen, und da dieser Konsens aus Furcht vor den Armenlasten häufig verweigert wurde, so waren die Leute zum Zwangszölibat verurtheilt. Die Folge war ein Ueberwiegen der Zahl der unehelichen Kinder über die der ehelichen. Aber man ist den braven mecklenburger Bauern die Anerkennung schuldig, daß jene Kinder nur formell und rechtlich unehelich waren. Es war nur die schlechte Gesetzgebung und der Wille der Gutsherren, welche den Weg der Eheschließung versperrten. Wenn nun die künstlich ehe- und rechtlos gemachten jungen Leute fortgehen wollten, so stellte sich ihnen abermals ein Hinderniß entgegen. In den übrigen deutschen Staaten mußten sie nach jener veralteten Gesetzgebung, welche jetzt der württembergische Minister a. D. von Varnbüler und dessen Freunde wiederherstellen wollen, Heimathscheine haben, um zugelassen zu werden. Ihre mecklenburgische Gutsherrschaft aber gab ihnen keine Heimathscheine. Und so mußten sie denn entweder rechtlos in Mecklenburg bleiben, oder, um das Band der Ehe, das faktisch bestand, auch rechtlich schließen zu können, gleich über den Ozean fliehen, — nach Amerika. Denn in Deutschland war, wie gesagt, nicht ihres Bleibens. Deshalb war Mecklenburg das Land der Auswanderung und der unehelichen Kinder.

Das Alles hat bis vor vierzehn Jahren bestanden. Heute hat man es schon wieder vergessen. Man spielt gleich Kindern mit dem Feuer, und aus denjenigen Kreisen der Bevölkerung, welchen die Freizügigkeit, die Gewerbefreiheit, die Bauern-Emanzipation und die übrigen gesetzgeberischen Reformen Friedrich Wilhelms des Dritten am meisten zur Wohlthat gereicht haben, erscheinen jetzt Anklagen gegen diese Institutionen. Glücklicher Weise ist sie nur vorübergehend, diese Verblendung.

Neben der Nachkommenschaft der hörigen, an die Scholle gefesselten Bauern hätten die Soldatenkinder ebenfalls ein vortreffliches Material für die Kolonisirungen Friedrichs des Großen geboten. Man ließ dieses junge Volk in den Garnisonsstädten in Armuth und Elend verkommen und sprach sie nach Beendigung des Militärdienstes wieder als Hörige dem Gutsherrn zu, soweit es Inländer waren. Eine große Zahl der Soldaten aber war im Auslande mehr oder weniger zwangsweise geworben oder sonstwie in die Armee gesteckt. Alle diese Menschen und deren Nachkommen hätte man, unbeschadet ihrer militärischen Brauchbarkeit, an das Inland fesseln können, wenn man sie zu dem Werke der Kolonisation herangezogen und so an den Grund und Boden gewöhnt haben würde. Einzelne Kommandeurs der Armee haben mit Erfolg in dieser Richtung gearbeitet, indem sie sich der verlassenen Soldatenkinder annahmen und aus eigenen Mitteln für deren Verpflegung und Erziehung, sowie für deren Unterbringung in der bürgerlichen Gesellschaft sorgten.

Christ. Wilhelm von Dohm (Band IV, S. 395) erwähnt namentlich den Generalmajor von Scholten auf Treuenbrietzen in der Mark, welcher die Kinder der Soldaten seines Regiments auf seinem Grundeigenthum bäuerlich ansässig machte.

Wir haben ein Beispiel in der Geschichte, wie der mächtigste Militärstaat der alten Welt, wie Rom eroberte und kolonisirte, wie seine Armeen nicht nur das Schwert, sondern auch den Pflug zu führen mußten. Dies Beispiel war für Friedrich den Großen verloren. Er mußte zu viel Rücksichten auf seine Rittergutsbesitzer nehmen, welche fürchteten, ihre Hörigen würden Alle entlaufen.

Wir haben gesehen, wie sehr der König auf Zunahme der Bevölkerung bedacht war. Jene Rücksichten nun mußten ihn auf einen eigenthümlichen Abweg führen. Vielleicht dachte er auch, seiner mechanischen Weltanschauung entsprechend: „Die Bevölkerung im Inlande wächst ja von selbst; sorgen wir daneben für den Import von Menschen."

Welch ein seltsamer Widerspruch wieder: Den Import von Menschen auf Staatskosten betreiben und den Import von Waaren von Staatswegen verbieten oder erschweren?

In seiner eigenthümlichen Auffassung, welche die Menschen als Bauern im Schachspiel betrachtet — als Steuerobjekt, als Maschine oder als Spielzeug — erinnert uns der König beinahe an jenes Riesenkind in dem bekannten Gedichte des Adalbert von Chamisso, welches den ackernden Bauer sammt Pferd und Pflug auf dem Felde aufhebt und ohne sich um seinen Zweck und seinen Willen zu kümmern anders wo hin trägt.

Um es kurz zu sagen: Friedrich bezog seine Kolonisten am liebsten von auswärts. Er lockte sie herbei durch Zusicherung und Gewährung von allerlei Vortheilen, als da sind: Anweisung von Land, geschenktes Baumaterial, neu aufgebaute Häuser, geschenktes Vieh, geschenkte Saatfrucht, Ackerbau- und Gewerbe-Werkzeuge, Lebensmittel bis zur nächsten Ernte, Befreiung von Abgaben und Wehrpflicht auf eine Reihe von Jahren, ja sogar für mehrere Generationen.

Es ist natürlich, daß solche Lockspeise reizte. Die Leute kamen aus dem Ausland; sie wurden den Einheimischen vorgezogen. Aber es waren oft nicht die Richtigen, welche kamen. Sie hatten manchmal gar keinen Begriff von Dem, was sie sollten. Dohm erzählt uns einen Beleg dafür:

Einer dieser Zugezogenen sagte: „Ja, das ist ja Alles recht schön und gut, aber wo bleiben denn da die Leute, welche das geschenkte Land für mich bauen?"

— Das mußt Du selbst thun, dafür hat man Dich ja hierherberufen.

— „Ei," sagte der Naive, „ich glaubte, ich sei nur dazu da, die Bevölkerung zu vermehren! Zum Arbeiten bin ich nicht gekommen. Daran hatte ich auch zu Haus keinen Mangel."

Siehe: „Denkwürdigkeiten meiner Zeit" Band IV, Seite 391, Anmerkung 2.

Friedrich der Große hatte ohne Zweifel jene frühere Heranziehung fremder Kolonisten im Auge, welche am Ende des siebenzehnten und am Anfange des achtzehnten Jahrhunderts stattgefunden, — von den französischen Hugenotten, die der große Kurfürst aufnahm, bis zu den Pfälzern und Salzburgern, welche das durch Seuchen dezimirte Ost- und Westpreußen wieder besetzten. Aber jene Einwanderer waren aus einem besseren Stoffe gemacht, als die Friedrichs des Großen. Vertrieben um ihrer Ueberzeugung willen, vereinigten sie in sich einen solchen Inbegriff wirthschaftlicher und bürgerlicher Tugend — Fleiß, Sparsamkeit, Intelligenz, Selbstbewußtsein, Selbstverantwortlichkeit und Selbsthülfe, — daß sie dem Staat, der sie aufnahm, zum größten Nutzen gereichten, ohne selbst übertriebene Ansprüche an denselben zu erheben. Für sie genügte bürgerliche, wirthschaftliche und religiöse Freiheit.*)

Von den Kolonisten Friedrichs des Großen dagegen schreibt Herr von Dohm, der sie aus eigener Anschauung kannte:

— „Die meisten dieser Leute dachten gar nicht daran, daß trotz aller königlichen Unterstützung ihr Fortkommen doch vorzugsweise auf ihrem eigenen Fleiße beruhe. Sie ergaben sich der Trägheit und jeder Art von Liederlichkeit, machten sich bei den alten Landeseinwohnern gehässig und wurden ihnen durch Bettelei und Diebstahl höchst lästig, bis sie sich endlich gezwungen sahen, ihre verschuldeten Hütten wieder zu verlassen und vielleicht in irgend einer anderen preußischen Provinz sich noch einmal als Kolonist annehmen ließen, dort abermals dieselben Vortheile erschlichen und die gleiche Laufbahn mit gleichem Erfolg oder Mißerfolg noch einmal durchführten.

— „Ich erinnere mich in solchen Kolonisten-Dörfern gewesen zu sein, nachdem kaum zwanzig Jahre nach deren Errichtung ver-

---

*) Beheim-Schwarzbach, hohenzollernsche Kolonisationen (Leipzig 1874).

flossen waren, und doch fand ich in manchen Häusern schon das vierte, den vorhergegangenen drei ganz fremde Geschlecht.

— „So haben die vielen, unter Friedrich angezogenen Fremdlinge dem Lande wenig oder gar keinen Vortheil gebracht, vielmehr durch das gegebene böse Beispiel wohl gar die alten Einwohner verdorben, oder ihnen mannigfachen Nachtheil zugefügt.

— „Mit Gewißheit darf man annehmen, daß Friedrich nie erfahren hat, wie übel es mit vielen seiner Kolonisten-Anlagen gegangen. Die Errichtung derselben wurde ihm gemeldet, aber natürlich eilte sich Niemand, ihn von deren allmäligem Verfall und endlichem gänzlichen Eingehen zu unterrichten. Die Kolonisten-Dörfer wurden in den Listen des Königs immer als fortbestehend aufgeführt, wenngleich deren erste Bewohner sich längst wieder verlaufen hatten und schon mehr als einmal durch neue ersetzt worden waren.

— „Dies ist begreiflich und ein neuer Beweis, wie auch der aufmerksamste Regent nicht immer von dem wirklichen Zustande der Dinge in seinen weitläufigen Landen Kenntniß hat."

Soweit Herr von Dohm.

Wenn also offizielle Federn von dem Könige rühmen, daß er über eine Viertel-Million Kolonisten „angesetzt" habe, so kann man nach dem Vorgetragenen kaum umhin, anzunehmen, daß in dieser Zahl gar Mancher doppelt gezählt ist, und sich auch Viele darunter befinden, die längst wieder ausgerückt waren.

Der sparsamste aller Könige hat in Folge seines Glaubens an die Omnipotenz des Staats und des Merkantilsystems, an den Staatssozialismus und an das Nichtvorhandensein wirthschaftlicher Naturgesetze, mit vollen Händen das Geld nutzlos weggeworfen, was ihm bei einigem „Laisser aller, laisser faire" nicht zugestoßen wäre.

Der klügste aller Könige ist mehr als irgend ein Anderer getäuscht worden, weil er irgend einen Widerspruch gegen seine vorgefaßten Meinungen, insbesondere gegen seine Irrthümer auf volkswirthschaftlichem Gebiete absolut nicht vertragen konnte und in Folge dessen seine Beamten so schreckte, daß dieselben aus Furcht vor seiner

Ungnade es nicht mehr wagten, ihm die Wahrheit zu sagen und ihm diejenigen Thatsachen zu referiren, die ihm möglicher Weise unangenehm oder mißliebig sein konnten. Ja, es wurden ihm geradezu „Potemkin'sche Landschaften" vorgespiegelt, wie Katharina II. von Rußland.*)

Einer der kompetentesten Beurtheiler landwirthschaftlicher Dinge, der Staatsrath Thaer, konstatirt, daß die landwirthschaftlichen Ideen des Königs sehr unklar waren, und daß seine Beamten solche als Launen des großen Monarchen betrachteten und „über deren Ausführung sich erlaubten, ihm ein Blendwerk vorzumachen".

„Daher," sagt Thaer, „das Fehlschlagen vieler Pläne und der geringe Erfolg, den Friedrich zuweilen von dem sah, was selbst unter seinen Augen geschehen war. Daher, daß er in der letzten Zeit die Hoffnung auf eine blühende Landkultur aufgegeben zu haben schien und eine Vorliebe für das Manufaktur-Wesen bekam". Siehe „Möglin'sche Annalen der Landwirthschaft." Berlin 1817, Band I, Stück 1, S. 10.

Aber auf dem Gebiet des Fabrikwesens war er ebenso wenig glücklich. Um dasselbe zu heben, machte er unvernünftig hohe Schutzzölle und für eine ganze Reihe von Waaren verbot er nicht nur die Einfuhr, sondern sogar auch die Durchfuhr.

Von diesem System versichert Dohm, daß es „dem preußischen Lande einen unermeßlichen Schaden zugefügt habe".

---

*) Ich will hier in der Note nur noch ein kleines Beispiel anführen, wie sehr der König glaubte, der Natur Gewalt anthun zu können. Er hat seit seinem Regierungs-Antritt bis zu seinem Tode viel Scharfsinn, Zeit und Geld daran gewandt, in der Kurmark Wein zu bauen; namentlich auf dem Bornstädter Feld bei Potsdam ließ er große Weinberge anlegen und mit den edelsten Sorten Reben bepflanzen. Mit welchem Erfolg, darüber giebt eine an die kurmärkische Kammer am 18. Mai 1783 erlassene Kabinets-Ordre Auskunft. In derselben befiehlt der König, „die konzessionirten Weinessig-Fabrikanten dahin anzuhalten, daß sie den Weinbauern ihre Weine ablaufen, woferne sich etwa finden sollte, daß die Weine (wegen allzu großer Säure) unverkauft liegen geblieben." Rudolf Stadelmann, „Friedrich der Große in seiner Thätigkeit für den Landbau Preußens", Berlin 1876, Seite 149.

„Die Ausschließung aller Produkte fremder Industrie," fährt er fort, „hat nur wenige privilegirte Familien rechtswidrig und unverhältnißmäßig bereichert, alle übrigen aber geschädigt. Sie zwang die Unterthanen, sich mit den einheimischen, ungleich schlechteren Erzeugnissen zu befriedigen, und diese viel theurer zu bezahlen, oder die fremden besseren durch einen, Redlichkeit und Sitten verderbenden Schleichhandel sich zu verschaffen. Auch vernichtete in Folge dieses Systems Friedrich alle jene wichtigen Vortheile, welche die Natur ihm durch die Lage seiner Lande anbot. Obgleich zwei Meere, das eine mit einer sehr ausgedehnten Küste, eine Menge schiffbarer Flüsse und Kanäle die preußischen Lande zum Sitze eines blühenden und die Unterthanen bereichernden Handels bestimmt hatten, wies Friedrich diesen Handel geflissentlich zurück. Die Eingangs- und Durchgangs-Verbote und Zölle, die Plackereien und Zeitverluste u. s. w. zwangen den Handel, die preußischen Lande zu meiden und weite und theuere Landfracht der billigen Wasserfracht vorzuziehen."

Also auch hier wieder jener unbegreifliche Widerspruch: Der König baut — wie er selbst sagt „zum Besten des commercii" — unter großem Geldaufwand vortreffliche Wasserstraßen, um dann durch seine prohibitive und protektionistische Handelspolitik deren Benutzung unmöglich zu machen.

Auch bei der künstlichen Steigerung eines an sich unproduktiven Fabrikbetriebes war das Hauptaugenmerk des Königs: die Vermehrung der Bevölkerung zum Zwecke der Erhaltung und der Steigerung der Wehrkraft. Der König vergaß dabei, daß ein Fabrik-Proletariat, welches von Hungerlöhnen lebt, nicht geeignet ist zum Militärdienst, und daß eine subventionirte und lebensunfähige Industrie das Aufkommen einer selbständigen und lebensfähigen verhindert. Endlich aber mußte der König, damit die Arbeiter, welche ja nicht Leibeigene waren wie die Bauern, nicht fortliefen, die Distrikte, wo er seine Fabriken anlegte, hegte und pflegte, von der Militärlast befreien.

Wie sehr der König darauf aus war, Alles allein und Alles selbst zu machen, und wie kleinlich er, der in großen Dingen so groß war, in kleinen Dingen sein konnte, beweist u. A. sein Drang, katholische Heilige zu fabriziren. Am 10. Juli 1779 befahl er seiner Kammer, sie solle, da die kleinen Heiligen-Bilder in der katholischen Kirche einen großen Absatz fänden, sich erkundigen, welche Heilige die Leute am liebsten hätten; die müßten dann am meisten gemacht, und, um einen großen Absatz zu erzielen, thunlichst billig verkauft werden.

Ich muß immer wieder darauf zurückkommen, daß auf dem wirthschaftlichen Gebiete die Regierung außer Stand ist, Jemanden anders zu begünstigen als auf Kosten aller Andern, und daß, wenn sie dem Einen giebt, sie dem Andern nimmt. Friedrich der Große hatte die Absicht, gerecht zu sein, aber die Irrlehren des Merkantilismus gestalteten diese Absicht zu einer höchst eigenthümlichen Praxis. Wenn er den Einen geschädigt hatte, so suchte er ihn schadlos zu halten auf Kosten eines Dritten, und den Dritten entschädigte er wieder auf Kosten eines Vierten. So pflanzte sich das Uebel auf der Reihe herum immer weiter. Er entzog den Seeplätzen der Ostsee und den Städten an der Oder den Getreidehandel, um ihn einer privilegirten und monopolisirten Handelsgesellschaft zu übertragen; und nachdem er auf diese Art die Kaufleute schwer geschädigt, verfiel er auf die Idee, dieselben dadurch schadlos zu halten, daß er ihnen innerhalb eines großen Bannbezirks ein Verkaufs- und Stapelrecht für eine Reihe von Landesprodukten auf Kosten der Landwirthschaft einräumte.

Dem landsässigen Adel, den er, wie wir sahen, schwer belastete, beließ er zur Entschädigung u. A. die hörigen Bauern, obgleich im Prinzip die Leibeigenschaft verdammend. Auch befreite er den Adel von Steuern, auf Kosten der Städte.

Um nun doch freie Kolonisten zu haben und dadurch die Landwirthschaft zu heben, ließ er sich Gesindel von auswärts kommen, während er in seinen eigenen Landen, wie gezeigt, ein weit besseres Menschen-Material hätte haben können, wenn ihm die Rücksicht auf die Grundherren gestattet hätte, Gebrauch davon zu machen.

Um aber die mit Accise, Monopol und Steuern niedergedrückten Städte schadlos zu halten, steigerte er, der aufgeklärte Monarch, den Zunftzwang bis in das Groteske, indem er auf das Strengste untersagte, irgend ein Gewerbe auf dem Lande zu treiben. Hierdurch wurden dann wieder zunächst die Gutsbesitzer und die Bauern schwer heimgesucht, weil sie wegen jeder Kleinigkeit in die Stadt schicken mußten. Eine Reihe von Gewerben, welche gerade auf dem Lande am besten gedeihen, wurde unterdrückt und unmöglich gemacht. Die ländliche Bevölkerung wurde durch diesen Bann und durch die Hörigkeit verhindert, in der Stadt ihre überschüssige Kraft zu verwerthen und dort Verdienst und Nahrung zu suchen, und die Städte ihrerseits wurden wieder dieses Kraftzuwachses beraubt.

So sehen wir denn den großen Geist des Königs in allen diesen volkswirthschaftlichen Dingen unabläßig beschäftigt, die natürliche wirthschaftliche Harmonie zu zerstören, zu trennen, was zusammen gehört, künstliche Gegensätze, Erschwerungen und Hindernisse zu schaffen, eine Art Bürgerkrieg zwischen den verschiedenen Berufsklassen zu organisiren und den Staat, der Alle schützt und schirmt, der bürgerlichen und wirthschaftlichen Gesellschaft im Lichte eines unversöhnlichen Feindes erscheinen zu lassen.

VII. Glaubensbekenntniß Friedrichs des Großen.

Ich werde nun in dem Nachstehenden versuchen, das wirthschaftspolitische Glaubensbekenntniß Friedrichs des Großen, wo möglich mit des Königs eigensten Worten, darzustellen und eine Charakteristik und Kritik desselben zu geben.

Man kann sich kaum einen größeren Gegensatz denken, als die 1808 unter Friedrich Wilhelm III. an sämmtliche Regierungen des Landes ergangene Instruktion, aus welcher ich weiter unten, Buch V Kap. 6, die maßgebenden Stellen wörtlich mittheilen werde, auf der einen, und die 1748 unter Friedrich II. ergangene „Revidirte Instruktion für das Generaldirektorium", auf der anderen Seite.

Ich beschränke mich hier darauf, diejenigen Stellen der letztgenannten Instruktion mitzutheilen, welche ausweislich der Akten, von des Königs eigener Hand herrühren.

— „Zwei Sachen," heißt es da, „gereichen zu des Landes Bestem. Erstens aus fremdem Lande Geld hereinzuziehen; dieses ist das Kommerzium. Zweitens zu verhindern, daß nicht unnöthig Geld aus dem Lande gehe; dies sind die Manufakturen.

Hauptregel (principium regulativum):

1. Alle Jahre von den Provinzen Extrakte schicken lassen von Zöllen und Accisen, was für fremde Waaren eingehen.
2. Auszug zu machen von jeder Art Manufakturen, welche uns noch fehlen.
3. Examiniren, wo man solche anlegen kann, und wie stark solche Manufaktur werden kann, nach der inländischen Konsumtion.

Die besten Manufakturen sind die, wozu wir die erste Materie im Lande haben.

Die zweite ist auch gut; und muß wohl darauf reflektirt werden, die rohe Materie kommen zu lassen und hier zu verarbeiten.

Ich erlaube allen neuen Manufakturen, die wir noch nicht haben, sich in allen offenen Orten, wo keine Accise ist, anzusetzen, damit sie die Waaren wohlfeil verkaufen können."

An anderen Stellen heißt es:

— „Es sind drei Kommerzien:

Das eine, da schicket man Waaren weg und kriegt Geld dafür.

Das andere, da holet man fremde Waaren und setzet sie anderswo ab: Transitus.

Das dritte, da verwechselt (vertauscht) man seine Waaren gegen andere, die man nothwendig braucht.

Diese drei Arten sind alle gut. Die erste ist die beste. Die zweite anlangend, so muß auf den polnischen Debit stark reflektirt werden. Und die dritte muß auch mitgenommen werden, wenn man es nicht besser kriegen kann."

— „Unser Handel rouliret auf Korn, Holz und allerhand wollene Waaren. Das muß auf alle Weise protegirt werden. Das meiste Geld, was außer Landes geht, ist für Wein, Branntwein, Zucker und seidene Waaren. Es muß so viel wie möglich alle fremde Waare, welche wir entbehren können, noch höher mit Zoll belegt (impostiret) werden. Ausländische Konsumtibilien können auch noch erhöht werden."

— „Alle Jahre kommen für sechzigtausend Thaler Käse in das Land. Solche Negligence ist nicht mehr auszustehen."

— „Das wahre Plus kömmt dem Staat durch die Industrie. Dazu gehören aber kluge und laboriöse Leute, und nicht solche faule und idiote Kriegs-Räthe, wie es leider die Menge in allen Kammern giebt."

Dieses System der Isolirung des Landes, um daraus ein Treibhaus mit Glasdach und künstlichem Dünger zu machen, dieses Bestreben, jede wirthschaftliche Thätigkeit zu einer Geldfabrikation für den Staat zu stempeln, charakterisirt der bekannte Staatsmann Leopold Krug am Anfange des neunzehnten Jahrhunderts mit folgenden Worten:

— „Wille und Wunsch der Regierung war, den Staat reich und mächtig zu machen. Zwar gönnte man auch dem Bürger den Wohlstand, ja man suchte denselben noch zu vermehren. Aber hinsichtlich des letzten Zweckes des Reichthums, nämlich hinsichtlich des Genusses desselben, gingen die Grundsätze der Regierung und die Wünsche der Bürger weit auseinander. Der oft versteckt liegende, zuweilen aber auch offen dargelegte Zweck der Einrichtungen und Gesetze war der, daß die Nation zwar recht viele Reichthümer erwerben, aber nur das Nothdürftigste davon genießen sollte. Hält man doch den Staat für den glücklichsten, der sich am meisten von allen anderen isolirte. Glaubte doch Friedrich II. sein Land oder seinen Staat dadurch reich und glücklich zu machen, daß er dessen Bürger anhielt, sich des Reises, des Kaffees und anderer ausländischer Produkte zu enthalten. In der Wirthschaftspolitik des Staates, bei welcher so oft ein Einfuhr- oder ein Ausfuhr-Verbot, eine willkürliche Taxe, oder eine Polizei-Verfügung, Tausenden rechtlicher Bürger um einen erlaubten und legitimen Genuß, oder gar in große Verlegenheiten, Viele in Armuth stürzt und Viele zwingt, ein nützliches Gewerbe mit einem anderen, minder nützlichen und einträglichen zu vertauschen, oder statt dessen zu einem unsittlichen und strafbaren Geschäfte, dem Schleichhandel, zu greifen: — sollte da die Achtung vor der Gerechtigkeit und vor der bürgerlichen Freiheit und die Gestattung aller von der Moral nicht verworfenen Gewerbe (die Ueberlassung des Betriebes derselben an die freie wirthschaftliche Thätigkeit der bürgerlichen Gesellschaft, statt sie für den Staat zu monopolisiren) nicht die volle Aufmerksamkeit der höchsten gesetzgebenden und gesetzerklärenden und vollziehenden Behörde verdienen? Aber es war damals (unter Friedrich II.) wirklich nicht so. Oft genügte der Bericht einiger Behörden, oder die Besorgniß einzelner Beamten, die es vielleicht mit dem Wohle des Staates recht gut meinen mochten, die aber von diesem Wohle falsche Begriffe hatten, ein Gesetz zu geben, welches allein durch seinen Vollzug sofort der Nation mehr schadete und raubte, als alle während eines langen Zeitraumes bestraften Diebe zusammen genommen gestohlen hatten. Gegen solche Gesetze aber stand damals in der Regel kein rechtlicher Weg offen. Die Bedrückten und Verarmten wurden ohne Weiteres unter Berufung auf das Wohl und das Interesse des Staats, auf die „Raison d'état", oder auf andere ehrwürdig klingende Worte, ab- und zur Ruhe verwiesen. Sie mußten eben einfach in ihrem beschränkten Unterthanenverstande so lange warten, bis die hohe Obrigkeit andere und bessere Begriffe von der Aufgabe und von dem Wohle des Staates erhalten werde, als sie solche zur Zeit noch hatte."

Der einsichtsvolle Staatsmann, dessen Schriften wir die obigen Aufzeichnungen entnehmen, schließt mit einem Ausruf der Entrüstung:

— „Giebt es denn wirklich unter uns noch Volksklassen, die der Gerechtigkeit nicht werth sind?"

Ich füge zur Ergänzung aus den vor Kurzem veröffentlichten „Papieren des Ministers von Schön" (Band III, Seite 63 und Band IV, Seite 604) noch Folgendes hinzu:

— „Friedrich der Große sagte noch bei seiner letzten Anwesenheit in Breslau zu Garve: „„Glaub' Er mir: Es ist Alles Kanaille!"" Dieser König war Philosoph! Und dennoch hatte dieser Philosoph sich von den Fehlern und Gebrechen des Volkes, welche zu seiner Kenntniß gekommen, so überwältigen lassen, daß er das Gute, welches auch in dem ungebildeten Menschen liegt, übersah, und dabei verkannte, daß dem gemeinen Manne zwar einzelne Tugenden des Gebildeten abgehen, daß aber der Kreis seiner Laster viel kleiner ist, als der bei den höheren Ständen."

— „Seit dem siebenjährigen Kriege," sagt Schön an einer anderen Stelle, „bezeugte Friedrich II. mit wenigen Ausnahmen nur solchen Männern noch Achtung, welche Soldaten waren, und darüber ging der Begriff des Volkes im Lande gänzlich verloren."

Wenn wir jene Weltanschauung vergleichen mit derjenigen, welche die Reformgesetzgebung Friedrich Wilhelm des Dritten beherrscht hat, so möchte man glauben, es lägen viele Jahrhunderte zwischen Beiden; und doch sind es nur einige Jahrzehnte.

Friedrich der Große, welcher während des Kriegs den Werth sofort disponibler Mittel, insbesondere eines Staatsschatzes, kennen gelernt hatte, stellte auch im Frieden an die Spitze seiner Staatsraison den Satz:

„Der Staat braucht Geld — Geld — und abermals Geld." Daraus folgert er mit der ganzen Konsequenz seines logischen Kopfes und seines energischen Willens:

„Alles, was Geld in das Land bringt, ist gut. Alles, was Geld aus dem Lande gehen läßt, ist schlecht." Die ganze, gouver-

nementale Weisheit der Wirthschafts-Politik besteht also darin, viel
Geld hereinzuschaffen und wenig, am Ende wohl gar keins hinaus-
zulassen. Dieser Staatsraison muß sich Alles unterordnen."

Daß Handel und Gewerbe zunächst dazu da sind, die wirthschaftlichen Bedürfnisse der bürgerlichen Gesellschaft ausgiebig zu
befriedigen und damit die Wohlfahrt des Volkes und dessen Kulturfortschritt zu fördern, dieser uns so nahe liegende und in den Reform-
gesetzen Friedrich Wilhelms des Dritten so rückhaltlos anerkannte
und durchgeführte Gedanke, hat dem großen König sehr ferne gelegen.

Sein Angelpunkt ist „das Geld", dessen er bedarf zu seinen
politischen und militärischen Zwecken.

Was ist der Handel? Nichts als ein Mittel, das Geld aus
den anderen Ländern in das meinige zufließen zu machen!

Was ist Industrie? Nichts als das Mittel, den Abfluß des
baaren Geldes aus meinem Lande in andere Länder zu verhindern.

Das sind die entscheidenden Worte, welche er in die Instruktion
von 1748 mit höchsteigener Hand hineinkorrigirt hat. Das ist der
maßgebende und unabänderliche Gedanke, welchen er hier, wie überall,
mit einer Deutlichkeit und einer Schärfe, welche nichts zu wünschen
übrig läßt, ausgedrückt hat.

Erkennt man dies Dogma des allein selig machenden Geldes
und des um dasselbe ringenden fiskalischen Zwangsstaates als richtig
an, dann ist es aus mit dem, die wirthschaftliche Freiheit unter
seinen Schutz stellenden Rechtsstaat. Alles Uebrige sind dann nur
logische Konsequenzen.

Wenn Handel und Industrie keinen anderen Zweck hat, als dem
Staat und dem Kriegsschatz das nöthige baare Geld zu beschaffen,
warum soll dann der Staat nicht selber dem Handel und der Industrie
obliegen? Wird er nicht mehr, als jeder Andere, diesen Zweck im
Auge behalten und das Geld auf kürzestem und direktestem Wege
der Staatskasse zuführen? Warum und wozu dann der Umweg
durch die Kasse der Bürger?

Freilich wird man doch auch den letzteren wenigstens einen Theil des wirthschaftlichen Betriebes überlassen müssen. Denn sie müssen am Ende doch leben und sich vermehren. Wo kriegte sonst der König seine Soldaten? Aber ist es denn nicht nothwendig, die wirthschaftliche Thätigkeit der bürgerlichen Gesellschaft auf das genaueste staatlich zu regeln, damit der in der Instruktion bezeichnete ausschließliche Zweck des „Commercii" und der „Manufacturen" für den Staat auch erreicht wird? Kann man sich da auf ein Laisser aller oder Laisser faire einlassen?

Nein, gewiß nicht! Vielmehr muß die gesammte wirthschaftliche Thätigkeit der bürgerlichen Gesellschaft, so weit sie derselben belassen und nicht zu einem Monopol des Staats oder der von diesem privilegirten Gesellschaften gemacht wird, von Staats wegen auf das genaueste geregelt werden, jedem Einzelnen muß gesagt werden, was er zu thun und zu lassen hat, die Regierung muß den Bürger auf wirthschaftlichem Gebiete gerade so kommandiren, wie der König den Soldaten auf dem Schlachtfeld. Alle Unterthanen sind von einer hohen Obrigkeit dazu anzuhalten, ihren Erwerb nur auf demjenigen Wege zu suchen, welchem gedachte Obrigkeit ihren Beifall schenkt. Nur so kann das gewünschte Ziel erreicht werden. Wird es aber beständig verfehlt, dann ist nicht dieses staatssozialistische Dogma vom Gelde und dessen rücksichtslose Durchführung schuld daran, sondern die „faulen und idiotischen Kriegsräthe"; und es wäre Alles vortrefflich gegangen, wenn nur alle Beamte „kluge und laboriöse" Menschen wären!

Auch der Gedanke, daß doch der Handel- oder Gewerbetreibende sein Geschäft, das er von Jugend auf erlernt und betrieben hat, besser versteht, als der Beamte, und daß er jedenfalls eifriger und sorgsamer, um- und vorsichtiger in demselben ist, weil ja seine und der Seinigen Existenz dabei auf dem Spiel steht, — auch dieser Gedanke ist dem großen König niemals gekommen. Es liegt ganz außerhalb jener militärischen Weltanschauung, welche auf dem Gebiete des Krieges dem König so große Erfolge verschafft hat, deren Uebertragung auf das Gebiet des Friedens und der Wirthschaft sich aber als ein verhängnißvoller Irrthum offenbart und nichts als Mißerfolge aufzuweisen gehabt hat.

Die Beamten sind „dumm und faul". Das Andere ist „nichts als Kanaille". Bleiben also nur noch die Offiziere. Der Begriff des Volks geht, wie Schön sagt, einfach verloren.

Zur Ergänzung dieser Darstellung verweise ich auf die Abhandlung „Friederiziana" in den Jahrgängen 1881 und 1882 der vortrefflichen „Monatschrift für Deutsche Beamte", welche L. Jacobi (Geheimer Reg.-Rath, sowie Mitglied des Reichstages und des preußischen Abgeordneten-Hauses) herausgiebt. Es wird darin (Jahrgang 1881, Dezemberheft, Seite 461 u. ff.) mit Recht hervorgehoben, daß die Ausführung der Gesetze und Verordnungen des fiskalisch-sozialistischen Zwangsstaates und die Aufsicht über die wirthschaftliche Thätigkeit der bürgerlichen Gesellschaft am Ende doch in die Hände der Polizeidiener, Grenzwärter, Landdragoner, Visitatoren, Delatoren und Aufpasser fiel, deren sich damals der Staat ein ganzes Heer hielt und halten mußte, — Alles schlecht besoldete und ziemlich unwissende Leute aus den niedrigsten Klassen des Volkes, — Leute, die von der Regierung leider mit einer oft willkürlichen Gewalt bekleidet werden mußten, nach deren Berichten sich die Regierung ihre Auffassung der Zustände des Landes und des Volkes, und wiederum das Volk seine Vorstellungen von dem Willen und den Wünschen der Regierung bildete und bilden mußte.

Die Ueberzeugung von der Nothwendigkeit, das wirthschaftliche Leben der Gesellschaft bis in das geringste Detail durch die Gesetzgebung des Staates zu regeln, mußte aber auch zu einer Abundanz von Gesetzen führen, welche uns unwillkürlich an den Ausspruch des Tacitus: „Pessima respublica plurimae leges" erinnert. Dazu kommt, daß es meistens legislative Gelegenheits-Gedichte waren und in keinem systematischen Zusammenhange mit einander standen, vielmehr einander so oft widersprachen, daß die Beamten, sie mochten thun oder lassen, was sie wollten, sich stets auf irgend einen der zahllosen Erlasse der unruhig hin und her reglementirenden und experimentirenden Regierung berufen konnten.

Durch diese Unzahl von Verordnungen wurde der Rechtszustand nicht befestigt, sondern untergraben.

„Viele dieser Gesetze," heißt es an dem angeführten Orte, „schienen nur dazu gemacht zu sein, um den höheren und niederen Beamten Gelegenheit zu geben, nach Belieben die Unterthanen züchtigen oder lossprechen zu können: daher die moralische Verdorbenheit eines großen Theiles dieser Offizianten und die überall anerkanntermaßen eingerissene Bestechlichkeit derselben. Alles das, der Mangel an Ruhe, Halt und Stetigkeit in der Regierung und in ihren Anordnungen, die Unzuverlässigkeit, Willkür und Bestechlichkeit der Beamten u. s. w., mußte auf die Dauer einen unheilvollen Einfluß auf die öffentlichen Zustände ausüben. Man sah das erst recht nach Friedrich's Tod, unter einem schwächeren Regimente."

Unter Friedrich selbst trat es noch nicht so deutlich zu Tage. Dies lag u. a. auch in dem glücklichen Umstande, daß die Gesetze der Natur stärker sind, als diejenigen des Staates, und daß daher die letzteren entweder gar nicht oder nur theilweise zur Vollziehung gelangen, wenn sie sich mit den ersteren in einen diametralen und unlösbaren Widerspruch setzen.

Ich berufe mich in Betreff dieser Erscheinungen auf zwei Autoritäten:

Zunächst auf die des Grafen Mirabeau, von welchem ich in dem dritten Buche noch ausführlicher reden werde.

Dann auf die von Leopold Krug, welcher sich selbst die Frage vorlegt, wie es bei dem von ihm geschilderten Zustande möglich gewesen, daß in dem Lande nicht Alles zu Grunde gegangen, und sich dies erklärt aus der Thatsache, man sei nicht nach dem Buchstaben jener Gesetze verfahren, ja der Bürger habe sich, sowie er überhaupt, was bei deren Unzahl schwierig gewesen, von deren Inhalt

Kenntniß genommen, nicht vor denselben gefürchtet, vielmehr aus Erfahrung gewußt, daß Rücksicht genommen werde.

„So hatten denn," sagt Krug, „viele Gesetze, welche in anderen Ländern, wo sie mit unnachsichtlicher Strenge und ohne irgend welche Ausnahme angewandt wurden, den größten Schaden für das Wohl der Nation angerichtet haben, bei uns gar nicht so betrübende Folgen," also aus dem einfachen Grunde, weil sie nicht vollzogen oder straflos umgangen und verletzt werden konnten.

Es war der Merkantilismus, moderirt durch den Ungehorsam und den Schmuggel.

Drittes Buch.

Mirabeau und Napoleon I.

> Motto:
> „Toutes les bonnes maximes sont dans le monde. Je ne faut que les appliquer."
> Pascal.

I. Mirabeau und Friedrich der Große.

Graf Mirabeau kam im Dezember 1785 zum ersten Mal nach Berlin. Er ließ durch den General Graf Görtz Friedrich dem Großen die Werke überreichen, die er bis dahin publizirt hatte.

Der König, immer etwas mißtrauisch, wünschte zu erfahren, „was für ein glücklicher Zufall den berühmten Franzosen in sein Land geführt habe", und gewährte demselben eine Audienz, um sich darüber zu informiren. In dieser Audienz war Mirabeau wegen der Anwesenheit einiger Personen, welchen sein Reiseziel nicht bekannt werden sollte, etwas zurückhaltend.

Um jedoch keinen Zweifel an seiner loyalen Offenherzigkeit aufkommen zu lassen, richtete er am Tage danach ein Schreiben an den König, in welchem er u. a. Folgendes sagt:

— „Schlecht belohnt für große Dienste, welche ich in Frankreich den Franzosen geleistet, — durch den gegenwärtigen Minister dort in meiner Sicherheit, ja fast in meiner Ruhe gefährdet, weil ich mich weder in sein neuestes Anlehn mischen, noch mich an seiner Münzoperation betheiligen wollte, — so lange mein Vater lebt, genöthigt, meinen Thatendrang und meine schwachen Talente zur Geltung zu bringen, — getrieben von dem, vielleicht unverständigen Wunsche, daß man mich in Frankreich vermisse, — habe ich mein Vaterland verlassen, zwar mit Erlaubniß des Monarchen, jedoch in der Absicht, so lange ich noch jung und kräftig bin, nicht wieder dahin zurückzukehren, außer um die beträchtliche Erbschaft in Besitz zu nehmen, die mir mein Vater hinterlassen wird."

Im Weiteren gesteht er, er will in Berlin seine Wißbegierde befriedigen und dann nach Rußland gehen, um eine Anstellung zu suchen in diesem Lande, „welches meiner Ansicht nach der Fremden am meisten bedürftig ist zu seiner Entwickelung".

Der König antwortete darauf kurz, aber freundlich und verwilligte dem Grafen noch eine oder einige Audienzen.

Mirabeau erwähnt in seinen Berichten über diese Unterredungen mit dem König einer sehr denkwürdigen Aeußerung. Er sagt dem König:

— „Es ist zu bedauern, daß Eure Majestät nur der Cäsar Ihres Volkes und nicht auch zugleich auch dessen Augustus haben sein wollen."

Darauf erwidert der König sehr ernsthaft:

— „Mein Graf, Sie wissen nicht, was Sie da sagen. Gerade dadurch, daß ich meinen Leuten freien Spielraum ließ, mich in deren wissenschaftliche und literarische Angelegenheiten nicht einmischte und gar keinen Antheil daran zu nehmen schien, glaubte ich für sie und für die Aufklärung mehr gethan zu haben, als wenn ich diese hätte erzwingen wollen."

Auf dem Gebiete der Literatur und der Dichtung also spricht sich der große König ohne allen Vorbehalt für den Grundsatz des „Laisser aller, laisser faire" aus. Auf dem Gebiete der Volkswirthschaft dagegen huldigte er dem Merkantilsystem und dem Staatssozialismus. Die Literatur ging vorwärts, die Wirthschaft zurück.

Im März 1786 veröffentlichte Mirabeau das erste Produkt seiner deutschen Studien, einen „Brief über Cagliostro und Lavater", worin er den geriebenen Schwindler mit dem harmlosen, aber doch nicht ungefährlichen Schwärmer — nicht ganz mit Recht — in einen Topf wirft. Lavater rächt sich durch eine „physiognomische Betrachtung über das Porträt Mirabeau's", welche mehr albern erscheint, als boshaft. Der fromme Hamann aber, der „Magus aus Norden", nennt den Grafen einen „Satans-Engel", — von seinem Standpunkt nicht übel!

Als der große König stirbt, schreibt Mirabeau:

— „Nun ist also einer der größten Charaktere, die je einem Throne zur Zierde gereichten, erloschen. Sein Todestag hat uns hier in Berlin ein beachtenswerthes Schauspiel geboten. Alles war düster, aber Niemand traurig. — Alles geschäftig, Niemand betrübt. Auf jedem Antlitz malte sich Erwartung, Wiederaufathmen, Hoffnung. Kein Bedauern, kein Seufzer, geschweige denn ein Lobspruch."

Im Jahre 1788 erschien, mit dem Druckort „London", das berühmte, acht dicke Bände umfassende Werk Mirabeau's „De la Monarchie Prussienne sous Frédéric le Grand", das er in Gemeinschaft mit dem Braunschweiger Mauvillon ausgearbeitet hat und das ich schon mehrmals angeführt habe. Vorher, im Mai 1787, hatte sich Mirabeau abermals nach Berlin begeben.

Während seines wiederholten Aufenthaltes in Berlin war Mirabeau, wie uns übereinstimmend versichert wird von allen deutschen Schriftstellern, welche ihn da kennen gelernt hatten, redlich bemüht, die preußischen Einrichtungen und Zustände kennen zu lernen. Er fand hierbei eine sehr dankenswerthe Unterstützung bei seinen Berliner Freunden, welche sich zuweilen sogar über seine lernbegierigen Zudringlichkeiten beschweren.

Dohm in seinen schon öfters erwähnten „Denkwürdigkeiten" erwähnt mit Nachdruck, daß Mirabeau „gleich den meisten Reisenden von jenseits des Rheins, als er kam, an gänzlicher Unwissenheit über Deutschland und an sehr verworrenen Begriffen über dessen politische und literarische Verhältnisse gelitten habe". (Freilich waren aber auch diese Verhältnisse an und für sich sehr verworren und schwer zu begreifen!)

— „Aber," fährt Dohm fort, „mit Bewunderung haben wir auch gesehen, mit welcher Kraft und wirklich unglaublichen Thätigkeit Mirabeau diese Unwissenheit zu überwinden und seine mitgebrachten Vorurtheile abzulegen wußte. Er nahm Unterricht in unserer Sprache, und gelangte bald dahin, daß er deutsche Schriften ziemlich fertig lesen und deutsche Reden verstehen konnte. Nun brachte er Alles zusammen, was in älterer und neuerer Zeit über Deutschland, und besonders über Preußen geschrieben worden, machte sich den Inhalt durch eine flüchtige Durchsicht bekannt, und ließ dann alles, was ihm für seine Zwecke irgend erheblich war, extrahiren und übersetzen. Aber so eifrig er auch gedruckte Bücher benutzte, war diese Quelle des Unterrichts doch diejenige, welche er nicht am meisten schätzte. Ungleich belehrender war ihm der Umgang mit Menschen aller Klassen. Er suchte Staatsmänner, Militairs, Gelehrte, Künstler, Kaufleute und Fabrikanten, sogar Handwerker auf. Die Kunst zu fragen verstand er in einem Grade, von dem es schwer ist, dem einen Begriff zu geben, der seinen Unterredungen nicht beigewohnt hat. Auch dem scheinbar unbedeutendsten Gegenstande wußte er eine interessante Seite abzugewinnen; auch von den stumpfsten, unwissendsten Menschen wußte er zu lernen. Noch merkwürdiger war die ihm eigene Gabe, Männer von höherer Bildung, die entweder gar nichts mittheilen, oder gar irre leiten wollten, zum Reden der Wahrheit zu bringen. Es war ganz unmöglich, seinen Fragen, die oft gar nicht das Ansehen von Fragen hatten, auszuweichen. Die Lebendigkeit seiner Unterhaltung, das Interesse, das er den eigenen Bemerkungen gab, selbst die Lust zum Widerspruch, die er weckte, brachte aus jedem, mit dem er sprach, Alles heraus, was in ihm war, und oft setzte er durch die Schlüsse, die er auf der Stelle aus dem Vernommenen zog, selbst diejenigen in Erstaunen, welche die Vordersätze dazu soeben geliefert hatten. Die von Verschiedenen erhaltenen Antworten verglich er unter einander, und wußte durch immer erneuerte Fragen die Widersprüche zu berichtigen. So erwarb er binnen einer Zeit von etwas über vier Monaten, die er in Berlin war, und während welcher Schreiber dieses, zu dem er bald Anfangs Vertrauen faßte, ihn meist täglich gesehen hat, eine solche Menge richtiger und genau bestimmter Kenntnisse über Preußens Staatseinrichtungen, sowie auch über andere deutsche Lande zusammen, wie sie mancher vieljährige Staatsdiener im eignen Fache nicht hatte."

Soweit Dohm.

Ich will zunächst aus dem umfangreichen Buche das Resumé mittheilen, in welchem Mirabeau seine Meinung über die Volkswirthschafts-Politik Friedrichs des Großen zusammenfaßt:

Mirabeau schreibt also in seiner „Monarchie Prussienne":

„Die Länder der preußischen Monarchie sind auch jetzt noch zum großen Theil nur sehr dünn bevölkert.

Die dichteste Bevölkerung und das größte wirthschaftliche Gedeihen findet man aber gerade in denjenigen preußischen Provinzen, auf welche Friedrich II. am wenigsten Mittel verwandt, deren Wohlfahrt er am wenigsten Sorgfalt und Ueberwachung gewidmet, und wo er am wenigsten Kolonien und Fabriken angelegt hat. Also namentlich in dem Fürstenthum Halberstadt und den preußischen Territorien am Niederrhein und in Westfalen.

Der Zufluß der Menschen und Kapitalien aus dem Land nach den Städten, ein künstlicher Ueberfluß an Umlaufs- und Zahlungs-Mitteln, ein übertriebener Luxus in Verbrauch aller Art, die künstliche Anhäufung von möglichst viel Manufaktur sind es nicht, welche die Bevölkerung vermehren und das Land aufblühen machen.

Die Hypertrophie der Städte*), welche Friedrich II. als ein Mittel ansah, das sie umgebende flache Land zu befruchten, wirkt durchaus nicht in dieser Richtung. Das ist nur eine Ansammlung todter Massen. Seit hundert Jahren hat man kein Mittel verschmäht,

---

*) Unser moderner Staatssozialismus strebt, ohne es zu wissen und zu wollen, dahin, dieses unnatürliche und unwirthschaftliche Wachsthum der Großstädte, unter welchem das ganze übrige Land und die Landwirthschaft so sehr leiden, noch immer mehr durch künstliche Reizmittel zu vermehren. Vor Jahren schon stellte der staatssozialistische Professor der Volkswirthschaft an der Berliner Hochschule, Dr. Adolf Wagner, auf einer Pastoren-Konferenz die Behauptung auf, der Staat oder die Gemeinde sei verpflichtet, für billige (oder gar für gratis zu prästirende) Arbeiter-Wohnungen in der Reichshauptstadt zu sorgen. Eine aus Reichs- oder Staatsmitteln zu bewerkstelligende Unfallversicherung, d. h. eine Staats-Pensions-Anstalt für industrielle Arbeiter, im Gegensatz zu der Landbevölkerung und den landwirthschaftlichen Arbeitern, würde ebenfalls dazu beitragen, die Hypertrophie der Städte und die Atrophie des Landes, die Uebervölkerung der ersteren und die Entvölkerung der letzteren, noch weiter künstlich zu steigern. Siehe Karl Braun, „Von Berlin nach Leipzig", Seite 296 u. ff.

um die reichen Leute, die Leute, welche viel Geld zu verzehren haben, nach Berlin und nach Potsdam zu ziehen. Was war die Folge? Die Zahl der Landwirthe in der Mark Brandenburg hat mit dem Wachsthum der Gesammtbevölkerung der Mark nicht gleichen Schritt halten können. Die ländliche Bevölkerung, insbesondere die Zahl der Landwirthe, in dieser Provinz ist zurückgegangen im Verhältniß zu dem künstlichen Wachsthum der Städte. Was beweist das? Daß die Landwirthschaft keiner künstlichen Beihülfe bedarf, sondern nur guter Gesetze, welche ihre natürliche Entwicklung nicht hemmen; und daß die letzteren das einzige Mittel sind, die Provinzen reich und wachsend an Menschen und Gütern zu machen.

Man hat behaupten wollen, daß es die unermüdliche Sorge für landwirthschaftliche Kolonien und für Gründung von Fabriken war, welcher Friedrich II. das Wachsthum der Bevölkerung und des Wohlstandes seines Landes verdanke. Auch das ist ein Irrthum. Vor Allem sind diejenigen Provinzen, in welchen am meisten für Kolonisation und für Staats-Industrie vom König gethan worden ist, die am dünnsten bevölkerten. Dann aber hätte, nach Analogie der anderen Staaten, die preußische Monarchie vermöge des natürlichen Wachsthums der Bevölkerung, selbst dann, wenn man die Summe der in dem Kriege zu opfernden menschlichen Geschöpfe möglichst hoch greift, zu einer höheren Bevölkerungs-Ziffer kommen müssen, als dies in Wahrheit der Fall ist.

Ich habe nachgewiesen, daß, was die Landwirthschaft anlangt, diejenigen Lande, welche am stärksten bevölkert sind, auch die beste Landwirthschaft haben, und daß sie letztere vorzugsweise der Natur verdanken; denn die veraltete Agrargesetzgebung (Leibeigenschaft, Erbunterthänigkeit und mittelalterliche Belastung des rustikalen Besitzes) strebt nur, die Wohlthaten der Natur wieder zu vernichten. Besonders sind diejenigen Gegenden zu nennen, welche*) Flachs bauen, ein

---

*) Hier kommt vorzugsweise Schlesien in Betracht; zu Gunsten dieser neu eroberten Provinz ist Friedrich der Große sogar von seinen merkantilistischen Tendenzen abgewichen. Er hat namentlich die freie Einfuhr von Rohleinen an der

Boden-Produkt, welches eine unerschöpfliche Quelle von Wohlbefinden für das Menschen-Geschlecht bildet.

Ostpreußen verdankt offenbar dem Getreidehandel seine größere Bevölkerung, welcher es gestattet ist, diesen Handel zu betreiben, während Pommern z. B., dessen Boden dem preußischen an Fruchtbarkeit mindestens nicht nachsteht, nur eine dünne Bevölkerung aufweist, weil dort der Getreidehandel verboten ist.

Was die Manufakturen anlangt, so habe ich bewiesen, daß die einzige wirklich bedeutende, lebensfähige und blühende Industrie gerade diejenige ist, um welche sich der König gar nicht kümmert, und welcher er, außer der natürlichen Freiheit, keinerlei Aufmunterung zuwendet. Das ist die Leinen-Industrie in Schlesien und in Westfalen. Die Wollenstoff-Fabriken sind allerdings auch erheblich, zu-

---

böhmischen Grenze gestattet, um der Provinz Schlesien einen altgewohnten Verkehr mit dem Nachbarlande nicht zu entziehen. Dieser Grenzverkehr hat, vollkommen unangetastet und durch jeden Zoll- und Handelsvertrag zwischen Oesterreich, auf der einen, und Preußen, dem Zollverein und dem deutschen Reiche, auf der andern Seite, auf das neue bestätigt, beinahe anderthalb Jahrhunderte, nachdem Friedrich der Große Schlesien erobert und der preußischen Monarchie einverleibt hatte, fortbestanden. Es war der Schutzzollbewegung, welche sich in Folge einer wirthschaftlichen Krisis, die mit der Zollgesetzgebung nicht das Geringste zu schaffen hatte, eines Theiles der deutschen Bevölkerung in wahrhaft epidemischer Weise bemächtigte, vorbehalten, auch diesen Grenzverkehr durch einen solchen Zoll zu unterdrücken oder zu erschweren. Die nächste Veranlassung oder gleichsam „die willkommene Gelegenheits-Ursache" dazu, gab eine Petition der Bielefelder (nicht der Schlesischen) Leinwandfabrikanten, welche sich durch die Einfuhr der böhmischen Rohleinwand beeinträchtigt glaubten, obgleich das eingeführte Quantum nicht einmal ein Zwanzigstel des deutschen Gesammtverbrauchs ausmacht. Was war die Folge der Aufhebung des freien Verkehrs? Schlesien verlor alle die Vortheile, welche es aus dem niederen Stand der böhmischen Arbeitslöhne und aus der weiteren Verarbeitung und Appretur der böhmischen Rohleinwand bis dahin bezogen. Sein ausgedehnter Leinenhandel erleidet eine schwere Beeinträchtigung und selbst die schlesische Landwirthschaft wird durch diesen Akt der Handelsfeindseligkeit in Mitleidenschaft gezogen. Denn seit die böhmische Rohleinwand nicht mehr frei die Grenze passirt, hat auch die Einfuhr des schlesischen Flachses nach Oesterreich abgenommen und der schlesische Flachs hat schlechtere Preise als früher. Man hofft auf Abhülfe durch einen neuen Handelsvertrag, über welchen man seit Jahren mit Oesterreich unterhandelt. Natürlich vergebens. Denn zwei Schutzzollstaaten sind nicht im Stande, einen vernünftigen Handelsvertrag mit einander zu schließen, trotz aller politischen Freundschaft.

nächst weil ihnen eine große Armee einen sicheren Absatz bietet, dann aber auch, weil sich in einem so kalten Lande die Menschen wärmer anziehen müssen. Allein der erheblichste Theil dieser Produktion beschränkt sich auf ordinäre und grobe Stoffe; und diese Produktion hat schon existirt, bevor ihr der König mit Monopolen und sonstigen Begünstigungen beisprang, und würde, wenn sie statt der letzteren sich der nöthigen wirthschaftlichen Freiheit erfreute, einen weit größeren Aufschwung nehmen.

Die Seiden-Industrie in den östlichen Provinzen dagegen, welche der König in einer unerschöpflichen Weise mit seinen Geschenken und Monopolen begnadet hat, befindet sich in einem leidenden Zustande, weil ihr die Natur des Landes entgegensteht*); eine Ausnahme machen nur die Fabriken in Krefeld, nicht obgleich sondern weil sie der König gleichsam als „ausländisch" behandelt.

Wir sehen also, daß einen natürlichen Werth und eine große Ausdehnung nur diejenigen Manufakturen haben, welche sich einer freien, unabhängigen und lokalisirten Stellung erfreuen, nicht aber diejenigen, welche in der Hand der Regierung vereinigt sind zu großen Betrieben.

Sobald die Regierung eine Fabrik auch nur anrührt, bricht sie zusammen. Zeuge dafür sind die Eisenwerke in Osemund in der Grafschaft Mark.

Kurz alle Thatsachen aus der Geschichte der Steuer- und Wirthschafts-Politik Friedrichs II. liefern den unwiderlegbaren Beweis, daß, um diejenigen Industrie-Zweige, welche den natürlichen Voraus-

---

*) Ich bin bei meinen Fußwanderungen in der Mark Brandenburg noch hin und wieder auf traurige Ueberreste der Seiden-Industrie Friedrichs des Großen gestoßen. Längs einer Landstraße finden wir eine Allee verkrüppelter und verwahrloster Maulbeerbäume, die Friedrich hat pflanzen lassen. Sie haben längst aufgehört, den Seiden-Raupen Futter zu liefern; und der Fiskus, der keine Raupen mehr züchtet, keine Seide mehr spinnt, weiß mit den Bäumen nichts anzufangen. Die märkische Jugend nascht die Maulbeeren. Das ist die einzige Nutzbarkeit der Bäume. Ein handgreiflicher Beleg dafür, wie es mit dem Staatssozialismus endet.

setzungen des Landes und des Volkes entsprechen, auf eine möglichst hohe Stufe zu heben, die Regierung gar kein anderes Mittel hat, als sie gewähren zu lassen und sich gar nicht um sie zu kümmern; und daß ;für diejenigen Industrie-Zweige, welche jenen Voraussetzungen nicht entsprechen, auch die größten Anstrengungen nicht hinreichen, um etwas wahrhaft Dauerhaftes und Nützliches zu erzielen.

In Betreff des Handels stellt es sich heraus, daß der blühendste Zweig desselben ebenfalls gerade derjenige ist, welchen die Regierung ganz seinem Schicksal überläßt; — und das ist abermals der Handel mit Leinwand. Es zeigt sich auch auf dem Gebiete des Handels, daß die Produkte der Landwirthschaft es sind, welche den größten Werth repräsentiren, und daß der Nutzen, welchen die so sehr begünstigten Manufakturen gewähren, keinen Vergleich mit jenen aushalten. Es ist also eine geradezu unsinnige Maßregel, die Landwirthschaft zu Gunsten solcher Fabriken zu belasten oder zu unterdrücken.

Der ausländische Handel kann einen Vergleich mit dem Binnenhandel nicht aushalten, da der einzige Artikel „Getreide" uns zeigt, daß schon der innere Konsum desselben die Hälfte des Werthes der Gesammtproduktion aller übrigen Erzeugnisse ausmacht.

Das heutige Preußen liefert den Beweis, daß die gouvernementale Reglementirerei den Handel todt macht; und die preußischen Territorien würden in Folge ihrer verkehrten Handels- und Wirthschaftspolitik die elendesten in ganz Europa sein, wenn sich ihre Einwohner nicht auf dem Wege des Schmuggels zu helfen verständen.

Das Kapitel „Staats-Einnahmen und Ausgaben" hat uns eine Uebersicht geliefert von den unberechenbaren Uebeln aller Art, welche nothwendig verbunden sind mit diesem System der indirekten Steuern, die dem Volk weit mehr rauben, als sie dem Staate eintragen und eine Menge physischer und moralischer Mißstände zur Folge haben. Allerdings kann man auch hier sich der Wahrnehmung nicht verschließen, daß der Geist der Ordnung und der Sparsamkeit, welcher in den Staaten Friedrichs herrscht, einen Theil dieser Uebel weniger fühlbar macht. Allein wenn dieser bewundernswerthe Geist vereinigt wäre mit einem rationellen System direkter Besteuerung und voller wirthschaftlicher Freiheit für Grundeigenthum, Handel und Gewerbe, dann würde er ganz andere Wirkungen hervorrufen, — Wirkungen einem Wunder vergleichbar."

II. Mirabeau und Friedrich Wilhelm II.

Unmittelbar nachdem Friedrich Wilhelm II. auf den Thron gelangt war, richtete Mirabeau eine Immediateingabe an denselben, in welcher er sich über die Lage der Monarchie aussprach und über die von dem König einzuschlagenden Wege.

Der Brief zeichnet sich gleich sehr durch Offenherzigkeit, wie durch Ehrfurcht aus. Die erstere nahm der König nicht übel. Er dankte dem Briefsteller durch ein Kabinetsschreiben und sprach ihm noch einmal mündlich seine Anerkennung und seinen Dank aus. Dies geschah acht Tage vor der Abreise Mirabeau's in einer zahlreichen Gesellschaft bei dem Oheim des Königs, dem Prinzen Heinrich.

Später hatte sich das Gerücht verbreitet, ein boshaftes Pasquill auf Friedrich den Großen sei von Mirabeau verfaßt und von dem König in Gnaden aufgenommen worden. Mirabeau, welcher sich rühmte, daß er der letzte Ausländer war, dem Friedrich vor seinem Tode (17. August 1786) Audienz gab,*) gerieth über dieses Gerücht in Entrüstung. Er publizirte seinen Brief mit den Worten:

---

*) Thomas Carlyle schreibt über diese Audienz: „Am 17. August 1786 sah der König Mirabeau zum zweiten und letzten Mal. Mirabeau war nach Berlin gekommen, zu welchem Zwecke ist nicht recht klar, sei es, daß er nach Beschäftigung verlangte, welche ihm Calonne in Paris nicht geben konnte, sei es, daß er eine Reise nach Rußland und eine Anstellung bei der Czarin bezweckt hat, — nachdem er sich Berlin mit seinen großen glänzenden Augen angesehen. Vorher hatte er mit dem König eine Reihe von Briefen gewechselt; und man muß gestehen, daß sich darin Mirabeau als eine massiv-respektvolle, wahrhafte und männliche Phy-

— „Hier ist also diese Druckschrift, aus der man mir ein Verbrechen hat machen wollen. Ich lege das Corpus delicti Europa vor. Möge es darüber urtheilen. Ich habe keinen Buchstaben darin geändert. („Lettre remise à Frédéric-Guillaume II., roi régnant de Prusse, le jour de son avénement au trone", in „Oeuvres de Mirabeau, précédées d'une notice sur sa vie et ses ouvrages, par M. Mérilhou", tome VII, page 397—446).

„Wenn die Umstände," sagt Mirabeau im Eingange seines Briefes, (welchen, beiläufig bemerkt, der spätere Metternich'sche Satellite Friedrich Gentz 1797 bei der Thronbesteigung Friedrich Wilhelms III. in aufdringlicher und unziemlicher Tonart schlecht imitirt hat), „wenn die Umstände es erforderten, Friedrich dem Großen in seiner militärischen Laufbahn zu folgen, würden Eure Majestät sich dem unterziehen und sich ohne Zweifel Ihres Vorgängers würdig erweisen. Aber es liegt kein Grund vor, mit großer Mühe in ausgefahrenen Gleisen einen Ruhmestitel anzustreben, der nach einem solchen Vorgänger immerhin doch nur die zweite Stelle einnehmen würde, während die Möglichkeit für Eure Majestät vorliegt, einen anderen und reineren Ruhmestitel zu erlangen, der nicht minder glänzend ist und Eurer Majestät allein angehört. Friedrich hat sich die Bewunderung der Sterblichen erobert, aber nicht ihre Liebe. Eurer Majestät aber wird die ganze Liebe Ihres Volkes zu gewinnen nicht schwer sein."

Von den Vorschlägen, welche Mirabeau dem neuen König unterbreitet, will ich hier nur diejenigen, welche unser Thema berühren, theils kurz erwähnen, theils ausführlich mittheilen.

---

siognomie darstellt. — Mirabeau war in Berlin gewaltig fleißig im Sammeln von Nachrichten, Meinungen, Urtheilen über Menschen und Ereignisse, — und dabei bewundernswürdig korrekt, wie man immer mehr findet. So groß ist der Glanz seines Geistes, womit er Alles, das Schlimme wie das Gute aufhellt." Carlyle, Geschichte Friedrichs II. von Preußen, genannt Friedrich der Große. Deutsch von Friedrich Althaus (Berlin 1869) Buch XXI, Kap. 9, Band VI, Seite 600—612.

Vor Allem warnt er den König vor der gewaltthätigen und bevormundenden büreaukratisch-fiskalisch-polizeilichen Vielregiererei.

— „Für Sie, Majestät, handelt es sich darum, nicht zu viel, sondern gut zu regieren.

„Ein Fürst, welcher sich die Frage vorlegt, ob es nicht besser sei, die meisten Angelegenheiten der wirthschaftlichen Gesellschaft allein und sich selbst zu überlassen („mieux laisser aller seules"), ein solcher Fürst ist noch nicht dagewesen; und doch würde er herrschen gleich Gott, nämlich durch das Ministerium der gesunden Vernunft und eines durch diese geleiteten aufgeklärten Egoismus, indem er in dieser Weise einem Jeden die richtige Belohnung garantirt für die Dienste, welche er durch seine Kenntnisse und durch seine Arbeit der Gesellschaft leistet. Wo die Menschen wirthschaftlich frei sind, da haben sie auch am meisten Anhänglichkeit und Achtung für die öffentliche Macht, welche nicht mit Gewalt dem Einen etwas abnimmt, um es dem Andern zu schenken. Da bestürmen sie nicht die Regierung mit unvernünftigen und maßlosen Begehrlichkeiten, sondern sagen ihr nur: „Besorge deine Geschäfte so, daß ich in Frieden und Freiheit arbeiten kann!" (Faites en sorte, qu'on me laisse libre et en paix!)

„Eure Majestät kann gewiß nicht verkennen, daß die Regierungs- und Reglementirungs-Wuth eine Eigenthümlichkeit der kleinen Geister ist, welche keine Uebersicht zu gewinnen vermögen und von beschränkt-ängstlichen Anschauungen und komischen Vorurtheilen beherrscht sind. Diese große Wahrheit wird für die nothwendig vorzunehmende Reform die Wege weisen und Eure Majestät lehren, wie Sie im Vergleich zu Ihren Vorgängern und den gleichzeitigen Herrschern besser regieren können, indem Sie weniger regieren."

Mirabeau bittet dann den König, dem System der Ausschließung und der Handelsfeindseligkeit gegen die Nachbarstaaten zu entsagen, ohne seine Entschließung von Gegenseitigkeit abhängig zu machen.

„Warten Sie nicht," schreibt er, „auf vollständige Durchführung des Systems der Gegenseitigkeit, was nie einen anderen Erfolg hat, als die Völker immer noch länger in einem Zustande unvernünftiger wechselseitiger Feindseligkeit festzuhalten. Was dem eigenen Lande zur Blüthe und Wohlfahrt gereicht, das hat keine Gegenseitigkeit nöthig. Wenn ein Staat darunter leidet, daß man die Menschen und deren Eigenthum durch wirthschaftliche Beschränkung und Unfreiheit tyrannisirt, so muß eine gute Regierung sich beeilen, diesen verhängnißvollen Irrthümern ein Ende zu machen, welche die Unterthanen verhindern, im Inlande ihre Kräfte zu entfalten, sie zwingen, ihr Glück im Auslande zu suchen, und ihnen Zweifel einflößen, ob es sich empfehle, die Früchte ihres Fleißes dem Lande zu widmen, wo ihre Wiege gestanden."

„Ist es nicht eines Königs würdig, der Erste zu sein in einer gerechten oder hochherzigen Reform, statt Anderen die Initiative zu überlassen? Und wer von Allen hat mehr den Beruf, als Eure Majestät, deren befähigte Unterthanen bis jetzt ihr Glück nur im Auslande machen können, voranzugehen mit der Abschaffung so grausamer Beschränkungen der freien wirthschaftlichen Thätigkeit? Haben Holland und England' etwa darauf gewartet, bis daß Sie, Sire, ihnen gegenüber diese Beschränkungen aufhöben, bevor sie Ihnen gegenüber sie fallen ließen?"

„Entschließen Sie Sich vielmehr, Majestät, der erste Herrscher zu sein, in dessen Staaten Jeder, der arbeiten will, auch arbeiten darf und Arbeit findet. Alles was da athmet, soll seine Nahrung finden, indem es arbeitet. Das ist das erste Gesetz der Natur; ein Gesetz, das älter ist, als jede menschliche Satzung. Das ist das beste Band, das die menschliche Gesellschaft in Frieden vereinigt. Eine Regierung, welche es hindert, daß die Existenzmittel sich mehren, welche dem Einzelnen den freien Gebrauch und die Früchte seiner Kräfte verweigert, ist der Mitschuldige, wenn nicht der Urheber aller menschlichen Verbrechen.

„Mögen daher überall in ihren Landen, in den Städten wie auf dem flachen Lande, Jedermann die Werkstätten offen stehen, auf daß alle Menschen, mögen sie kommen, woher sie wollen, dort Mittel gewinnen im Austausch gegen ihre Arbeit, und daß Ihre Unterthanen den Werth der Zeit und des Gewerbefleißes kennen lernen.

„Solche Arbeit kostet Eure Majestät gar nichts; denn sie macht sich selbst bezahlt. Sie öffnet dem Handel neue Wege und den landwirthschaftlichen Produkten verschafft sie besseren Absatz. Sie macht Ihr Land reich und verbessert Ihre Finanzen.

„Das sind die Institutionen, Sire, welche einem großen König entsprechen, nicht aber Manufakturen, bis an die Zähne bewaffnet mit Privilegien, Zwangs-, Bann- und Verbietungs-Rechten, — Manufakturen, welche man nur durch Zuschüsse und ungerechte Vertheuerung aufrecht erhalten kann, und die auf Kosten Aller nur eine Handvoll Menschen bereichern, — Anstalten, welche, wenn es gar keine Armen gäbe, Verarmung herbeiführen würden."

Mirabeau schildert hierauf das Land und die Verarmung, die namentlich in dem damaligen Berlin in Folge der vielerlei Beschränkungen der wirthschaftlichen Freiheit, welche der große König in finanziellem Interesse eingeführt hat, so massenhaft auftritt.

— „Ist es nicht zum Verwundern," fragt er, „daß ein Friedrich der Große seine Zeit damit todtgeschlagen hat, für eine Stadt, wie Berlin, den Tarif der Gasthäuser, den Gehalt des Lohndieners, den Preis der nothwendigen Lebensbedürfnisse festzusetzen? Daß er auf den Einfall gekommen ist, *französisches* Obst und Weintrauben in der ganzen Mark Brandenburg zu verbieten, die doch nichts hervorbringt als sandige Kiefernhaide? Als wenn die Aepfel seiner Länder die Konkurrenz der andern zu fürchten hätten! Daß er die sächsischen Eier verbot, indem er sagte: „Legen denn meine Hühner nicht etwa auch Eier?" Als wenn nicht zuvor alle Hühnereier von Berlin aufgezehrt sein müßten, bevor man sich entschließt, welche von Dresden kommen zu lassen! Und am Ende gar die Braunschweiger Mausefallen! Hat man jemals erlebt, daß Jemand eine große Spekulation mit ausländischen Mausefallen gemacht und damit Schätze erworben?

„Man könnte kein Ende finden, wenn man alle diese Absonderlichkeiten aufzählen wollte.

„Wer kann ohne Schmerz und Bedauern daran denken, daß zur Zeit vierhundert verschiedene Monopole sich in die Herrschaft über Ihr Königreich theilen; so tief hatte dieses eben so verkehrte als ungerechte System in dem Geiste der Friedrich'schen Regierung Wurzel geschlagen, daß eine große Anzahl dieser Monopole nicht einmal so lange ausgeübt werden konnte, als die Zwangs-Ordnung ihnen Frist gab, und daß sie die Privilegirten nur ruinirt, bankerott gemacht oder zur Flucht gezwungen haben; daß endlich das Verzeichniß derjenigen Artikel, deren Einfuhr und Verbrauch in Ihren Staaten verboten ist, das der zugelassenen Waaren weit übersteigt, so daß dieser Zustand wahrhaft unglaublich erscheint selbst für solche, welche die traurigen Verirrungen des fiskalisch-polizeilichen Bevormundungs-Systems schon gewöhnt sind.

„Wie konnte dieser so thätige, so sorgsame König, der es mit seinem Berufe so ernst nahm, darauf verfallen, Handel und Industrie so zu beschränken und zu unterdrücken und daneben zugleich, und zwar in der Absicht, den inländischen Gewerbfleiß zu heben, mit enormen Kosten neue Fabriken und Manufakturen zu gründen?

„Wie konnte ferner dieser sonst so konsequente und sein Ziel so beharrlich verfolgende König dazu kommen, zu gleicher Zeit eine Menge neuer Kolonieen zu gründen und Kolonisten zu beleihen mit allerlei Privilegien, und auch mit freiem Grundeigenthum, dessen Nothwendigkeit für die Landwirthschaft er also doch einsah, und dabei doch gleichzeitig jene Einrichtung fortbestehen lassen, welche in dem größten Theile der Monarchie kein freies bäuerliches Grundeigenthum zuließ und den Bürgerlichen verbietet, Rittergüter zu erwerben? Wie konnte er übersehen, daß anstatt mit großen Kosten diese Kolonieen zu gründen, er die Bevölkerung und die Einkünfte seiner Provinzen viel mehr und viel rascher gesteigert haben würde, wenn er diese unglücklichen Lastthiere in Menschengestalt, welche das Land jetzt bebauen, von der Leibeigenschaft befreite und ihnen gegen einen in

Natur zu entrichtenden Erbzins zu Eigenthum jene unermeßlichen Flächen zutheilte, welche man „Domänen" nennt und welche beinahe die Hälfte Höchstihrer Staaten ausmachen?

„Alles das ist im höchsten Grade bizarr und doch ist es aus der Natur und der Lage Friedrichs begreiflich.

„Er hatte die ganze Kraft seines großen Geistes ausschließlich darauf gerichtet, aus seinen zerstückelten, parzellirten, unverbundenen Territorien, deren Mehrzahl von Natur wenig fruchtbar, eine große Militärmacht zu bilden; und da er zu diesem Zwecke den langsamen Gang der Natur beschleunigen wollte, so dachte er an nichts, als an „Geld, Geld und abermals Geld". In ihm sah er das einzige Beschleunigungs-Mittel. Daher jener Kultus des baaren „Geldes", die Sucht, solches an sich zu locken, es zusammen zu raffen und in der Schatzkammer anzuhäufen; diejenigen Finanzkünste, welche das „Geld" am Schnellsten und am Reichlichsten aus den Taschen seines Volkes herausholten, waren ihm also die willkommensten. Er fand sein Volk etwas träge und wenig geneigt, Ersparnisse zu machen; er hatte also keinen andern Rückhalt, als seinen Staatsschatz. Er sorgte daher nur für den letzteren. Er glaubte, sein Volk vorwärts zu bringen, indem er es anspornte durch den Stachel finanzieller Ueberlastung, indem er es unterrichtete durch privilegirte und monopolisirte Unternehmen. Er bedachte nicht, daß die Monopole der schlimmste Feind sind für jede volkswirthschaftliche Entwicklung. Die ersten Erfolge, sein unerschöpflicher Geist, die Schärfe seines Charakters, die Anzahl seiner Geschäfte, die sich immer mehr steigernde Gewohnheit, keinerlei Widerspruch zu dulden und überhaupt nicht zu diskutiren, seine auf die Spitze getriebene Menschen-Verachtung, welche vielleicht am meisten dazu geeignet ist, sein ganzes Verfahren, alle seine Erfolge und alle seine Fehler begreiflich zu machen; das Bewußtsein seiner Ueberlegenheit, welches ihn immer mehr bestärkte in der verhängnißvollen Sucht, Alles zu sehen, Alles zu kommandiren, Alles zu maßregeln, Alles von Oben zu reglementiren, sich in Alles zu mengen; — alle diese zusammenwirkenden Gründe machten das fiskalische System, das System der Monopole, in seinen Staaten zu einem heiligen und unverletzlichen Gesetz, das bis zuletzt noch jeden Tag willkürlich geschärft wurde durch den wachsenden Absolutismus und durch die Morosität und den Marasmus des Alters.

„Aber was war der Erfolg seiner großen und unermüdlichen Anstrengungen? Hat er Ihnen diese Länder reich, zufrieden und glücklich hinterlassen? Ziehen Sie den Kriegsruhm und den Staatsschatz, der sich jedoch auch unter Umständen erschöpfen kann, ab, dann bleibt wenig übrig. Nehmen Sie an, die Provinzen, aus welchen sich Ihr Königreich zusammensetzt, wären einem väterlich wohlmeinenden Regiment unterworfen und von freien Männern bewohnt gewesen, — die Eroberung von Schlesien hätte vielleicht etwas länger auf sich warten lassen, aber wie ganz anders stände es heute mit dem Nationalreichthum und den andern Provinzen?

„Eure Majestät befinden sich in einer ganz anderen Lage, als Ihr Vorgänger. Die räuberischen Hülfsquellen des Fiskalismus sind erschöpft. Es ist daher nöthig, mit dem System zu wechseln. Die Armee kann nicht die alleinige Grundlage der Machtstellung bilden. Auf die Dauer muß doch auch die Wehrkraft sich auf die Mittel der wirthschaftlichen Entwickelung stützen, für welche nur eine gute Verwaltung im Innern eine solide und dauerhafte Grundlage zu legen vermag. Man muß die Industrie beleben, indem man dem, was Ihr Vorgänger durch seine außerordentlichen aber nicht auf die Dauer wirkenden Mittel geschaffen, ein besseres Fundament giebt. Sie werden und können, im Gegensatz zu Jenem, ihre Stellung auf die Dauer und in Frieden genießen. Es ist daher vernünftig zu rathen, daß Sie erst säen, um dann zu ernten; und wenn auch vorübergehende Opfer, ja große Opfer nothwendig wären, um aus den preußischen Staaten, welche bis jetzt nur ein ausgedehntes und furchtbares Kriegslager waren, eine ruhige, dauernde und blühende Friedens-Monarchie zu machen, errichtet auf der Grundlage des Eigenthums und der wirthschaftlichen Freiheit, so würde Ihnen Ihr großer Staatsschatz ein solches Opfer leichter machen, als jedem anderen Herrscher.

„Die Grundlage Ihrer neuen Wirthschaftspolitik wird ein richtiger Begriff vom „Geld" bilden, von jenem aus Edelmetallen bestehenden Zirkulationsmittel, welches nur einen kleinen Bestandtheil des Nationalreichthums ausmacht und viel weniger in's Gewicht fällt als das, was das Land alljährlich hervorbringt. Die Seltenheit und Dauerhaftigkeit des Goldes machen dasselbe geeignet zu einem Pfand, welches den Austausch der Güter unter den Menschen sichert und vermittelt. Grade diese Allgemeinheit seiner Verwendung als Werthmesser und zirkulirendes Medium hat die Meinungen über sein wahres Wesen in Verwirrung gesetzt. An den Orten, wo der Despotismus Schrecken verbreitet, wo Unsicherheit des Eigenthums herrscht, hat die Leichtigkeit, das Gold zu verbergen und fortzuschaffen, in den Leuten den Wunsch, möglichst viel davon anzuhäufen, noch gesteigert.

„Das Gold ist aber doch nur ein Vermittler der Geschäfte. Er vervielfältigt dieselben. Die Vielheit der Geschäfte steigert den Nationalreichthum, und es ist daher eine Thorheit, das Gold einzusperren und es zu verhindern, Geschäfte zu vermitteln.

„Die richtige Idee von dem Wesen und den Funktionen des Goldes steht im engsten Zusammenhang mit der Idee des Rechtsstaats, der das Eigenthum achtet, der, erfüllt von den Grundsätzen strengster Gerechtigkeit, Jedermann das Gefühl vollkommener Stabilität und Sicherheit einflößt, ohne welches der wahre Gebrauch des Goldes von tausend Zwischenfällen durchkreuzt wird, die ihm die Fähigkeit nehmen, die vaterländische Produktion zu befruchten.

„Majestät werden in Ihren Ländern Alles thun, um das öffentliche Vertrauen zu befestigen. Aber es wird Ihnen nicht entgehen, daß die Völker mit einander verbunden sind durch das internationale Band, und daß das Gold in Folge seiner Unentbehrlichkeit für Vermittelung der Geschäfte des Handels, selbst ein Objekt des Handels wird, eine Waare. Daraus folgt, daß es ab- und zufließen muß, je nachdem es die mannigfaltigen Kombinationen und Konjunkturen des Handels erfordern. Daraus folgt, daß kein Volk einen gesunden Begriff vom Handel vereinigen kann mit der gewaltsamen Verhinderung des Gold-Exports. Denn schließlich muß doch ein Jeder seine Schulden bezahlen; und Niemand giebt oder nimmt Gold, woran in der Regel nicht viel zu verdienen, anders als wenn zuvor alle Mittel erschöpft sind, die Differenzen mit dem Austausch von Waaren auszugleichen, bei welchem Austausche Jeder gewinnt, der Käufer wie der Verkäufer.

„Sire! Was würden Sie von einem Fürsten halten, welcher die Fabrikanten und Kaufleute seines Landes aufmuntert, viele Manufakturen zu errichten und für dieselben viele Kommis anzustellen, der ihnen dann aber verbietet, diese Kommis in das Ausland zu schicken, wo sie die für gedachte Manufakturen erforderlichen Rohstoffe und Halbfabrikate ankaufen müssen? Das ist nämlich die Rolle eines Fürsten, welcher die Goldausfuhr erschwert oder hindert. Das ist die nämliche Thorheit. Aber woher entspringt diese Thorheit? Daraus, daß der Fürst fürchtet, das Gold, das in's Ausland geht, werde nicht zurückkehren. Und warum hegt er diese Befürchtung? Weil er das Bewußtsein nicht unterdrücken kann, daß seine Unterthanen das Gefühl der Sicherheit entbehren, das Gefühl der Sicherheit des Eigenthums und der wirthschaftlichen Freiheit.

„Sie sehen also, Sire, Gerechtigkeit, Freiheit, Friede, Achtung vor den Menschen als solchen, Krieg gegen die Tyrannei und die Bevorzugung und Protektion der Einen vor den Andern, — das sind die unentbehrlichen Voraussetzungen wirthschaftlichen Gedeihens.

„Wenn Ihre Unterthanen in Betreff dieser Voraussetzungen die erforderliche beruhigende Sicherheit haben, dann haben Sie keinen Anlaß zu der Furcht, daß Ihnen das Gold fortläuft. Es wird nur aus dem Lande gehen, um Seines Gleichen zu suchen und mit diesem wiederzukehren. Vergessen Sie nicht, Sire, die Werthe entfliehen nur dann auf Nimmer-Wiedersehen, wenn man sie nicht gänzlich der freien Verfügung des Handels überläßt, der ihr alleiniger Herrscher ist. Ich verstehe hier unter dem „Handel" die ganze Bewegung der Produktion und des Austausches von dem Ackerbau bis zum Handwerk."

Schließlich faßt Mirabeau seine Vorschläge zusammen wie folgt:

„1. Parzellirung und Vertheilung Ihrer unermeßlich großen „Domänen" unter die bäuerliche Bevölkerung, welcher Sie die nöthigen Vorschüsse geben, und die schließlich auch wirklicher Eigenthümer werden wird, zunächst auf dem Wege eines Erbzinses, zu entrichten in den Erzeugnissen des Bodens, deren steigender Werth Eurer Majestät Einkünfte immer mehr steigert.

„2. Zunächst, in Erwartung des Glücks, sie gänzlich abschaffen zu können, eine bedeutende Ermäßigung der indirekten Abgaben, der Accise und der Zölle, deren Ertrag stets desto mehr zunimmt, je mehr man die Umständlichkeit ihrer Erhebung und ihre Einheitsätze vermindert. Denn der Schmuggel, ermuntert durch eine große Lockspeise, weiß Beschützer zu finden unter denen, welchen es obliegt, ihn zu unterdrücken. Und dann, welche Chikanen, welche Schereien und Plackereien, welche Unordnungen, welche Untersuchungen und Bestrafungen, werden mit dem Schutzzoll-System verschwinden! Eine schlimmere Geißel, eine drückendere Last, als die Abgabe selber, ist immer die Veranlagung, die Erhebung und die Kontrole; sie drückt mehr als die Höhe dieser indirekten Abgaben. Schaffen Sie dieselben ab, und eine in Ihren Staaten vor der Plusmacherei Ihres Vorgängers unbekannte Krankheit wird verschwinden, — eine durch finanzielle Künste hervorgerufene Krankheit, nämlich der Schmuggel, der die Unehrlichkeit zur Grundlage des Geschäfts macht, der die Sitten verwildert und der eine allgemeine Verachtung aller Gesetze hervorruft.

„3. Eure Majestät werden den festen Entschluß fassen, grundsätzlich alle Arten des Transito-Handels zu begünstigen, da derselbe sich von einem Lande abwendet, das ihn chikanirt, und sich von Ihren Territorien in der That schon abgewandt hat. Die Schereien und die Umstände, welche durch die Einzelheiten der Erhebungs-Formen der Abgaben veranlaßt werden, die peinliche Ueberwachung der Messen in Frankfurt an der Oder haben die unheilvolle Wirkung gehabt, daß die Polen, welche vormals diesen Markt, und auch den in Breslau belebten, ihm jetzt vollständig aus dem Weg gehen und es vorziehen, sich zu einem Umweg von etwa hundert deutschen Meilen zu verdammen, um auf die Leipziger Messe zu gehen*). In Folge dessen ist Leipzig (das bei weitem nicht so günstig liegt, wie Frankfurt an der Oder, das einen großen Strom hat) der Hauptstapelplatz geworden, während Frankfurt an der Oder zurückging.

„Sire, begünstigen Sie den Transito-Handel durch Erleichterung der Lasten, die ihn jetzt niederhalten, durch Leichtigkeit der Erhebung der Abgaben, die etwa noch bleiben, durch das Vertrauen und durch die Sicherheit, welche nur Stabilität und Wohlwollen dem Handel einflößen. Gerade jetzt ist ein günstiger Augenblick, Ihre hohen Intentionen zu offenbaren, während einige Nachbarfürsten in thörichten und ewig wechselnden Handelsfeindseligkeiten sich zu ergehen belieben.

„4. Ferner werden Majestät die Ihnen vorbehaltene hohe Ehre genießen, die Monopole abzuschaffen, die eben so sehr dem gesunden Menschenverstande als der Gerechtigkeit vor den Kopf stoßen und zur Zeit eine so furchtbare Quelle des Hasses und der Verwünschungen gegen Ihren Vorfahr abgeben. Die preußischen Industriellen, gespornt durch das Beispiel der mit Monopolen und Privilegien beliehenen Kompagnien, — die Natur will nun einmal das Geschlecht der Menschen erhalten und läßt sogar aus jedem Uebel wenigstens etwas Gutes entspringen, — und Dank der günstigen Lage Ihrer Staaten, haben, trotz der verschwenderischen Maßregeln, ihre Thätigkeit zu unterdrücken, dennoch gewisse Fortschritte gemacht. Sobald aber der erste Strahl einer Hoffnung, die Monopole verschwinden zu

---

*) Näheres hierüber findet man bei Karl Braun-Wiesbaden, „Von Berlin nach Leipzig. Reichs-, wirthschafts- und kulturgeschichtliche Plaudereien" (Leipzig 1880) Seite 322 u. ff.

sehen, sich zeigt, werden sie durch einen ungestörten und freien Betrieb einen solchen Aufschwung nehmen, daß sie durch ihre Steuern den Ausfall decken, welchen die nothwendige Reform vielleicht vorübergehend in den Einnahmen verursacht.

„5. Endlich, Sire, werden Sie zu der größten aller Wohlthaten gelangen, zu der nutzbringenden aller politischen und finanziellen Spekulationen. Sie werden die Industrie, die Gewerbe, die Handwerke, den Handel freigeben. Den Handel namentlich, welcher nicht anders gedeiht, als in dem Sonnenscheine der Freiheit, und der von den Königen keine Wohlthaten verlangt, sondern nur, daß sie ihm nichts zu Leide thun. Sobald Sie ernsthaft die Frage prüfen, ob diese armen, schwächlichen, unreifen kindischen Manufakturen, welche niemals im Stande sein werden, die Konkurrenz des Auslandes zu ertragen, es werth sind, auf eine so kostspielige Art unterstützt zu werden, dann wird das Schutzzollsystem bald verschwinden aus Ihren Staaten. Die Industrie des Herzogthums Schlesien und die der Grafschaft Mark sind nie unterstützt worden und blühen am meisten. Die Industrie-Erzeugnisse der preußischen Territorien jenseits der Weser werden in den östlichen Provinzen als ausländische, als Kontrebande behandelt; auch das ist eine gehässige, unbillige und absurde Maßregel, die Eure Majestät nicht aufrecht erhalten werden. Sie werden den Handel und Gewerbefleiß befreien, Sire. Sie werden Niemandem Privilegien, Monopole und Zölle verwilligen, welche den Beliehenen einen rechtswidrigen Gewinn verschaffen und dem Volk die Waaren vertheuern. Die, welche dergleichen verlangen, sind beinahe immer Dummköpfe oder Spitzbuben."

Ich habe das, was in dem oben angeführten Original fünfzig Druckseiten ausfüllt, in wenige Paginas zusammen gedrängt, mich dabei jedoch nach Kräften bemüht, die Kraft und die Eleganz des Mirabeau'schen Stiles wieder zu geben, was freilich nicht leicht ist.

Diejenige handelspolitische Einmischung, welche die Bevölkerung am meisten drückte und ruinirte, die Regie, hatte also ein Franzose,

Helvetius, der preußischen Monarchie aufgedrungen. Ein anderer Franzose, Mirabeau, suchte den Staat wieder davon zu befreien.

Ein alter Edelmann, dessen Geschlecht schon seit Jahrhunderten in der oberen Provence blühte (siehe Louis de Loménie, „Les Mirabeau". 2 Tomes. Paris, E. Dantu, 1879 und 1880), predigte die wirthschaftliche Freiheit, während ein bürgerlicher Parvenü, der sich durch Mißbrauch der öffentlichen Gewalt Millionen zusammengescharrt hatte, dem alternden König, bei dem er sich als „Philosoph" eingeschlichen, das organisirte System der fiskalischen Knechtschaft aufschwatzte.

Leider ist es leichter zu einer schlechten fiskalischen Maßregel zu greifen, als sie wieder abzuschaffen. Es war für Helvetius leichter, die Regie einzuführen, als es für Mirabeau war, sie zu stürzen.

Der König, welchem er die Abschaffung des schlechten Systems predigte, schenkte ihm zwar wohlmeinend Gehör, aber er hatte nicht Willenskraft, Ernst und Charakter genug, um die Rathschläge zu befolgen.

Erst nach einem Menschenalter kam dessen Nachfolger auf diese Rathschläge zurück. Erst Friedrich Wilhelm III., dem ernsten, gewissenhaften und aufrichtig frommen König war es, nachdem er und sein Volk den Kelch der Leiden bis zur Hefe geleert hatten, vorbehalten, das nachzuholen, was sein leichtlebiger, und doch zugleich abergläubiger und frömmelnder Vorfahr versäumt hatte.

* *

Gleich nach dem Tode des großen Königs setzte sich Friedrich Wilhelm II. offen und demonstrativ in einen bewußten Gegensatz zu dessen System.

Der neue König sprach wenige Tage nach dem Hintritte des vorigen öffentlich die Absicht aus, sowohl die französische Regie über Bord zu werfen, als auch das Tabaks- und Kaffee-Monopol aufzuheben.

Das Tabaks-Monopol, von dessen Wiedereinführung sich heute einige Tabaksbauern in Süddeutschland, namentlich in Württemberg, wo sie Herr von Varnbüler anführt, goldene Berge versprechen, hatte sich unter Friedrich dem Großen nicht als der Landwirthschaft vortheilhaft erwiesen. Der Tabakbau in Preußen, welcher während des englisch-amerikanischen Krieges und der dadurch entstandenen Unterbrechung des Tabaksimports aus Amerika nach Deutschland auf 149 242 Zentner jährlich gestiegen, sank unter der Herrschaft des Monopols auf 36 000 Zentner.

Die Tabak-Regie bediente das Inland schlecht, um das Ausland desto besser beliefern zu können. Sie verkaufte nämlich an das Ausland grundsätzlich um 33$^1/_3$ Prozent billiger, als an die eigenen Unterthanen, welche stillhalten mußten. Aehnlich machen es heute unsere Eisenwerke, weil sie in Deutschland auf Grund des Schutzzolles ihre Preise in die Höhe schrauben können, im Auslande aber nicht. So wirkt der Schutz der nationalen Arbeit zu Gunsten des Auslandes und zum Nachtheil des Inlandes.

Mit welchem Jubel man die Versprechungen des neuen Königs aufnahm, mit welcher Ungerechtigkeit und mit welchem Undank man die großen politischen und militärischen Thaten des alten Königs über seinen finanziellen und ökonomischen Irrthümern und Mißgriffen vergaß, darüber giebt uns jeder Schriftsteller der damaligen Zeit ausführliche Kunde. Hier will ich nur auf die „Vertrauten Briefe über die inneren Verhältnisse am preußischen Hofe seit dem Tode Friedrichs II." (Amsterdam und Köln, Peter Hammer, 1807 und ff.) Band I, S. 11 und ff., Seite 34 und ff. verweisen*).

Am 28. August 1786 setzte Friedrich Wilhelm II. eine Kommission ein zur Revision der bisherigen Accise-Verfassung. Sie sollte ihr Haupt-Augenmerk darauf richten, „den Gang der ganzen Maschine des Zoll- und Accise-Wesens so einfach zu machen

---

*) Ein höchst interessantes Buch, „Friedrich Arnold Brockhaus. Sein Leben und Wirken, nach Briefen und anderen Aufzeichnungen geschildert von Dr. Heinrich Eduard Brockhaus", dessen dritter Theil, Leipzig, Brockhaus, 1881, soeben erschienen, giebt uns neue Aufschlüsse über den Kriegsrath Cölln, den Verfasser der „Vertrauten Briefe". Siehe Band I, S. 95, 195 und 271, und Band II, S. 16 und ff.

als möglich, und solchen der ehemaligen vortrefflichen Simplizität, welche die Franzosen völlig verdorben haben, wieder nahe zu bringen".

Zunächst erging an die Beamten die Mahnung, nicht mehr wie bisher das Publikum, insbesondere die Bierbrauer und Branntweinbrenner, bei den Zollvisitationen zu chikaniren und namentlich sich der ewigen Haussuchungen zu enthalten, welche man unter dem Vorwand der Kontrebande vornahm, häufig sogar, um Erpressungen zu verüben. (Siehe Martin Philippson, "Geschichte des preußischen Staatswesens vom Tode Friedrichs des Großen bis zu den Freiheitskriegen", Band I, S. 104 u. ff.)

Sodann reagirte Friedrich Wilhelm II. gegen jene Maßregeln Friedrichs II., welche den Handel geschädigt und namentlich den Transito-Handel unterdrückt hatten.

Er befahl der erwähnten Kommission, Mittel und Wege ausfindig zu machen, "wodurch die Fremden (Ausländer, d. i. Nicht-Preußen) wiederum angelockt werden mögen, ihre Waaren und Güter den kürzesten Weg durch die preußischen Staaten nach der Lage der jedesmaligen Absendungsorte gehen zu lassen" und namentlich die durch die Friedericianischen Finanzmaßregeln verödeten Messen in Berlin, Königsberg in Preußen, Breslau und Frankfurt an der Oder wieder zu heben.

Die Kommission selbst beschloß, sämmtliche Tarife umzuarbeiten, die Zollsätze zu ermäßigen, die unerheblichen und willkürlichen Sätze zu streichen und das Prinzip des Werthes der Waaren zu Grunde zu legen (was sich jedoch später als schwer ausführbar erwies); fremde Rohprodukte sollen nur mit einer mäßigen Abgabe belegt werden. Das Accise- und Zolldepartement sollte wieder mit der übrigen Finanz-Verwaltung, d. i. mit dem Generaldirektorium, vereinigt werden; und sofort wurde die bis dahin quasi souveräne Regie angewiesen, "alle Edikte, Deklarationen und sonstige, das allgemeine Landesinteresse betreffende Verordnungen nur mit Zustimmung des Generaldirektorii (der obersten Finanzbehörde) zu erlassen."

Den wichtigsten Schritt zur Steuer- und Wirthschafts-Reform aber that am 13. Oktober 1786 das Generaldirektorium, indem es in einem Bericht an den König die gänzliche Freigebung des Getreide-Verkehrs, namentlich Abschaffung aller Getreide-Einfuhr und Ausfuhr-Zölle sowie alle sonstigen Erschwerungen und Beschränkungen des Handels beantragte. In dem Bericht führte es aus, daß alle diese Maßregeln sich überhaupt, namentlich aber während der (theilweise durch dieselben veranlaßten) wiederholten Hungersnöthe als schädlich erwiesen, und daß diese Freiheit des Getreide-Verkehrs „zu Lebzeiten des Höchstseligen Königs Friedrich Wilhelm (I.) Majestät überall Platz gefunden habe". Es wurde mit beredten Worten die Rückkehr von den raffinirten französischen Künsten zu dem einfachen und natürlichen System des spartanischen Königs beantragt. Hierdurch, und nur hierdurch, hieß es in dem Berichte, „wird Eurer Königlichen Majestät landesväterliche Absicht erreicht, es wird den Eingesessenen ein lebhafterer Verkehr verschafft und eine Hungersnoth ist um so weniger zu befürchten, als wegen der Nachbarschaft so kornreicher Länder, wie Polen, Mecklenburg, Anhalt und Sachsen bei freiem Verkehr ein Mangel an Brotkorn nie eintreten kann".

Der König schrieb eigenhändig auf den Bericht „Accordirt, Fr. Wilhelm" und mit diesem Federzug war das künstliche oder richtiger naturwidrige System Friedrichs des Großen, das ich oben geschildert, vernichtet. Wenigstens glaubte man so, und es herrschte darob großer Jubel im Lande.

Leider aber folgte der hinkende Bote nach.

Als Ersatz für das Tabak- und Kaffee-Monopol wurde neben einer Stempelerhöhung und einer Tabaks-Abgabe, eine „leidliche Mehlaccise" sowie eine Accise von Zucker und Syrup, eine Steigerung der Weizensteuer (für das Bier), — und eine Erhöhung beinahe aller übrigen Accise-Sätze um ein Vierundzwanzigstel in Aussicht genommen. So kam es denn, daß an die Stelle des Tabaks- und Kaffee-Monopols eine Vertheuerung des Biers, des Zuckers und des Brotes trat, — welche Artikel dem Volk nöthiger waren als der Tabak.

Eine Zeit lang trieb man sich in Widersprüchen und Halbheiten herum; als aber das bekannte System Wöllner gesiegt hatte, erfolgte ein förmlicher Rückschlag, bei welchem man vor Allem fiskalische Zwecke und die Versorgung der Günstlinge durch Kreirung neuer Stellen und Erhöhung der Gehälter im Auge hatte.

Der neue Zolltarif, welcher mit dem 1. Juni 1787 in Wirksamkeit treten sollte, war mit einer solchen Uebereilung zu Stande gekommen, daß man ihn kaum vollziehen konnte und alsbald wieder durch allerlei neue Verordnungen ergänzen und abändern mußte, während sich nur der Schmuggel überall eines gedeihlichen Wachsthums erfreute. Die alten Beamten reagirten kräftig gegen das Regiment der neuen Günstlinge.

So schrieb am 18. Juni 1787 der Küstriner Kammer-Präsident Graf Logau dem Minister:

— „Die Klagen über diesen Tarif sind zu allgemein, als daß solche dem Monarchen unbekannt bleiben könnten. Mit der kundgegebenen allerhöchsten landesväterlichen Intention einer allgemeinen Entlastung kann das Publikum die durchgängige Erhöhung aller Accissätze, derer Accis-Zettel um 50 Prozent und den von einem Accis-Betrag von 12 Groschen an noch zu erlegenden Nachlaß, nicht vereinbaren, namentlich daß von denen, einem Jedem unentbehrlichen Bedürfnissen, z. B. Brot, Butter, Eier, Fleisch, Graupe, Grütze, Hirse u. s. w. — wohin auch der Zucker zu rechnen — die Accis-Sätze, sowie auch der Preis des Salzes, erhöht worden. Ueberdem will auch das Publikum behaupten, daß alle diese Erhöhung zusammengenommen, mit den in Folge der Aufhebung der Tabaks-Administration und Kaffee-Brennerei ausgefallenen Einnahmen in keinerlei Verhältniß stehe (b. h. daß die neuen Abgaben die aufgehobenen alten weit übersteigen), und dadurch das Gegentheil von dem Soulagement, welches der beste König zu bewerkstelligen wünschte, bewirket würde."

Die regierenden Herren Wöllner, Werder und Beyer erließen darauf ein Reskript an den tapferen alten Beamten, das sich mehr durch Grobheit auszeichnete, als durch Gründe. Man sagte ihm, er sei ein alter Doktrinär und für das vortreffliche neue System ohne alles Verständniß. Graf Logau drohte darauf den Herren Wöllner und Genossen, er werde sich bei dem König beschweren. Die Minister aber spielten das Prävenire und verklagten den Grafen Logau bei dem König, und der König vermochte seinen Ministern nicht Unrecht zu geben. Er schrieb ihnen am 5. Juli 1787:

— „Es thut mir leid, daß der Kammerpräsident Graf von Logau durch unzeitige Empfindlichkeit sich gegen Euch vergangen hat. Ich habe ihm unter heutigem Dato sein Unrecht zu Gemüthe geführt und hoffe, daß er sich bessern wird."

Gleichzeitig verfügte aber auch Friedrich Wilhelm II. in allgemeinen Ausdrücken Abstellung der Härten der neuen Accisordnung. Die Minister erließen einige Verordnungen ohne Bedeutung, und zeigten darauf dem König an, es sei seinen Intentionen entsprochen. Dabei beruhigte sich denn auch der König.

Seitdem nun der Graf Levin Rudolf von der Schulenburg Kriegsminister geworden, richtete er seine Angriffe gegen die Freiheit des Getreideverkehrs, „es gehe zu viel Getreide in das Ausland, in Folge dessen müßte die Militär-Verwaltung höhere Preise bezahlen". Vergeblich wies Herr von Struensee nach, die hohen Preise seien Folge der schlechten Korn-Ernte, besonders in Polen; in Preußen seien alle Voraussetzungen für einen blühenden und gemeinnützigen Getreide-Handel vorhanden, reiche Korn-Länder, große Ströme, vermögende Kaufleute, bedeutende Handels- und Seestädte, eine ausgedehnte Küste. Vergebens stimmten alle Kammern darin überein, daß die Freiheit des Kornhandels für den ackerbautreibenden Theil der Bevölkerung eben so sehr, wie für die Kaufmannschaft guten Erfolg gehabt habe und gewiß auch ferner noch haben werde. Vergeblich wiesen sogar einige Kammern nach, daß erst seit Aufhebung der Beschränkungen des Getreide-

Handels der Ackerbau einen großen Aufschwung genommen, und daß dieser Aufschwung jener Maßregel zu verdanken. Vergebens hob endlich das Generaldirektorium hervor, „daß der Vortheil des ganzen Staats dem Spezial-Vortheil der Magazin-Kasse vorzuziehen sei".

Schulenburg gewann immer mehr das Ohr des Königs, welcher an das Generaldirektorium höchst ungnädig restribirte und dessen Bericht für „superfiziell" erklärte. Am 19. Okt. 1788 erließ plötzlich der König — auf Anrathen Schulenburg's und ohne seine Finanz-Behörden darüber zu hören — eine Kabinets-Ordre, daß (Ost-Preußen ausgenommen, das sich nach wie vor eines ziemlich freien Getreide-Verkehrs erfreute) „die Getreide-Ausfuhr aus Höchstseinen Staaten zu beschränken und, so wenig zu Wasser als zu Lande, kein Getreide, von welcher Art es auch sei, anders als gegen einen Exportations-Impost von vier Groschen per Scheffel außerhalb Landes verfahren werden dürfe". Das war beinahe schon ein Ausfuhr-Verbot. Denn bei einer Belastung von vier Thalern per Wispel konnte das preußische Korn im Auslande nicht konkurriren.

Das gänzliche und absolute Ausfuhrverbot sollte bald nachfolgen. Am 10. Januar 1789 erging folgende Kabinets-Ordre an das General-Direktorium:

— „Da schon die vorjährige Ernte in den meisten Provinzen diesseits der Weser nur sehr mittelmäßig und in einigen derselben schlecht ausgefallen ist, und da die Strenge des diesjährigen Winters, wenn zumal der häufig gefallene Schnee mit Regen aufgehen sollte, besonders in Ansehung der niedrig gelegenen Felder, gegründete Besorgniß veranlasset; so haben Se. K. M. v. Preußen zur Verhütung des Getreyde-Mangels im Lande, denn die überhand nehmende Ausfuhre nur zu leicht nach sich ziehen könnte und um der daraus entstehenden Noth möglichst vorzubeugen, für gut und nötig gefunden, in sämtlichen Provinzen diesseits der Weser, die Ausfuhre aller Arthen von Getreyde, in das Außenland gänzlich und, bis auf weitere Verfügung, schlechterdings zu untersagen . . . . Damit aber auch diejenigen Kaufleute, welche eine Quantität ausländisches Getreyde in Vorrath haben, durch dieses Verboth der Ausfuhre, zu gegründeten Klagen nicht veranlasset werden; so ist das Militär-Departement angewiesen von solchen, behufs der Magazine, zu billigen Preisen zu kauffen."

Das Letztere war natürlich ein schlechter Trost für die Kaufleute. Sie hatten, um den Ausfall der Ernte zu decken und der Noth vorzubeugen, das ausländische Getreide theuer gekauft und importirt; sie sollten es jetzt, zur Belohnung, an die Militärmagazine billig und zwangsweise verkaufen.

Am meisten klagten die Landwirthe, namentlich die aus der fruchtbaren Magdeburger Gegend. Freie Einfuhr, verbotene Ausfuhr, — das war ihnen doch etwas zu viel. Sie petitionirten um Wiederherstellung des freien Verkehrs, aber vergeblich!

Nur an seiner Abneigung gegen die Monopole hielt Friedrich Wilhelm II. fest, wie man vermuthet hauptsächlich deshalb, weil er sich darin in einem diametralen Gegensatze zu Friedrich II. wußte. Zuweilen vermahnte er auch wieder das Generaldirektorium durch eine Kabinets-Ordre, „nicht aus den Augen zu setzen, daß seine Pflicht sei, die Volksmenge in allen Stücken zu soulagiren". Statt einer solchen Entlastung aber finden wir eine fortwährende Steigerung der indirekten Abgaben.

Da der neue Tarif ohne die nöthige Sachkenntniß und reifliche Ueberlegung in aller Eile gleichsam aus dem Aermel geschüttelt war, außerdem aber auch der Schmuggel immer größere Dimensionen annahm, so blieben die erwarteten höheren Erträgnisse aus. Es ergab sich eine Minder-Einnahme von etwa 200 000 Thalern und Werder schlug zur Deckung dieses Ausfalls vor:
1) eine Mahl-Accise von 1 Groschen für den Scheffel Roggen- oder Gersten-Mehl,
2) Erhöhung des Kaffee- und des Tabaks-Zolles.

Derselbe Werder hatte kürzlich noch die Güte des Königs gepriesen, weil er die künstliche Vertheuerung so unentbehrlicher

Genußmittel, wie Kaffee und Tabak, abgeschafft habe. Jetzt sagte er: „Wie kann es irgend einem Bedenken unterliegen, solche Luxus-Artikel höher zu belasten, zumal der Kaffee den inländischen Brennereien und Brauerein Konkurrenz macht?"

Der König genehmigte die vorgeschlagene Steigerung der indirekten Abgaben am 24. November 1788. Die Folge war, daß die Kaffee-Defraudation wieder auf ihre frühere Höhe stieg.

Später kam Friedrich Wilhelm II. immer wieder auf den Getreide-Verkehr zurück. Er forderte im September 1789 wiederholt Bericht, warum die Getreidepreise „so exorbitant seien?", und obwohl man auf die Beschaffenheit der Ernte hinwies und auf das ohnehin schon bestehende Ausfuhr-Verbot, so sah sich der König dennoch veranlaßt, das letztere zu erneuern und zu verschärfen und das Verwenden von Roggen zum Branntweinbrennen zu verbieten.

Durch Kabinets-Ordre vom 13. Dezember 1789 wurde gar das Generaldirektorium angewiesen, „denen Gutsbesitzern und denen Domänen-Bauern aufzugeben, daß sie den Verkauf des Roggens nicht auf- oder zurückhalten, sondern solchen vielmehr zu den Märkten bringen und für einen billigen Preis losschlagen sollen".

Wir stehen also hier in der preußischen Monarchie und unter dem Regimente eines persönlich höchst wohlmeinenden und über alle Zweifel legitimen Monarchen schon im Jahre 1789 dicht vor den Zwangskäufen und Maximalpreisen und den sonstigen ähnlichen Maßregeln, welche in den Jahren 1794 und 1795 in Frankreich unter dem revolutionären Schreckens-Regimente ergriffen wurden. Siehe das vortreffliche Buch von Adolf Schmidt, ord. Professor der Geschichte an der Universität Jena, „Pariser Zustände während der Revolutionszeit von 1789—1800" (Jena 1875) Band II., Seite 121 bis 266.

Trotz alle dem stiegen die Preise. Natürlich wer wird Getreide importiren, wenn man nicht die Möglichkeit hat, es eventuell auch wieder zu exportiren, oder wenn die Gefahr droht, daß es für die

Militär-Magazine zu weit geringeren Preisen erpropriirt wird? So führen dergleichen staatssozialistische Experimente stets zum Verderben und zu dem Gegentheil dessen, was in der Absicht ihrer wohlmeinenden Urheber gelegen.

Und gerade als die Preise auf das höchste gestiegen waren —, der Scheffel Roggen kostete anderthalb Thaler, also das Doppelte wie gewöhnlich —, verbot die Kabinets-Ordre vom 24. Dezember 1789 den Import von polnischem Getreide nach Westpreußen und der Neumark, die so sehr unter der Höhe der Getreidepreise litten. Und warum? Blos damit die Militärmagazine in den polnischen Distrikten, welchen man dadurch den Absatzmarkt beschränkte und sperrte, desto billiger einkaufen konnten. Die Unterthanen hungerten also zu Gunsten des Fiskus. Die Lehre, „daß der Vortheil der Unterthanen und des ganzen Staats dem Spezialvortheil der Magazins-Kassa vorzuziehen sei", war also vergessen; und die materiellen Interessen des Fiskus feierten einen Sieg über den „idealen ethisch-pathetischen" Sozialismus.

Wie die Beschränkungen des Getreide-Verkehrs die Ernährung erschwerten, so hemmten die Schutzzölle den Fortschritt der Industrie, bei welcher auch die zeitweisen, jedoch geringen Geldsubventionen nichts halfen. Das Publikum hielt, ob mit Recht oder mit Unrecht, steht dahin, die Erzeugnisse der einheimischen geschützten und subventionirten Manufakturen für so schlecht, daß es dieselben beharrlich verschmähte. Im Juli 1789 berichtete der Kriegsrath Wandel in Berlin, der Hang nach verbotenen fremden Waaren sei so stark, daß der größte Theil der inländischen Fabrikate für ausländische ausgegeben werden müßte, weil sie sonst kein Mensch kaufen wolle. Dieser Bericht hatte die Wirkung, daß Stempelung aller inländischen Fabrikate, Verbot aller ungestempelten Waaren, Unterdrückung aller Hausir-Gewerbe, sowie eine Reihe weiterer Erschwerungen des Verkehrs und Schärfungen der Kontraventions- und Defraudations-Strafen anbefohlen wurden, welche Maßregeln sich aber alle als im Wesentlichen unwirksam erwiesen.

Wie bei alledem in Preußen Handel und Industrie immer mehr zurückgingen, wie namentlich die Städte verarmten, das wolle man bei Martin Philippson, „Geschichte des preußischen Staatswesens", Bd. I. S. 334 bis 448, nachlesen.

Am stärksten lastete der Druck auf den Bauern. Ich habe deren traurige Lage geschildert und erzählt, wie wenig Friedrich der Große zu deren Erleichterung gethan hat, obgleich er ja den guten Willen hierzu kund gethan und auch verschiedene Anläufe genommen. Freilich waren diese Anläufe erfolglos und es ist unter dem großen König nicht zu einer Regelung der bäuerlichen Verhältnisse gekommen, während gleichzeitig Kaiser Joseph II. in Oesterreich die Bauern emancipirte.

Friedrich Wilhelm II. aber ergriff Partei für die Grundherren und gegen die Bauern. Durch Verordnung vom 8. November 1786 wurde den Bauern verboten, den Grundherren die geforderten Dienste zu weigern und mit denselben „muthwillige" Prozesse zu führen. Hier scheint die Annahme, daß der Bauer stets Unrecht und der Grundherr stets Recht habe, zu Grunde zu liegen. Während doch ein jeder der deutschen Rechts- und Kultur-Geschichte Kundige weiß, daß die meisten dieser Dienste aus ursprünglich freiwilligen Leistungen erwuchsen, welchen man später zu Unrecht den Charakter von Zwangspflichten gegeben, und daß später alle diese ursprünglich eng begrenzten und fixirten Lasten rechtswidrig immer mehr ausgedehnt und am Ende gar für unbeschränkte Verpflichtungen erklärt wurden, welche allein in dem Belieben des Grundherrn ihre Grenzen finden.

Friedrich der Große hatte daher, um diesem rechtlosen und chaotischen Zustand ein Ende zu machen, wie bereits erwähnt, 1784 eine allgemeine Revision und Feststellung der Urbarien (Lasten-Verzeichnisse) befohlen. Dieser Befehl fand nur eine lässige Vollstreckung und wurde endlich von Friedrich Wilhelm II. ganz aufgehoben. Damit war die Bahn, welche Friedrich Wilhelm I. eingeschlagen hatte, definitiv aufgegeben. Friedrich Wilhelm II. war ein Fürst von großem Wohlwollen, allein die Strahlen seiner Gnade fielen nur auf die Leute seiner Umgebung, welche letztere alle Uebrigen, also die Masse des

Volkes, davon auszuschließen verstanden. Friedrich Wilhelm I. dagegen war umgekehrt gnädig seinem Volke und streng gegen seine Umgebung, welche dadurch sich an ihm rächte, daß sie, freilich vergeblich, sein Bild in der Gestalt einer Karikatur auf die Nachwelt zu bringen versuchte.

In dem Nachfolgenden stelle ich aus dem bereits wiederholt zitirten Werke von Martin Philippson, welchem ich in diesem Kapitel im Wesentlichen gefolgt bin, eine Schilderung des damaligen Gegensatzes der wirthschaftlichen Lage des Adels und der Bauern, des grundherrlichen und des rustikalen Besitzes zusammen:

„Der Adel hat Geld und schwelgt, der Bauer ist arm und hungert," sagt Theodor von Schön. Zumal in Oberschlesien mußte der Bauer fünf Tage in der Woche der Herrschaft Frohndienste leisten. Die Folgen einer so grausamen und vernunftwidrigen Einrichtung waren für alle Theile höchst traurige. Der Bauer kam so spät wie möglich zu der verhaßten Arbeit und that alsdann so wenig wie möglich; mit Stock und Peitsche, wie ein Sklave, wurde er von dem herrschaftlichen Vogt nur mühsam zu einiger Thätigkeit angehalten. In Armuth, Elend, Schmutz und Unwissenheit versunken, verthierte er und blieb allen edleren Regungen fern, nur der Furcht zugänglich.

Pommern, diese an sich so fruchtbare Provinz, noch dazu von dem großen Friedrich, der sie vor Allem liebte, mit Wohlthaten überhäuft, war und blieb schlecht bebaut, arm und dürftig; die harte Knechtschaft, in welcher die Bauern lebten, erzeugte Faulheit, Liederlichkeit und Schlendrian. Zumal im Hofdienst wurde von den Frohnern lächerlich wenig geschafft. Die Getreideproduktion der Kurmark reichte für ihren Bedarf bei Weitem nicht aus. Und ähnlich in den anderen östlichen Provinzen des Staates. Die einzigen Bezirke, wo der Ackerbau in Blüthe, der Bauer wohlhabend war, waren diejenigen, wo der letztere nichts von Leibeigenschaft wußte und seinen Acker zu freiem Eigenthum besaß; nämlich das Magdeburgische, Halberstädtische, Ostfriesland und einige westliche Distrikte. Jedem Beobachter fiel der himmelweite Unterschied in diesen freien ländlichen

Bezirken gegenüber den unfreien in die Augen. „Hätte man Dorfs-Geschichte," sagt selbst ein hoher preußischer Beamter jener Zeit, „so würde man darin lesen, daß der Hofedienst (der Bauern) seit Jahrhunderten die größten Zerrüttungen angerichtet hat, daß solcher von den Unterthanen jederzeit mit Unwillen geleistet, und aller Trieb zu Erfindung und Verbesserung dadurch erstickt worden. Untersucht man die Sache genauer, so findet man, daß die Leistung des Hofedienstes den Unterthanen ungleich mehr kostet, als derselbe zu Gelde angeschlagen ist, und müssen sie an manchen Orten eine Meile und weiter zur Verrichtung des Hofedienstes reisen. Der Hofedienst setzt der Unterthanen Güter außer ihren Werth und hilft demjenigen, dem er geleistet wird, wenig, weil er nicht in der Art geleistet wird, wie er geleistet werden soll." Die Lage des grundbesitzenden Adels dagegen war besser. Durch die Einrichtung des ritterschaftlichen Kreditwesens, durch die Zinsverminderung, die dasselbe herbeiführte, und die Ordnung, zu welcher es den Adel in Wirthschafsführung nöthigte, durch die von Friedrich ihm ertheilten Meliorationsgelder, durch die reiferen landwirthschaftlichen Kenntnisse, die sich von England und Frankreich her verbreiteten, und besonders auch durch die rapid steigenden Getreidepreise hatte sich der Werth der Rittergüter auf mindestens das Doppelte, in manchen Gegenden in noch viel höherem Maße gehoben. Diese Mehrwerthung wurde dadurch befördert, daß die beträchtliche Land-(Grund-)Steuer nur von dem ursprünglichen Werthe des Gutes, ohne Rücksicht auf dessen Verbesserung und steigenden Ertrag, bezahlt zu werden brauchte. Dadurch war der Edelmann sehr bereichert, und während er Hof- und Spanndienste für die mühsame Arbeit seiner verbesserten Kultur ebenso umsonst hatte, wie früher die leichtere für den oberflächlichen Anbau, während er seine Schulden nur mit $4^3/_4$ Prozent zu verzinsen brauchte, anstatt früher mit sechs bis zehn, erhielt er für sein Getreide, sein Holz, sein Vieh Preise, die ihm ein sorgenfreies flottes Leben ermöglichten, wie er es früher nicht gekannt hatte. Der Bauer wurde durch die Last der Steuern, der Frohnden, des Militärdienstes erdrückt; unter denselben Preisen, welche den Edelmann bereichert hatten, siechte die städtische Industrie dahin; aber der Junker in des Königs Rock, im einträglichen Amte, oder auch als ungebundener Gutsbesitzer mochte in Orgien schwelgen (?). Er benutzte sein Geld nicht zur Verbesserung seiner Güter, nicht zu industriellen Anlagen, nicht zu seiner und seiner Kinder Ausbildung, nicht zur Hebung des Bauernstandes — sondern nur zu böotisch schwelgerischem Sinnengenuß. Selbst die Anhänglichkeit an das Erbe der Vorfahren verschwand. Der Adel benutzte die steigenden Bodenpreise zum Güterschacher. —

— „Es läßt sich nicht leugnen, daß die Verwaltung Friedrich Wilhelm II. die Ausbeutung des Staates zu Gunsten eines Standes wesentlich gefördert hatte. Friedrich II. hatte dafür wenigstens den Adel zu strengem, hartem Dienste für den Staat herangezogen, aber unter seinem schwächeren und gutmüthigeren Nachfolger lockerten sich diese engen, drückenden Bande! Frivolität, Habsucht, materielle Freuden, roher Uebermuth wurden immer mehr herrschend im preußischen Adel."

III. Mirabeau über die kleineren deutschen Staaten.

Kehren wir nun noch einmal zurück zu Mirabeau's Buch über die preußische Monarchie.

Nachdem er seine Ansichten über die preußischen Verhältnisse ausgesprochen, wendet er sich mit folgenden Worten zu den übrigen deutschen Staaten und zu dem Verhältniß Preußens zu denselben:

„Diese von Irrthümern und Vorurtheilen beherrschte Wirthschafts- und Finanzpolitik Friedrichs hatte nicht nur für Preußen verderbliche Folgen, sondern auch für die übrigen deutschen Staaten, und für diese in noch weit höherem Grade.

Deutschland ist in eine Anzahl kleinerer Territorien getheilt, und der Kern der preußischen Staaten, die Markgrafschaft und das spätere Kurfürstenthum Brandenburg, gehörte ursprünglich auch nicht zu den großen. Da nun die übrigen deutschen Souveräne sahen, wie Friedrich aus einem ziemlich kleinen Fürsten ein großer und mächtiger König geworden, so fühlten sie, wie man das in Deutschland nennt, „den preußischen Sporn" in ihren Weichen und überlegten sich, ob es nicht einem Jeden von ihnen möglich sei, auch eine solche Karriere zu machen. Sie studirten die Mittel, die Friedrich angewandt hatte. Es waren: „Soldaten und Geld".

Um es ihm in militärischen Dingen gleich zu thun, dazu fehlte ihnen das Genie und die Schule; in Folge dessen sagten sich diese Kleinfürsten: „Raffen wir wenigstens recht viel Geld zusammen."

Sie sahen: Friedrich hatte Geld für Alles; er häufte einen kolossalen Staatsschatz zusammen; er errichtete Fabriken; er ertheilte Privilegien und Monopole; er verbot die Einfuhr und die Ausfuhr von Getreide; er erließ für das ganze Wirthschaftsgebiet, für Alles und noch Einiges Reglements, in der Einbildung und zu dem Zwecke, „das Geld im Lande zu behalten" und zugleich „aus dem Auslande so viel Geld wie möglich hereinzuziehen".

„Aha," sagten sich nun die übrigen Fürsten (welche statt den König zu studiren, um seine wahre Größe zu erkennen, es vorzogen — was auch leichter war — sich an die Schwächen und die Aeußerlichkeiten desselben zu halten), „aha, darin bestehen also die Mittel der Kunst sich reich zu machen, welche Friedrich erfunden!" Und sie beeilten sich daher, dieselben Mittel auf ihrem kleinen Gebiet anzuwenden.

Sie sahen nicht, oder wollten nicht sehen, daß es vor Allem Ordnung und Sparsamkeit waren, welche dem König Friedrich zu disponiblen Mitteln verhalfen, daß dagegen seine plusmacherische Finanzpolitik und Reglementirerei keine andere Wirkung hatte, als die, seine Unterthanen immer ärmer zu machen, wodurch auf die Dauer die Staatsmacht nicht gestärkt, sondern geschwächt ward.

Die Lehren der Ordnung und Sparsamkeit freilich waren nicht nach dem Geschmack der Kleinfürsten, welche Pomp und unsinnigen

Luxus nur allzusehr liebten. Eben so wenig gefielen sie den unwissenden Höflingen; und die habgierigen Finanzkünstler hüteten sich auch, solche Grundsätze zu verkünden. Im Gegentheil, sie schlugen ihren Fürsten allerlei plusmacherische Experimente, Schwindeleien und Ausbeutungen vor, als das unfehlbare Mittel, all ihre Gelüste und Phantastereien vollständig zufrieden stellen zu können. Sie thaten so, als wenn mit diesen fiskalischen Künsten ein unerschöpflicher Strom an Reichthümern und Wohlbefinden erschlossen wäre, welcher den regierenden Herrn von allen Nöthen und Sorgen befreie und Ordnung und Sparsamkeit höchst überflüssig erscheinen lasse. Es ließe sich eine ganze Anzahl deutscher Kleinfürsten aufführen, welche durch die Steuer- und Wirthschafts-Politik, von welcher sie sich eine angemessene Vermehrung ihrer aufzusammelnden Schätze versprachen, sich selbst und ihre Unterthanen an den Bettelstab brachten.

Sie gedachten, Friedrich den Großen nachzuahmen. Aber sie vermochten nicht, ihn in seinen großen Leistungen zu kopiren, — denn dazu fehlte ihnen die Macht, das Genie und die Thatkraft —, und in Ermangelung dessen mußten sie sich darauf beschränken, zu ihrem und ihres Ländchens Verderben, seine Fehler nachzuahmen und sich seine verhängnißvollen volkswirthschaftlichen Irrthümer anzueignen.

Dazu kommen dann noch die übrigen Nachtheile der Zersplitterung Deutschlands in eine Unzahl kleiner Staaten. Diese Nachtheile liegen in der territorialen Gestaltung an und für sich und bestehen unbeschadet der falschen oder richtigen Wirthschaftspolitik.

Wahrhaft nützliche Anlagen, wie durchgehende Landstraßen, Kanäle, schiffbar gemachte Ströme, Deiche und Dämme, um dieselben einzuschränken und zu begrenzen, sind nur ausführbar in einem großen Gebiet, welches von einem einzigen Staate beherrscht wird. Die gegenwärtige politische und territoriale Verfassung Deutschlands macht solche, der wirthschaftlichen Entwickelung dienende Verkehrs-Einrichtungen gänzlich unmöglich. Ein großer Kanal im Innern von Deutschland, welcher z. B. den Rhein mit der Weser, die Weser mit der Elbe, die Elbe mit der Donau, die Donau mit dem Main und dem Rhein verbindet, ist durch die bezeichnete politische Gestaltung unausführbar.

Und selbst wenn ein um das Wohl seiner Unterthanen besorgter Fürst hier Straßen anlegt, so sind dieselben nach verschiedenen Beziehungen unergiebig, weil deren Zusammenhang und Fortsetzung zu häufig unterbrochen wird durch die überall dazwischen tretenden Grenzen der Länder.

Dazu kommen dann noch andere Mißstände, die der Entwickelung der bürgerlichen und wirthschaftlichen Gesellschaft im Wege stehen, und mit der Kleinstaaterei untrennbar verbunden sind. Ich erwähne die Differenzen in Münze, Maß und Gewicht, die gegenseitigen Eifersüchteleien, Handels- und Verkehrs-Feindseligkeiten, die Passage-Zölle auf Land- und Wasser-Straßen, welche die Zirkulation der Menschen und den Umlauf der Waaren im Innern von Deutschland so außerordentlich hemmen, dieses schöne Land hindern, seine Erzeugnisse zu einem so vortheilhaften Preis zu verkaufen, wie dies möglich wäre in einem einheitlichen und freien Wirthschaftsgebiete, und folglich die Wohlfahrt und den Nationalreichthum vermindern, — „les péages et les lois de transit, qui rendent la circulation interieure si difficile en Allemagne, empêchent ce beau pays de vendre ses productions à aussi bon prix qu'il le pourrait sous un régime plus libre et plus uniforme et diminuent par conséquent les richesses et le bien être de ses habitants," (Comte de Mirabeau, de la Monarchie Prussienne sous Frédéric le Grand, Londres 1788, tom. V, livre VIII). So schrieb Mirabeau.

Ich will nicht unterlassen, zu bemerken, daß er, obgleich er die Mißstände des damals in Deutschland herrschenden Chaos so deutlich erkannte, doch — wahrscheinlich „den schönen Augen Frankreichs zu Liebe" — für Beibehaltung der Viel- und Kleinstaaterei sich ausspricht. Indem er jedoch den Gegensatz und die Nebenbuhlerei zwischen Oesterreich und Preußen erörtert und prüft, bei welcher dieser beiden Großmächte „les petits princes d'Allemagne" am besten fahren würden, gelangt er zu dem Ergebniß, das einzige Heil liege im Anschluß an Preußen.

Dies drückt er aus mit folgenden, vielleicht etwas zu pathetischen Worten:

— „Bürger Deutschlands! Hört einen Fremden, der Euch achtet, weil Ihr ein großes, verständiges und aufgeklärtes Volk seid — ein Volk, das weniger verdorben ist als die meisten andern, und durch seinen Charakter ebenso wie durch seine Verfassung abgehalten wird, Europa zu bedrohen oder zu verheeren. Betrachtet das Banner des Hauses Brandenburg als das Wahrzeichen Eurer Freiheit; schließt Euch ihm an, unterstützt es, fördert sein Wachsthum auf rechtlichem Wege; freut Euch über seine Erfolge und bewahrt es, so weit Ihr dies vermögt, vor Fehltritten: sie sind ihm verderblich, weil es keine andere Stütze hat als seine Klugheit. Ein Bewunderer des großen Königs, dem das Haus Brandenburg seine Macht am meisten zu verdanken hat, würde ich diesem wahrhaft schönen, obgleich auf allzu schwachen Grundlagen errichteten Baue schon deshalb die lebhafteste Theilnahme widmen, weil er hauptsächlich das Werk dieses großen Mannes ist. Wenn jedoch das Glück Deutschlands damit in keiner wesentlichen Verbindung stände, würde ich Euch, mein Vaterland, ja ganz Europa nicht beschwören, die preußische Monarchie zu stützen und ihre Grundlagen erweitern und befestigen zu helfen. Die Mittel dazu auseinanderzusetzen, war ein Hauptzweck dieses Buches. Sie sind aber keine andern, als Friede und Freiheit. Bürgerliche Freiheit aller Unterthanen; Gewerbs-, Handels-, Religions-, Denk- und Preßfreiheit; Freiheit der Dinge und der Menschen — darin besteht die ganze Regierungskunst, daraus entsprießt wie aus einem fruchtbaren Keime die Wohlfahrt der Staaten. Und kein anderes Land ist berufen, diese herrlichen Früchte in so naher Zukunft zu ernten, wie die preußische Monarchie: hier ist Alles reif für die große Umwälzung, und kein sehr mächtiges Hinderniß steht im Wege ... Möge der Schutzgeist Europas und der Menschheit über ihre Geschicke wachen! möge er sie vor ihren eigenen Verirrungen bewahren und sie aufrechthalten in den Gefahren, die ihr drohen! möge er sie auf jenen Gipfel der Größe und der Macht führen, den sie nur durch Weisheit und Gerechtigkeit erreichen kann!" So Mirabeau.

IV. Der Umschwung.

Wenn wir heute, beinahe ein Jahrhundert später, diese Worte Mirabeau's lesen, so staunen wir über ihren prophetischen Charakter. Die Kritik der handels- und finanzpolitischen Regierungs-Maßregeln Friedrichs des Großen zeigt die ganze überzeugungstreue Schärfe des entschiedenen Physiokraten; sie ist, soweit sie das Merkantilsystem geißelt, ohne Zweifel berechtigt.

Der Erfolg hat für Mirabeau und gegen Friedrich den Großen entschieden. Unter dem großen König, der einerseits sein fehlerhaftes System mit seiner eisernen Willenskraft und seinem durchdringenden Scharfsinn auf die Spitze trieb, andererseits aber durch sein politisches und militärisches Genie die Welt der Art bezauberte, daß sie geneigt war, über den Lichtseiten die Schattenseiten zu übersehen, gedieh der Fiskus, aber die Unterthanen wurden immer ärmer. Unter seinem schwachen und unentschiedenen Nachfolger trat an die Stelle des eisernen Systems des Merkantilismus und der Monopole, ein unentschiedenes Hin- und Herschwanken, welches die auf wirthschaftlichem Gebiete so unentbehrliche Sicherheit und Kontinuität der Entwickelung zerstörte.

Dann folgte die Katastrophe von 1806, welche den Staat Friedrichs des Großen an den Rand des Abgrundes brachte. Schon triumphirten die Feinde Preußens; nun sei die „große Episode des kleinen Markgrafen ausgelöscht aus der Geschichte", meinten sie.

Aber der König Friedrich Wilhelm III. griff zu dem Mittel, das 1786 Mirabeau empfohlen; und er verstand es, unter dem Beistand von Männern, wie Stein, Hardenberg, Schön, Gneisenau und Scharnhorst, den Staat aus seinem tiefsten Verfall wieder aufzurichten. Am Entschiedensten ging er vorwärts auf dem Gebiete der Volkswirthschaftspflege. Er stellte „die bürgerliche Freiheit aller Unterthanen", Emanzipation des Bürger- und Bauernstandes, „Grundeigenthums-, Gewerbe- und Handelsfreiheit" an die Spitze seiner Reform. Während Friedrich Wilhelm II. zwischen dem System Friedrichs des Großen und der wirthschaftlichen Freiheit hin- und herschwankt und dadurch, wie grade um jene Zeit Goethe in „Herrmann und Dorothea" gesungen:

„Doch der Mensch, der in schwankender Zeit auch schwankend gesinnt ist,
Der vermehrt nur das Uebel und trägt es hierhin und dorthin,"

den Nothstand nicht nur nicht beseitigt, sondern gesteigert und den Mißgriffen noch die Verwirrung und die Unordnung zugesellt hatte, entschloß sich Friedrich Wilhelm III., mit dem finanziellen und handelspolitischen System seines großen Vorfahren rücksichtslos zu brechen. Und indem er mit demselben brach, rettete er Preußen und Deutschland.

Ich habe den Gegensatz beider Systeme, namentlich in handelspolitischer Beziehung, den Gegensatz zwischen der auf handelsfeindseligkeit, Schutzzoll, Regie- und Monopolgeist beruhenden Politik Friedrichs II. und der auf wirthschaftlicher Freiheit und Einheit beruhenden Politik Friedrich Wilhelms III., wie solche in der Zollgesetzgebung von 1818 ihren vollendetsten Ausdruck, ein Menschenalter später als Mirabeau geschrieben, gefunden — geschildert in meiner Schrift „Die Männer des Zollvereins" (Berlin, Simion, 1881).

Dort habe ich ferner gezeigt, wie sich das handelspolitische System von 1818, welches, man kann das nicht oft genug wiederholen, den diametralen Gegensatz bildet gegen das System Friedrichs des Großen, von Preußen auf das übrige Deutschland ausgedehnt hat, wie dies Mirabeau schon 1787 voraussah, als er die übrigen deutschen Fürsten ermahnte, „das Haus Brandenburg und dessen Banner als das Wahrzeichen ihrer Freiheit zu betrachten". Die Geschichte der inneren Entwickelung Deutschlands auf volkswirthschaftlichem Gebiete ist nur eine Bestätigung der Mirabeau'schen Prophezeihung. Die Mehrzahl der deutschen Regierungen hat sich, wenngleich nur nach und nach, allmählich und halbwegs mit widerstrebendem Herzen, um das „Banner des Hauses Brandenburg" geschaart, welches man damals das Banner des Zollvereins nannte; und dieses Banner hat die deutschen Territorien aus dem Banne der Isolirung, der Absperrung, des Elendes und der Armuth erlöst und hinübergeführt in einen menschlich und wirthschaftlich freien Zustand, der dann auch in einer durch Eisenbahnen, Telegraphen 2c. geförderten raschen Entwickelung und Amalgamirung der früher getrennten Partikel, konsequenter Weise nicht nur zu der wirthschaftlichen, sondern auch zur politischen, diplomatischen, militärischen, postalischen u. s. w. Einheit führen mußte und auf dem Wege vom Zollverein durch den norddeutschen Bund zum Deutschen Reiche geführt hat.

Mirabeau hatte also Recht, wenn er 1787 schrieb:

— „Kein anderes Land ist so sehr, wie die preußische Monarchie, berufen, diese herrlichen Früchte der bürgerlichen und wirthschaftlichen Freiheit zu ernten. Hier ist Alles reif für die große Umwälzung im Sinne von Frieden und Freiheit, von bürgerlicher Berechtigung aller Unterthanen (d. i. Emanzipirung des Bürger- und Bauernstandes), Grundeigenthums-, Handels- und Gewerbefreiheit, Freiheit der Dinge und Freiheit der Menschen. Hier steht nirgends ein sehr mächtiges Hinderniß in dem Wege."

Diese Worte haben sich in der Zeit der großen Reformen, in der Zeit von 1808 bis 1818 für Preußen, und in der Zeit von 1818 bis 1866 für den Zollverein als prophetisch erwiesen. Selbst schwere Niederlagen auf dem Schlachtfelde und schwere Mißgriffe in der Politik vermochten diesen mit einer innern Nothwendigkeit einherschreitenden Gang der volkswirthschaftlichen und Kultur-Entwickelung nicht zu hemmen.

Auch hier eröffnen sich dem Blicke des Forschers überraschende Gegensätze und Parallelen.

Friedrich der Große war ein blinder Nachbeter des den Irrlehren des Merkantilismus entsprungenen Regie-, Monopol- und Protektiv-Systems. Er ließ sich seine Zöllner aus Frankreich kommen und selbst die Geschäftssprache auf diesem Gebiet war französisch. Siehe die französische Korrespondenz und die Kabinets-Ordres in Regie-Sachen an den Geheimen Finanzrath de la Haye de Launay bei Preuß „Friedrich der Große", Urkundenbuch zum dritten Bande, Seite 11—85. Es hing das zusammen einerseits mit seiner einseitigen Vorliebe für französische Wissenschaft und französische Literatur, andererseits aber mit seiner mechanischen Weltanschauung. Er war in erster Linie Militär und Politiker. Im Krieg und in der auswärtigen Politik reifen die Früchte nicht von selbst, wie auf dem Gebiete der wirthschaftlichen und Kultur-Entwicklung im Innern des Staates, im Schoße der wirthschaftlichen und bürgerlichen Gesellschaft. Diese Gesellschaft steht keineswegs mit dem Staate in einem diametralen Gegensatz. Es fällt ihr nicht ein, wie dies unsere Dunkelmänner von Heute behaupten, „den Staat und die Regierung auf die bloße Nachtwächter-Rolle beschränken zu wollen". Aber eben so wenig ist diese Gesellschaft identisch mit dem Staat und der Regierung. In ihr ruhen die starken Wurzeln der staatlichen Mittel und Kräfte. Ohne sie kann der Staat keine Minute existiren. Als in dem Unglücksjahre von 1806 der Kommandant von Berlin die Proklamation an die Bewohner der Stadt erließ: „Der König hat eine Bataille (Jena) verloren; nunmehr ist Ruhe die erste Bürgerpflicht", da war der Staat in seinem tiefsten Niedergang, und zwar grade deshalb, weil er glaubte der bürgerlichen Thätigkeit entrathen zu können, oder gar die Unthätigkeit der Bürger zu der Voraussetzung oder Bedingung seiner Existenz machen zu müssen.

Jedenfalls vollzieht sich die Entwickelung und der Fortschritt der bürgerlichen Gesellschaft nach ganz anderen Gesetzen, als der Krieg und die auswärtige Politik sie aufstellt. Auf dem Gebiete der beiden letzteren entscheidet die Kühnheit, die Schlauheit, die Gewalt, die List, die Ueberrumpelung, die Ueberraschung. Die Kultur-Entwickelung der Gesellschaft dagegen bedarf der Ruhe, der Stetigkeit, der Ehrlichkeit, des Fleißes, der Ausdauer, der planmäßigen Umsicht. Auf letzterem Gebiete handelt es sich um ein organisches Wachsthum von unten herauf, auf dem ersteren um ein mechanisches Wirken von oben herunter. Auf dem ersteren ist es nöthig, rasch und energisch zu handeln, um nicht den richtigen Moment zu versäumen, selbst auf die Gefahr hin, daß man nicht ganz genau das Richtige treffe. Auf dem letzteren gilt der Grundsatz, welchen mir gegenüber einmal der frühere preußische Minister des Innern Graf Friedrich zu Eulenburg — also Eulenburg I., nicht Eulenburg II. — aussprach, als ich ihn an eine Sache mahnte, welche schon lange auf seinem Tisch lag und trotz der Anträge des Dezernenten, immer noch unerledigt geblieben.

— „Ja, es ist wahr," sagte der Minister, „ich bin Schuld an der Verzögerung, und ich habe vielleicht Unrecht. Aber vielleicht beurtheilen Sie meine Handlungs-, oder vielmehr meine Unterlassungs-Weise milder, wenn Sie meinen obersten Verwaltungs-Grundsatz kennen."

Und der wäre? fragte ich neugierig.

— „Lieber gar nichts machen, als etwas Dummes," sagte lächelnd der Minister, und ich vermochte nicht anders, als ihm Beifall zu spenden für diese richtige Verdolmetschung des „Laisser aller laisser faire"*.)

In diesem Glaubensbekenntniß des Grafen Eulenburg hat man eine scharfe Charakteristik des Gegensatzes zwischen der Politik eines

---

*) Diese Parole wird heut zu Tag bis zum Ueberdruß zitirt von Menschen, welche nicht wissen, woher sie stammt und was sie ursprünglich bedeutete. Ich behalte mir vor, dies einmal ex professo zu erläutern. Hier nur en passant die Bemerkung, daß die Deklamationen gegen die „Manchester-Männer (die es hier in Deutschland gar nicht giebt) und gegen das „laisser faire, laisser aller", sowie überhaupt alle diese termini technici des fiskalischen Staatssozialismus und seiner kauderwelschen Terminologie von dem Abg. Hermann Wagener-Neustettin, vulgo Kreuzzeitungs-Wagener, erfunden sind, der mehr Geist hat, als die ganze Generatio equivoca, welche ihm heute nachbetet und zugleich ihn verleugnet.

Ministers des Innern und eines Ministers der auswärtigen Angelegenheiten, der so oft mit Erfolg an die nackte Gewalt, d. i. an das Schwert, appellirt hat, und — Dank der Tüchtigkeit unserer Armee und ihrer obersten Leitung — es niemals ohne Erfolg that.

V. Rückblicke.

Ich komme von dieser kleinen Abschweifung zurück auf Friedrich den Großen, indem ich sage: So verderblich für seine Unterthanen, und zugleich auch für seine Nachbarstaaten, — sogar auch für diejenigen, mit welchen er im Frieden lebte, geschweige denn für die, mit welchen er im Krieg lag — seine innere Politik war, so begreiflich ist es doch, wie er zu derselben gekommen, und wie er, statt durch die Erfahrung belehrt, seine Irrthümer zu begreifen, sich immer leidenschaftlicher in sie verbiß, und wie die Mißgriffe, zu welchen sie ihn führten, mit seinen höheren Jahren sich immer mehr steigerten und ausdehnten. Selbst seine entschiedensten Lobredner verkennen nicht diese schwarzen Punkte in seiner sonst so glänzenden Regierungsgeschichte.

Der sonst so vorsichtige und diplomatische Christian Wilhelm von Dohm fällt in seinem Buche „Denkwürdigkeiten meiner Zeit oder Beiträge zur Geschichte vom letzten Viertel des achtzehnten und vom Anfange des neunzehnten Jahrhunderts, 1778 bis 1806", und zwar gerade in dem IV. Bande, welcher 1819 erschien und dem König Friedrich Wilhelm dem Dritten gewidmet ist, das abfälligste Urtheil über die innere Verwaltung und über die Finanzpolitik des großen Königs.

Nachdem er die „innere Regierung" geschildert, machte er (Bd. IV. S. 488 u. ff.) folgenden Uebergang, um zu einer Schilderung der Finanzen zu gelangen:

„Alle bisher gemachten Bemerkungen," sagt Dohm, „werden hinreichend beweisen, daß Friedrich, bei allem guten Willen, durch die innere Regierung bei weitem nicht so wohlthätig gewirkt habe, als gewiß geschehen wäre, hätte er den wichtigen Gegenständen derselben die Aufmerksamkeit widmen können, die sie so sehr verdienten; da er aber dies nicht vermochte, so gerieth er auf unrichtige Ansichten und wurde zu falschen Schritten geleitet. Hierzu kam bei diesem Könige, besonders in den letzteren Jahren, daß seine einmal gewohnte Regierungsart ihm nicht erlaubte, ehe er seine Entschlüsse faßte, die Sachen allemal und zureichend mit Männern von Einsicht zu berathen, welche die Folgen von allen Seiten gezeigt hätten, und daß er deshalb in einmal gefaßten Meinungen immer mehr befestigt und immer weniger geneigt wurde, Widerspruch anzuhören. Auch mußte die gar zu große Ueberladung mit Geschäften oft kleinlicher Art zuweilen Unlust und üble Laune hervorbringen, welche dann zu Entschlüssen führten, die nicht immer auf die Umstände paßten, noch mit den in mehr heiteren Augenblicken geäußerten Maximen übereinstimmten. Dies sind die Schranken der Menschheit, über welche auch der umfassendste Geist nicht hinaus kann! Möge diese Erinnerung an solche Schwächen Friedrichs Beispiel künftigen Regenten auch in denjenigen Fällen lehrreich machen, wo dessen Nachahmung nicht empfohlen werden kann!

Friedrichs Verwaltung der Finanzen bietet fast eben die Betrachtungen dar, zu welchen uns seine innere Regierung so eben Anlaß gegeben hat. Niemand, und besonders kein Regent, ist in allen Rücksichten gleich groß und nachahmungswerth; auch Friedrich ist dies nicht gewesen. Die Leitung der politischen Verhältnisse mit anderen Staaten, die Behauptung der wichtigen Stellung, welche er unter ihnen allein durch die Kraft seines Geistes, weit über das Verhältniß der physischen Kräfte seines Staats, errang, die Bildung seines Heeres, der kräftige Gebrauch, den er von demselben in Kriegen, die er um die Existenz seines Staats führen mußte, machte, endlich sein Bestreben, in der Gesetzgebung etwas Vollkommenes zu erreichen; — dies sind die Fächer, in welchen Friedrich eigne Bahnen gebrochen, in welchen er sich groß, einzig und bewundernswerth bewiesen hat. Diese Fächer hatte er von früher Jugend an zu Gegenständen seines reifsten Nachdenkens gemacht, sie hatte er in allen ihren Beziehungen durchdrungen, in ihnen folgte er den Grundsätzen, die er sich durch sein Nachdenken ganz zu eigen gemacht hatte. Nur, wo dieses der Fall ist, leistet auch der geistvolle Mann etwas wirklich Großes, und hinterläßt unsterbliche Denkmale seines eigenthümlichen höheren Genius. Nicht so war es in Absicht der innern Regierung und der Verwaltung der Finanzen; diese hatte Friedrich nie zu Gegenständen seines eifrigen, wissenschaftlichen Studiums gemacht.

Nicht durch die Beibehaltung der Grundsätze seines Vaters, sondern durch deren Uebertreibung in manchen Punkten hat er Unheil über sein Volk gebracht. Friedrich hat zuweilen Maßregeln befolgt, die für seine Unterthanen höchst drückend geworden sind, die sein Land zum Schrecken der Ausländer, und sein Andenken verhaßt gemacht haben."

So schreibt sogar ein Dohm.

Indessen darf man die volkswirthschaftlichen Irrthümer Friedrichs des Großen nicht allein ihm persönlich zur Last legen. Zum Theil entspringen sie auch der Richtung seines Jahrhunderts. Ein Fürst oder ein Staatsmann des neunzehnten Jahrhunderts, welcher einen Rückfall in die Friedericianische Finanzpolitik erleidet, würde diesen Milderungsgrund absolut nicht für sich geltend machen können.

Das achtzehnte Jahrhundert war das Säkulum der Widersprüche und Gegensätze. Während die Literatur in Deutschland den höchsten Aufschwung nahm, verwilderten die Sitten. Während man religiöse Aufklärung predigte, verbrannte man Hexen. Während man große Reformen der Gesetzgebung erstrebte, wurde lustig weiter gefoltert. Während die Physiokraten die Herrschaft auf dem Gebiete der Theorie an sich rissen, feierten in der Praxis der Merkantilismus, der Monopolgeist, die Regie, der Staatssozialismus, die Plus- und Projekten-Macherei ihre tollsten Orgien.

* * *

Während im neunzehnten Jahrhundert die preußischen Finanzminister, wie von Motz, Maßen, Kühne, von Patow, von der Heydt, Delbrück und Camphausen, es nicht als ihre Aufgabe betrachteten, quovis modo möglichst viel Geld herauszuschinden, sondern die Bedürfnisse des Staats in einer Weise zu befriedigen, welche die Steigerung des Nationalreichthums nicht hindert, vielmehr befördert, und die Anforderungen des Fiskus stets in dem richtigen Verhältniß zur Leistungsfähigkeit der wirthschaftlichen Gesellschaft zu halten, damit nicht der Aufwand des Augenblickes die Einnahmen der Zukunft im Voraus diskontire und verbrauche, standen im achtzehnten Jahrhundert die sich auf ganz anderen Gebieten bewegenden Projektenmacher in höchster Gnade. Man kannte in der Praxis keine Volkswirthschaft und keine Finanzwissenschaft, sondern nur „Cameralia", d. i. die Kunst für die fürstliche Finanz-Kammer möglichst viel und möglichst rasch Geld herauszuschlagen, komme dann nachher, was da wolle. Après nous le déluge! Was haben wir uns um die Wissenschaft zu bekümmern!*)

Dafür nur einen kleinen Beleg aus der Zeit des Vaters Friedrichs des Großen, Friedrich Wilhelms des Ersten, dieses Vorbildes rauher Bürgerlichkeit und spartanischer Einfachheit und Solidität auf dem Throne:

Ein gewisser Eckard, aus Bernburg gebürtig, bis dahin Gehülfe und Hanswurst eines umherziehenden Wunderdoktors und Marktschreiers, erschien 1736 in Berlin, um dem König Friedrich Wilhelm dem Ersten eine Erfindung zur Verwerthung durch den Staat anzubieten. Diese Erfindung beabsichtigte eine Verbesserung der Feuer-Essen und sonstigen Heiz-Apparate zum Zweck der Ersparniß an Holz und sonstigem Feuerungs-Material. Der König nahm den Mann ernsthaft, die klugen Berliner aber nannten ihn spottweise den „Ofen-Doktor" oder den „Geheimen-Kamin-Rath". Die Berliner behielten

---

*) Siehe Karl von Weber, Direktor des Königl. Sächsischen Hauptstaats-Archivs: „Aus vier Jahrhunderten".

Recht. Die Erfindung bewährte sich durchaus nicht. Dies hinderte jedoch den König nicht, dem Projektenmacher auch noch weiterhin Gehör zu schenken. Eckard unterbreitete nun dem König einen Vorschlag, wie der Ertrag der fiskalischen Brauereien um ein Beträchtliches erhöht werden könne. Der Vorschlag war eben so schäbig als einfach. Er ging dahin, das Bier im Interesse der Nüchternheit, um ein Viertel schwächer zu brauen, und gleichzeitig seinen Preis im Interesse des Fiskus um ein Viertel zu erhöhen und sodann jeder Dorfschaft ein gewisses Quantum zu kontingentiren, welches dieselbe, wenn nicht trinken, dann doch abnehmen und bezahlen müsse, — was man „Bier-Konskription" nannte.

Diese rein plusmacherische „Erfindung" scheint sich besser bewährt zu haben, als die konstruktive. Der König schenkte ihr seinen Beifall. Die Kammer dagegen trug ihm ihre „ehrerbietigen Bedenken" (dagegen) vor. Darauf erging im März 1739 eine Königliche Entschließung:

— „Die hochlöbliche Kammer wird ersucht, das Räsonniren einzustellen und den ehrlichen Eckard ungeschoren zu lassen, — oder Wir werden kommen und das Kammerpräsidium mit einem guten Prügel einmal selbst übernehmen."

Nicht genug mit diesem Text, war auch noch eine Illustration beigefügt, nämlich eine Allerhöchsteigenhändige Zeichnung, darstellend einen Galgen mit einem Gehenkten daran und der sinnreichen Unterschrift:

„Der Kurmärkischen Kammer wohlverdiente Belohnung!"

Der „ehrliche Eckard", der erste Erfinder des „Theuer und Schlecht", wurde zum Kriegs- und Domänen-Rath ernannt und mit verschiedenen Orden dekorirt. Damit nicht genug, verfügte der König, daß der bisherige Pickelhäring des Quacksalbers mit einem in Berlin gelegenen Palais beliehen werden solle. Gleichzeitig gab Friedrich Wilhelm der Erste der Akademie der Wissenschaften — man weiß nicht recht, ob in Schimpf oder in Glimpf — auf, eine Inschrift für dies Palais zu entwerfen, deren Inhalt etwa so viel besage, wie

„Dies ist die Belohnung treuer Dienste". Aber fügte er hinzu, „diese Worte müssen nach den Regeln der Kunst, zierlich gesetzt sein". Es waltete aber ein Unstern über dieser Inschrift. Die Vorschläge der Akademie blieben aus, oder genügten dem König nicht; er faßte schließlich die Inschrift selbst und zwar dahin ab: „So wird die Treue belohnt". Im September 1739 ward sie an dem Gebäude angebracht und Tags darauf fand sich schon eine Verbesserung derselben daran; es war nämlich während der Nacht ein Galgen hinter die Worte gezeichnet worden, ein Sinnbild, welches natürlich sofort wieder vernichtet ward. Ehe aber Eckard das Haus erhalten, starb der König (am 31. Mai 1740). Friedrich II. schenkte es nun dem Geheimen Rath v. Bode, indem er sagte: Da ich das Haus wirklich nicht mit gutem Gewissen dem Eckard, dem es mein Vater bestimmt hatte, geben kann, so werde ich, um doch in irgend einer Weise seinem Willen wenigstens nahe zu kommen, es irgend einem der übrigen Plusmacher geben, den er beinahe ebenso sehr liebte, als Eckard.

Die Erinnerung an Eckard sollte noch später einem Unschuldigen eine erhebliche Unannehmlichkeit zuziehen. Die Markgräfin von Baireuth besuchte im Oktober 1740 Berlin; sie hatte einen Kammerdiener bei sich, der Eckard sehr ähnlich sah. Friedrich II. begegnete ihm im Schloß unweit seiner Wohnzimmer, er hielt ihn für den ihm verhaßten Eckard, und verabfolgte ihm sofort einige tüchtige Stockschläge mit den Worten, wie er so unverschämt sein könne, ihn bis in seine Gemächer zu verfolgen. Der Mann war wie aus den Wolken gefallen, stammelte endlich seinen Namen und seine Rechtfertigung, worauf denn der König sich lebhaft mit der Versicherung entschuldigte, er habe ihn für Eckard gehalten.

Ich erzähle diese wohlverbürgte Geschichte einmal, weil sie uns lehrt, welche Rolle auf finanziellem Gebiete die Projektenmacher spielten, dann aber auch, um zu zeigen, wie verschieden sich Friedrich der Große und sein königlicher Vater diesen Menschen gegenüber verhielten. Der Erstere war so plumpen Täuschungen, wie die des „Geheimen Kamin-Raths", nicht unterworfen. Dafür war er zu mißtrauisch. Gewiß aber ist, daß auch er solchen Schwindlern Gehör schenkte und zuweilen sogar folgte. Jede Täuschung steigerte sein Mißtrauen, und er trieb dasselbe endlich so weit, daß er Niemandem mehr traute, auch denjenigen nicht, welche das vollste Vertrauen verdienten. Dieser Hang stieg mit zunehmendem Alter.

Er war den meisten Menschen, mit welchen er in Berührung kam, geistig überlegen; und da seine Umgebung sich sklavisch vor ihm beugte, so gewann er eine sich immer mehr steigernde Menschen=Verachtung. Er betrachtete Jeden nur als ein Werkzeug, das man braucht, aufbraucht, wegwirft. Wer ihm in dem Weg war, den zertrat er ohne Barmherzigkeit und ohne Bedenken. Aus seinem Bewußtsein der Ueberlegenheit, seinem Mißtrauen und seiner Menschen=Verachtung ergab sich die Sucht, Alles selbst und Alles allein machen zu wollen, Erlerntes und Nicht=Erlerntes, Großes und Kleines; und der Mann, der in großen Dingen so groß und auf seinem wahren Gebiete so genial war, konnte in kleinen Dingen außerordentlich kleinlich und in Dingen, wovon er nichts verstand, eben so eigensinnig als verkehrt sein. Das war sein Verhängniß!

Gerade seine hohe Begabung und seine großen Erfolge auf dem Gebiete der Diplomatie und des Krieges wurden ihm verderblich auf dem der Volkswirthschaft und der Finanzen. Wie konnte dem Manne, welcher an der Spitze eines kleinen Staates ganz Europa widerstanden, irgend Etwas Widerstand leisten in seinem eigenen Lande?

In der Armee und in der Diplomatie geschah Alles wie er befohlen, und es konnte nichts geschehen, was er nicht befohlen hatte. Eben so glaubte er Alles von oben herunter regeln zu können auf dem Gebiete der Landwirthschaft, des Handels und der Gewerbe. Auch hier wollte er Alles selbst und Alles allein machen. Er trieb „Staatssozialismus" in des Wortes verwegenster Bedeutung. Allein, was er anrührte, verdarb. Jedem finanziellen Erfolg folgte ein wirthschaftlicher Mißerfolg. Und auch die finanziellen Erfolge waren nur vorübergehend. Seine Kolonien, seine Fabriken, seine Handelskompagnien arbeiteten mit Unterbilanz. Sie sollten die Einnahmen liefern, um die Ausgaben der Armee zu bestreiten. Statt dessen lieferten sie selbst Defizits und erforderten Zuschüsse.

Er wollte die wirthschaftliche Gesellschaft diszipliniren und reglementiren, wie eine Armee. Wäre ihm das gelungen, so würde er ein kommunistisches Phalanstère geschaffen haben; aber dies Phalanstère würde eben so gut Geld bedurft haben, wie der Staat und die Armee. Letztere werden gegenwärtig von der bürgerlichen und der wirthschaftlichen Gesellschaft durch Steuern unterhalten. Aber wer soll sie unterhalten, wenn die bürgerliche Gesellschaft selbst auf dem Wege des zwangsweisen Staatssozialismus in eine Armee oder in ein Phalanstère verwandelt wird? Denn das müßte sie doch bei einem konsequent durchgeführten Staatssozialismus werden.

VI. Die Kontinentalsperre.

Das System, welches Friedrich der Große verfolgte, war also französisch. Es war ein Produkt der Ideen, welche auf dem Gebiete der politischen Oekonomie und der Finanzen in dem Frankreich des siebzehnten und achtzehnten Jahrhunderts herrschten. Heute haben sie auch dort den Kredit gänzlich verloren, während sie in dem Deutschen Reiche in dem letzten Viertel des neunzehnten Jahrhunderts eine Wiederauferstehung feiern zu wollen scheinen.

Die Befreiung von diesem französischen System verdanken wir in Preußen und Deutschland aber zweien Franzosen, nämlich erstens Mirabeau, der uns durch seine richtige Lehre, d. h. durch sein Buch über die preußische Monarchie, und zweitens Napoléon, der uns durch sein abschreckendes Beispiel, unter welchem gerade Preußen zumeist litt, das Verderbliche dieses Systems zeigte.

Es war Napoléon dem Ersten vorbehalten, das Prinzip des Merkantilismus und der Handelsfeindseligkeit auf die Spitze zu treiben. Er setzte eigentlich nur das Geschäft des Konvents fort, welcher schon durch ein Gesetz vom 9. Oktober 1793 dekretirte: „Alle Waaren, welche aus England, oder aus seinen Kolonien, oder aus mit England befreundeten Ländern kommen, sind in Frankreich proskribirt und daraus verbannt. Mit zwanzig Jahren Galeeren wird gestraft, wer solche Waaren einführt, kauft, verkauft, zum Verkauf anbietet, Offerten affichirt oder inserirt u. s. w."

Diesen Blokus, welchen der Konvent für Frankreich dekretirte, versuchte Napoléon I. auf Europa auszudehnen, indem er den ganzen kontinentalen Welttheil zu diesem Zweck zu erobern und sich zu unterwerfen gedachte. An diesem Versuch ging er zu Grunde.

Er wollte England von dem Kontinent ausschließen und schloß sich und die Seinen von allen übrigen Welttheilen aus, und zugleich auch von allen Meeren und von allen Kolonieen. Er wollte England arm machen und erschöpfte Frankreich, welches unter ihm, obgleich er dort die Beute eines Welttheils anhäufte, finanzielle Rückschritte machte.

Preußen und Deutschland hat er der Kontinentalsperre wirklich unterworfen. Und es fehlte ihm nicht an begeisterten Lobrednern für diesen Unsinn, wie sich solche auch in unseren Tagen noch finden.

In der Proklamation eines süddeutschen Rheinbundsfürsten vom 6. April 1812 heißt es:

— „Erklärt ist das heldenmüthige Bestreben des erhabenen Protektors des rheinischen Bundes, dem Handlungs- und Tarif-Despotismus ein Ende zu machen. Alle Kontinentalvölker wissen aus Erfahrung, daß der Seehandel ausschließlich in den Händen einer Nation ist, welche willkürlich alle Preise bestimmt und die Fabriken auf dem Kontinent lähmt durch Herabsetzung der Preise ihrer eigenen Fabrikate. Allgemeine Verarmung der Kontinentalländer muß die Folge sein, wenn nicht Einhalt geschieht."

Der akademische Senat von Leipzig sogar faßte den allerdings wirkungslos gebliebenen Beschluß, die Sterne im Gürtel des Orion das Napoléons-Gestirne, Astre de Napoléon, zu taufen, indem er dem „Heros des Jahrhunderts" seinen Dank votirte dafür, „daß er

Europa von dem Handelstribut an das perfide Albion und von der brittischen Alleinherrschaft über die Meere zu befreien Willens sei."

Die Leute stellten sich förmlich auf den Kopf. Wer mir gute und billige Waaren lieferte, der war mein Feind. Theuerung war das alleinige Heilmittel gegen die unter Krieg, Seuchen und Erwerbslosigkeit immer mehr um sich greifende Armuth. Die wirthschaftliche Freiheit wurde für Knechtschaft und Tyrannei ausgegeben. Der napoléonische Despotismus war die „erlösende That" und die „eigentliche Freiheit".

Noch als die russische Katastrophe bereits hereingebrochen und der Roi Jérôme von der Napoléonshöhe (jetzt Wilhelmshöhe) westwärts geflohen war, faßte der schutzzöllnerische Gemeinderath von Düsseldorf folgenden Beschluß:

„In Erwägung, daß unabhängig von der so ehrenvollen Aehnlichkeit der Verhältnisse, das Großherzogthum als ein Manufaktur- und Handelsstaat ein ganz vorzügliches Interesse bei jenem großen Kampf hat, welcher nichts Geringeres bezweckt, als den nationalen Kunstfleiß der Völker zu schützen und den allgemeinen Welthandel der durch Rußlands Barbarei begünstigten Habsucht Englands zu entziehen, — dem erlauchten Beschützer des Rheinbundes in tiefster Ehrfurcht ein Opfer von 12 völlig ausgerüsteten Kavalleriepferden als Signal zur patriotischen Nachfolge für alle übrigen Städte darzubringen."

Man gab das Vaterland preis, um sich den Schutzzoll zu erhalten. Indem man die Nation verrieth, deklamirte man vom „Schutz der nationalen Arbeit".

Natürlich wurde aus der schutzzöllnerischen Kavallerie eben so wenig etwas, wie aus dem byzantinisch-gelehrten „Napoléons-Gestirne".

Wie sehr Preußen, der preußische Handel- und Gewerbfleiß, und vor Allem die Seefahrt und die Seestädte, unter der Kontinentalsperre gelitten, das ist tausendmal geschildert.

Das deutlichste Zeugniß erhält der „Breslau den 17. März 1813" datirte Aufruf des Königs Friedrich Wilhelm, welcher Aufruf um seiner Wahrhaftigkeit willen überall mit der größten Begeisterung aufgenommen wurde.

Man kann ihn nicht oft genug in das Gedächtniß unserer leichtlebigen und schnell vergessenden Zeitgenossen, welche ihre oder unsere eigene Vergangenheit verleugnen, weil sie solche nicht kennen, zurückrufen.

Er lautet:

„An mein Volk.

So wenig für Mein treues Volk, als für Deutsche, bedarf es einer Rechenschaft über die Ursachen des Krieges, welcher jetzt beginnt. Klar liegen sie dem unverblendeten Europa vor Augen. Wir erlagen unter der Uebermacht Frankreichs. Der Friede, der die Hälfte meiner Unterthanen mir entriß, gab uns seine Segnungen nicht; denn er schlug uns tiefere Wunden, als selbst der Krieg. Das Mark des Landes ward ausgesogen. Die Hauptfestungen blieben vom Feinde besetzt, der Ackerbau ward gelähmt, so wie der sonst so hoch gebrachte Kunstfleiß unserer Städte. Die Freiheit des Handels ward gehemmt, und dadurch die Quelle des Erwerbes und des Wohlstandes verstopft. Das Land ward ein Raub der Verarmung. Durch die strengste Erfüllung eingegangener Verbindlichkeiten hoffte Ich, Meinem Volke Erleichterungen zu bereiten und den französischen Kaiser endlich zu überzeugen, daß es sein eigener Vortheil sei, Preußen seine Unabhängigkeit zu lassen. Aber Meine reinsten Absichten wurden durch Uebermuth und Treulosigkeit vereitelt, und nur zu deutlich sahen wir, daß des Kaisers Verträge mehr noch wie seine Kriege uns langsam verderben mußten. Jetzt ist der Augenblick gekommen, wo alle Täuschung über unsern Zustand aufhört. Brandenburger, Preußen, Schlesier, Pommern, Litthauer! Ihr wißt, was ihr seit 7 Jahren erduldet habt, ihr wißt, was euer trauriges Loos ist, wenn wir den beginnenden Kampf nicht ehrenvoll enden, erinnert euch an die Vorzeit, an den großen Churfürsten, den großen Friedrich. Bleibt eingedenk der Güter, die unter ihnen unsere Vorfahren blutig erkämpften, Gewissensfreiheit, Ehre, Unabhängigkeit, Handel, Kunstfleiß und Wissenschaft."

Dieser Aufruf ist nicht Erzeugniß des Augenblicks, sondern der wohlerwogene Ausdruck der aufrichtigen Ueberzeugung des Königs, der sich, in bewußtem Gegensatz zu seinen großen Vorfahren, stets als ein aufgeklärter Freund und Anhänger der wirthschaftlichen Freiheit bewährt hat. Dies beweist die auf seinen Befehl erlassene Instruktion an die Regierungen vom 26. Dezember 1808, welche von unseren Schutzzöllnern und Dunkelmännern so beharrlich verleugnet und todtgeschwiegen wird, wenn sie behaupten, unsere heutige, 1879 inaugurirte Steuer-, Wirthschafts- und Handels-Politik sei identisch mit jener der großen Reform-Periode von 1808 bis 1818.

Da in dem Vorstehenden an verschiedenen Stellen von dem Leinwand-Geschäfte in Schlesien die Rede gewesen, so will ich an diesem die Wirkungen der Kontinentalsperre darthun, indem ich mich derjenigen Daten bediene, welche ich der Güte meines verehrten Kollegen, des Geh. Justizrath Dorn, Rechtsanwaltes an dem Reichs-Gerichte, verdanke. Seine Vorfahren betrieben in Landeshut, einem schlesischen Städtchen, an dem Bober gelegen und von Alters her durch seine Leineweberei und seinen Leinwandhandel bekannt, ein sehr ausgedehntes Geschäft, welches, in Gemeinschaft mit einigen Firmen in der nächsten Umgebung, jährlich 150 000 Schock Leinwand, im durchschnittlichen Werthe von 12 Thalern (36 ℳ) per Schock, absetzte, also im Ganzen einen Werth von etwa anderthalb Millionen Thalern. Die Waare wurde nach Cadix gesandt, nicht etwa in Kommission, sondern direkt und gegen baar verkauft. Von Cadix fand die Leinwand ihren Absatz nach den Kolonieen, vorzugsweise nach Südamerika und Westindien, und zwar mit spanischen Schiffen. Wie erwähnt, bestand für diesen Artikel keine Zollschranke zwischen Böhmen und Schlesien. Rohleinen kam frei über die Grenze. Flachs wurde in Schlesien gebaut, gesponnen wurde in Böhmen, — gewebt, gebleicht, appretirt wurde wieder in Schlesien. Schlesien führte den

Handel direkt mit Spanien, indirekt mit einer großen Anzahl transatlantischer Länder.

Man korrespondirte von Landeshut aus in spanischer Sprache. Heute würde man dort mit der Laterne des Diogenes vergeblich nach einem Menschen suchen, der den Don Quixote in der Ursprache lesen könnte.

Die oben geschilderte Prosperität des schlesischen Leinwand-Geschäftes war durch die Kontinentalsperre mit einem einzigen Schlage vernichtet, um sich nie wieder zu der alten Höhe emporschwingen zu können.

Spanien verlor seinen Seehandel und einen Theil seiner Kolonieen. Der Weg von Schlesien nach Cadix war gesperrt: zu Lande von Frankreich, zur See von England.

Man versuchte den Weg über Bremen und Hamburg. Allein hier trat an die Stelle des direkten Handels der Kommissionshandel. Die französischen Lizenzen und der Aufwand zur Bestechung, wie solche während der Herrschaft der Franzosen und der Kontinentalsperre nothwendig waren, — siehe Dr. J. G. Gallois, „Geschichte der Stadt Hamburg", Band II, S. 6 u. ff. — absorbirten einen großen Theil des Gewinnes. Die Gefahren und die Verluste, das Wegfangen auf der See, traf allein die Schlesier. Das Geschäft wurde immer schwieriger und mußte endlich ganz aufgegeben werden.

Während nun so durch den Akt der Handelsfeindseligkeit, welche die französische Fremdherrschaft der preußischen Monarchie aufgenöthigt hatte, der deutschen Leinwand der Weltmarkt verschlossen war, gelang es der Leinenproduktion und dem Leinwand-Handel von Irland unter englischer Flagge sich den Markt in allen vier Welttheilen zu erobern.

So ist damals auch das schlesische Leinwandgeschäft gleich so manchem anderen in Deutschland zu Grunde gegangen, ohne jemals zu seiner alten Blüthe, welcher schon Mirabeau seine Anerkennung zollte, wieder gelangen zu können.

Gleichwohl gelang es noch nach der Katastrophe von 1812 napoléonischen Agenten schutzzöllnerische Fabrikanten für Napoléon und die Kontinentalsperre zu begeistern, welche Proklamationen zu Gunsten der Fremdherrschaft und des Schutzes der „nationalen" Industrie erließen. Unter „national" verstand man auch damals schon leistungs-, konkurrenz- und lebensunfähig.

Auch ein Theil der schlesischen Fabrikanten scheint die Lehren, welche der Industrie durch die früheren Akte der Handelsfeindseligkeit zu Theil geworden, schon vergessen zu haben, um den Beweis zu führen, daß man nicht von allen Menschen sagen kann, daß sie durch Schaden klug werden. In jenen Jahren der volkswirthschaftlichen Aufregung und Verwirrung, welche der Krisis von 1873 und 1874 gefolgt sind, haben gerade sie am allerlautesten in das Schutzzoll-Horn gestoßen, ohne zu bedenken, daß gerade Schlesien am Meisten leiden müsse unter Aufhebung der Tarif-Konvention, des freien Veredelungs-Verkehrs und, unter den übrigen Akten der Handelsfeindseligkeit zwischen dem deutschen Reiche und der österreichisch-ungarischen Monarchie, welchen, seitdem die beiderseitigen Regierungen aus der freihändlerischen Richtung in die protektionistische zurückgewichen sind, auch nicht einmal die engste politische Verbrüderung, die schon im Spätsommer 1879 begonnen, hat ein Ziel setzen können.

Sowohl der deutsche Reichskanzler, als auch die Regierung von Oesterreich-Ungarn, hegen — daran darf man nach ihren beiderseitigen Versicherungen, welche offenbar aufrichtig gemeint sind, keinen Augenblick zweifeln, — die Absicht, das wechselseitige Verhältniß zwischen beiden Gebieten, auch in handelspolitischer Beziehung, so intim wie möglich, zu gestalten; aber obgleich man daran seit Herbst 1879 mit unermüdlichem Eifer arbeitet, hat man sich seitdem doch mehr von einander entfernt, als einander genähert. Das frühere, für beide Kontrahenten gleich segensreiche Vertragsverhältniß, wie solches 1868 sich gestaltet hat, und wenn beide Länder ihrer damaligen Handelspolitik treu geblieben wären, sich ohne Zweifel, mit gesteigertem Erfolge, weiter entwickelt haben würde, ist gelöst; und es wird Nichts davon übrig bleiben, als die nackte Klausel der meist-begünstigten Nationen. Schon jetzt ergehen sich Deutschland und Oesterreich-Ungarn thatsächlich, trotz aller Versicherungen des herzlichsten Einvernehmens auf politischem Gebiete, und trotz aller platonischen Liebes-Erklärungen auf handelspolitischem Gebiete, in handelspolitischer Beziehung in Retorsionen, in Repressalien und anderen Handelsfeindseligkeiten. Unter Alledem leiden Alle; aber am Meisten die Ungarn, welche in Folge dessen schon an ihrer Zollkonvention mit Oesterreich zu rütteln beginnen. Also überall Zerrüttung und Zerwürfniß! In der That ist ein den Verkehr erleichternder Zoll- und Handels-Vertrag zwischen zwei hochschutzzöllnerischen Regierungen so wenig möglich, als ein freundschaftlich-intimer Verkehr zwischen zwei Gentlemen, die einander die Thüre gewiesen haben.

Viertes Buch.

Unter Friedrich Wilhelm dem Dritten.

> Motto:
> „Bei freier Einfuhr würden die Gutsbesitzer, ein Jahr in das andere gerechnet, vielleicht weniger Geld eingenommen haben, aber mit diesem wenigen Geld würden sie mehr Sachen und Arbeit zu ihrer Verfügung haben, so daß sie selbst bei weniger Geld doch eben so vermögend oder vermögender wären, weil das Geld mehr werth wäre."
>
> **Christian Jacob Kraus**, Staatswirthschaft. Band V.

I. Parallele: Friedrich der Große und Friedrich Wilhelm III.

Ist nicht ein seltsamer Gegensatz zwischen diesen beiden Herrschern, zwischen Friedrich dem Großen und Friedrich Wilhelm III.? Der Erstere, groß in Krieg und Politik, hat auf volkswirthschaftlichem Gebiete nichts als Mißgriffe und Mißerfolge, mißlungene Anläufe und Trümmer aufzuweisen, welche sich steigern mit seinen Lebensjahren und mit der günstigen Gelegenheit, die innere Entwickelung und Konsolidation seiner Staaten zu fördern, wie sie ihm die längere Dauer des Friedens darbot. Es ist, als wenn die Vorsehung an diesem Genie den Beweis hätte führen wollen, welche Grenzen sie dem menschlichen Geiste gesetzt hat, und daß niemals Einer groß sein kann in Allem. Es ist, als wenn sie die Menschen Bescheidenheit lehren und vor Selbstüberhebung warnen wollte, vor jener Hybris, welche den „Neid der Götter" hervorruft. Friedrich Wilhelm III. dagegen, nach langem Mißgeschick in der großen Politik und auf den Schlachtfeldern, endlich durch den Aufschwung des nationalen Geistes befreit von dem Joche der fremden Gewalt, das er mit der Resignation eines Märtyrers getragen, hat die sieben Jahre tiefen Unglücks und schrecklicher Leiden, welche er zum Theil auf der Flucht und in den Lagern, in den kleinen Städten und den Dörfern der entlegensten Theile seines Reiches, in der unmittelbaren Berührung mit den mittleren und unteren Schichten seiner Unterthanen, mit den Bürgern und Bauern, zubrachte, dazu benutzt, um die wirthschaftlichen Bedürfnisse seines Landes und seines Volkes zu studiren, und dann sein ganzes Leben lang unentwegt festgehalten an der streng bürgerlichen und freihändlerischen Weltanschauung, welche er damals gewonnen unter dem Eindruck der schrecklichen Folgen jenes Systems der Handelsfeindseligkeit, welchem beizutreten ihn sein eben so siegreicher als grausamer Gegner gezwungen.

Auf dem Gebiete der Politik ist er bis zu seinem Tode ängstlich, unsicher, mißtrauisch in seine eigene Einsicht geblieben.

Die Wirthschafts-Pflege, die Schaffung der wirthschaftlichen Freiheit und Einheit in seinen Staaten, das war das Gebiet, auf welchem er sich entschlossen, groß und sicher erwiesen.

Während Friedrich der Große sich hatte blenden lassen durch den Glanz des innerlich morschen französischen Merkantilsystem, das so bald schon zusammenbrechen sollte, hatte Friedrich Wilhelm III. sich an dem französischen System der Handelsfeindseligkeit, das für seine Staaten so verhängnißvolle Wirkungen hatte, ein abschreckendes Exempel genommen. Auf diesem Gebiete war er eben so antifranzösisch, wie sein Vorfahr französisch.

Schlicht und einfach, sparsam für seine eigene Person und seinen eigenen Haushalt, war er es auch für den Staat und für das Land, das so sehr der Ruhe und des Friedens, der Schonung und Erholung bedurfte. Wohl niemals hat ein an und für sich armes und sowohl durch die irrthümliche Finanzpolitik eigener Herrscher, als durch die Grausamkeit und die Räubereien seiner Feinde ausgebeutetes und verschuldetes Land in so kurzer Zeit so außerordentlich sich gehoben, wie Preußen durch die liberale Volkswirthschafts-Politik, durch — um es mit einem zwar nicht erschöpfenden, aber das Wesentliche richtig bezeichnenden und allgemein verständlichen Worte auszudrücken — die Zoll- und Zollvereins-Politik Friedrich Wilhelms des Dritten in den zweiundzwanzig Friedens-Jahren von 1818 bis 1840.

Man muß das alles theils erlebt und theils aus dem Munde seiner Eltern, die noch die schrecklichen Zeiten des Krieges und der

Kontinentalsperre miterlebt hatten, erzählen gehört haben, um es seinem ganzen Umfange nach zu würdigen und zu begreifen.

Wenn das militärische und politische System Friedrichs des Großen Preußen groß machte, so ist es Friedrich Wilhelm der Dritte, der Bürger- und Bauern-König, der es wohlhabend gemacht hat.

Umgekehrt aber, je größer Friedrich Wilhelm III. in der Pflege der wirthschaftlichen Entwickelung, in der Gründung der wirthschaftlichen Freiheit und Einheit für Deutschland sich erwiesen, desto unglücklicher war er auf dem eigentlich politischen Gebiete. Non omnia possumus omnes.

Mit Zorn und Entrüstung muß es selbst heute noch, wo das Alles zu den vergangenen und überwundenen Dingen gehört, jeden Preußen und jeden Deutschen erfüllen, wenn wir in den „Nachgelassenen Papieren des Fürsten Metternich", (Wien, Braumüller Band 1 u. 2, 1880, und Band 3 u. 4, 1881, die beiden letzteren kommen hier vorzugsweise in Betracht) lesen, wie Metternich den ehrlichen, ängstlichen König bevormundet, täuscht und überlistet, — wie er ihm Denkschriften „über die Lage der preußischen Staaten" (die eine vom 14. November 1818, die andere vom Januar 1819) einreicht, in welchem er mit aller Frechheit der Ignoranz versichert, „daß Preußen darin, daß es unter einem Szepter verschiedene Volksstämme vereine, eine wesentliche Aehnlichkeit mit der österreichischen Monarchie habe, obgleich das Vortheilhaftere in der Lage ganz zu Gunsten Oesterreichs spreche", und daß „der Versuch, Preußen durch ein Repräsentativsystem zu zentralisiren, dessen Zerfall in einzelne, bereits fertig daliegende Theile zum sichersten Resultat haben werde". Die zweite Denkschrift belehrt den König über das Turnwesen, die Preßfreiheit und die Erziehung der Jugend. Sie beschäftigt sich namentlich auch mit den preußischen Universitäten, von welchen Metternich natürlich nicht das Geringste verstand, was ihn jedoch nicht hinderte zu behaupten, daß „manche" Professoren „Eingeweihte und Theilnehmer an dem Plane der Revolution" seien. Das Turnwesen nennt Metternich einen höchst gefährlichen „Unfug".

Am 23. März 1819 wurde der Weimaraner Kotzebue von dem Jenenser Sand, „Studirenden der Gottesgelahrtheit", ermordet. Die Veranlassung dazu hatte ein elender Winkelkrakehl zwischen kleinstaatlichen Professoren und Studenten einerseits und einem kleinstaatlichen Journalisten, Theaterdirektor und fahrenden Quasi=Diplomaten in partibus infidelium und in russischem Solde, (à la Hofrath Schneider) andererseits gegeben. Das Ganze beschränkte sich auf die engsten Kreise. Der blutige Ausgang war nur ein Symptom der krankhaft gereizten Stimmung. Der preußische Staat hatte damit nicht das Geringste zu schaffen. Aber Metternich, jauchzend über das Ereigniß, bauschte es zu einer europäischen Verschwörung auf, die er namentlich u. A. auch dazu ausbeutete, Preußen zu unterjochen.

Er hatte im Sommer 1819 Audienz bei Friedrich Wilhelm III. in Teplitz und besaß die Unverschämtheit, dem König zu versichern, diese Verschwörung habe ihren Ursprung und ihren Sitz in Preußen und zwar in den höchsten Regionen der Diener des Königs, also im Ministerium.

„Der Kaiser" (von Oesterreich), fährt er fort, „will helfen, und um dies zu können, muß er wissen, welche deutsche Regierungen noch dieses Namens werth sind; auch Preußen ist nicht davon ausgenommen; heute steht zwar (in Preußen) noch der König, aber wir finden nicht die Königliche Gewalt; läßt der König dem Uebel freien Lauf, so muß der Kaiser sich in seine Hülle zurückziehen", d. h. die rettende Hand abziehen und Preußen dem Untergange entgegeneilen lassen.

Dan folgt wieder die alte verlogene Leier, wonach Alles blutige Revolution ist, was Metternich nicht in seinen Kram paßt, ferner die längst durch Thatsachen widerlegte Behauptung: „Die Zentralrepräsentation durch Volksdeputirte ist die Auflösung des preußischen Staates; der preußische Staat ist vermöge seiner geographischen Lage und seiner ethnographischen Zusammensetzung einer solchen Volksvertretung nicht fähig" u. s. w. mit Grazie in infinitum; und endlich berichtet Metternich an seinen Kaiser wörtlich, wie folgt:

„Ich habe mich mitten in die inneren Geschäfte Preußens hineingestellt — dem König gesagt, daß sich in seiner Umgebung nicht ein Mann finde, der nicht mit in der Verschwörung wider den preußischen Thron stände, — leider ist die Schwäche des Königs mit Trägheit gepaart" u. s. w. Metternich schwelgt förmlich in Majestäts-Beleidigungen gegen deutsche Fürsten, namentlich in seiner Korrespondenz mit Friedrich Gentz. Der Großherzog von Sachsen-Weimar heißt „der Oberburjche von Weimar", der „Weimarsche Altburiche", man muß ihm „den Kaiser von Rußland auf den Hals hetzen und ihn auf seinem eigenen Terrain saugen und Lügen strafen".

Endlich ruft Metternich triumphirend:

„Jetzt sehen mich alle deutschen Fürsten als obersten Gesetzgeber Deutschlands an und als Vertilger der Revolutionäre."

Leider sagte er diesmal ausnahmsweise die Wahrheit. Seit dem Karlsbader Kongreß beherrschte der dummpfiffige Finassieur Deutschland. Auch den König Friedrich Wilhelm III. hatte er getäuscht. In der Politik segelte der König von nun an in Metternich's Schlepptau. Anders war es in der Volkswirthschaft und in den Finanzen. Auf diesem Gebiete ging er, Friedrich Wilhelm III., unentwegt weiter auf der Bahn der freien Entwickelung, die er 1808 betreten und die markirt wird durch jene Edikte, auf welche ich bei einer Vergleichung unserer heutigen Wirthschaftspolitik mit der in der Periode von 1808 bis 1818 noch einmal zurückkommen werde. In einem dieser Edikte, dem vom 7. September 1811, stellt der König abermals sein Programm der wirthschaftlichen Entlastung und Befreiung auf, indem er versichert, er wolle diesen seinen Zweck „auf einem langsameren, aber desto sicherern Wege erreichen" und sei entschlossen, mit Nachdruck gegen Alle zu verfahren, welche aus Sonder-Interessen sich seinen Plänen widersetzten.

Diesem Versprechen ist der König während der ganzen Zeit von 1808 bis 1840 treu geblieben. Auf diesem Gebiete hatte der sonst so ängstliche und bescheidene Herrscher volle Zuversicht und Vertrauen, auch Vertrauen in sich selber. Auf diesem Gebiete ließ er seine liberalen Staats- und Finanzmänner nicht im Stich, sondern vertheidigte sie eben so entschieden wie erfolgreich gegen die Nörgeleien und Intriguen der Konservativen à la Marwitz, (siehe meine „Männer des Zollvereins", Seite 64 u. ff.).

Wenn wir die Geschichte der Gesetzgebung und der innern Verwaltung Preußens, die Geschichte des Zollvereins, seiner Entstehung und seiner Ausbreitung während der ganzen genannten Periode verfolgen, so finden wir, daß der standhafte König stets zwar nur langsam und behutsam vorwärts schreitet, aber auch niemals einen Schritt zurück thut. Es ist ein unverrückbarer und unabänderlicher Gedanke, von dem er beherrscht wird und den er auf seine Staats- und Finanz-Männer, auf die Kunth, Motz, Maßen und Kühne übertragen; und dieser Gedanke ist die Herstellung eines einheitlichen und freien Wirthschafts-Gebietes zunächst in Preußen (1808) und dann auch in Deutschland (Zollverein).

Es ist ein wahrer Trost für Jeden, der in der Staats- und Kulturentwickelung die ausgleichende historische Gerechtigkeit und das Werk der Vorsehung zu suchen gewöhnt ist, zu sehen, wie trotz der sterilen, platten, blöden, geistlosen Politik der Niederhaltung und Unterdrückung, als deren Prophet Metternich sich selbst proklamirt hat, im Innern Preußens die freiheitliche Entwickelung vorschreitet, indem sie die Deutschen nach und nach erlöst von den Niederschlägen des Mittelalters, von den Fesseln des Feudal-, Patrimonial-, Polizei-, Fiskal- und Zwergstaates; — wie sich das Alles ohne Geräusch, gleichsam unter der Oberfläche, vollzieht, — ohne ungestümes Zucken, Rücken und Zerren, — ohne gewaltthätige Haupt- und Staats-Aktionen, — ohne Pauken und Trompeten, — ohne Mitwirkung einer reptilischen Presse, — ohne Aufregung der öffentlichen Meinung, — ohne ein ungestüm hin und her irrlichtelirendes, explosives und eruptives, agressives, demagogisches und unstätiges Zickzack; — wie auf diesem Gebiete jene Neigung zu ruhiger und friedlicher Entwickelung, oder wie der König sich auszudrücken liebte, zum „Kalmiren", welche in der Politik und in den Beziehungen zum Ausland sich als schädlich erwiesen, so herrliche Früchte gezeitigt. Hegel würde sagen: Es ist eine „List der Idee", daß die wirthschaftliche Einheit Deutschlands, welche die politische Einheit nothwendig zur Folge haben mußte, sich einschlich unter der bescheidenen Hülle des Zollvereins, — so unbemerkt einschlich, daß sogar mehr als ein Menschenalter später der viel gerühmte Geschichtschreiber des „neunzehnten Jahrhunderts seit den Wiener Verträgen", G. G. Gervinus, es in der That immer noch nicht gemerkt hat; denn er erzählt uns sehr viel von den Wiener und anderen Verträgen, aber wenig oder gar nichts von den Zollvereins-Verträgen, die doch für Deutschland mehr Werth und Effekt hatten, als all jener diplomatische Plunder. Selbst Metternich, der schlaue Trismegistus der europäischen Reaktion (die er stets mißbräuchlicher und frivoler Weise „das monarchische Prinzip" nennt), hat nichts davon gemerkt, daß dieses Knäblein geboren worden, sonst hätte er es schon in der Krippe erwürgen lassen, ein zweiter Herodes; und als er es endlich merkte, da war es zu spät, da war der Zollverein schon zu stark und zu mächtig geworden; — so stark, daß die Territorialstaaten sich nicht mehr von ihm lossagen konnten, ohne ihre wirthschaftliche und finanzielle Existenz zu gefährden. Und Das mochten sie doch nicht, — selbst nicht Metternich's schönen Augen zu Liebe.

Während aber Preußen, dem der falsche Prophet Metternich in seinen Denkschriften und Ansprachen an Friedrich Wilhelm III. so oft die Auflösung und den Zerfall angekündigt hatte, sich sammelte und erholte von den unerhörten Leiden und Opfern langjähriger Kriege, während es sich immer mehr in sich selbst befestigte und konsolidirte und nicht nur das eigene Volk, sondern ganz Deutschland, soweit es sich dem Zollvereine anschloß, zu Wohlstand und Wohlbehagen, zur politischen und wirthschaftlichen Einheit und Freiheit emporführte, hat Metternich, der im Kleinen schlau und im Großen dumm war und stets den Wald vor lauter Bäumen nicht sah, nicht nur für seine Person ein klägliches Fiasko gemacht, sondern auch die Stellung Oesterreichs in dem Orient, in Deutschland und in Italien untergraben, und die verschiedenen Völker und Länder Oesterreichs unter einander so entzweit und verhetzt, daß sie, sobald der Druck des Absolutismus aufhörte, auseinander strebten und nur durch große Konzessionen der Dynastie an das Volk der Magyaren nothdürftig zusammengehalten werden konnten.

Auch auf diesem Gebiete währt ehrlich am längsten.

II. Friedrich Wilhelm III. und die Reaktion.

Ich habe in dem vorigen Kapitel versucht, den Gegensatz zwischen der durchaus freisinnigen Richtung in finanziellen und volkswirthschaftlichen Dingen, welcher König Friedrich Wilhelm III. bis zum letzten Hauche seines Lebens treu blieb, und seiner theils zögernden, theils rückläufigen Haltung auf politischem Gebiet zu schildern. Dieser Gegensatz ist so auffallend, daß man nach Gründen sucht, ihn zu erklären.

Einen solchen Grund habe ich bereits angedeutet. Er ist psychologischer Natur. Die vorhergegangenen unruhigen Zeiten der französischen Vor-Herrschaft hatten einen tiefen Eindruck auf die Auffassung und Richtung des Königs hinterlassen. Er wollte für die Zukunft, soweit es in seinen Kräften stand, das Gegentheil von dem herbeiführen, was die Vergangenheit geboten. Deshalb wollte er statt der Kontinentalsperre die wirthschaftliche Freiheit; statt der Plusmacherei und des Monopolgeistes eine regelmäßige und rationelle Besteuerung, welche gerecht vertheilt sei und die wirthschaftliche Entwickelung nicht hemme; statt der Verschwendung und des Raubsystems der Fremdherrschaft wollte er Ordnung, Sparsamkeit und durchsichtige Klarheit in den Finanzen; statt einzelne Klassen durch ungerechte Begünstigungen und maßlose Versprechungen an sich zu fesseln, wollte er nur das Gemeinwohl im Auge behalten, durch sein eigenes glorreiches Beispiel seine Unterthanen auf „Arbeit und Sparen" verweisend.

Ich weiß nicht, ob er die berühmten Worte, welche Benjamin Franklin in einer ähnlichen Krisis an seine amerikanischen Mitbürger richtete, gekannt hat, jene Worte:

„Wenn Euch Jemand sagt, daß Ihr auf anderem Wege zum Wohlstand gelangen könnt, als durch Arbeiten und Sparen, so glaubt ihm nicht; denn er ist ein Giftmischer und Fälscher."

Aber er hat so regiert, als ob er sie gekannt hätte.

Weil aber auf dem Gebiete der Politik im engeren Sinne, in der Vergangenheit Unruhen aller Art, Staatsumwälzungen und Kriege einander die Hand gereicht hatten, deshalb wollte der König Ruhe. — Ruhe um jeden Preis.

Dies war die Bresche, durch welche die Gegner der wirthschaftlichen Befreiung und der politischen Einigung in den Geist und das Herz des Königs einzudringen verstanden, allein doch nicht allzuweit.

Sie waren es, welche dem General York, der durch die Konvention von Tauroggen das Signal und den ersten Anstoß zur Abwerfung des Jochs der Fremdherrschaft und der Kontinentalsperre gegeben, die Gunst des Königs für immer zu entziehen wußten.

Sie waren es, welche das Andenken des Majors Schill verlästerten, der im Jahre 1809 in Stralsund einen tapferen Reitertod für die Befreiung Deutschlands erlitten. Die Franzosen hatten Schills Leiche den Kopf abgeschnitten und ihn in Spiritus gesetzt, wie ein Reptil. Sie hatten die kopflose Leiche auf dem Stralsunder Kirchhof verscharrt und den Kopf mitgeschleppt zuerst nach Braunschweig, der zweiten Residenz des Jérome Bonaparte, der damals „König von Westfalen" auf der Wilhelms-Höhe bei Kassel spielte, und dann in das Ausland. Die Reaktionäre verhinderten, daß man Schills Haupt requirirte, um es mit seinen übrigen Gebeinen zu bestatten. Ja,

sie wußten ein Verbot zu erwirken, dem Helden an seiner Begräbniß-
stätte einen Denkstein zu setzen. Nur eine lateinische Inschrift, ein
Vers aus Vergilius durfte dort eine, blos dem Kundigen verständliche Andeutung bringen.

Sie waren es, welche den „Jugend-Bund", der die Befreiung
Deutschlands vorbereitet, bei dem König als „polizeiwidrige Verschwörung" denunzirten und die wahren Vaterlandsfreunde als „Revolutionäre" — heute würde man sich des Namens „Reichsfeinde"
bedienen — verschrieen und mit den grausamsten Verfolgungen
heimsuchten zum Lohn für ihr uneigennütziges und aufopferungs-
freudiges Wirken. Es genügt, an den getreuen alten Arndt zu erinnern und an den „Vater Jahn".

Die Turnkunst, die der letztere erfunden, wurde ihm zum Verbrechen angerechnet, und nachdem ihn die Gerichte, trotz alledem und
alledem, freigesprochen hatten, weil sie ihn freisprechen mußten, wurde
er auf dem Wege der polizeilichen Willkür auf lange Zeit seiner Freiheit und seiner bürgerlichen Rechte beraubt. Heute aber turnt Jedermann, und vor allem die deutsche Armee.

Sie waren es endlich, welche die harmlose Schwärmerei der
akademischen Jugend zu Hoch- und Landesverrath zu stempeln verstanden, welche die „Demagogen-Hetzen" veranstalteten und das Verbrechen, ein buntes Bändchen mit den vermeintlich-deutschen Farben
getragen zu haben, mit Verurtheilung zur Todesstrafe — in einigen
Fällen sogar mit Rädern von unten herauf — heimsuchten.

Allerdings ist die Todesstrafe nicht vollstreckt worden. Aber an
ihre Stelle traten langjährige Untersuchungshaft und Freiheitsstrafen,
welche so manche Blüthe knickten, so manche Kraft brachen, die dem
Vaterlande zum Wohl und zur Ehre gereicht haben würde.

Wenn ich der Studenten von damals gedenke, so kann ich eine
Bemerkung nicht unterdrücken, die ich bisher noch nirgends gehört oder
gelesen, welche aber nicht fehlen darf, wenn man Parallelen zieht
zwischen damals und jetzt.

Die Studenten während der Jahre von 1814 bis 1824 waren

ebenfalls mit einer Art christlich-germanischer, oder wenn man lieber will „teutonischer" Berserkerwuth behaftet. Viele davon, welche in ihrer Jugend an der Spitze jener „Burschenschaft" standen, die für den Ausbund aller Staatsgefährlichkeit und des schlimmsten Demagogenthums angesehen wurde, entwickelten sich später zu aufrichtigen und wohl verwendbaren Reaktionären. Ich nenne Heinrich Leo, den „halleschen Löwentrotz", der uns seine Jugend-Erlebnisse mit ebensoviel Wahrheit als Anschaulichkeit geschildert. Ich nenne ferner den geistreichsten aller Reaktionäre: Julius Stahl, den die preußischen Konservativen mit Recht so hoch verehrten. Denn er war es, der ihnen ein politisches Programm und eine wissenschaftliche Theorie über Kirche und Staat und deren Verhältniß zu einander aufgestellt hat, die sie nicht entbehren konnten und die doch „die Armen im Geiste" außer Stande waren, sich aus eigenen Mitteln zu beschaffen.

Noch nach seinem Tode priesen sie ihn als den „seligen Stahl" und errichteten ihm eine Büste im Herrenhaus, die demselben noch heute zur Zierde gereicht. Stahl war bekanntlich jüdischer Abkunft. Und dieselben Konservativen und „Antifortschrittler" — oder sind es andere in der Substanz, in den Grundsätzen und in den Personen? — toben jetzt gegen unsere jüdischen Mitbürger, wie sie sagen „nicht wegen der Religion, sondern wegen der Rasse".

Haben sie denn vergessen, daß Julius Stahl, der damals, während der fünfziger Jahre durch seine glänzenden Gaben die geistig so sehr verwahrloste konservative Sache gerettet, der den Wahlspruch „Autorität nicht Majorität" und ähnliche damals höchst wirksame geflügelte Worte erfunden, auch „ein Semit" war?

Jedenfalls hatte er mehr Verstand und Kenntnisse, als die antisemitisch-konservativen Koryphäen von heute. Und so oft ich eines der geistreichen Werke von Julius Stahl, aus der Reaktions-Zeit der fünfziger Jahre, zur Hand nehme, erinnere ich mich daran, was mir der große liberale Rechtslehrer Robert von Mohl vor seinem Tode erzählte, — er ist am 5. Oktober 1875, also vor der Periode der sog.

„Steuer- und Wirthschafts-Reform", als Reichstagsabgeordneter in Berlin gestorben —; seine Erzählung betraf gerade Julius Stahl und lautete so:

„Ich war im Jahre 1819 Heidelberger Student und wurde von meinen Kommilitonen gen Würzburg gesandt, um die dortige Burschenschaft, mit der wir in Kartell standen, zu begrüßen. An der Spitze der würzburger Burschenschaft stand Julius Stahl, der spätere Führer der hierarchisch-reaktionären Partei in Preußen. Wir hielten einen großen Burschenschafts-Kommers auf einem benachbarten Eichen-Kamp. Julius Stahl präsidirte, im altdeutschen Rock, hirschledernen Hosen und hohen Kanonen-Stiefeln, auf dem von schwarzen Locken umwallten Haupte ein mit goldenen Eicheln geziertes Barett aus mit schwarz und roth abwechselndem Sammet, den blanken Schläger in der Rechten. Er hielt eine feuersprühende Rede für Deutschlands Einheit und Freiheit (die er später so hartnäckig bekämpft hat), und wir schworen:

„In den deutschen Forsten,
Wie der Aar zu horsten",

oder etwas Aehnliches." So erzählte Robert von Mohl.

Auch im Jahre 1819 zeigten sich unter der studirenden Jugend Deutschlands dieselben „antisemitischen" Ideen, wie heute, namentlich in Gießen und in Jena. Die Burschenschafter dieser beiden Hochschulen erklärten allem Bestehenden den Krieg und schwärmten für die „eine und untheilbare große deutsche Republik". Dabei aber wurden sie immer erklusiver; „Christenthum" und „Deutschthum" wurden derart in den Vordergrund gestellt, daß daraus eine Rassen- und Religionshetze entstand, welche lebhaft an 1881 erinnert. Vor sechzig Jahren wurden diese christlich-germanischen Jünglinge verfolgt, eingesteckt, verurtheilt, aus der Karriere geworfen, von allen öffentlichen Aemtern ausgeschlossen. Heutzutage zieht man es vor, sie zu seinen Zwecken zu benutzen, sie zu beloben und ihnen zu schmeicheln. Sogar Fürst Bismarck antwortet sehr entgegenkommend auf jedes ihrer, „inter plenissimas cerevisiae urnas" konzipirten Telegramme, ohne daran zu denken, daß, wie er selbst in versammeltem Reichstag dem deutschen Volke verkündigt, „Bier dumm macht".

Ich halte die Methode von 1819 für ebenso unrichtig, wie die von 1881.

In dem einen wie in dem andern Fall scheint man mir den Spielen der Jugend, in welchen nicht immer „hoher Sinn liegt", eine Wichtigkeit beizulegen, welche ihnen nicht zukommt, und den Jünglingen eine Behandlung angedeihen zu lassen, welche geeignet ist, sie in betreff der ihnen durch die Natur der Dinge angewiesenen Stellung irre zu machen.

Man soll sie weder zu Märtyrern noch zu Haupt-Reichsstützen machen. Man soll sie weder in die Gefängnisse werfen, noch sie um Beistand für Kaiser und Reich anflehen; denn sie sind weder gefährlich noch mächtig. Man soll sie einfach in Ruhe lassen, natürlich unter der Voraussetzung, daß sie auch andere Menschen in ihrer Ruhe nicht stören, z. B. durch Telegramme, abgelassen aus mitternächtlichen oder nachmitternächtlichen Kneipen.

Uebrigens ist die „antisemitische Bewegung" von 1820 ebenso wie die von 1880 auf eine Kriegs-Periode gefolgt; und es scheint denn doch, der Krieg erzeugt in gewissen Schichten ein Art von Verwilderung und Verrohung.

Indem ich dem geneigten Leser überlasse, die Parallele zwischen 1820 und 1880 weiter zu verfolgen, wende ich mich wieder zu dem uns näher gelegenen Stoffe.

Wir haben gesehen, wie Friedrich der Große das Werk der Bauern-Emanzipation als nothwendig erkannte und dessen Durchführung nicht nur geplant, sondern sogar angeordnet hatte, wie er aber vor der Remonstration und Reaktion der pommerschen Ritterschaft zurückweichen mußte. Friedrich Wilhelm III. wich nicht zurück. Am 9. Oktober 1807 erschien das Edikt, welches für die ganze Monarchie die Leibeigenschaft aufhebt; und sofort erscholl aus den Kreisen der ritterschaftlichen Reaktion die Parole:

„Lieber noch drei Schlachten von Auerstädt, als dieses Gesetz."
(Siehe „Weitere Beiträge und Nachträge zu den Papieren des Ministers und Burggrafen von Marienburg", Berlin, Leonh. Simion, 1881, Seite 7.)

Etwas später ertönte dieselbe Parole in Oesterreich. Als dasselbe 1809 wider Frankreich zu den Waffen griff und darüber debattirt wurde, ob es nicht gerathen sei, vermittels einer „Levée en masse" das gesammte Volk aufzurufen, erscholl bei Hof der Ruf: „Lieber noch drei Provinzen verlieren, als an das Volk appelliren."

König Friedrich Wilhelm III. aber ließ sich auf volkswirthschaftlichem Gebiete durch die Reaktion nicht beirren. Er vertraute seinen bewährten Rathgebern und war fest entschlossen, die materielle Lage seiner Unterthanen zu verbessern und jeden Widerstand, der sich hiergegen geltend machte, zu brechen.

Die Reaktion begann dies zu begreifen. Sie entschloß sich daher, einen Umweg einzuschlagen. Sie kannte die Abneigung des Königs gegen Reformen auf politischem Gebiete, von welchen er, wie wir gesehen, Unruhe, Störungen und Umwälzungen befürchtete. War ja doch auch Napoléon's Gewaltthat aus einer Revolution hervorgegangen. Diese Abneigung war so groß, daß der König selbst vor der äußersten Härte nicht zurückschreckte, wenn er sie nöthig glaubte, um die Ruhe aufrecht zu erhalten. So gelang es den Kampf, Schmalz, Tschoppe und Genossen, in seinem Namen jene politischen Prozesse gegen den Tugendbund und seine Nachfolger zu inauguriren, von welchen ich schon oben gesprochen. Es entstand in der schwülen Atmosphäre, welche auf die Befreiungs=Kriege folgte, eine förmliche Hetz=Literatur, welche sich in erster Linie wider den „Tugendbund" und dessen Jünger richtete. Die letzteren, im Bewußtsein treuer Pflichterfüllung und großer Verdienste um die Befreiung Deutschlands von dem französischen Joche, wollten sich diese Verläumdung nicht gefallen lassen. Sie begannen sich dagegen zu wehren. Zeitungen gab es damals noch wenig und die wenigen waren diesen Männern nicht zugänglich. Sie stritten daher mit Brochuren und Büchern. Der

Streit nahm solche Dimensionen an, daß der König, wozu er vermöge seiner absoluten Gewalt im Stande war, schlechtweg für beide Theile verbot, fernerhin noch irgend etwas über diese Streitfrage drucken zu lassen.

Der Streit verschwand damit von der Oberfläche, aber er wurde desto hartnäckiger fortgesetzt im Dunkel der Bureaux und des Hofes.

Und nun sehen wir, wie die Reaktion, welche gegen die volkswirthschaftlichen Reformen des Königs auf geradem Wege nicht aufkommen konnte, die Stellung, die sie ihnen entgegen eingenommen hatte, äußerlich räumte, dagegen aber ihnen auf dem Gebiete der Politik alle möglichen Hindernisse zu bereiten und sie von dort aus zu untergraben suchte.

In erster Linie richtete sie ihre Angriffe gegen die Einheit der Verwaltung, gegen das Staatsministerium und den Staatsrath, welche Friedrich Wilhelm III. nach Steins Rathschlägen organisirt hatte, und gegen jenes aufgeklärte, tüchtige und zuverlässige preußische Beamtenthum, welches in den Ideen des Adam Smith und des Königsberger Professors Kraus aufgewachsen, mit Recht als der Träger und das Werkzeug der volkswirthschaftlichen Reformen des Königs galt.

Die Geschichte der Verwaltungs-Organisation in Preußen liegt außerhalb der Aufgabe, die ich mir gestellt habe. Ich beschränke mich daher darauf, hier nur soviel aus derselben zu erwähnen, als zum Fortgang meiner Darstellung und zur Vollständigkeit meiner Argumentation nöthig, indem ich im übrigen auf das vortreffliche Buch von Prof. Dr. Ernst Meier in Halle („Die Reform der Verwaltungs-Organisation unter Stein und Hardenberg", Leipzig, Duncker und Humblot, 1881) und auf die bereits erwähnten Nachträge aus den Papieren des Herrn von Schön (Berlin, Simion, 1882) verweise.

Wie auf finanziellem und wirthschaftlichem Gebiete, so hatte auch in Betreff der Organisation der Verwaltung der so vielfach unterschätzte König Friedrich Wilhelm I. mit seinem graden, gesunden praktischen Menschenverstande das Rechte getroffen. Er setzte 1723 eine wirkliche einheitliche Zentralverwaltung ein, welche er in fünf Departements theilte, und führte das Prinzip der Verantwortlichkeit durch, indem er den Beamten verbot, die Person des Königs als Schild für ihre Mißgriffe zu benutzen oder gar sich mit der Allerhöchsten Person zu identifiziren.

„Das Generaldirektorium" (die Zentralverwaltung) „muß", so schrieb er, „wenn die Unterthanen und Behörden mit einer oder der andern Verfügung nicht zufrieden sein möchten, die Sache so formiren, daß das Odium nicht auf den König, sondern auf das General-Direktorium oder ein und das andere Mitglied desselben falle, wenn es nämlich einmal nicht anders ist und nicht etwa noch den Leuten eine bessere Opinion beigebracht werden könnte."

Wir sehen hier einen König, welcher seinen Ministern gegenüber konstitutionell ist, bevor eine Konstitution bestand. Später sahen wir Minister, welche dem Land gegenüber den König vorschoben, obgleich eine Konstitution bestand, welche die Minister für verantwortlich erklärte und die erhabene Person des Monarchen von Rechts wegen dem Parteikampfe entrückte.

Diese Organisation von 1723 wurde unter Friedrich dem Großen thatsächlich und rechtlich geändert. Der große König, der alles selbst und alles allein machen wollte, drückte die Zentralverwaltung zu einer bloßen Mittel- und Vermittelungsbehörde herunter und machte sein Kabinet zu der obersten Staatsstelle. In diesem Kabinet liefen alle Fäden der Staatsverwaltung zusammen. Die Minister sanken zu bloßen Bureau-Chefs herab. Der König verkehrte mit ihnen nur wenig, und immer nur schriftlich. Schlesien erhielt eine von der übrigen Monarchie getrennte Verwaltung. Es bildete eine Satrapie oder ein Vizekönigthum für sich. Dann aber wurde das General-Direktorium immer mehr von innen heraus ausgehöhlt und seiner Funktionen entkleidet, je mehr der König in Ausbildung seines Monopol- und Protektions-Systems vorschritt. Um alle diese Geschäfte zu betreiben, wurden immer mehr Behörden geschaffen. An die Stelle der Zentralbehörden traten „Provinzial-Departements". Dann wurde ein Post-, Handels- und Manufaktur-Departement, ein Bergwerks- und Hütten-Departement und ein separates Forst-Departement aufgerichtet. Der Hauptschlag gegen die von Friedrich Wilhelm I. eingerichtete Verwaltungs-Organisation erfolgte aber durch die von mir ausführlich geschilderte Einführung der Generalaccise- und Zolladministration, welche einen Staat im Staate, mit französischen Verwaltungsformen und französischer Geschäftssprache, bildete. Von da an wurde die Verwaltung immer verworrener, der Finanzzustand immer unübersehbarer. So lange der König noch im vollen Besitz seiner körperlichen und geistigen Kraft war, gelang es ihm, was keinem andern Sterblichen gelungen sein würde, nämlich die enorme Geschäftslast, welche aus dieser zweckwidrigen Organisation oder vielmehr Desorganisation der Verwaltung erwachsen mußte, zu bewältigen. Allein mit zunehmendem Alter, zu welchem dann noch die nachträglichen Folgen der Kriegsstrapazen und sonstiger Aufregungen hinzukamen, erlahmte selbst diese riesige Kraft; und dann zeigte es sich, daß kein anderer im Stande war, „die Stiefel zu tragen, welche er nach seinem Fuß zugeschnitten hatte". Das Regiment fiel in die Hände der Kabinetsschreiber.

Die Folge war der vollständigste Marasmus. Als der große König starb, war Niemand im Zweifel, daß ein solcher Zustand ohne die größte Gefahr für die Monarchie nicht fortbestehen könnte. Friedrich Wilhelm II. glaubte die Zerfahrenheit und die Auflösung, welche durch die Kreirung dieser neuen Aemter und durch die Loslösung der Ressorts und der Provinzial-Departements aus dem General-Direktorium entstanden waren, auf rein mechanischem Wege beseitigen zu können, dadurch, daß er die Ressorts dem General Direktorium kurzhändig wieder einverleibte; allein dadurch wurde die Maschine nur noch komplizirter.

Der Umschwung datirt von der Denkschrift, welche am 10. Mai 1806 der Freiherr Karl vom Stein Friedrich Wilhelm III. einreichte. Sie griff zurück auf die einfache und einheitliche Organisation Friedrich

Wilhelms I., indem sie bemerkte, daß in der That „der preußische Staat de jure eine gute Regierungsverfassung besitze, welche nur durch die faktische Zuwiderhandlung im Laufe der Zeit untergraben worden und daß es gelte, dieselbe in einer dem gegenwärtigen Stande der Dinge angemessenen Form wiederherzustellen". Nach vielfachem Wechsel der Personen und der Pläne erging endlich die Königliche Verordnung vom 24. November 1808, „betreffend die veränderte Verfassung der obersten Verwaltungsbehörden in der Preußischen Monarchie".

Hier wird denn der unter Friedrich dem Großen seit 1766 eingerissenen Verwirrung und Mißgestaltung ein Ende gesetzt. Es wird, wie Stein schreibt, „der Staatsrath reaktivirt in der Form, wie durch ihn alle Grundeinrichtungen emanirten, wodurch der preußische Staat seine bewunderte, von Größeren oft beneidete, von Schwächeren oft gefürchtete Größe gewann". Die Minister wurden zum unmittelbaren Vortrag und zu gemeinschaftlicher Prüfung der für jedes Fach der Verwaltung zu sanktionirenden Grundsätze vereinigt; „denn vereinzelt, Jeder beschränkt auf sein Departement, vermögen die Minister nicht die Kraft anzubieten und zu benutzen, und zwischen dem König und sich sehen sie eine Gewalt ohne angewiesenen Beruf, ohne Responsabilität, in alles eingreifend und gar nichts leitend".

„So wurde denn", wie Ernst Meier (S. 187) sagt, „das Kabinet in seiner früheren Bedeutung aufgehoben und eine unmittelbar unter den Augen des Königs arbeitende, mit anerkannter Verantwortlichkeit versehene oberste Centralbehörde eingerichtet. Die für die Mittelinstanz bereits in einem großen Theil des Staates eingeführte Abgrenzung zwischen der inneren Finanz- und Landes-Verwaltung auf der einen, und der Justiz auf der anderen Seite, wurde nunmehr auch für die Centralbehörde zur Durchführung gebracht. Endlich wurden die Provinzial-Departements beseitigt, und die sämmtlichen Geschäfte aus dem Gebiete der Finanzen und des Innern nach sachlichen Gesichtspunkten unter zwei große Departements, innerhalb dieser zwei aber wieder in mehrere Unterdepartements, vertheilt.

Dann folgte die „Verordnung wegen verbesserter Einrichtung der Provinzial-Polizei- und Finanzbehörde vom 26. Dezember 1808 (auf die ich noch zurückkommen werde), die Städte-Ordnung vom 19. November 1808, die Kabinets-Ordre vom 1. August 1812, sowie die Kreis-Verfassung und die Gemeinde-Verfassung des platten Landes.

Hiermit waren die Werkzeuge geschaffen, um die großen volkswirthschaftlichen und politischen Reformen durchzuführen, und die Reaktion begann deshalb sofort ihre Angriffe gegen diese Organisation zu richten und gegen die Männer, welche solche geschaffen, welche mittelst derselben die Wiedergeburt der preußischen Monarchie herbeiführten."

Der Freiherr Karl vom Stein und der Fürst Hardenberg, obgleich untereinander sehr verschieden in Charakter und Begabung, auch in ihrer politischen Auffassung nicht immer einig, und noch weniger in der volkswirthschaftlichen, theilten wenigstens das Geschick miteinander, daß sie von der Reaktion, und beide gleich sehr, auf das heftigste angefochten und als „die Urheber des Verfalls des preußischen Staats" bezeichnet wurden".

Heutzutage, wo man allgemein jene angebliche Periode des „Verfalls" als die der „Wiedergeburt" betrachtet, sind jene Anfeindungen vergessen. Mit Unrecht. Denn sie sind für die Geschichte unserer Kultur-Entwickelung und unseres politischen und volkswirthschaftlichen Fortschritts sehr lehrreich, außerdem aber auch heute noch von aktueller praktischer Bedeutung. Wir finden in diesen reaktionären Schriften, welche sich in der Zeit von 1806 bis 1825 gegen Stein und Hardenberg in erster Linie richten, bis in die kleinsten und einzelnsten Züge das Bild unserer heutigen sog. „konservativen Bewegung" wieder. Oder vielmehr die erstere ist das Vorbild der letzteren, die von jener, mit Inbegriff der Judenverfolgung, alles entlehnt, jedoch mit sorgfältiger Verschweigung ihrer Quelle.

Dies sind die Gründe, aus welchen ich es für angezeigt erachte, hier den Hauptrepräsentanten und Urtypus dieser sogenannten

„konservativen" Partei redend einzuführen. Es ist der Generallieutenant a. D. Friedr. Aug. Ludw. von der Marwitz auf Friedersdorf. Er stammt aus einer gänzlich verarmten Adelsfamilie aus der Neumark, welche in Ermangelung sonstiger Fähigkeiten und Existenzmittel bei Hof dienen ging. Er wurde am 29. Mai 1777 geboren, und zwar in Berlin, Wilhelmstraße 1, Vossisches Palais, worin sein Vater als Hofmarschall eines Königlichen Prinzen fungirte. Der Sohn schlug die militärische Karriere ein, zeigte aber von Beginn an eine gewisse malkontente Unstätigkeit, indem er bald ging und bald wieder eintrat. Nachdem er den Abschied genommen, versuchte er sich auch als Landwirth, aber ohne Glück und Geschick.

Nachdem er zum dritten Mal in die Armee wieder eingetreten, macht er den unglücklichen Feldzug von 1806 mit und geräth durch die, auf einem höchst seltsamen topographischen Mißverständniß beruhende Prenzlauer Kapitulation in Kriegsgefangenschaft. Aus derselben erlöst, begiebt er sich wieder auf sein verwüstetes und verschuldetes Gut Friedersdorf, wo er den Malkontenten à outrance spielt, auch einmal wegen allzu starken Raisonnirens polizeilich nach Spandau abgeführt wird. Seine bittere Kritik erstreckt sich namentlich auch auf die Armee. Er findet es unerhört, daß auch Bürgerliche in die Armee eintreten können, und daß die Offiziere etwas lernen sollen.

„Durch die Kinder der Banquiers, der Kaufleute, der Ideologen und Weltbürger wird neunundneunzig Mal unter hundert Fällen der Spekulant oder der Ladenschwengel hindurchblicken. Der Krämersinn steckt in ihnen. Der Profit steht immer vor ihren Augen. Der Sohn eines — meinetwegen dummen — Edelmannes dagegen wird sich immer scheuen, einer Gemeinheit beschuldigt zu werden. Ich traue im Krieg weit mehr auf den Sohn eines armen Landedelmannes oder Offiziers, die auf ihrem Schlosse oder in ihrer Garnison Mangel leiden, als auf den eines Reichen, der seinen Reichthum der Spekulation und wohl gar Bankerotten verdankt. Auch das zu viele Lernen ertödtet den Charakter. Dieser offenbart sich nur durch Thaten und kann nicht, wie Verstandeskräfte, im Examen erprobt werden."

Der gute Marwitz verlangt also, daß der Offizier dumm, unwissend und arm sei, oder wenigstens, statt der Wissenschaften das Hungern erlernt habe. Wie würde er sich über das heutige deutsche Offizier-Korps entsetzen; es entspricht ja durchaus nicht dem Marwitz'schen Ideale, ist aber gerade deshalb unbestrittenermaßen das erste in Europa. Dagegen genießt es freilich auch nicht mehr die Unpopularität, deren es sich zu Olim-Marwitzens Zeiten erfreute, zu jener Zeit, da man bei Prenzlau und anderwärts kapitulirte.

Gleichwohl trat Marwitz wieder in die Armee ein und ist zwanzig Jahre lang als Major, Oberstlieutenant, Oberst und Generalmajor in demselben Wirkungskreise geblieben, bis er als Generallieutenant 1826 abging. Das „Hausbuch", das er hinterließ, enthält nichts als Klagen über Ungerechtigkeit, Zurücksetzung u. dgl. und Beschwerden über seine Vorgesetzten, desgleichen Lamentationen über Mißgeschick und Mangel in seinem landwirthschaftlichen Betrieb. Der ganze Mann ist in Essiggährung übergegangen. Es fällt ihm aber niemals ein, sich zu fragen, ob und inwieweit er nicht selbst die Schuld an all diesem Mißgeschick trage.

Das „Hausbuch" schließt mit einem Stoßseufzer, datirt vom 18. Januar 1828:

„Seit neunundzwanzig Jahren steht der seit dem Brande unvollendete Wirthschaftshof offen und wartet auf Geld zu seiner Vollendung."

Marwitz war Mitglied der brandenburgischen Stände, zuweilen auch Landtagsmarschall und wurde endlich sogar in den Staatsrath berufen. Am 7. Dezember 1837 ist er auf Friedersdorf gestorben. Seine nachgelassenen Schriften, d. h. ein Auszug aus denselben — denn vieles konnte man nicht publiziren, ohne sich Verleumdungsklagen zuzuziehen — sind 1852 erschienen (Berlin, E. S. Mittler u. Sohn, 2 Bände).

Seine Aufzeichnungen machen den Eindruck der aufrichtigsten Ueberzeugung. Verglichen mit den speichelleckerischen und verlogenen Redensarten, mit welchen heutzutage die pseudo-konservativen Demagogen vor dem „souveränen Volke" schweifwedeln, ist es wohlthuend, die harten, rauhen, polternden Worte des alten Generals zu vernehmen, der wirklich „in seiner Art ein vornehmer Mann ist", den Muth seiner Meinung hat und sich schämt, einem Andern zu Liebe zu lügen.

Dies ist der Grund, warum seine Schriften noch heutzutage in gewissen Kreisen ein wahrhaft kanonisches Ansehen genießen. Selbst der konservative preußische Abgeordnete von Meyer-Arnswalde hat sich im Abgeordnetenhause auf ihn als einen Gesinnungsgenossen berufen.

Dies vorausgeschickt, glaube ich keiner weiteren Rechtfertigung zu bedürfen, wenn ich hier Herrn von der Marwitz als den Repräsentanten jener Partei betrachte, welche die glorreiche Wiedergeburt Preußens nach dem tiefen Sturz von 1806 als dessen größtes Unglück betrachtet und selbst bis zum heutigen Tage nicht aufhört, die großen politischen, finanziellen und volkswirthschaftlichen Reformen Friedrich Wilhelms III. und seiner eminenten Staatsmänner anzufeinden.

Von den Schriften des Herrn von der Marwitz kommen außer dem Bruchstück einer Autobiographie und dem „Hausbuch", dessen ich oben gedacht, besonders seine Polemiken gegen Stein und Hardenberg und seine Denkschriften an den König Friedrich Wilhelm III. und den damaligen Kronprinzen, den späteren König Friedrich Wilhelm IV., in Betracht.

Es ist bekannt, daß Friedrich Wilhelm III. Ende November 1808 durch Napoléon, welcher, nicht mit Unrecht, in Stein seinen gefährlichsten Feind und die treueste Stütze der preußischen Monarchie erblickte, gezwungen wurde, diesen seinen Minister zu entlassen, von welchem er sich nur mit dem äußersten Widerstande trennte. Stein richtete bei seinem Abgang ein, „Königsberg, den 24. November 1808" datirtes Schreiben an „die Herren Mitglieder des Generaldirektoriums", worin er sein politisches Glaubensbekenntniß niederlegte und seine Rathschläge für die Zukunft ertheilte.

Damals (1808) gelangte das Schreiben nur in diejenigen Kreise, für die es zunächst bestimmt war.

„Erst mehrere Jahre später," schreibt G. H. Pertz („Das Leben des Ministers Freiherrn vom Stein", Band II, S. 314), „als man nach Beendigung des Krieges der weiteren Gestaltung Preußens entgegensah, ward es von unbekannter Hand veröffentlicht und machte in jener aufgeregten Zeit durch seinen Inhalt, wie durch den Charakter seines Verfassers, den tiefsten Eindruck auf alle Deutschen, welche in „Stein's politischem Testament" (so nannte man es damals und so heißt es noch heute), den bündigen Ausdruck ihrer politischen Ueberzeugungen als Ziel ihrer eigenen Zukunft aufgestellt sahen."

Dieses „Stein'sche Testament" machte Marwitz am 9. Februar 1811 zum Gegenstand seiner giftigsten Randglossen, welche beginnen mit den Worten:

„Der Minister Stein hatte den Fehler, daß er sich durch den Schein blenden ließ. Daß dieses in Hinsicht der Menschen der Fall war, hat seine Katastrophe bewiesen, (d. i. die Verfolgung durch Napoléon). Daß es auch in Betreff der Ideen der Fall sei, wollen wir zu beweisen suchen, indem wir gegenwärtige Schrift (d. i. das sog. „Testament") kommentiren. So wird es erklärlich werden, wie er (Stein) der Stifter so viel Unheils werden konnte." (Und diesen nämlichen Stein wollen unsere heutigen Marwitze für den ihrigen ausgeben!)

Dann plädirt er für das schöne „patriarchalische Band" der Erbunterthänigkeit, welches die Bauern so fest an die Scholle und an den Edelmann bindet; dieses schöne Band habe der unwissende Stein zerschnitten und dadurch die Bauern „der äußersten Zuchtlosigkeit und der gefährlichsten Irreligiosität" preisgegeben*).

Also auch hier schon die Religion zum Hausknecht der unberechtigsten Herrschafts-Gelüste und Sonderinteressen erniedrigt.

„Der freie Wille ohne jene Basis" (die Leibeigenschaft), fährt Marwitz fort, „kann gegen den Thron gerichtet sein und wird es sein, weil die Ungebundenheit nicht den pflichtgemäßen Willen erzeugen kann."

Also: Wenn wir nicht mehr die Bauern prügeln und als weiße Sklaven behandeln dürfen, dann ist der Thron der Hohenzollern in Gefahr, sagt Marwitz. Er vergißt dabei, daß der Thron der Hohenzollern nicht von der Gunst und Gnade einiger märkischer Edelleute abhängt, sonst wäre er schon vor beinahe vierhundert Jahren in Trümmer gegangen, als die Raubritter dem Kurfürsten Joachim I. durch die Hand des langen Otterstädt an die Thür seines Schlafgemachs schreiben ließen:

„Jochimke, Jochimke, hüte Dy!
Wo wi Dy krygen,
Hängen wi Dy!"

und als die märkischen Bauern ihre Kinder vor dem Schlafengehen beten ließen:

„Vor Köckeritze und Lüderitze,
Vor Krachten und vor Itzenplitze
Behüt' uns, lieber Herre-Gott!"

---

*) Ernst Moritz Arndt sagt in seinem ersten Buche, das er als Privatdozent (Adjunkt) der philosophischen Fakultät zu Greifswald schrieb, „Versuch einer Geschichte der Leibeigenschaft in Pommern und Rügen", Berlin, 1803: „Diese Leute (die ritterschaftliche Reaktion) scheinen fast zu glauben, daß ein Theil der Menschen mit einem Sattel auf dem Rücken zur Welt kommt, und die andern (die Ritter) mit Stiefeln und Sporen, um auf jenen zu reiten." Sobald die Reaktion erstarkt war, wurde Arndt wegen dieser und ähnlicher Aeußerungen, die er gethan zu einer Zeit, da er und seine Heimath noch Schweden angehörten, von seiner Professur an der Universität Bonn removirt (1820), in eine große Kriminaluntersuchung verwickelt (1821) und aller seiner Papiere beraubt, die ihm erst 1840 zurückgegeben wurden. Arndt, „Bericht aus meinem Leben" Bd. I, S. 167 u. ff.

Daß von nun an Jeder, auch der Bauer, das Recht haben soll, Grundeigenthum und sogar Rittergüter zu erwerben, dünkt dem Generallieutenant von der Marwitz ein Greuel.

„Daß das unbeschränkte Recht zur Erwerbung des Grundeigenthums," so schreibt er, „die bisher an die Scholle geknüpften Besitzer zu Spekulanten macht, also den wahren Fleiß untergräbt, die Grundbesitzer und mit ihnen den Staat in Armuth stürzt, haben wir jetzt aus Erfahrung gesehen."

Wir andern freilich sind der Meinung, das sich das Gemeinwesen besser befindet, wenn das Grundeigenthum aus faulen, unwirthschaftlichen und unproduktiven Händen übergeht in fleißige, wirthschaftliche und produktive; und daß dies nur möglich ist, wenn Niemand davon ausgeschlossen wird, Grundeigenthum zu kaufen und sonstwie rechtmäßig zu erwerben; daß auf wirthschaftlichem Gebiet der natürlichen Entwickelung der Dinge, bei welcher auch ohne Zuthun der hohen Obrigkeit das wirthschaftliche Verhalten belohnt und das unwirthschaftliche bestraft wird, nicht hindernd in den Weg getreten, und nicht den faulen Gliedern der Gesellschaft ein Privileg auf Kosten der fleißigen und gesunden ertheilt werden darf; daß die erzwungene Ungleichheit der Reaktion ebensowenig zu rechtfertigen ist, wie die erzwungene Gleichheit der Kommunisten; daß das Recht, Grundbesitz zu erwerben, Jedermann zukommt, den Bauern ebenso gut, wie den Rittern; und daß der Bauer, wenn er sein eigenes Land auf eigene Rechnung bebaut und gewiß ist, daß die Früchte seines Fleißes ihm selbst und den Seinigen zukommen, produktiver und also gemeinnütziger arbeitet, als wenn ihn der Staat zwingt, zu Gunsten eines Dritten gegen einen kärglichen Hungerlohn Zwangsarbeit zu verrichten.

Marwitz polemisirt dann in derselben Weise weiter gegen die Städte, gegen die „Gelehrten", gegen die Abschaffung der Frohnden, gegen die Befreiung des Grundeigenthums, gegen die Gewerbefreiheit, gegen die Grundsteuer u. s. w.

Es ist wahrhaft erstaunlich, in welchen herabwürdigenden Ausdrücken Marwitz von den Reformen des Königs spricht und von dem Urheber derselben, dem Freiherrn von Stein, demselben Minister, an welchen an demselben Tage, von dem das sogen. „Stein'sche Testament" datirte, der König, welcher ihn sehr wider Willen, dem Druck der französischen Fremdherrschaft weichend, entließ, ein eigenhändiges Schreiben richtete, in welchem es heißt:

„— Es ist gewiß ein höchst schmerzliches Gefühl für mich, einem Manne Ihrer Art entsagen zu müssen, der die gerechtesten Ansprüche auf mein Vertrauen hatte, und der zugleich das Vertrauen der Nation so lebhaft für sich hatte. Auf jeden Fall müssen Ihnen diese Betrachtungen, sowie das Bewußtseyn, den ersten Grund, die ersten Impulse zu einer erneuerten, besseren und kräftigeren Organisation des in Trümmern liegenden Staatsgebäudes gelegt zu haben, die größte und zugleich edelste Genugthuung und Beruhigung gewähren.
Friedrich Wilhelm."

Siehe die faksimilirte Wiedergabe des Originals bei Perk, Leben Steins, Bd. II, Seite 300.

Aber was lag einem Marwitz an der Nation? Er war nicht Deutscher, nicht einmal Preuße, sondern nur Märker. Das „in Trümmern liegende Staatsgebäude"? Bah, der Staat, das sind wir, die Ritter, und steht nicht seit dem Brande vor zwanzig Jahren mein Wirthschaftshof halbfertig da und wartet auf das Geld zu seiner Vollendung? Dies Geld will ich haben; und ich werde es niemals bekommen, wenn nicht der ganze Stein'sche Reform-Schwindel über den Haufen geworfen wird, und wir zurückgehen zu dem Jahre 1766, wo der Ritter die obrigkeitliche Gewalt hatte und als Zwangsarbeiter die Bauern, und wo die Städte für ihn bezahlten.

Marwitz ist Typus. Er ist typisch auch für jene „Königstreuen", welche den König nur für sich und für ihre Sonderinteressen nutzbar machen und den andern, den „gewöhnlichen Unterthanen", dem Bürger und Bauer, gar nichts von ihm wollen zukommen lassen.

Sie lieben das Königthum, wenn und wofern sie sich einen persönlichen Vortheil von demselben versprechen, nicht aber um seiner selbst willen, wie dies z. B. jene französischen Royalisten und Legitimisten thun, welchen das Königthum und die legitime Dynastie eine Art von Religion ist, für die sie sich opfern, oder wenigstens der sie sich weihen, ohne dabei irgendwie an einen Vortheil zu denken.

Marwitz sagt: Wir sind die Stützen des Thrones, ohne uns kann derselbe nicht bestehen, deshalb muß man uns den Willen thun. Dies erinnert an den englischen Spruch, wonach sich der Beschützer in der Regel in einen Beherrscher verwandelt. Es erinnert an die Gelüste, „Warwick den Königsmacher" zu spielen, welche auch in den Marken zuweilen zu Tage getreten.

Nun folgt in den Schriften von Marwitz eine Abhandlung „über die beiden am 7. und 16. September 1811 von dem Staatskanzler von Hardenberg gehaltenen Reden, nebst einer Einleitung, worin den Ursachen des Verfalls des preußischen Staats nachgeforscht wird", datirt „Friedersdorf, den 31. Januar 1812", also auch noch aus der „Franzosen-Zeit".

Hier entblödet sich Marwitz nicht, von Hardenberg, dem unentbehrlichen Vertrauensmanne seines Königs, zu schreiben:

— „Dieser Minister huldigte zuerst der Lüge und dem Schein und gewöhnte das Volk, sich mit gehaltlosen Worten abspeisen zu lassen, wo es Wirkliches zu sehen verlangen konnte."

Ich kann auf diese sehr lange Abhandlung nicht näher eingehen. Da es aber seit 1879 Mode geworden, daß die Söhne und Enkel der Väter, welche die Bauern gleich dem Vieh in dem Arbeits-Inventarium aufführten und nicht minder als dieses schätzten, den Bauer mit biederem „agrarischem" Händedruck gnädig beehren und ihm die Versicherung geben, die Interessen des Dominial- und des Rustikalbesitzes seien vollständig identisch — die klugen Bauern freilich, auch wenn sie nichts sagen, sind, durch eine lange Vergangenheit belehrt, so frei, von alledem nichts zu glauben —, so will ich aus der gedachten Abhandlung eine jener „bauernfreundlichen" Stellen hierhersetzen, welche sich so zahlreich darin finden. Es heißt dort:

— „Wer ist die produzirende Klasse?"

Der Bauer, höre ich von allen Seiten erschallen.

„Mit nichten, — der Adel.

Der Bauer war des Edelmanns Knecht und baute dessen Feld für Naturalantheil.

So wenig es nun Jemandem einfallen kann, wenn von Handwerkern geredet wird, die Gesellen also zu nennen und die Meister auszuschließen — oder wenn von Kaufleuten, darunter nur die Ladendiener zu verstehen — so wenig kann auch der Bauer, in damaliger Zeit der bloße Knecht des Edelmannes, der „Produzirer" genannt werden. So gewiß das Handwerk nur in den Meistern, die Kaufmannschaft nur in den Kaufherren beruht, so gewiß sind die Besitzer des Grund und Bodens, und nicht die Bauern, die Knechte, durch welche sie ihn beackern und abernten lassen, — die produzirende Klasse. Und endlich: So wenig die Gesellen und Ladendiener einen eigenen Stand im Staat ausmachen können, so wenig kann es der Bauer."

Hier fingirt sich Marwitz einen Gegner, um ihn desto leichter widerlegen zu können.

Die Wahrheit ist, daß der Bauer, in Uebereinstimmung mit der Stein-Hardenbergischen Gesetzgebung, nicht neben der Kaste der Ritter, der Priester und der gewerblichen und merkantilen Zünfte eine neue Kaste bilden, sondern nur, nachdem seit dem Bauernkrieg im sechzehnten und seit dem dreißigjährigen Kriege im siebzehnten Jahrhundert alle andern gleichmäßig auf ihm herumgetrampelt sind und ihn namentlich die Aristokratie, wie Reyscher sich ausdrückt, „mit ihren breiten Hufen in den Schmutz niedergetreten", nun endlich vor dem Gesetz die nämlichen Rechte als Mensch und als Bürger begehrt, wie die andern. Namentlich will er in der Befugniß, freies Grundeigenthum zu erwerben und zu besitzen, dem „Ritter" gleichgestellt sein, — ein Kampf, der in allen Kulturstaaten der Welt durchgefochten worden ist und überall auf dieselbe Art geendet hat, — nämlich mit der Emanzipation der Bauern und der Freiheit ihres ersten Arbeits-Instruments, d. i. des Grundeigenthums.

Daraus ergiebt sich, daß die Sophistereien des Herrn v. d. Marwitz ihr Ziel gänzlich verfehlen.

In einer seiner agrarischen Reden im Reichstage bediente sich der Fürst Bismarck der bekannten Bibelstellen: „Sie säen nicht, sie ernten nicht, sie sammeln nicht in die Scheunen" (Ev. Matthäi 6, Vers 26), und „sie arbeiten nicht" (Ibid. V. 28), und „Salomo in aller seiner Herrlichkeit ist nicht so kleidet" (Ibid. Vers 29) in einer Weise, welche ihre Spitze gegen die Nicht-Landwirthe im Reichstag, namentlich gegen die Repräsentanten der gelehrten und wissenschaftlichen Intelligenz richtete.

Solche Argumente sind zweischneidig. Nehmen wir einmal an, alle diejenigen, welche nicht mit eigenen Händen den Acker bestellen, welche nicht eigenhändig säen und ernten, gehören nicht in den Reichstag, so würde dies in erster Linie auf die Latifundien-Besitzer selber Anwendung finden. Denn sie pflegen nicht eigenhändig den Pflug, die Sense und den Dreschflegel zu führen und sind zum Theil der Führung dieser nützlichen Instrumente gänzlich unkundig.

Legt man diesen Sachverhalt der Auslegung und Anwendung jenes Argumentes zu Grunde, so würden die Sitze im Reichstage nicht von den Latifundien- und Rittergutsbesitzern einzunehmen sein, sondern von den Bauern und den Knechten, welche wirklich mit eigenen Händen jene schwere körperliche Arbeit verrichten.

In derselben Weise könnte man auch gegen Herrn von der Marwitz den Spieß umdrehen und beweisen, daß der Bauer und nicht der Edelmann die Hauptperson sei. Alle diese Einseitigkeiten tragen die Gefahr in sich, in ihr Gegentheil umzuschlagen und sind deshalb zu vermeiden, wenn man nicht dem Sozialismus und Kommunismus in die Hände arbeiten will.

Indessen scheint es, daß Marwitz mit seinen Angriffen auf die Reformen der großen Zeit der Wiedergeburt, welche er nicht müde wird, „den Verfall des preußischen Staates" zu nennen, bei dem König wenig Gehör fand. Er gerieth in Folge dessen auf den Einfall, bei dem damaligen Kronprinzen, dem späteren König Friedrich

Wilhelm IV., sein Glück zu versuchen. Er hatte diesem eine lange Jeremiade über den „Verfall" vorgetragen und sich dabei u. a. auch auf Sully, den großen Rathgeber des „Bearner", Heinrichs IV. von Frankreich, berufen.

— „Ja," antwortet ihm der Kronprinz, „wenn Ihnen irgendwo ein Sully aufstoßen sollte, dann machen Sie mir ihn namhaft."

Offenbar hat der Kronprinz damit den alten Prediger in der Wüste, der immer das nämliche mit den nämlichen Worten wiederholte, auf eine höfliche Art los werden wollen, indem er ihm zu verstehen gab: Sie sind ja kein Sully; wenn sich aber ein Sully finden sollte, dann ziehe ich es vor, diesem selbst Gehör zu schenken, statt dem von der Marwitz.

Aber der gute alte Herr war nicht im Stande, diese geistreiche Wendung des Prinzen zu begreifen.

Er begab sich stracks nach Hause und begann abermals eine Abhandlung à son ordinaire zu verfassen. Diesmal beginnt sie mit den eigenthümlichen Worten:

— „Eure Königliche Hoheit
haben mich beauftragt,
>wenn mir irgendwo ein Sully aufstieße, ihn Höchstdenselben namhaft zu machen.

Diese Aeußerung kann ich nicht anders ansehen, als wie eine mir gnädigst ertheilte Erlaubniß, Euer Königlichen Hoheit meine Gedanken über die Art und Weise eines Sully gehorsamst vorzulegen."

Für die Komik, daß er sich selbst für einen Sully ausgiebt, während ihm doch der Kronprinz so deutlich, wie man das kann, ohne unhöflich zu werden, zu verstehen gegeben hatte, er habe nicht die geringste Aehnlichkeit mit einem solchen, — dafür fehlte es Herrn von der Marwitz an jedem Verständniß. Er hält sich für einen Sully und beginnt seine Jeremiade von neuem, diesmals allerdings an eine neue Adresse gerichtet. Das Opus ist datirt vom 28. März 1823 und läßt es wenigstens nicht an Offenherzigkeit fehlen.

Im Grunde genommen will der Verfasser den preußischen Staat dismembriren, und die einzelnen Fragmente, in welche er denselben zu zerlegen gedenkt, sollen nicht von aufgeklärten Beamten nach rationellen, rechtlichen, finanziellen und volkswirthschaftlichen Grundsätzen, sondern von Junkern nach agrarischen Interessen regiert werden.

— „Da der preußische Staat," sagt Marwitz, gleich Metternich, „aus vielen nach und nach zusammengebrachten, und großentheils erst ganz kürzlich zusammengebrachten, Provinzen besteht, seiner geographischen Lage nach noch obenein weit auseinandergereckt: so gestehe ich, gar nicht einzusehen, wie man es nur hat unternehmen können, ihn anders, denn provinzenweise zu administriren.

„Aus dem Gesagten folgt, daß es nur noch Provinzialminister geben darf, welche in der Provinz wohnen müssen und direkt an Seine Majestät berichten dürfen. Hiermit fallen alle Sachminister, alle Oberpräsidenten, Ministerial- und Präsidialräthe, alle Geheimen und Wirklichen Geheimen Oberräthe, alle Ministerial-Präsidial-Bureaus mit ihrem ganzen Personal über den Haufen." (Ich fürchte, auch der König selbst; denn solche große Vasallen oder Vizekönige pflegen ihrem Oberherrn das Regieren immer leichter, und schließlich dasselbe ganz überflüssig zu machen.)

„Die ganz hierarchische Organisation unserer gesammten Staatsverwaltung, bei der nur die Sachen hervortreten, läßt die Personen nothwendigerweise verschwinden. Sie ist darauf berechnet, jedem persönlichen Verdienst die Möglichkeit zu rauben, sich kundzugeben, den Heimathlosen (das ist der Ausdruck, womit Marwitz die Beamten bezeichnet und überhaupt solche Personen, die sich in der Welt umgesehen und etwas gelernt haben) alle Stellen und die Gewißheit einer gemächlichen Existenz zu eröffnen, die Angesessenen (d. i. die Ritterschaft) von der Verwaltung auszuschließen, nur sachliche Brauchbarkeit zu gestatten und es dahin zu bringen, daß niemals eine ehrenwerthe Gesinnung und Anhänglichkeit an den Fürsten, sondern immer nur die Unterordnung

13

unter den Zunächst-Vorgesetzten, und die Fertigkeit, die sogenannten Geschäfte aus einer Behörde in die andere zu treiben, zum Vorschein kommen können." (Ist das nicht deutlich? Fort mit den Geschäften, es leben die Interessen! Weg mit Tüchtigkeit und Zuverlässigkeit, mit Kenntniß und Wissenschaft, es lebe die Gesinnung! Außer ihr und der Abkunft: ist gar nichts von Nöthen.)

Dann kommt Marwitz auf den Ruf nach „Reichsständen" zu sprechen; und da er nicht einmal eine ordentliche Zentralregierung dulden, sondern in zentrifugaler Weise Provinzen konstruiren will nach Art der verschiedenen Kronländer in Oesterreich, so will er natürlich auch keinen zentralen Landtag.

„Reichsstände," sagt er, „sind gewissermaßen auch eine neue demagogische Erfindung.

„Die Theorie hält sie für nöthig; das Land selbst hegt keinen Wunsch danach, und fühlt kein Bedürfniß dafür.

„Sie werden daher nothwendig zu einer bloßen Zank- und Deliberir-Versammlung, die zu nichts dient, als das Regieren zu erschweren und die Fehler der Regierung aufzudecken, die niemals ausbleiben. (Warum nicht? Wenn man sie aufdeckt und abstellt, dann gerade werden sie ausbleiben!) England selbst erhält sich nicht durch sein Parlament, sondern — trotz seines Parlaments."

Dann fällt ihm ex post doch wieder ein, daß er einen Sully zu repräsentiren habe.

„Ja, sagt er, das kann ich nicht.

„Die Verwaltung der Finanzen ist so verwickelt und liegt so sehr im argen" (heutzutage weiß jeder, daß gerade damals die Grundlage zu der von ganz Europa bewunderten musterhaften Ordnung der preußischen Finanzen gelegt wurde), „daß eine Menge positiver Kenntnisse dazu gehören (gehört?), um sie herauszureißen. Es wird sich jetzt nicht leicht Jemand dazu fähig glauben, der nicht schon in der Finanzpartie einen höheren Posten bekleidet und daher die Uebersicht des Ganzen gewonnen hat."

Ist das nicht von einer reizenden Naivität? Ein Finanzmann wie Sully soll sich nur dann finden, wenn man, um das Finanzdepartement zu leiten, weder der positiven Kenntnisse bedarf, noch einer Uebersicht über das Ganze?

Allerdings haben die hervorragenden preußischen Finanzminister von Klewitz bis auf Camphausen dem Ideal des Herrn von der Marwitz nicht entsprochen. Die Herren:

1. von Klewitz (von Anfang 1817 bis Juni 1825),
2. von Motz (von Juli 1825 bis Mai 1830),
3. von Maaßen (von Juli 1830 bis 2. November 1835),
4. von Alvensleben (vom 12. Januar 1835 bis 1. Mai 1842),
5. von Bodelschwingh (vom 1. Mai 1842 bis 3. Mai 1844),
6. von Flottwell (vom 3. Mai 1844 bis 16. August 1846),
7. von Duesberg (vom 16. August 1846 bis 20. März 1848),
8. Hansemann (vom 29. März 1848 bis 8. September 1848),
9. von Bonin (vom 21. September 1848 bis 18. November 1848),
10. Kühne (kommissarisch vom 18. November 1848 bis 23. Februar 1849),
11. von Rabe (vom 23. Februar 1849 bis 22. Juli 1851),
12. von Bodelschwingh (vom 22. Juli 1851 bis 6. November 1858),
13. Freiherr von Patow (vom 6. November 1858 bis 17. März 1862),
14. von der Heydt (vom 17. März 1862 bis 23. September 1862),
15. von Bodelschwingh (vom 23. Sept. 1862 bis 2. Juni 1866),
16. von der Heydt (vom 2. Juni 1866 bis 26. Oktober 1869),
17. Camphausen (vom 26. Oktober 1869 bis zum Auftauchen des Tabakmonopols),

hatten alle positive Kenntnisse und vollständige Uebersicht über das Ganze. Die Mehrzahl derselben waren aufrichtige Freihändler — wie Motz, Maaßen und Kühne, die Väter und Erhalter des Zollvereins. Einige allerdings, wie Alvensleben, waren geneigt, dem Rückschritt Konzessionen zu machen. Aber nicht ein einziger derselben während der sechzig Jahre von 1817 bis 1878 würde mit Herrn von der

Marwitz und unseren heutigen „Steuer- und Wirthschafts-Reformern" übereingestimmt oder dem Varnbüler'schen Zolltarif von 1879 seinen Beifall geschenkt haben.

Im übrigen enthält die Denkschrift, welche Herr von der Marwitz am 28. März 1623 dem Kronprinzen überreichte, nichts, als die alten Jeremiaden:

„Der Staat hat nichts.... das Land verarmt.... nur die Juden und die Wucherer prosperiren sichtbarlich."

Dabei muß bemerkt werden, daß damals die Juden noch keine staatsbürgerlichen Rechte besaßen, und daß alle jene Zinsbeschränkungen, deren Wiederherstellung der Abgeordnete Graf Bismarck im Reichstag, allerdings mit dem vollständigsten Mißerfolge, beantragte, und die strengsten Wucher-Strafgesetze noch florirten, und die allgemeine Wechselfähigkeit noch nicht eingeführt war.

Der Denkschrift an den Kronprinzen beigefügt ist eine aus derselben Zeit herrührende Denkschrift „Von dem Zustande des Vermögens der Grundbesitzer in der Mark Brandenburg, und wie ihnen zu helfen?"

Natürlich denkt der Verfasser in erster Linie immer nur an die Edelleute, deren Lage er in den schwärzesten Farben schildert. Die Bauern sind ja keine „Produzirer".

Nach seiner Ansicht begann der „Verfall" mit jener Reform Friedrich Wilhelms I., welche zuerst Ordnung und Sicherheit in den Grundbesitz brachte und den hypothekarischen Kredit schuf, — mit den Landbüchern, später Hypotheken-Bücher genannt.

„Mit ihnen," sagt Marwitz, „wurde die Herrschaft des Geldes über den Grund und Boden festgestellt und das seiner Natur nach Unbewegliche wurde beweglich gemacht."

Von dem „Geld" hat er einen höchst unklaren Begriff. Er denkt sich darunter den Inbegriff alles Verabschenenswürdigen. Aber nur, wenn er bezahlen soll. Wenn er dagegen seinen seit zwanzig Jahren in Verfall gerathenen Wirthschaftshof wiederherstellen will, dann sieht er dem hierzu erforderlichen „Gelde" mit äußerster Sehnsucht entgegen. Ebenso betrachtet er den Kredit. Wenn er leiht, ist er angenehm. Wenn er Rückzahlung verlangt, unerträglich. Es mögen ja viele so fühlen, wie er, aber keiner wie er ist so offenherzig, solche konfuse Stimmungen und Verstimmungen öffentlich zu verkünden oder gar sie dem zukünftigen Thronfolger als höchste staatsmännische Weisheit zu präsentiren.

„Nun kam das Allgemeine Landrecht," fährt er fort, „von den Richtern wurde von nun an nicht mehr Kenntniß des Landes erfordert. Sie konnte durch Fertigkeit im Nachschlagen ersetzt werden."

„Die Grundbesitzer fielen mit allen ihren Familien- und Vermögens-Angelegenheiten unter die Aussprüche der neuen Gesetze (nicht nur die Grundbesitzer, sondern auch alle anderen Menschen!): und da bald darauf auch den Bürgerlichen allgemein erlaubt wurde, adelige Güter zu acquiriren (eine Maßregel, die man nicht länger unterlassen konnte, weil keine Grenze zu setzen war der immer steigenden allgemeinen Verschuldung, die also älteren Datums war, als die politischen und wirthschaftlichen Reformen Friedrich Wilhelms III.), so ging ein Kaufen, Verkaufen und Vertauschen der Grundstücke vor sich, von dem man bis dahin keinen Begriff gehabt hatte. Die Gesetzgebung bot keinen Damm dar gegen diesen ewigen Wechsel (wie kann sie das bei allgemeiner Ueberschuldung? Soll sie den Gläubigern ihre Forderungen absprechen und damit allem und jedem Kredit den letzten Gnadenstoß versetzen?), sondern erleichterte ihn, und das Wesentlichste, was dabei verloren ging, war das Band des Vertrauens, des Respekts, der gegenseitigen Achtung und Hilfeleistung unter den Landbewohnern, die nun anfingen, sich zu isoliren und nur dem eigenen Vortheil nachzugehen, wie in den Städten schon längst geschehen war."

Wir finden also auch hier schon diese agrarische Idiosynkrasie gegen die Städte, in welchen doch der biedere Landbewohner Geld borgt und so gern seinen Vergnügungen nachgeht. Namentlich tobt Marwitz dagegen, daß Stadt und Land in Betreff der Abgaben gleichgestellt werden sollen; und während er alle Privilegien für den

Landadel in Anspruch nimmt, gönnt er doch mit Vergnügen den Städten das Privileg des ausschließlichen Steuerbezahlens.

Auch scheint er sich nie folgende Fragen vorgelegt zu haben:

Wo soll „Vertrauen und Respekt" herkommen, wenn Alle überschuldet und bankerott sind?

Kann denn der Bürgerliche adelige Güter kaufen, wenn der Edelmann nicht verkaufen will oder muß?

Wie kommt es wohl, daß Bauerngüter nicht so häufig verkauft werden, und aus dem Besitz der Familie kommen, als die Güter der Edelleute? Kommt es nicht etwa daher, daß die Bauern mehr arbeiten und mehr sparen, dagegen weniger „noble Passionen" und Hang zur Verschwendung besitzen, daß sie ihre Ausgaben nach den Einnahmen richten, und daß sie mit dem Kredit vorsichtiger und maßvoller umgehen? Ich wenigstens kenne ganze Dörfer, in welchen keine einzige Hypothek existirt, weil die Bauern die Existenz einer solchen als eine Art von Schimpf, als eine levis notae macula ansehen. Giebt es einen Kreis, in welchem dasselbe in Betreff der adeligen Güter der Fall ist? Ich weiß keinen!

„Von nun an," sagt Marwitz schon 1825, „fallen die Begriffe „adelige Güter" und „großer Grundbesitz", die bis dahin beinahe synonym waren, ganz auseinander, denn der alten Familien, die ihre Güter meiden mußten, ward sehr bald eine so große Zahl, daß in mancher Gegend auch nicht mehr der vierte Theil im Besitz derselben sich noch befindet. Das Uebrige befindet sich alles in den Händen neuer spekulirender Acquirenten."

Wer ein Gut kauft, ist allemal, nach Marwitz, ein Blutsauger, ein Geldprotz, ein Wucherer und ein „Spekulant", wer dagegen genöthigt ist, zu verkaufen, wer das Erbe seiner Väter mit Schulden belastet hat, daß er es nicht mehr für die Söhne behaupten kann, der ist allemal ein unschuldiges Opfer. Es kann ja so sein, aber es wird nicht immer so sein, ja es wird in der Regel nicht so sein.

Hören wir nun, bevor wir von Marwitz Abschied nehmen, was er, außer den Land- und Hypotheken-Büchern und dem Allgemeinen

Landrecht, als die neuesten Ursachen des Verfalls der adeligen Güter aufzählt:

„Verlust der bisherigen Abgabenfreiheit bei ihrem schon verschuldeten Zustande, wo also der Besitzer so viel zahlen mußte, als sei sein Vermögen gleich dem ganzen Werthe des Gutes, von dem vielleicht nur der zehnte Theil ihm noch wirklich gehörte.

Verlust aller nutzbaren Privilegien.

Verlust aller Naturaldienste, und daher die Nothwendigkeit, jede Arbeit mit Geld zu bezahlen, die sonst umsonst geleistet wurde.

Erzwungene Gemeinheitstheilungen, und daher die Nothwendigkeit, mehr Acker anzunehmen und die Wirthschaft zu vergrößern, wenngleich es schon zu der kleineren an Geld gefehlt hatte.

Wucher von allen Seiten, wenn er borgen mußte.

Mahlsteuer, Schlachtsteuer, Gewerbesteuer für Brennereien, Brauereien und Mühlen, Accise für dieselben Gegenstände und für den Tabakbau, Klassensteuer, Provinzial-, Schulden-Tilgungs-Steuer eingeführt und ihm auferlegt.

Allgemeine Konkurrenz im Lande, bei den Gegenständen, die er sonst ausschließlich nutzte, und sogar von dem Auslande eingeführt, wo entweder die Gegenstände nicht besteuert waren, oder wo die rohen Produkte viel wohlfeiler erzeugt wurden, weil dort noch Naturaldienste stattfanden." (Wo giebt es denn noch Robot und Frohnden?)

Und endlich, trotz des damals noch bestehenden Kornzolls, der 1816 auf 1817 hin und wieder Hungersnoth hervorrief, immer mehr
„Sinkende Getreidepreise".

Man sieht, diese Sorte von Leuten — wir wollen sie mit dem Namen, den sie sich selbst, wahrscheinlich in Erinnerung an die schlimmen agrarischen Bewegungen zur Zeit der römischen Gracchen, neuerdings beigelegt haben, „Agrarier" nennen, um sie dadurch von dem patriotischen und in wohlgeregelten Finanzen lebenden Grundabel und den wirklichen Konservativen zu unterscheiden — diese „Agrarier" sind immer dieselben. Sie haben in der langen Zeit von 1810 bis 1880 nichts gelernt und nichts vergessen.

Sie sagten schon vor Dreiviertel-Jahrhunderten: „Wir sind alle ruinirt, wir sind alle überschuldet, wir können uns nicht mehr behaupten, wir gehen zu Grunde."

Sie sind nicht zu Grunde gegangen, sie sind noch vorhanden, aber nur, um heute noch dasselbe zu sagen, wie damals.

Nur die Begründung ist heute anders, als damals.

Damals, zur Zeit, da ein Marwitz schrieb, legten sie ihr Unglück jenen Gesetzen und Einrichtungen zur Last, welche während der auf das Unglücksjahr 1806 folgenden Reform-Periode der König von Preußen aus eigener unbeschränkter Machtvollkommenheit geschaffen.

Heute dagegen, und namentlich während der Wahlbewegung von 1881, welche ihnen statt des von ihnen als unzweifelhaft sicher betrachteten Sieges eine unzweifelhafte Niederlage eintrug, schieben sie die Schuld auf die deutsche Reichsgesetzgebung aus der Periode von 1867 bis 1877, welche Gesetzgebung bekanntlich aus der Initiative des Fürsten Bismarck in seiner Eigenschaft als Reichs- und Bundeskanzler hervorging. Heute versuchen sie sogar den Freiherrn vom Stein für sich als einen der ihrigen zu vindiziren, — denselben großen Staatsmann, welchen sie damals, 1825 (siehe Marwitz) verlästerten als „den Stifter des Unheils" und als einen unwissenden Demagogen.

Die Begründung ihrer Klagen in 1881 steht in diametralem Widerspruch mit der Begründung in 1825.

War, wie Marwitz behauptet, 1825 schon alles im tiefsten Verfall, der sich seitdem nur noch immer verschlimmert, so können an diesem Untergang, der ein weit älteres Datum trägt, die Gesetze der wirthschaftlichen Reform-Periode von 1867 bis 1877 nicht schuld sein.

Während sich ein solcher unlösbarer Widerspruch zeigt in der sachlichen Begründung, finden wir vollkommene Uebereinstimmung in der Fechtweise, in der Art des Verfahrens. „Ist es gleich Unsinn, hat es doch Methode." Und die Methode charakterisirt sich im wesentlichen mit folgenden Strichen:

Ueberall die Schuld suchen, nur nicht bei sich selber.

Für Dinge, welche sich nach unabänderlichen und unausweichlichen Naturgesetzen vollziehen, einzelne daran vollkommen unschuldige Klassen der bürgerlichen oder wirthschaftlichen Gesellschaft verantwortlich machen. Oder gar einzelne Menschen. Und dann die letzteren, mögen sie nun das Unglück, Minister zu sein oder gewesen zu sein, haben oder nicht, beschimpfen und verleumden. (Heute erweist man Rudolf Delbrück dieselbe Ehre, wie vor siebenzig Jahren Karl vom Stein. Es sind beinahe die nämlichen Schimpfworte. Es werden keine fünfzig Jahre vergehen, dann werden die Konservativen auch Delbrück als einen der ihrigen feiern, wie sie es heute schon mit dem vormals so viel verlästerten Freiherrn vom Stein thun.)

Statt sich selbst zu helfen, von dem Staate Hilfe verlangen, auch da, wo er ganz außer Stande ist, diese Hilfe zu leisten. So soll er ihnen zu Liebe die Eisenbahn-Frachten und damit den Transport überhaupt vertheuern, — den Transport aus dem Süd-Osten nach und durch Mitteleuropa. Giebt es denn nicht auch einen Transport in der genannten Richtung, welcher von den Donaumündungen, von dem Schwarzen Meer, von Triest und Fiume durch die Säulen des Herkules nach den Häfen der Nord- und der Ost-See führt? Kann die deutsche Gesetzgebung denn auch diesen Transport unterdrücken oder vertheuern? Existirt nicht auch ein Wassertransport auf der Elbe, welcher von Süd-Osten nach der Nordsee führt? Ist nicht diese, namentlich im Sommer sehr wegsame Wasserstraße durch internationale Verträge vor jeder Belastung durch Zölle geschützt? Können oder wollen wir unsere internationalen Verpflichtungen brechen? Wird nicht der einzige Erfolg unserer jetzigen General-Vertheuerungs- und Besteuerungs-Politik, wenn man dieselbe auf die Güter-Fracht-Tarife der Eisenbahnen anwendet, darin bestehen, daß die Güter, soweit die Möglichkeit hierzu vorhanden — und sie ist ja vorhanden — unser Land gänzlich meiden oder die Wasserstraße vorziehen, so daß unsere Eisenbahnen die betreffenden Einnahmen verlieren und wir durch immer weitere Einführung neuer Steuern oder Erhöhung der alten, den Ausfall in den Einnahmen unserer „verstaatlichten" Schienenstraßen ersetzen müssen, ohne irgendwie den Zweck der Transport=Vertheuerung für ausländische Waaren (abgesehen von dessen Verwerflichkeit an und für sich) zu erreichen?

Man verlangt von dem Staat, er soll Einfluß auf den Preis des Getreides oder auf die Werthrelation zwischen Silber und Gold und dgl. ausüben, ohne zu bedenken, daß sich dergleichen Dinge auf dem Weltmarkte regeln, auf welchen die deutschen Gesetze und die deutschen Regierungen nicht den geringsten Einfluß ausüben.

Ein weiterer Grundzug der agrarischen Bewegung, welcher sich damals gegen die Reform=Gesetzgebung von 1807 bis 1820 richtete, und sich jetzt gegen die von 1867 bis 1877 richtet, ist:

Hilfe und Privilegien verlangen auf Kosten aller übrigen Staatsangehörigen und Einwohner des Landes. Das Recht reklamiren, statt des Landesherrn und seiner Richter selbst Recht zu sprechen und für seine Privatkassen die übrigen Unterthanen besteuern, ohne irgend eine Gegenleistung dafür zu bieten.

Deshalb haben denn auch diese Opponenten, welche für sich das Monopol der „Königstreue" in Anspruch nehmen, sich am meisten entsetzt über jene Stellen in „Stein's politischem Testament", worin es heißt:

. .

„Regierung kann nur von der höchsten Gewalt ausgehen.

Sobald das Recht, die Handlungen eines Mitunterthanen zu bestimmen oder zu leiten (oder denselben zu besteuern oder Frohnden von ihm zu heischen), mit einem Grundstücke ererbt werden kann, verliert die höchste Gewalt ihre Würde, und die Anhänglichkeit an den Staat wird geschwächt in den also gekränkten Unterthanen.

Nur der König sei Herr!"

• • •

„Man hat versucht, die Erbunterthänigkeit (durch Abschaffung der Freizügigkeit u. s. w.) in einzelnen Punkten wiederherzustellen. Mir scheinen diese Versuche keiner Beachtung werth, weil nur einige Gutsbesitzer sie machten, die nicht das Volk, sondern nur der kleinste Theil desselben sind, insbesondere aber, weil niemals die Rede davon sein kann, diesen Einzelnen auf Kosten der freien Persönlichkeit (persönlichen Freiheit) zahlreicher Mitunterthanen Gewinn zuzuwenden."

• • •

„In der Vervollkommnung des Innern setze ich mein Ziel. Es kommt darauf an, die Disharmonie, die im Volke stattfindet, aufzuheben, den Kampf der Stände unter sich zu vernichten, gesetzlich die Möglichkeit aufzustellen, daß Jeder im Volke seine Kräfte, frei in moralischer Richtung entwickeln könne, und auf solche Weise das Volk zu nöthigen, König und Vaterland dergestalt zu lieben, daß es Gut und Blut ihm gerne und willig zum Opfer bringe."

• • •

Obige Worte, welche sich im Jahre 1813 bewährten, datiren vom 24. November 1808. Sie wären auch noch für den 27. Oktober 1881 passend gewesen.

Damals wie jetzt ist jene Koterie, welche Stein als „einige Gutsbesitzer" bezeichnet, immer darauf aus, die jeweils bestehende Gesetzgebung anzufeinden und umzustoßen und zu einer Staats- und Gesellschafts-Verfassung zurückzukehren, welche, wenn sie auch vormals eine Berechtigung hatte, heutzutage selbst dann eine Unmöglichkeit wäre, wenn die maßgebenden Personen sich in Betreff ihrer Wiederherstellung im vollständigsten Einvernehmen befänden.

Wenn Stein 1808 sagte, „einige Grundbesitzer", so hätte er auch sagen können „der überschuldete Grundbesitz einiger Edelleute", welche seit 1808 bis 1880 ewig malcontent waren und ein unruhiges frondirendes Element in dem Staatsleben bilden. An und für sich ohne Machtstellung, suchten sie dieselbe ausschließlich bei Hofe, in neuerer Zeit aber in einer Koalition mit denjenigen, welche zu Gunsten einer existenz- und exportunfähigen ungesunden Industrie die existenz- und exportfähige gesunde gewerbliche Produktion opfern wollen. Man versprach sich von dem Tarif von 1879 bessere Handelsverträge, indem man sagte: „Wir müssen unsere Tarife erhöhen, um sie uns von den Andern herunter handeln zu lassen durch Konzessionen, welche sie unserm Export gewähren." Eitle Täuschung! Das Gegentheil ist eingetreten. „Böse Beispiele verderben gute Sitten." Wir Deutsche, die wir relativ wenig Küste haben und im Zentrum von Europa liegen, wir hatten am allerwenigsten Ursache, ein böses Beispiel zu geben und dadurch unsere Nachbarn aufzufordern, demselben zu folgen. Sie sind ihm gefolgt. Sie haben uns gegenüber ihre Finanzzölle erhöht und dadurch unsere ausfuhrfähigen Industrie-Zweige geschädigt. Unsere ehemaligen Handels- und Tarif-Verträge sind nicht wieder erneuert, und soweit wir überhaupt noch mit dem System der westeuropäischen Handels-Verträge, welches durch den englisch-französischen Vertrag inaugurirt ward, zusammenhängen, haben wir dies der so viel geschmähten Klausel von „dem Recht der meistbegünstigten Nation" zu verdanken. Ohne sie wäre uns die Thür auch in Frankreich verschlossen.

Das Schlimmste aber ist, daß wir diesen traurigen Zustand uns selbst zuzuschreiben haben, nämlich jener vorübergehenden Verwirrung, welche sich der öffentlichen Meinung bemächtigt hatte und schon jetzt wieder zu weichen beginnt, wenn die Anzeichen nicht trügen. Man glaubte damals, die Thür könne offen und geschlossen zugleich sein.

Geschlossen für die hineingehenden und offen für die hinausgehenden Waaren. Dies war ein verhängnißvoller Irrthum. Die Thür kann nur offen sein, oder geschlossen, aber sie kann nicht Beides zugleich sein. Ist sie geschlossen nach innen, dann ist sie es auch nach außen. Das hätte man 1879 wissen können und sollen.

Ich kann hier nicht alle Einzelheiten aufführen und alle jene Minen verfolgen, welche die Gegner Stein's und Hardenberg's vom politischen Gebiete aus, auf welchem ihnen Friedrich Wilhelm III. halbwegs Gehör schenkte, anlegten und hinüber trieben auf das wirthschaftliche Gebiet, um auf diesem die Gesetze und Einrichtungen aus der Zeit der Wiedergeburt Preußens in die Luft zu sprengen.

Ein reichhaltiges Material hierüber enthält die rühmlichst bekannte Schrift von Dieterici „Zur Geschichte der Steuer-Reform in Preußen von 1810 bis 1820". Dieterici hat aus dem geheimen Staatsarchiv geschöpft. Sein Buch zeigt uns, auf welche kolossalen Schwierigkeiten die damaligen Rathgeber der Krone stießen, welche Hindernisse sie zu überwinden hatten, um die Reformen durchzusetzen, und daß ihre Gegner, sowohl was ihre persönliche Stellung, als was deren Argumente anlangt, damals ganz dieselben waren, welche jetzt die Gesetzgebung der Periode 1867 bis 1877 wieder umstoßen wollen. Den letzteren ist ein Theil ihres Planes gelungen, aber nicht auf jenem langsamen und gründlichen Wege von 1810 bis 1820, sondern mittelst einer Ueberrumpelung und einer Koalition, welche keine Dauer verspricht.

III. Der Zollverein und die volkswirthschaftliche Reaktion.

Wenn wir einen Rückblick auf die Zeit seit 1807 werfen, namentlich auf die Kämpfe, welche sich auf dem Gebiete der Volkswirthschafts- und Finanz-Politik während dieser Zeit abgespielt haben, so kann uns ein solcher nur mit Vertrauen auf den Sieg der wirthschaftlichen Freiheit und Einheit erfüllen.

Ich setze die Geschichte der Tarif-Reform von 1818 und der Anfänge des Zollvereins als bekannt voraus, indem ich auf meine Schrift „Die Männer des Zollvereins" (Berlin, Simion, 1881) verweise. Hier handelt es sich nur darum, einen Rückblick auf die Geschichte der wirthschaftlichen Reaktion zu werfen.

Es läßt sich nicht leugnen, daß sie vorübergehend den Anschein großer Stärke hatte und einzelne vorübergehende Erfolge erzielte, allein im Großen und Ganzen hat sie mit jedem Jahre an Terrain verloren und viele ihrer Prätensionen, die sie noch zu Marwitzens Zeiten mit einer Art Siegesgewißheit geltend machte, hat sie seitdem aufgegeben und aufgeben müssen.

Eine Eigenthümlichkeit dieser Reaktion ist, daß sie sich scheu verbirgt in den Zeiten eines großen Aufschwungs oder großer Thaten, daß sie dagegen keck ihr Haupt erhebt in den Zeiten der Verwirrung, der Niedergeschlagenheit, der Kalamität, der Erschlaffung und der Versumpfung. Sie nennt die Wiedergeburt Verfall, um den Verfall Wiedergeburt nennen zu können.

Nachdem die große Reform-Periode von Stein und Hardenberg im Wesentlichen ihre damalige Aufgabe gelöst und die Befreiungskriege Deutschland seine Unabhängigkeit wiedergegeben hatten, begannen, wie wir gesehen haben, die reaktionären Maulwürfe wieder zu wühlen. Man benutzte die zaudernde und unentschlossene Haltung des Königs gegenüber den politischen Reform-Projekten, um ihn der so glorreich von ihm durchgeführten volkswirthschaftlichen Reform abwendig zu machen. Jedoch ohne sonderlichen Erfolg. Zwar gelang es dem Fürsten Metternich, wie wir erzählt haben, den König für die politische Reaktion zu gewinnen; allein glücklicherweise war Metternich, obgleich ein großer Diplomat, in volkswirthschaftlichen Dingen so unwissend, daß er gar keine Ahnung von dergleichen hatte; sonst hätte er es sich gewiß zur Aufgabe gemacht, die Gründung des Zollvereins zu hintertreiben, welcher Preußen die Hegemonie in Deutschland verschaffte.

Allein auch die Gründung, Erhaltung und Erweiterung des Zollvereins hatte tausend Schwierigkeiten zu überwinden, welche ihr von der preußischen Reaktion in den Weg gelegt wurden.

Es gehörte der ehrliche grade Geist und der nüchterne gesunde Menschenverstand des Königs, unterstützt durch die außerordentliche Geschicklichkeit und Ausdauer Maaßen's und Kühne's dazu, diese Schwierigkeiten zu überwinden.

Schon 1833 hatte Maaßen, als ihn der König wegen des guten Ertrags der Steuern und Zölle während der schweren Periode von 1830 bis 1832, wo man mit der Cholera und halbem Kriegszustande im Osten und Westen (Polen und Frankreich) zu kämpfen hatte, belobte, mit vorsorglicher Offenheit erklärt, daß der erweiterte Zollverein für die erste Zeit Einnahmeverluste für Preußen haben werde. „Nun," hatte Friedrich Wilhelm III. gütig geantwortet, „dafür wird unser Maaßen auch schon Rath wissen".

Als aber die mageren Jahre nun wirklich kamen, da war Maaßen schon todt; er war am 2. November 1834 gestorben, und an seine Stelle war als Finanzminister Graf von Alvensleben getreten. Die romantische Reaktion warf ihre Schatten voraus, und der Zollverein und seine großen Begründer begannen, selbst in Preußen, mißliebig zu werden. Auch Kühne wurde bei Seite geschoben, obgleich er in seiner Stellung verblieb. Unter Motz und Maaßen Kollege und Mitarbeiter, ohne dessen Rath nichts geschah, sollte Kühne unter Alvensleben zum Handlerikon degradirt werden, welches man nur dann nachschlug, wenn man eines seiner Daten bedurfte.

Graf Alvensleben erstattete für den Finalkassenabschluß von 1835 einen Bericht an den König, worin er die Einnahmen aus Steuern und Zöllen von 1831 bis 1833 mit denjenigen von 1834 bis 1835 verglich und zu dem Ergebniß gelangte, daß der Minderertrag an Zolleinkünften „den nachtheiligen Einwirkungen des Zollvereins beizumessen sei, ohne welche mit Sicherheit höhere Einnahmen zu gewärtigen gewesen wären". Vergeblich bestritt Eichhorn (damals Direktor im Ministerium des Auswärtigen, später Minister) diesen

Kausalnexus, indem er hinzufügte, es komme übrigens auch auf diese finanzielle Seite weniger an, der Verein sei von zu großer politischer Wichtigkeit, als daß man vor vorübergehenden und unbedeutenden Ausfällen zurückschrecken dürfe. Es erging eine Kabinetsordre, laut welcher der König „diese ungünstigen finanziellen Resultate sehr ungern ersehen hatte, und der Finanzminister angewiesen wurde, mit dem Minister der auswärtigen Angelegenheiten in Korrespondenz darüber zu treten, in welcher Art rc." Es wurde ernsthaft hin und her korrespondirt und erwogen, ob nicht Preußen durch finanzielle Gründe genöthigt sei, den Zollverein zu kündigen und wieder aufzulösen und „sich ganz auf sich selbst zurückzuziehen", bis endlich der König selbst entschied, „daß von einer Auflösung des Zollvereins und somit auch von einer Kündigung keine Rede sein könne."

Daß aber der Zollverein noch fortwährend, auch von preußischer Seite, d. h. von der preußischen Reaktion und Fiskalität, wenigstens von Zeit zu Zeit mit dem Untergange bedroht war, beweist der Umstand, daß Kühne genöthigt war, unaufhörlich zu dessen Vertheidigung das Wort zu führen, nicht nur in amtlichen Gutachten und Berichten an den König, sondern auch in Druckschriften, welche meist anonym erschienen sind, über deren Autorschaft aber kein Zweifel herrscht. Ohne Kenntniß dieser Kühne'schen Schriften kann eine erschöpfende Geschichte des deutschen Zollvereins gar nicht geschrieben werden. Die erste heißt: „Ueber den deutschen Zollverein." Sie erschien zunächst 1834 in der historisch-politischen Zeitschrift von Leopold von Ranke und dann als Broschüre 1836 bei Decker in Berlin. Sie schließt mit dem in der Form bescheidenen, aber in der Sache entschiedenen Ausspruch, „daß Vieles und Wohlerwogenes täuschen müsse, wenn in den augenblicklichen finanziellen Ergebnissen des Vereins ein Grund zu dessen Wiederauflösung gefunden werden sollte".

Die Angriffe der fiskalischen Reaktion Preußens gegen den Zollverein dauerten jedoch fort und 1840 mußte Kühne wiederholt zur Feder greifen, um sein Werk, den Zollverein und das Andenken seiner

Miturheber Maaßen und Motz zu vertheidigen. Er schrieb die berühmte und jetzt so selten gewordene „Denkschrift über die bisherigen Erträge und Erfolge des Zollvereins" und setzte es nach endlosen Anstrengungen durch, daß es ihm endlich erlaubt wurde, 700 Exemplare derselben drucken zu lassen und eines davon dem Kronprinzen zu überreichen.

Ein weiterer Kreis der Oeffentlichkeit war der zweiten Defensionsschrift Kühnes gestattet. Sie erschien in Berlin bei Decker im August 1846 unter dem Titel: „Der deutsche Zollverein während der Jahre 1834 bis 1845" und hat dann mehrere Auflagen erlebt, welchen verschiedene Nachträge und eine auch heute noch lesbare Abhandlung über Differenzialzölle beigefügt sind. Kühne sagt in der Vorrede unter Verweisung auf seine „Denkschrift", die in derselben ausgesprochenen Hoffnungen hätten sich alle erfüllt, aber das habe er doch nicht vorausgesehen, daß der Zollverein wenige Jahre später wieder angefochten, ja dessen Existenz werde in Frage gestellt werden, nicht, weil er zu wenig, sondern weil er zu viel einbringe.

Noch nach der Abrundung, welche der Zollverein 1835 durch den Anschluß von Baden, Frankfurt und Nassau gewann, machte der Finanzminister von Alvensleben Kühne Vorwürfe, „man habe sie finanziell kürzer halten müssen". Kühne remonstrirte. Es war umsonst. Da suchte er um seine Versetzung in ein anderes Ressort nach. Der König verweigerte dieselbe, Kühne sei unentbehrlich. Kühne brachte das Opfer, zu bleiben.

Durch die rückläufige Bewegung in Zollvereinssachen, welche sich seit Mitte der dreißiger Jahre in Berlin selbst geltend machte und welche den zentrifugalen und schutzzöllnerischen Faktoren in den übrigen Zollvereinsstaaten kein Geheimniß bleiben konnte, war die hegemonische Stellung Preußens erschüttert. Wie kann der Führer sein oder bleiben, der selber in's Schwanken geräth und Zweifel wachruft, ob er auch wisse, was er wolle?

Der Tod Friedrich Wilhelms III. entfesselte vollends die zentrifugalen Gewalten. König Friedrich Wilhelm IV. hatte, trotz seiner

Vielseitigkeit, vielleicht auch wegen derselben, nicht so viel Ausdauer und Konsequenz wie sein Vater. Er war eine geniale, sein Vater eine praktische Natur. Dort war Poesie und Romantik, hier der einfache, nüchterne, gesunde Menschenverstand.

Alsbald nach dem Tode des Königs entstand unter den süddeutschen Fabrikanten eine lebhafte Schutzzollbewegung, welche sich bis nach der preußischen Rheinprovinz fortpflanzte. Preußen schien nicht mehr die frühere Widerstandskraft zu besitzen. Dies führte zu einer erheblichen Zollerhöhung auf Garn und auf Eisen. Der erhöhte Eisenzoll sollte nur eine vorübergehende Maßregel, eine Art von Retorsion sein. Trotzdem hat er sich zum Theil über dreißig Jahre behauptet.

Zugleich bemühten sich die schutzöllnerischen Fabrikanten in Preußen um Errichtung eines „Handelsamtes". Kühne widersetzte sich diesem Plan mit allen seinen Kräften. Bisher war der preußische Finanzminister zugleich auch der Volkswirthschaftsminister. Er war nicht der Mann, der um jeden Preis Geld schafft, viel Geld und schnell Geld; der die Kasse des Staats füllt, selbst auf die Gefahr hin, die Kassen der Unterthanen ganz zu leeren; — der in seinem rustikalen Feuereifer, einen „großen Koup" zu machen, die Henne schlachtet, welche ihm die goldenen Eier legt. Der preußische Finanzminister fand vielmehr den schönsten Theil seines Berufes darin, neben den Interessen der Staatsfinanzen auch diejenigen der bürgerlichen und wirthschaftlichen Gesellschaft zu wahren, die Finanzgesetze derart einzurichten und zu handhaben, daß sie die wirthschaftliche Thätigkeit nicht hemmen und erschweren, sondern fördern, worin er zugleich das einzige Mittel erblickte, das Staatseinkommen nachhaltig zu erhöhen; denn was hilft es, neue Zölle einführen, welche, weil sie für die wirthschaftliche Thätigkeit eine Abschreckung oder gar eine Strafe enthalten, die direkten Abgaben in ihrem Ertrage vermindern?

„In Wirklichkeit," sagt Kühne, „handelte es sich bei dem Drängen auf Errichtung eines Handelsamts nicht sowohl um Kreirung einer neuen Behörde, als vielmehr um eine Prinzipienfrage ersten

Ranges, — nämlich darum, ob die bisherigen Prinzipien der preußischen Zoll- und Handelspolitik, wie sie sich seit 1818 festgestellt hatten, geändert, d. h. ob statt eines mäßigen Eingangszolles ein vager Schutzoll eingeführt werden soll, dem jedesmaligen beliebigen Dafürhalten der inländischen Fabrikanten entsprechend."

Trotz alledem wurde das „Handels-Amt" am 7. Juni 1844 errichtet.

Das Handelsamt eröffnete seine Thätigkeit damit, eine Versammlung von „Notabeln der Industrie" zu berufen, welche eine ganze Reihe von prohibitiven und protektionistischen Maßregeln auf der Basis eines Differenzialzollsystems beantragte.

Man erinnert sich dabei unwillkürlich jenes „Volkswirthschafts-Rathes", welchen man 1880 in Preußen eingeführt und 1881 in dem Budget des deutschen Reiches in Vorschlag gebracht hat; allein man würde der Regierung von 1844 Unrecht thun, wollte man ihre Notabeln-Versammlung mit dem „Volkswirthschaftsrath" von 1880 und 1881 identifiziren. Erstens war die Zusammensetzung 1844 eine ganz andere; die Mitglieder waren 1844 leistungsfähiger und tendenzfreier. Dann aber — und das ist meines Erachtens die Hauptsache, gab es damals weder einen preußischen Landtag, noch einen deutschen Reichstag, durch welche heute dergleichen „Winkelparlamente" überflüssig geworden.

Indessen hatte die Errichtung des Handelsamtes auf die Dauer nicht die von Kühne befürchteten üblen Folgen. Auf der Zollkonferenz von 1845, in Karlsruhe, nach schwächlicher und schwankender Haltung, kehrte die preußische Regierung zu ihrer früheren konsequenten Stellung zurück.

An die Spitze des Handels-Amtes hatte man damals Herrn von Rönne berufen, den Bruder unseres berühmten Lehrers des preußischen und deutschen Staatsrechts Ludwig von Rönne. Rönne berief Delbrück an seine Seite, welcher letztere bisher dem Finanzministerium angehört hatte.

Beide wurden bis dahin für gemäßigte Schutzzöllner gehalten. Allein wenn sie das waren, dann wurden sie, ebenso wie später Bismarck im Bundestag von seinen schwarz-gelben Velleitäten kurirt ward, durch den Verkehr mit den „Notabeln" eines Bessern belehrt. Präsident von Rönne, in der Konfliktszeit Mitglied des preußischen Abgeordneten-Hauses, gestorben 1865, war während seiner parlamentarischen Laufbahn entschiedener Freihändler. Delbrück ging 1848 vom „Handelsamt" in das neu errichtete „Handelsministerium" über; 1850 finden wir ihn zum ersten Mal als Vertreter dieses Departements in den preußischen Kammern. Er spricht für den allmählichen Uebergang zu einem gemäßigten Freihandel. Diesem Grundsatze ist er seitdem im Amte und außerhalb desselben unabänderlich treu geblieben.

Nun kam das Jahr 1848.

Es gab einen kräftigen Anstoß zur nationalen Bewegung, welche Bismarck 1867 zu einem vorläufigen Abschluß gebracht hat.

Im Uebrigen aber kam, nachdem der Polizeidruck, welcher alles niederhielt, Schlechtes wie Gutes, plötzlich in Wegfall gekommen, auch viel Verworrenes, Veraltetes und Rückläufiges zum Vorschein, namentlich auf wirthschaftlichem Gebiete. Denn die geläuterten Lehren der Volkswirthschaft hatten bis dahin nicht in die breiteren Schichten der Bevölkerung eindringen können. Sie hatten ihren Hauptsitz in dem preußischen Beamtenthum, das in den Traditionen der Stein-Hardenberg'schen Epoche groß geworden. In Süddeutschland dagegen erhob die schutzzöllnerische Agitation wieder mächtig ihr Haupt, u. a. auch das Parlament in der Paulskirche mit protektionistischen Sturmpetitionen bedrängend. In vielen und namentlich in den kleinen Städten aber kamen reaktionär-zünftlerische Velleitäten zum Vorschein, verquickt und seltsam aufgeputzt mit demokratischen Ideen und sozialistischen Schlagworten, wie dem „Recht auf Arbeit" u. dgl.

Indessen wurden alle diese Dinge überragt und bei Seite geschoben durch zwei weltgeschichtliche Thatsachen, nämlich erstens, daß Preußen ein konstitutioneller Staat wurde, und zweitens, daß das

Verhältniß und die Stellung Oesterreichs im deutschen Bunde in Frage gestellt ward.

Diese beiden Gesichtspunkte sind maßgebend auch für die volkswirthschaftliche Entwickelung Deutschlands seit Achtundvierzig. Ich will das mit wenigen Worten erläutern:

Von dem Augenblick, da Preußen eine Verfassung und eine wirkliche Volksvertretung erhalten, werden alle jene Kämpfe in dem vollen Lichte der Oeffentlichkeit ausgefochten, welche früher unter möglichst sorgfältiger Ausschließung jeder Publizität, in den Büreaus geführt wurden. Was bis dahin gleichsam hinter den Koulissen oder unter der Erde vor sich ging, das tritt jetzt an das volle Licht des Tages. Während früher einzelne Staatsmänner, liberale und reaktionäre, ohne daß ein Ton zu den Ohren der Nichteingeweihten gedrungen, einen hartnäckigen und oft und lange unentschieden hin und her wogenden Kampf mit einander kämpften, in welchem es galt, im Ministerium oder im Staatsrath obenauf zu kommen, und schließlich das Ohr des Monarchen zu gewinnen, bemächtigten sich von nun an die Parteien und die Presse dieser Fragen; und vor allem unterzogen sich die preußischen Parlamente der volkswirthschaftlichen Debatte, welche vor Achtundvierzig nur in mittel- und kleinstaatlichen Kammern stattfand und dort in der Regel nur nach engen, kleinlichen und untergeordneten Gesichtspunkten geführt ward. Die volkswirthschaftliche Einsicht, welche in der Stille der Büreaus gehegt und gepflegt worden war, trat nun hinaus auf den lauten Markt des öffentlichen Lebens. Die Geheimlehre der Beamten wurde Gemeingut des Volks. Das Talent hatte sich in der Stille gebildet, der Charakter reifte im Strome der Welt. Man darf aber deshalb nicht gleichgültig auf die Zeit von 1818 bis 1848 herabsehen. Gerade während dieser äußerlich so unscheinbaren und ereignißlosen Zeit haben die Männer der volkswirthschaftlichen Einsicht, kurz gesagt „die Männer des Zollvereins", nicht nur in und für Preußen, sondern für ganz Deutschland, ein mächtiges Stück Kultur-Arbeit verrichtet, für das wir heute noch dankbar sein müssen. Unsere Aufgabe ist es, von den Waffen, die uns die Verfassung, das Parlament und die Presse bieten, — Waffen, welche jenen Männern gar nicht, oder doch nur in sehr beschränktem Umfang zur Verfügung standen, — Gebrauch zu machen, um die damals errungenen wirthschaftlichen Reformen zu vertheidigen, zu bewahren, zu erweitern und, soweit sie geschädigt oder verunstaltet wurden, in ihrer ursprünglichen Reinheit und Vollständigkeit wiederherzustellen. Dies ist uns bisher im Wesentlichen gelungen. So oft auch die Reaktion, in der Regel vom politischen Terrain aus vordringend, Einbrüche in die weitere Entwickelung der volkswirthschaftlichen Freiheit versuchte, ist ihr nach kurzer Zeit ein Halt geboten und sie dann zurückgeworfen worden. Dauernde Eroberungen sind ihr nicht gelungen. Sie hat z. B. aus dem stolzen Gebäude der Gewerbefreiheit, zu welchem Friedrich Wilhelm III. den Grundstein gelegt und das der Reichstag des norddeutschen Bundes auf Grund eines von der damaligen Bundesregierung vorgelegten Gesetzentwurfs vollendet hat, bis jetzt nicht einen einzigen Stein herauszubrechen gewagt. Im Jahre 1849 hat zwar der Minister von der Heydt, der damaligen reaktionären Strömung weichend und sich davon einen Erfolg bei den Wahlen versprechend, eine seltsame Verordnung über Handwerks-Innungen und -Prüfungen u. dgl. erlassen. Allein sie ist spurlos verschwunden. Kein Mensch bewahrt ihr heute noch ein Gedächtniß. Die klerikal-konservative Mehrheit des für 1878 bis 1881 unter eigenthümlichen Umständen gewählten Reichstages hat zwar einige Gewerbe-„Novellen" berathen. Allein dieses novellistische Gesetzgebungswerk hat an dem Gebäude selbst nichts geändert, sondern höchstens einige kleine Flächen seiner äußeren Mauern mit seltsamen Zeichnungen und Farben angestrichen, welche uns an des Abbé Domenech „Livre des Sauvages" erinnern.

Wie die Reaktion stets in Zeiten der Ermattung und der Niedergeschlagenheit eintritt, zuweilen auch selbst Niederlagen herbeiführt, die sie dann ausbeutet, so wird die politische Reaktion der fünfziger Jahre markirt durch den Namen Olmütz. Allein den weiteren Fortschritten der volkswirthschaftlichen Reaktion, die sich auch schon auf der Kasseler Zollkonferenz (1850) in der schwachmüthigen Haltung Preußens offenbart hatte, wurde ein kräftiger Riegel vorgeschoben durch den im September 1851 mit Hannover abgeschlossenen Vertrag, welcher echten nordischen Freihandels-Boden dem deutschen Zollverein einverleibte, nämlich die Staaten des bisherigen nordwestdeutschen Steuervereins. Dieser Schritt vollendete die Wiederanknüpfung an die großen Traditionen der ursprünglichen preußischen Zollvereins-Politik.

Von den anderen deutschen Staaten wurde er in seiner Wichtigkeit und Tragweite erkannt und behandelt. Die schwarzgelben und schutzöllnerischen Regierungen setzten alle ihnen zur Verfügung stehende Macht daran, denselben wieder rückgängig zu machen, oder, selbst auf die Gefahr hin, das wirthschaftliche Band, welches sie mit Preußen einigte, zu sprengen, den gleichzeitigen Eintritt der ganzen österreichisch-ungarischen Monarchie in den Zollverein zu erzwingen und dadurch Preußen ein Paroli zu bieten, d. i., um es deutlich und deutsch auszudrücken, Oesterreich auch im Zollverein die Stellung der Präsidialmacht, die es im Bundestag bereits hatte, zu verschaffen und Preußen, die bisherige volkswirthschaftliche Vormacht, in die zweite Stelle herunterzudrücken.

Dasselbe Bestreben wiederholte sich bei dem Handels-Vertrag, welchen Preußen Namens des Zollvereins am 2. August 1862 mit Frankreich abgeschlossen hatte. Auch hier führten die deutschen Mittel- und Kleinstaaten einen hartnäckigen Krieg gegen diesen Vertrag, gegen Preußen, gegen den Freihandel und gegen das auf demselben beruhende System der westeuropäischen Handels-Verträge mit dem „Rechte der meist begünstigten Nationen", einen Krieg für Oesterreich, für den Schutzzoll, für die Handelsfeindseligkeit, für das Ausscheiden aus dem wirthschaftlichen Verbande der europäischen Kultur-Völker.

In beiden Fällen siegten Preußen und der Freihandel; und die österreichische Frage, welche, wie oben gezeigt, 1848 auf die Tagesordnung gekommen und seitdem nicht wieder verschwunden, wurde 1866 für immer erledigt. Sie wurde gelöst durch die Waffen, aber doch in einem für beide Theile günstigen Geiste, welcher für Oesterreich, wie für Preußen und Deutschland den Kulturfortschritt gefördert und die Möglichkeit aufrichtiger Freundschaft und dauernden Friedens an die Stelle wechselseitiger Unterjochungs-Versuche gesetzt hat.

Fünftes Buch.

Nach Friedrich Wilhelm dem Dritten.

Motto:
„Hi vulgi (non populi) mores: odisse præsentia — ventura cupere — præterita celebrare."
Charron, de la sagesse, I., 53.

I. Bismarck und die Peripetie von 1879.

Die volkswirthschaftliche Reaktion aus der Zeit von 1807 bis 1864, deren Geschichte wir im vorigen Kapitel beleuchtet, wagte es zwar nicht, einen direkten Angriff auf die Prinzipien, worauf die Gesetzgebung Preußens während der Stein-Hardenberg'schen Periode beruhte, zu erheben oder eine wirthschaftliche Begründung gegentheiliger Grundsätze zu versuchen, aber sie hatte dessen kein Hehl, daß sie mit den Maßregeln absolut nicht einverstanden war, und daß sie die Männer, welche sie als die Rathgeber des Königs Friedrich Wilhelm in volkswirthschaftlichen Angelegenheiten betrachtete, auf das gründlichste haßte. Und dieser Haß war gegenseitig.

Eine wohlverbürgte Anekdote charakterisirt diese Gegensätze.

Eines Tages, da der Freiherr Karl vom Stein, ein Mann von aufrichtiger Frömmigkeit, zum Abendmahl ging, begegnete ihm Barthold Georg Niebuhr, einer der Miturheber der großen Reformen der genannten Periode. Stein redete Niebuhr zu, mit ihm zu gehen und ebenfalls Theil zu nehmen an der Abendmahlfeier. Niebuhr entgegnete, er fühle sich dessen nicht würdig; denn er trage das Herz voll Haß gegen jene verhängnißvollen und eigensüchtigen Menschen, welche aus niedrigen Motiven darauf ausgingen, die Reformen wieder rückgängig zu machen, welchen das Vaterland seine Wiedererhebung von dem tiefen Falle von 1806 und seine Befreiung vom Joche der Fremdherrschaft verdanke; mit diesem Haß im Herzen könne er nicht zum Tische des Herrn treten.

Stein redete ihm eifrig in das Gewissen, dieser Erbitterung ein Ende zu machen und ließ keine Einwendungen, die Niebuhr dagegen erhob, gelten. Endlich hatte der letztere einen guten Einfall.

„Was würden Sie thun," fragte er Den vom Stein, „wenn Ihnen hier in diesem Augenblick Marwitz begegnete?"

„Ich?" schrie Stein, — „ich würde ihm in das Angesicht speien!"

Da war benn plötzlich das alte streitbare rheinische Ritterblut wieder in Wallung gerathen und damit waren alle christlichen Vorsätze der Versöhnung mit den Feinden u. s. w. erloschen. Zur Entschuldigung läßt sich nur sagen, daß Stein in Marwitz und Genossen nicht seine, sondern des Vaterlandes Feinde erblickte, und mit diesen gab es für ihn keine Versöhnung; das hatte er gegenüber Napoléon I. bewiesen.

Das also waren die Gegensätze von damals, welche an Schroffheit nichts zu wünschen übrig ließen.

Anders war es mit der Reaktion auf dem Gebiete der Zoll- und Wirthschafts-Politik, welche während des letzten Lustrums in Deutschland zu einer vorübergehenden Herrschaft gelangt ist. Sie führte sich ein als eine Rückkehr zu den volkswirthschaftlichen Grundsätzen Friedrich Wilhelm III. und seiner großen Staatsmänner, und der parlamentarische Hauptwortführer der Schutzzöllner wagte sogar es in demselben Augenblick, da er für die wirthschaftliche Reaktion eintrat, denselben Reichsfreiherrn vom Stein, der dem Generallieutenant außer Diensten von der Marwitz in das Angesicht speien wollte, als seinen Gesinnungsgenossen zu reklamiren.

Es soll nun eine Parallele zwischen der Periode von 1808 bis 1818 und der von 1875 bis heute zu ziehen versucht werden, um zu prüfen, in wieweit jene Behauptung der Identität oder des „Ritorno al segno", oder, wie es Niccolo Macchiavelli in seinen „Unterhaltungen über die erste Dekade der römischen Geschichte des Titus Livius", drittes Buch, erster Abschnitt, ausdrückt, des Zurückführens der Staats-Einrichtung auf ihre erste und ursprüngliche

Grundlage („ritirarlea verso il suo principio"), begründet sei, oder nicht.

Wir glauben in dem vorhergehenden Kapitel gezeigt zu haben, daß in Deutschland, wie anderwärts, es stets die Zeiten des Rückgangs, des Unglücks, der Niedergeschlagenheit, der Erschlaffung, des Stillstands oder der rückläufigen Bewegung waren, in welchen die volkswirthschaftliche Reaktion ihr Haupt erhob und ihre Satelliten fand.

Diese Erscheinung bestätigte sich auch in dem achten Dezennium des neunzehnten Jahrhunderts, in welchem auf die Periode der, den wechselseitigen Verkehr fördernden westeuropäischen Handels-Verträge eine gegenseitige Absperrung erfolgt ist, welche den böhmisch-mährischen Schutzzöllnern noch nicht einmal genügt, sondern in eine erneuerte Kontinentalsperre verwandelt werden soll, wenn Oesterreich-Ungarn und Deutschland — was Gott verhüte — thöricht genug sein sollten, den lockenden Tönen dieser Vogelsteller noch einmal Gehör zu schenken.

Was speziell Deutschland anlangt, so ist es nöthig, einen orientirenden Rückblick auf die Genesis der Perepetie von 1879 zu werfen. In Deutschland herrschte in der Mitte der siebziger Jahre eine politische Abspannung, welche diesem Lande eigenthümlich, und eine wirthschaftliche Depression, welche sich nicht auf unser Land beschränkte, sondern eine fast allen Kultur-Ländern diesseits und jenseits des Ozeans gemeinsame war.

Ich habe diesen Zustand an einem anderen Orte (in der Vorrede zu der dritten Auflage meiner „Bilder aus der deutschen Kleinstaaterei", Band I Seite XIV u. ff.) mit folgenden Worten geschildert, welche damals in der politischen Presse des In- und Auslandes vielfach Zustimmung fanden:

„Heute, in dem Augenblicke, wo ich dieses schreibe, ist allerdings die deutsche Einheitsbewegung in eine gewisse Stockung gerathen. Gleichwohl behaupte ich, die Pessimisten, welche darauf ihre Hoffnung setzen, werden sich täuschen! Es ist nicht eine Zeit des Unterganges, in der wir uns befinden. Unser Zustand ist vielmehr nur der einer bald wieder vorübergehenden Erschlaffung oder Verwirrung. Wir haben in unserem politischen Aufsteigen zur Höhe der Einheit und Freiheit 1867 die erste Höhe erklommen und 1870 die zweite. Die dritte und schwierigste haben wir noch vor uns. Einstweilen sind wir noch etwas von dem ungewohnten und anstrengenden Steigen ermüdet und damit beschäftigt, uns ein wenig auszuschnaufen und zu erholen. Das ist freilich nicht gut für die Mannszucht. Es giebt das so eine Art von „Capua der Geister". Einige möchten wohl gar wieder zurück in die sumpfige Ebene, aus welcher wir uns emporgearbeitet haben. Andere möchten hier, auf dieser zweiten Terrasse, für immer Halt machen. Und sogar unter denjenigen, welche höher hinauf wollen, herrschen Meinungsverschiedenheiten über den Weg und über die Stunde des Aufbruchs. Man muß es leider zugestehen: im Augenblick spielen die großen politischen und nationalen Gedanken und Grundsätze, welche uns in der Zeit von 1866 bis 1874 beherrschten, nicht mehr die nämliche mächtige Rolle. Vielmehr machen sich die rein materiellen Interessen breiter als jemals; und zwar nicht die Interessen der Gesammtheit, sondern die Einzelinteressen, die Interessen einzelner mächtiger und bevorzugter oder nach Bevorzugung auf Kosten aller übrigen strebender Kasten und Klassen. Es sind bewußte und eingestandene, ja offene und ohne alle Umschweife als solche bekannte und proklamirte Sonderinteressen, welche unter dem Deckmantel eines unheilvollen Staatssozialismus oder Kommunismus ihre Befriedigung suchen. Ja, manchmal ist man versucht, sich an den Ausspruch von Barthold Georg Niebuhr zu erinnern:

... „Das Geheimniß der Erfolge der absoluten Gewalt von Augustus bis auf Napoléon ist immer gewesen, es dahin zu bringen, daß Jeder nur auf seinen Privatvortheil sieht, und daß Niemand an die allgemeine Sache denkt, an das Gemeinwohl."

Allein alle diese staatssozialistischen Systeme scheitern an dem Einmaleins.

„Es währet eine kurze Frist,
Dann zeigt es sich, wie schlecht es ist,"

singt Altmeister Goethe.

Was haben unsere neuen Staatssozialisten nicht alles versprochen? „Wir werden das Volk glücklich machen durch neue Zölle und Steuern. Wir werden die Kassen des Reichs und der Einzelstaaten bis zum Ueberlaufen füllen, und der Ueberschuß wird sich in die Kassen der übrigen Verbände, der Provinzen, der Kreise und der Gemeinden ergießen. Wir werden zwar alles vertheuern, aber wir werden dafür auch die Löhne und die Gehalte erhöhen, und Jeder wird im Ueberfluß schwimmen."

Diesen Sirenen-Gesang hören wir nun schon seit drei Jahren. Und heute?

Die erhöhten Zölle und Steuern haben die Lebensbedürfnisse vertheuert, aber ihr Ertrag reicht nicht einmal für das Reich aus. Die Einzelstaaten bekommen nichts, was ihnen nicht sofort in der Form der Matrikularumlagen wieder abgenommen würde. Die Provinzen bekommen nichts. Die Kreise bekommen nichts. Die Gemeinden bekommen nichts. Der Danaerregen ist ausgeblieben. Dagegen hat man eine Menge toller Gelüste und stets wachsender Begehrlichkeiten wachgerufen, welche man auch nur halbwegs zu befriedigen gänzlich außer Stande ist. In Folge dessen ist alle Welt dem Mißmuth und Pessimismus verfallen.

Noch vor Kurzem versprach man den Leuten das Blaue vom Himmel herunter. Man rief schon: »Redeunt Saturnia regna!«

Und heute?

Heute singen wir das Miserere:

> „Ach, aus diesem Meer von Freuden
> Stieg die dunkle Wolkenschaar.
> Heute muß ich Hunger leiden,
> Weil ich gestern gierig war."

Ich habe hiermit der späteren Entwickelung und Verwickelung schon vorgegriffen, und muß daher wieder zurückgehen auf die Anfänge unserer jetzigen sogenannten Aera der Steuer- und Wirthschafts-Reform.

In der Beleuchtung und von dem Standpunkt aus, worin uns dieselbe heute erscheint, sehen wir ausschließlich und vorzugsweise den Gegensatz zwischen Freihandel und Schutzzoll, zwischen freier Thätigkeit der bürgerlichen und wirthschaftlichen Gesellschaft auf der einen, und Staatsmonopol und Staatssozialismus auf der anderen Seite. Allein ursprünglich war die Signatura temporis, der „status causae et controversiae", ganz anders, und da man das beinahe ganz vergessen zu haben scheint, so muß ich ex professo darauf zurückgehen. Dabei kann ich, wenn ich den Sachverhalt nach allen Seiten hin klar stellen will, auch eine rein politische Episode nicht vermeiden. Daß dieselbe mit zur Sache gehört, davon wird man sich hoffentlich überzeugen.

Die politische Erschlaffung, die sich u. a. auch in dem Zurücktreten des Reichstags, welcher in der Zeit von 1867 bis 1874 der wichtigste Träger der Einheits-Idee war, und in dem vom Reichskanzler begünstigten Vortreten der Einzelregierungen zeigte, würde indessen allein nicht hinreichen, das Anwachsen und die Erfolge der wirthschaftlichen Reaktion zu erklären, wenn nicht die wirthschaftliche Krisis und die Finanzpläne des Fürsten Bismarck hinzugekommen wären, und die letzteren eine lebhafte Unterstützung gefunden hätten bei einer ganzen Reihe deutscher Regierungen, theils solcher Staaten, welche bei dem kleinen Umfange ihres Gebietes und der geringen Steuerkraft ihrer Unterthanen, nur mit äußerster Anstrengung die zur Bestreitung der Kosten eines selbstständigen, komplizirten Regierungs-Apparates und anderer, aus der Zeit der absoluten Souveränetät herrührender Einrichtungen, erforderlichen Mittel aufzubringen vermochten, theils aber solcher, welche durch einen ausgedehnten Eisenbahnbau, durch Verstaatlichung der Privatbahnen, durch einen sehr kostspieligen und wenig erträglichen Betrieb der letzteren, der noch dazu durch Reibungen und Konflikte zwischen den verschiedenen Territorialverwaltungen gehemmt und erschwert ward, sowie durch andere staatssozialistische Unternehmungen und Experimente, ihre Finanzen derart verschlechtert hatten, daß ihnen „subsidia paterna" aus der deutschen Reichskasse und den Erträgnissen neu eingeführter oder erhöhter Zölle äußerst erwünscht erscheinen mußten. Dieser Wunsch der Regierungen wurde getheilt von den betreffenden Landtagen, welche sich an der „ungünstigen Finanz-Gebarung theilhaftig gemacht hatten", und von den Mitgliedern der verschiedenen einzelstaatlichen Kammern, welche gleichzeitig auch Reichstagsmitglieder waren. So erklärt sich z. B. die Haltung der bayerischen Abgeordneten, sowohl der konservativen, wie zum Beispiel des Freiherrn von Franckenstein, welcher bis dahin eifriges Mitglied der unter den Parlamentsmitgliedern bestandenen freihändlerischen Vereinigung gewesen, als auch der liberalen, wie Völk und Genossen, welche, trotz der den Schutzzöllnern gegenüber weit vorgebeugten und entgegenkommenden Haltung des Abgeordneten von Bennigsen (der die volkswirthschaftlichen Dinge — sehr mit Unrecht — für offene, mit der Parteipolitik in keinerlei Zusammenhang stehende Fragen erklärte), dennoch sich genöthigt sahen, aus der nationalliberalen Partei auszutreten, um eine Sezession nach rechts vorzunehmen, welcher ein Jahr später die freihändlerische Sezession nach links nachfolgte, — beides deutliche Beweise des engsten Zusammenhangs zwischen politischen und volkswirthschaftlichen Dingen, welchen Zusammenhang Herr von Bennigsen selbst heute noch leugnet.

So erklärt sich auch das Amendement des Freiherrn von Franckenstein, welches das Surplus der neuen Zolleinkünfte den Einzelstaaten zuführt und von dem Reichskanzler acceptirt ward. Ich werde darüber später noch eine Erläuterung geben.

Was den Reichskanzler anlangt, so würde man ihm Unrecht thun, wenn man verkennen wollte, daß er auch hier von Haus aus ein löbliches Ziel verfolgt und sich nur in der späteren Auswahl der Mittel geirrt hat. Fürst Bismarck wollte das deutsche Reich finanziell selbstständig stellen, indem er dessen eigene Einnahmen vermehrte und es von den Zuschüssen der Einzelstaaten unabhängig machte, welche letztere bisher diejenigen Summen, die zur Bestreitung der durch eigene Einnahmen des Reichs nicht gedeckten Ausgaben erforderlich waren, aufbrachten mittelst der nach der Kopfzahl der Bevölkerung zu repartirenden Matrikularumlagen. Gegen die letzteren wurde u. a. auch Sturm gelaufen Seitens der obenerwähnten finanziell wenig leistungsfähigen Einzelstaaten, welche, wie z. B. das Fürstenthum Lippe-Detmold, mit Recht geltend machen konnten, daß zwanzig ihrer Unterthanen nicht so steuerleistungsfähig seien, als ein Bürger von Hamburg oder von Lübeck. Allein so sehr man auch das berechtigte einer solchen Beschwerde anerkennen mußte, so sprach dieselbe doch nicht gegen das Prinzip der Matrikularumlage, sondern nur gegen die Art ihrer Umlegung. Die Beschwerde wäre also gehoben gewesen, wenn man, wie dies z. B. in der Schweiz gesetzlich angeordnet ist, nicht die Bevölkerungsziffer, sondern die Steuerkraft zu Grunde gelegt hätte.

Obgleich die Verfassung dem deutschen Reiche auch direkte Steuern zu heben gestattet, — welche Vorschrift auf meinen Antrag in dem konstituirenden Reichstag von 1867 angenommen war, in Erinnerung an den „Gemeinen Deutschen Pfennig", welchen das alte deutsche Reich zuweilen gehoben hatte, so lange, bis ihm sein Verfall eine solche über die Köpfe der Reichsstände hinweg einen direkten Verkehr mit dem Volk bewerkstelligende Kraftleistung unmöglich gemacht und es gezwungen hatte, sich mit dem sogenannten „Römer-

Monat", einem ähnlichen Institut, wie die jetzigen Matrikularumlagen zu begnügen —, und obgleich im Jahre 1874 von Bayern aus, durch den verdienstvollen Schriftsteller Georg Hirth und den bayerischen Landtags-Abgeordneten von Schauß eine „Reichs-Einkommen-Steuer-Liga" begründet worden war, welche einen großen Anlauf nahm, um durch Betretung des Weges der direkten Besteuerung aller deutschen Reichsbürger durch die Reichsgewalt das Reich von den Einzelregierungen unabhängig zu machen und das System der Zölle und der Verbrauchssteuern auf ein bescheidenes Maß zu reduziren, so verschmähte es dennoch der Reichskanzler, diesen Weg zu betreten. Er gedachte, durch indirekte Abgaben, insbesondere durch Zölle, die Einnahmen des Reichs zu vermehren, und zwar Anfangs im durchaus freihändlerischen Sinne, indem er die unergiebigen Eingangsabgaben abschaffen, die Zollgesetzgebung und den Zolltarif vereinfachen und den letzteren auf ein paar Dutzend sehr ergiebiger Positionen beschränken, den Ertrag dieser Zölle aber in jeder zulässigen Weise steigern wollte, wobei ihm die betreffenden Einrichtungen Englands als Muster vorschwebten. Nach seinem damaligen, bis 1875 festgehaltenen Plane wollte er Finanzzölle, die möglichst viel Geld einbringen, nicht aber Schutzzölle, welche letztere die Konkurrenz des Auslandes ausschließen, um im Inlande eine ungesunde und lebensunfähige Konkurrenz hervorzurufen und die Lebensbedürfnisse und Waaren dem Konsumenten, nicht nur zu Gunsten der Reichs- und Staatskassen, sondern auch zu Gunsten einzelner Privaten, zu vertheuern.

In Betreff einer Reform, welche eine Erhöhung der Erträgnisse der Verbrauchs-Abgaben bezweckte, ohne das seit 1818 von Preußen, von dem Zollverein und von dem deutschen Reich festgehaltene System mäßiger Finanzzölle, welche die Einfuhr von Lebensmitteln, Rohstoffen und Halbfabrikaten nicht erschweren, aufzugeben, würde der Reichskanzler bei dem Reichstag bereitwillige Unterstützung gefunden haben. Allerdings würde wohl die Majorität, welche damals von aufrichtig konstitutionellen Grundsätzen beseelt war, für den Fall der gänzlichen Beseitigung der Matrikularumlagen, welche durch ihre sinkende oder steigende Skala die einzige Handhabe zur Ausübung des dem Reichstag verfassungsmäßig zustehenden Rechtes der Einnahmen-Verwilligung darbot, darauf angewiesen sein, dieses Recht in irgend einer anderen Weise zu wahren, wie z. B. dadurch, daß einzelne Verbrauchs-Abgaben der Zollerhöhungen nur in Form periodischer Zuschläge oder nur auf Zeit verwilligt würden und dadurch der Nationalvertretung die Möglichkeit gewahrt werde, nach Ablauf jener Periode auf die Frage des Bedarfs oder der ferneren Nothwendigkeit zurückzukommen und dieselbe bei veränderten Umständen von Neuem zu prüfen.

Schon gegen diese Auffassung der staatsrechtlichen Seite der Frage, welche Auffassung — das glaube ich behaupten zu können — in keinem der anderen konstitutionellen Staaten Europas auf einen prinzipiellen Widerstand gestoßen sein würde, zeigte der Reichskanzler das äußerste Widerstreben gegenüber denjenigen liberalen Abgeordneten, welche ihn für diesen Gedankengang zu gewinnen suchten. Ebenso zeigte er sich sehr unbefriedigt, als man ihm sagte, man wolle den Ertrag der Zölle vorerst nicht höher steigern, als nöthig sei, um die Matrikularumlagen in Wegfall zu bringen und etwa weitere nachweisbare Bedürfnisse des Reiches zu decken, dagegen wolle man nicht eine endlose Steigerung der Einnahmen über die nothwendigen Ausgaben des Reichs hinaus vornehmen, da doch immerhin der beste Staatsschatz in dem Wohlstand und der Steuerkraft des Volkes zu suchen sei und eine Ueberbürdung durch Zölle, welche die fernere Entwickelung der Produktion hemme, zu einer Verminderung des Ertrages der direkten Staatssteuern führe, wie umgekehrt die allmählich fortschreitende freihändlerische Tarifreform nachweisbarermaßen die Produktionen gehoben und infolgedessen, auch ohne Aenderungen der Gesetzgebung, mit steigendem Wohlstande die direkten Abgaben aus sich heraus gesteigert habe.

Alles dies widerstrebte der Anschauung, welche sich nach und nach bei dem Fürsten Bismarck ausgebildet hatte; und hier, also vorzugsweise auf politischem und finanziellem Gebiete ist der Ursprung der seitdem immer mehr erweiterten Differenzen zu suchen. Er, der Fürst, wollte nicht blos nicht, daß das Reich bei den Einzelstaaten mit der Matrikularumlagen-Sammelbüchse herumgehe, sondern im Gegentheil, daß das Reich und dessen Kasse das große Gesammt-Sammelbecken bilde, aus welchem der goldene Regen niederfalle in die Einzelbecken der Staaten, der kommunalen Verbände, der Gemeinden u. s. w. Vor allem aber wollte er **keine Verwilligungen auf Zeit**, sondern daß die einmal votirten Steuern, Verbrauchsabgaben und Zölle ohne die Uebereinstimmung aller gesetzgeberischen Faktoren niemals wieder abgeändert, vermindert oder abgeschafft werden könnten.

Soweit vermochte ihm die liberale Partei nicht zu folgen, welche einen wichtigen Verfassungs-Grundsatz — das Einnahmen-Verwilligungsrecht — nicht in einer Weise thatsächlich außer Anwendung setzen wollte, welche seiner Abschaffung vollständig gleichkam und uns bedrohte mit einer eisernen Diktatur auf ewige Zeiten. Ebensowenig mochte sich die freihändlerische Partei entschließen, die durch das Prinzip der Finanzzölle gezogene Grenze zu überschreiten, und sie wollte nicht dem Reich Mittel weit über seinen eigenen Bedarf hinaus verwilligen, damit es gleichsam die Rolle des Säckelmeisters und Kassen-Rendanten der Einzelstaaten übernähme.

Diese Konstellation gab den Anlaß zu dem allmählichen Uebergang des Reichskanzlers aus dem freihändlerischen in das schutzzöllnerische Lager. Ich sage mit gutem Bedacht: „zu dem **allmählichen Uebergang**". Denn es ist nicht richtig, wenn die Gegner des Fürsten Bismarck versichern, er sei ganz plötzlich und aus rein persönlichem Anlaß hinübergegangen, etwa wie Coriolanus von den römischen Landsleuten zu den feindseligen Volskern. Den ersten Anstoß haben vielmehr politische Erwägungen gegeben.

Es ist noch in jedermanns Erinnerung, daß der Reichskanzler 1874 um seine Entlassung gebeten. Mag es mit den anderen Entlassungsgesuchen bestellt sein, wie dem wolle, dieses Gesuch war, wie die Personen, welche damals dem Fürsten Bismarck nahe standen, übereinstimmend glauben, ernsthaft gemeint und ernsthaft zu nehmen.

Der Reichskanzler sagte sich, daß er durch eine von seinem König und Kaiser genehmigte kühne und unerschrockene Politik, welche durch die Tapferkeit des treuen „Volkes in Waffen" und durch das Genie unserer Feldherren unterstützt wurde, den deutschen Einheitsgedanken, der bisher gleich Banquo's Geist, die blutigen Locken schüttelnd, ruhelos und anklagend umherirrte, verwirklicht und ihm einen Körper gegeben. Er hatte ein wohlerworbenes Recht, stolz zu sein auf seine beispiellosen Erfolge. Denn „Brave freuen sich der That". Er mochte daneben aber sich wohl auch zuweilen zweifelnd die Frage vorlegen, ob ihm die Zukunft noch zum zweiten Male solche Erfolge vorbehalten habe, und ob er nicht sich in Gefahr begebe, auf seiner Ruhmesleiter einige Sprossen herunter zu steigen, wenn er, in Ermangelung jeder Aussicht auf die Möglichkeit solcher erhabener Thaten auch für die Zukunft, an der Spitze der Geschäfte des durch seine Politik geschaffenen Reiches weiter verharre, um Funktionen obzuliegen, welche ebensogut auch irgend ein anderer verrichten könne. Ich vermuthe, daß dies der Gedankengang war, welcher ihn in erster Linie veranlaßte, an seine Entlassung zu denken. Vorstellungen seiner Angehörigen und Sorge für seine Gesundheit mögen in zweiter Linie mitgewirkt haben. Aber wenn er auch auf dem Gebiete der hohen Politik bis zu einem gewissen Grade „müßig geworden", so war doch sein Thatendrang noch lange nicht gesättigt. Allmählich befreundete er sich daher mit dem Gedanken, auf dem Gebiete des Innern und der Finanzen ebenso Großes zu leisten, wie auf dem des Aeußern, ein ganz neues System zu ersinnen und auszuführen und auch auf diesem Gebiete Deutschland an die Spitze der Staaten und sich an die Spitze der Staatsmänner des neunzehnten Jahrhunderts zu stellen, — ein Heros, gleich groß auf allen Gebieten.

Es war damals, wo er Abgeordneten gegenüber, welche sein persönliches Vertrauen genossen ohne Rücksicht auf deren politische Parteistellung, jene Aeußerungen that, welche gleich so vielen seiner, vielleicht auch für die Oeffentlichkeit berechneten Konversationen und Kauserien, sofort auch den Weg in die Presse fanden und daher ohne Vertrauensmißbrauch hier von mir reproduzirt werden dürfen.

„Ich langweile mich," so sagte er etwa, „die großen Dinge sind gethan. Das deutsche Reich ist aufgerichtet. Es ist anerkannt und geachtet bei allen Staaten und Nationen. Etwaigen Koalitionen, welche sich gegen einen Staat, wenn er große Erfolge errungen, wohl zu bilden pflegen, wird man zuvorzukommen wissen. Wenn auch Frankreich Revanchegedanken hegen sollte, so wird es gegen uns keinen Alliirten finden, und ohne einen solchen wird es nichts wagen. Was bleibt mir da unter solchen Umständen übrig? Die Verwaltung im Innern? Nun ja, ich bin durchaus nicht in allem mit ihr einverstanden und fühle manchmal sogar das Gelüste, nachdem ich mein Amt niedergelegt habe, mich um ein Abgeordneten-Mandat zu bewerben, das mir nicht entgehen kann, und dann den Ministern durch meine Opposition das Leben so sauer wie möglich zu machen. Aber alles das, mag ich mich nun an der Spitze der Regierung oder an der Opposition in die Verwaltungsfragen hineinstürzen, sind doch höchst untergeordnete Dinge im Vergleich mit dem, was bisher meine Aufgabe gewesen. Warum soll ich mir also nicht Ruhe gönnen? Ich habe keine Lust mehr dazu, auf eine schlechte Hasenjagd zu gehen. Dazu bin ich zu müde. Ja, wenn es gälte, einen großen und mächtigen Eber — meinetwegen einen erymantischen — zu erlegen: dann würde ich dabei sein, dann würde ich mir noch einmal etwas zumuthen. Dem deutschen Reich eine mächtige, unerschütterliche finanzielle Grundlage zu geben, welche demselben eine dominirende Stellung verleiht und es in organische Verbindung bringt mit allen öffentlichen Interessen in Staat, Provinz, Kreis und Gemeinde . . . das wäre eine große und würdige Aufgabe, die mich reizen könnte, den letzten Hauch meiner sinkenden Kraft daran zu setzen. Allein die Aufgabe ist schwierig. Ich bin nicht eigentlich Techniker auf diesen Gebieten; und meine jetzigen Rathgeber, so tüchtig sie auch sein mögen für die laufenden Geschäfte, haben keine schöpferischen

Ideen. Sie bewegen sich in ausgefahrenen Geleisen. Ich bin darauf angewiesen, selbst die Reformgedanken zu denken und mir die Werkzeuge zu ihrer Ausführung zu nehmen, wo ich sie finde."

Das ist die Aeußerung in ihrer Vollständigkeit. Damals ist sie nur höchst fragmentarisch verlautbart. Allein, wer der Presse, und namentlich der konservativen, mit Aufmerksamkeit folgte, vermochte damals schon ein seltsames Wetterleuchten am Horizont wahrzunehmen. Ohne irgend einen sichtlichen Anlaß stand schon 1874 eines schönen Tages in der Kreuzzeitung zu lesen: „Die Tage des Ministeriums Camphausen sind gezählt." Camphausen lachte darüber. In einem anderen Blatte fanden wir freie Variationen über das Thema der „ausgefahrenen Geleise," welche sich gegen Delbrück zuspitzten. Ein ehrlicher, aber fanatischer pommerscher Junker, der eine gewisse Notorietät erlangt hat durch die zahlreichen Prozesse, in welche ihn die eigenthümliche Verfolgung seiner politischen Ueberzeugung verwickelt hat, und die seit 1874 bis zur Gegenwart fortgespielt haben, verstieg sich — allerdings nur auf dem Wollmarkt — zu der Aeußerung, Bismarck müsse wieder „klein gemacht", d. i. so weit herunter gebracht werden, „daß er jedem einfachen Krautjunker aus der Hand fresse". Der „Reichsglocke" (früher „Eisenbahnzeitung"), deren Schimpfereien und Verleumdungen sich gegen den Reichskanzler richteten und zusammenflossen, um es euphemistisch auszudrücken, „ex variis causarum figuris", soll in diesem nur für anständige Leser bestimmten Buche nicht weiter gedacht werden.

Wohl aber muß ein gewissenhafter Geschichtsschreiber jener eigenthümlichen Peripetie, welche für die innere deutsche Politik in der Mitte der siebziger Jahre eintrat, — ich will hier für einen solchen Geschichtsschreiber nur einige Vorarbeiten liefern, soweit mir dies ohne Verletzung diskretionärer Vertrauenspflichten möglich — der sogenannten „Aera-Artikel" der „Kreuzzeitung" gedenken.

Dieses Blatt, das zu verschiedenen Zeiten einen erheblichen Einfluß auf die politische und volkswirthschaftliche Entwickelung Deutschlands gehabt hat und lange Zeit hindurch so gut freihändlerisch gesinnt war, daß es sogar einen Julius Faucher unter seine Mitarbeiter zählte, war 1875 nicht mit dem Geschick und der Klugheit geleitet, wie später unter der Redaktion des Herrn von Niebelschütz. Es richtete die gröbsten Angriffe gegen den Fürsten Bismarck, den es des Abfalls von der konservativen Sache beschuldigte, noch mehr aber gegen Delbrück und Camphausen, die es à la Marwitz als seine „bösen Geister" bezeichnete.

Diese Angriffe erreichten ihren Kulminationspunkt in einer Serie von Artikeln, überschrieben: „Die Aera Bismarck-Delbrück-Camphausen-Bleichröder". Sie erschienen zwar anonym, aber der Autor hat später das Visir gelüftet. Es ist der jetzige konservative Abgeordnete Perrot. Die Artikel leisteten das Unglaubliche in Verleumdung der Minister, die sie in sehr intime Beziehungen zu einem Berliner Bankhause zu bringen versuchten. Sie machten das größte Aufsehen im Ausland, wo man meinte, was in der hochkonservativen Kreuzzeitung stehe, müsse aus guter Quelle fließen, und wo man mit einem Gefühl, das aus Staunen und Schadenfreude zusammengesetzt war, Dinge las, welche in diametralem Widerspruch standen mit der guten Meinung, welche man dort bisher von der bewunderten Ehrlichkeit und der beneideten Solidität der preußischen Verwaltung und Finanzen gehabt hatte.

Dabei waren jene Artikel mit einem solchen Raffinement abgefaßt, oder wie andere wissen wollten, von einem gewiegten Juristen so geschickt retouchirt und revidirt, daß man ihnen strafrechtlich nichts anhaben konnte, wie denn überhaupt gerade die raffinirteste Bosheit den bei uns so vielfach in Uebung befindlichen Strafanträgen unerreichbar ist.

Sie versetzten den Fürsten Bismarck in die größte Aufregung. Am 9. Februar 1876 ergriff er im versammelten Reichstag irgend eine Gelegenheit, um jenes Verfahren öffentlich zu brandmarken.

— „Wenn ein Blatt, wie die „Kreuz-Zeitung", sagte er, „die für das Organ einer weitverbreiteten Partei gilt, sich nicht entblödet, die schändlichsten und lügenhaftesten Verleumdungen über hochgestellte

Männer in die Welt zu bringen, in einer solchen Form, daß sie nach dem Urtheil der höchsten juristischen Autoritäten gerichtlich nicht zu fassen ist, wobei aber doch derjenige, der sie gelesen hat, den Eindruck hat: hier wird den Ministern vorgeworfen, daß sie unredlich gehandelt haben, — wenn ein solches Blatt so handelt und in monatelangem Stillschweigen verharrt, trotzdem das alles Lügen sind, und nicht ein »peccavi« oder »erravi« spricht, so ist das eine ehrlose Verleumdung, gegen die wir alle Front machen sollten, und Niemand sollte mit einem Abonnement sich indirekt daran betheiligen. Von einem solchen Blatte muß man sich lossagen, wenn das Unrecht nicht gesühnt wird; jeder der es hält und bezahlt, betheiligt sich indirekt an der Lüge und Verleumdung, die darin gemacht wird, — an Verleumdungen, wie die Kreuz-Zeitung sie im vorigen Sommer gegen die höchsten Beamten des Reichs enthalten hat, ohne die leiseste Andeutung eines Beweises und mit einer komischen Unwissenheit in den Personalgeschichten, die sie dabei zur Schau trägt."

Aber anstatt der von dem Reichskanzler durch diese Aeußerung provozirten und sicher erwarteten Lossagung erfolgte eine Demonstration in entgegengesetzter Richtung. Die Kreuzzeitung vom 26. Febr. 1876 brachte folgende Erklärung:

— „Der Reichskanzler Fürst Bismarck hat in der Reichstagssitzung vom 9. Februar sich dahin geäußert, daß Jeder, der die „Kreuz-Zeitung" halte und bezahle, sich indirekt an Lüge und Verleumdung betheilige. Als treue Anhänger der königlichen und konservativen Fahne weisen wir die Anschuldigungen gegen die „Kreuz-Zeitung" und die gesammte durch sie vertretene Partei auf das entschiedenste zurück. Wir bedauern, daß der erste Diener der Krone zu derartigen Mitteln greift, um eine Partei zu bekämpfen, die er jahrelang als zuverlässigste Stütze des Thrones anerkannt hat. So wenig wie die schmerzlichen Erfahrungen der letzten Jahre vermocht haben, uns in unserer Königstreue und in unseren Grundsätzen zu erschüttern, so wenig wird auch der letzte und verletzendste Angriff gegen die Partei und ihr Organ im Stande sein, uns von der Zeitung zu trennen, welche furchtlos und treu noch stets ihren Wahlspruch: „Mit Gott, für König und Vaterland" verfochten und alle Versuche, ihr beizukommen, erfolgreich abgeschlagen hat. Wenn aber der Herr Reichskanzler, im Anschluß an den oben angeführten Ausspruch, die Aufrichtigkeit unserer christlichen Gesinnung im Zweifel zieht, so verschmähen wir es ebenso, mit ihm darüber zu rechten, wie wir es zurückweisen, die gegebenen Belehrungen über Ehre und Anstand anzunehmen."

Diese Erklärung war unterzeichnet von sechsundvierzig Namen der berühmtesten Altkonservativen, man kann wohl sagen: von der „Blüthe der altkastilianischen Ritterschaft". Wir finden darunter die Unterschriften der Herren v. Gottberg und v. Knebel-Döberitz, derer v. d. Marwitz und derer v. Mellenthien, derer v. Ritz-

Lichtenau und derer v. Seherr-Thoß, der Grafen von der Schulenburg-Beetzendorf und der Grafen von Schlabrendorf-Seppau, sowie eine große Anzahl von Wedells, Zedlitze und Zitzewitze.

Den Schluß macht folgende wahrhaft rührende Signatur:

„Mit tiefem Schmerze unterzeichnet A. v. Thadden-Trieglaff." Es ist dies der bekannte Erfinder der „Preßfreiheit mit dem Galgen dicht daneben" von Anno sechsundvierzig, der hier nach länger als einem Menschenalter wieder auftaucht, um den früher von ihm bewunderten Bismarck zu bedauern, wie einen gefallenen Engel des Lichtes.

Dieser ersten Serie von hochkonservativen Unterschriften folgte noch eine zweite und dritte. Kurz, die Häupter dieser Partei erklärten sich gegen den Reichskanzler und für das Blatt, das jener, offenbar mit Recht, „der schändlichsten und lügenhaftesten Verläumdung" bezichtigt hatte. Der Fürst Bismarck gerieth in gerechte Entrüstung über diese Deklaration und Demonstration. Wie jener Perserkönig sich von seinem Diener täglich zurufen ließ: „Vergiß nicht die Griechen", so hatte Fürst Bismarck ein Verzeichniß der Kreuzzeitungs-Deklaranten auf seinem Tische stehen, um „ihrer zu gedenken".

Die liberale Partei, welche damals in der Majorität war, hat zu jener Zeit — im Jahre 1875 und Anfang 1876 — vielleicht Unterlassungssünden begangen. Sie hätte den Zwiespalt zwischen den Hochkonservativen und dem Reichskanzler benutzen sollen, um den letzteren für eine Finanzreform auf freihändlerischer Basis zu gewinnen. Ein solcher Plan, wenn er den oben bezeichneten politisch-finanziellen Gesichtspunkten des Reichskanzlers entsprach, war damals sicher, angenommen zu werden, damals würde die Aufrechterhaltung der verfassungsmäßigen Steuerbewilligung keine unüberwindlichen Schwierigkeiten verursacht haben. Leider fehlte der Partei die hierzu erforderliche Aktionskraft und Initiative. Die Irrlehre, daß Politik und Volkswirthschaft keinen Zusammenhang mit einander hätten, war leider schon tief in die Reihen der Liberalen eingedrungen. Sie hatte der Partei quantitativ genützt, qualitativ geschadet. Die Zahl hatte sich vergrößert, der Zusammenhalt und die Kraft hatten sich gemindert. Viele hatten sich auf den damals noch so beliebten Namen „Nationalliberal" wählen lassen, ohne es mit der Sache allzu ernsthaft zu nehmen. Namentlich aber waren die besoldeten offiziellen und notorischen Vertreter schutzzöllnerischer Interessentenvereine in die parlamentarische Fraktion der Nationalliberalen, welche ihrem Ursprung nach einen entschieden freihändlerischen Charakter hatte, eingedrungen und hatten einen Dualismus hineingetragen, welcher die Fraktion theilte und deren Mitglieder unter sich gegenseitig verbitterte im Innern und aktionsunfähig machte nach Außen. Die Fraktionsdebatten boten ein so unerquickliches Schauspiel, daß sich viele demselben gänzlich entzogen.

In Folge dieser Gestaltung der Dinge trat die Peripetie ein. Zwei Jahre später sehen wir den Fürsten Bismarck in einer ganz anderen Stellung. Als er jene Worte vom 9. Februar sprach, zürnte er den Konservativen und glaubte auf die Unterstützung der Liberalen rechnen zu können. Zwei Jahre später sehen wir ihn den Konservativen zu- und den Liberalen abgewandt. Es erfolgt die Auflösung von 1878 und bei den Wahlen werden die Liberalen „an die Wand gedrückt", — nur wenige Monate, nachdem Bennigsen in Varzin war.

Innerhalb dieser zwei Jahre liegt auch das Ereigniß, welches — Anfangs für viele kaum verständlich — eine wichtige Etappe in diesem allmählichen Uebergang des Reichskanzlers von der freihändlerischen zur schutzzöllnerischen Auffassung bezeichnet, — ein Uebergang, der stattfand unter dem dominirenden Einfluß der oben gekennzeichneten Reichs-Finanzpläne, und der dem Reichskanzler persönliche Opfer auferlegte, welche ihm ohne Zweifel gemüthlich sehr schwer fallen mußten, — ich meine sowohl das Entgegenkommen gegenüber dem Centrum und dessen Führer, dem klugen und vorsichtigen Abgeordneten Dr. Windthorst-Meppen, als auch, und in noch höherem Grade, die sogenannte „Versöhnung" mit den Kreuzzeitungsdeklaranten, von welchen nur wenige ihre Deklaration widerriefen, obgleich sie Herr von Mirbach noch 1881 in einem ad hoc erlassenen Rundschreiben mit sehr beweglichen Worten dazu vermahnte.

Das Ereigniß, von welchem ich spreche, war die Entlassung, welche der bisherige Präsident des Reichskanzleramts Dr. Rudolf Delbrück an einem der ersten Tage des Mai 1876 einreichte und mit einer ganz ungewöhnlichen Schnelligkeit erhielt, — nämlich noch an demselben Tage, an welchem er sie eingereicht hatte. Man staunte über diese Entlassung des Trägers der wichtigsten politischen und wirthschaftlichen Reformen, des Bewahrers der guten altpreußischen Zollvereinsüberlieferungen, des langjährigen Leiters der preußischen Handelspolitik in den Angelegenheiten des Zollvereins, des norddeutschen Bundes und des deutschen Reiches, des in allen Details der Verträge, der Gesetzgebung und der Verwaltung bewanderten, ja beinahe allwissenden Staatsmannes, der sich des Vertrauens der deutschen Einzelregierungen, des Bundesraths und des Reichstages gleichmäßig erfreute, den sich Fürst Bismarck selbst auserlesen, dem er die selbständige Leitung der wichtigsten Geschäfte übertragen, dem er ein höchst persönliches Vertrauen geschenkt hatte, wie, etwa Lothar Bucher ausgenommen, keinem zweiten. Der Reichstag war im Mai 1876 nicht versammelt, wohl aber das preußische Abgeordnetenhaus. In diesem kam die Sache sofort zur Sprache. Fürst Bismarck erklärte, es habe zwischen ihm und Delbrück nicht der geringste Zusammenstoß stattgefunden. Der Fürst sprach die Wahrheit. Aber um sie zu verstehen, dazu bedurfte es eines besonderen Schlüssels. Er ist zu finden in dem Umstand, daß Bismarck unmöglich auf irgend einen Widerspruch Delbrück's stoßen konnte, weil er ihn nicht mehr fragte, weil er ihm aus dem Weg ging, weil er nicht mehr Berathung mit ihm pflog, sondern mit andern Vertrauens-Männern, z. B. in Eisenbahnangelegenheiten mit Maybach, in Münz- und Banksachen mit Dechend, in Zollfragen mit Varnbüler.

Für die Unterrichteten war der Rücktritt Delbrück's keine Ueberraschung. Sie hatten die Wandlung sich allmählich vollziehen sehen. Für die Andern wurde manches erst nach Jahren deutlich erkennbar. Von dem Augenblicke an, da der Reichskanzler für seinen Plan, dem deutschen Reich durch Vermehrung der indirekten Abgaben eine Mehreinnahme von mindestens vierhundert Millionen Mark zu verschaffen, welche einer steten Steigerung fähig und von den Einzelregierungen, dem Bundesrath und dem Reichstag vollkommen unabhängig sei, auch niemals einer periodischen Erneuerung oder Bewilligung bedürfe, nicht mehr glaubte, auf die Unterstützung der Liberalen und der Freihändler rechnen zu dürfen, hatten sich andere Leute an ihn herangedrängt, welche sich in Finanzprojekten überboten; es war eine förmliche Sturmfluth von neuen Steuern und Monopolen, welche ausgesonnen wurden; es war ein wahres Wettrennen, namentlich zwischen den einzelnen verehrlichen Mitgliedern einer gewissen Gattung von Abgeordneten, welche, wie es schien, das Verdienst des Volksvertreters nicht darin erblickte, ein weises System der Sparsamkeit in Verwilligung der Ausgaben festzuhalten und durchzuführen, sondern unaufhörlich neuen Quellen von Einnahmen und Belastungen nachzuspüren, um die Welt mit unreifen Plänen von Auflagen zu beunruhigen und zu überströmen. Inmitten dieser zahllosen Finanzprojekte, dieses Wolkenbruchs, zu welchem der Abgang Delbrück's gleichsam das Signal gegeben hatte, that es Noth, den Abgeordneten die (allerdings etwas modifizirte) Lehre Shakespeares, in „Maaß für Maaß", in Erinnerung zu bringen:

> „Euch der Finanzen Wesen deuten wollen,
> Leicht dürfte das als Redesucht erscheinen.
> Da ich wohl weiß, daß Eure eig'ne Kenntniß
> Darin schon jeden Aufschluß übersteigt,
> Den ich Euch bieten kann.
>   — Es fehlt Euch nichts,
> Als die Selbständigkeit, die jenem Drängen
> Sich widersetzt. Laßt die sich jetzt bewähren!"

Allerdings war dieses Drängen begleitet von der Versicherung, daß man Zug um Zug mit der Vermehrung der indirekten Abgaben die direkten abschaffen oder ermäßigen werde. Man vergaß dabei freilich, daß die Zölle Reichs- und die direkten Steuern Landessache sind, daß also ein Handeln Zug um Zug eine Unmöglichkeit war, und daß es überhaupt leichter ist, neue Abgaben einzuführen, als alte abzuschaffen. Die Erfahrung hat gezeigt, wie richtig es war, daran zu erinnern. Damals galt die sachlich wohlbegründete und in der mäßigsten Form ausgedrückte Erinnerung für „Reichsfeindschaft".

Man vergaß ferner, daß nach den, durch die Erfahrung bestätigten Lehren der Finanzwissenschaft, jede neue Steuer (einerlei ob direkt oder indirekt), auch wenn sie eine bessere wäre, stärker drückt, als eine alte eingelebte und gewöhnte, deren Härten und Ungerechtigkeiten theils in der Praxis sich abgeschliffen haben, theils durch Abwälzung, Ausgleichung oder Ueberlieferung gemildert sind.

II. Rückkehr des Monopol-Geistes.

An der Spitze der Besteuerungs- und Vertheuerungs-Sturm-Kolonnen standen die Männer des Tabaks-Monopols. Der Abgeordnete von Kardorff war der erste, der bekannte württembergische Fiskal Moritz Mohl der hartnäckigste und schreibseligste Vertheidiger desselben.

Ich habe hier nicht den Raum, das pro und contra in Betreff des Tabaks-Monopols für Deutschland ausführlich zu erörtern.

Ich will mich daher auf einige finanzgeschichtliche Notizen beschränken.

Wir haben dies Monopol gehabt sowohl in Preußen unter Friedrich dem Großen, als auch in einem großen Theil des übrigen Deutschlands zur Zeit der Präponderanz des napoléonischen Frankreich.

In Preußen erwarb sich der Nachfolger des großen Königs, wie wir gesehen haben, durch die Aufhebung der Monopol- und Regiewirthschaft seines Vorgängers eine Popularität, die sich steigerte bis zum Undank wider den letzteren.

In den unter Napoléon's direkter Herrschaft oder indirekter Botmäßigkeit stehenden Territorien Deutschlands hatte man ebenfalls sich nie mit dem Tabaks-Monopol befreunden können. Als die „große Armee" 1812 in Rußland zu Grunde ging, als der Rückschlag gegen die Fremdherrschaft in Deutschland begann, da war, namentlich in Süd- und Westdeutschland, das erste Symptom dieser Bewegung, daß die Niederlagen der französischen Tabaks-Manufaktur nächtlicher Weile in Flammen aufgingen, ohne daß es jemals gelang, die Brandstifter zu entdecken. Der Regie-Tabak war es, der den Brennstoff lieferte zu den Fackeln, welche den Befreiungskriegen vorleuchteten, (siehe Rudolf Göcke, „Das Großherzogthum Berg unter Joachim Murat, Napoléon I. und Louis Napoléon, 1806 bis 1813, ein Beitrag zur Geschichte der französischen Fremdherrschaft auf dem rechten Rheinufer." Köln, 1877).

Die Finanzpolitik Friedrich Wilhelm III. verwarf prinzipiell alle Monopole; und da sich diese segensreiche Politik auf den Zollverein übertrug, so verschwanden mit ihr alle Monopole in Deutschland, mit Ausnahme von dreien, nämlich: Salzmonopol, Hazardspielmonopol und Spielkartenmonopol.

Das Salzmonopol und das Hazardspielmonopol sind durch die Gesetzgebung des norddeutschen Bundes und des deutschen Reiches beseitigt. Die Spielhöllen sind unterdrückt und können daher nicht mehr von den Regierungen monopolistisch ausgebeutet werden. An die Stelle des Spielkartenmonopols ist der Spielkartenstempel getreten.

Hin und wieder, in den Zeiten wirthschaftlicher und politischer Depression sind allerdings zuweilen Rückfallsgelüste zu Tage getreten, aber bald wieder überwunden worden. Ich will mich hier darauf beschränken, zur Geschichte dieser Anwandlungen Folgendes zu notiren:

Wie die Reaktionsperiode während der vierziger Jahre in der Tarifpolitik Rückschritte zu Wege gebracht hatte, so versuchte man während der Reaktionsperiode der fünfziger Jahre auf dem Gebiete der Steuerpolitik den Weg des unwirthschaftlichen Monopols und der finanzwidrigen Plusmacherei einzuschlagen. In dem preußischen Abgeordnetenhause wurde im Dezember 1855 ein Antrag auf Einführung des Tabaksmonopols eingebracht und im Herrenhause sprach sich bei Berathung des Budgets für 1857 die Ansicht aus, „daß die als wünschenswerth bezeichnete hohe Einnahme aus der Besteuerung des Tabaksverbrauchs nur im Wege des Monopols zu erreichen sein werde"; schon seit 1850 hatten sich verschiedene deutsche Regierungen, Württemberg an der Spitze, für Einführung des Tabaksmonopols im Zollverein ausgesprochen. Der öffentliche Geist lag damals im Winterschlafe, ermattet von den resultatlosen Anstrengungen von Acht- und Neunundvierzig. Die Bedürfnisse der Staaten waren gestiegen; die Steuern drohten noch mehr zu steigen; von allen Seiten schrie man nach Staatshilfe, ohne dem Staate die Mittel zur Befriedigung aller dieser unbegründeten Anforderungen bieten zu können oder auch nur bieten zu wollen. Da wurde denn das Tabaksmonopol als rettender Engel betrachtet; und bei der Geneigtheit der Regierungen, ihre Einnahmen zu vermehren, bei der Konnivenz derer, welche auf Staatshilfe spekulirten, und bei der Apathie der öffentlichen Meinung war die Gefahr groß, von jenem Monopol wirklich heimgesucht zu werden. Da erwarb sich Delbrück das Verdienst, das Gespenst zu verscheuchen. Unter dem Titel: „Der Zollverein und das Tabaksmonopol" (Berlin, Decker, 1857) veröffentlichte er eine Streitschrift, deren große Sachkenntniß und überzeugende Klarheit und Ruhe den gewünschten Eindruck nach allen Seiten hin machte.

„Steuern vom Verbrauche einzelner Gegenstände," sagt Dr. Delbrück, „sind schon seit Jahrhunderten häufig in der Form erhoben worden, daß sich der Staat das ausschließliche Recht zum Kauf und Verkauf, in der Regel auch zur Verfertigung dieser Gegenstände beilegte und dieselben alsdann zu einem Preise verkaufen ließ, welcher den für ihren Ankauf oder für ihre Verfertigung von ihm selbst gemachten Aufwand um einen mehr oder minder hohen Betrag überstieg. Früher sehr weit verbreitet und auf zahlreiche Gegenstände ausgedehnt, hat diese Form der Besteuerung, oder, wie man sich gewöhnlich ausdrückt, das Staatsmonopol, seit dem Ende des achtzehnten Jahrhunderts überall an Terrain verloren. Die Richtung der Wissenschaft war ihm entschieden abhold. Man hielt es für einen Mißbrauch des Besteuerungsrechts, wenn der Staat, nur um die

Erhebung einer Abgabe zu erleichtern, seinen Angehörigen den Betrieb eines an sich zulässigen und im Bedürfniß des Verkehrs begründeten Gewerbes untersagte. Man wies darauf hin, daß der Betrieb eines jeden Gewerbes einen größeren Kostenaufwand erfordere, wenn es vom Staat, als wenn es bei freier Konkurrenz von Privatpersonen ausgeübt werde, daß also der Gegenstand eines Staatsgewerbes, abgesehen von jeder Vertheuerung durch eine Abgabe, einen höheren als den natürlichen, durch freie Konkurrenz bestimmten Preis habe. Die jedem Verbrauche der Waare aufgenöthigte Zahlung dieses Mehrbetrages gegen den natürlichen Preis erschien vom volkswirthschaftlichen Standpunkte aus als ein reiner Verlust für das Nationalvermögen und zugleich vom finanziellen Standpunkte aus als unvereinbar mit einem der ersten Grundsätze einer richtigen Besteuerung. Denn bei jedem Gegenstand allgemeinen Verbrauchs stellt jener Mehrbetrag im Ganzen ein sehr großes Kapital dar, welches jährlich der Gesammtheit der Steuerpflichtigen entzogen wird, ohne der Staatskasse einen Gewinn zu gewähren, während eine Verbrauchsabgabe wie jede andere Steuer so eingerichtet sein soll, daß sie der Gesammtheit der Steuerpflichtigen so wenig als möglich über die Summe hinaus entzieht, welche sie der Staatskasse einbringt. Als nicht minder nachtheilig wurden die mittelbaren Folgen des Monopols aufgefaßt. Hat es, wie in der Regel der Fall ist, eine Waare zum Gegenstand, welche selbst oder deren Rohstoff im Lande erzeugt wird, so muß diese Produktion Beschränkungen unterworfen werden, welche in einzelnen Fällen bis zu wirklichen Eingriffen in das Eigenthum sich erstrecken, welche, auch wo dies nicht der Fall ist, einem rationellen Betrieb hinderlich sind, und welche durch die davon unzertrennlichen Belästigungen und Gefahren den Preis des Produkts steigern. In allen Fällen muß zum Schutze des Alleinrechts gegen unbefugte Konkurrenz zu Kontrolen geschritten werden, welche den Verkehr nicht blos mit dem Monopols-Gegenstande, sondern auch mit anderen Gegenständen, und nicht blos an der Landesgrenze, sondern auch im Innern des Landes erschweren. Diese Beschränkungen und Kontrolen setzen von Seiten des Staats Einrichtungen voraus, durch deren Kosten der Ertrag der Abgabe geschmälert wird, und sie bereiten dem betheiligten Publikum einen Geld- oder wenigstens Zeitaufwand, welcher dem Nationalvermögen verloren geht. Das ungünstige Urtheil, welches die Wissenschaft aus solchen Erwägungen über die Staatsmonopole fällte, entsprach vollkommen den Interessen und Neigungen des Publikums. —

— Die Produzenten der einem Monopol unterworfenen Waare sehnten sich nach Befreiung von den ihrer Produktion auferlegten fiskalischen Beschränkungen und schmeichelten sich mit der Hoffnung einer vortheilhafteren Verwerthung ihrer Produkte bei freier Konkurrenz. Der Handelsstand versprach sich von dem Betriebe der in den Monopolen begriffenen Gewerbe eine gewinnreiche Verwerthung seiner Kapitalien und seiner Intelligenz. In weiten Kreisen wünschte man der Belästigungen enthoben zu werden, welche die im Interesse des Monopols angeordneten Kontrolen dem allgemeinen Verkehr auferlegten. Die Verbraucher der Monopol-Gegenstände erwarteten bei freier Konkurrenz bessere Waare zu wohlfeilerem Preise. Die immer mehr sich verbreitende Abneigung gegen einen jeden Gewerbebetrieb des Staats trat gegen einen ausschließlichen Gewerbebetrieb mit doppelter Entschiedenheit auf. —

— So von der Wissenschaft, dem Privatinteresse und der öffentlichen Meinung angegriffen, verschwanden die zahlreichen Monopole, welche zu Ende des vorigen, zum Theil noch in dem ersten Jahrzehnt des laufenden Jahrhunderts in mehreren deutschen Ländern bestanden." —

Soweit Delbrück.

Damals, vor einem Vierteljahrhundert, stand Preußen an der Spitze des volkswirthschaftlichen Fortschritts. Es gelang ihm, im Zollverein den in der schwülen und ungesunden Atmosphäre der Reaktionszeit ausgebrüteten Antrag Württembergs zu Falle zu bringen. Dann kam in Preußen die Regentschaft und das Ministerium der neuen Aera; und damit waren selbst in dem preußischen Herrenhause solche Gespenster verschwunden. Wie man glaubte, für ewig. Allein es kam anders. Seit der Peripetie von 1876 begann das Tabaksmonopol wieder zu spuken.

Sein erstes Aufflackern war, wie bereits bemerkt, jenes Kardorff'sche Broschürchen, welches verrieth, daß bei dem Reichskanzler schon eine gewisse Neigung vorhanden war.

III. Varnbüler und Mohl.

Die ernsthafte und nachhaltige Agitation kam auch dieses Mal wieder aus Württemberg, und zwar von zwei dortigen Staatsmännern, welche in württembergischen Angelegenheiten schon oft in dem schneidensten Gegensatze standen und einander mit mehr Hartnäckigkeit als Höflichkeit bis auf das Messer bekämpften, dagegen Preußen, dem Zollverein und Norddeutschland gegenüber in der Regel als treue Kampfgenossen Hand in Hand ihr Jahrhundert in die Schranken forderten und sich stets konsequent blieben.

Es sind die Herren von Varnbüler und Moriz von Mohl. Beide haben einen langen Lebenslauf hinter sich und den größeren Theil desselben in der politischen Arena zugebracht.

Varnbüler war zeitweise württembergischer Minister. Als solcher befürwortete er 1866 mit großem Eifer den Krieg gegen Preußen und rief, nachdem der Kriegsgott wider ihn entschieden, den Beistand Napoléons III. an; vorher, im Mai 1866, hatte er öffentlich in dem württembergischen Landtag über Preußen das „Wehe den Besiegten" gerufen. Noch im Jahre 1868 hielt er, ebenfalls als württembergischer Minister, in der dortigen zweiten Kammer eine donnernde Philippika wider Preußen und den norddeutschen Bund. Er mahnte von dem Beitritt zu demselben ab und versicherte, ein solcher Beitritt werde für Württemberg der größte Ruin sein.

Varnbüler war stets Schutzzöllner, namentlich für Baumwoll=gespinnste; er trat mit aller Entschiedenheit der preußischen Zollvereins=politik entgegen und bekämpfte mit Geschick und Entschlossenheit das System der „meistbegünstigten Nationen" und der westeuropäischen Handelsverträge, welchem sich der preußische Minister=Präsident von Bismarck=Schönhausen im August 1862 durch Unterzeichnung des Handelsvertrags zwischen dem Zollverein und Frankreich rückhaltlos angeschlossen hatte. Während der Zollvereins=Krisis, welche dieser Unterzeichnung gefolgt und bekanntlich erst 1864 zum Abschluß gelangt ist, stand Varnbüler stets auf antipreußischer Seite und bekämpfte den von Preußen zur conditio sine qua non für die Erneuerung des Zollvereins gemachten deutsch=französischen Handels=Vertrag, selbst auf die Gefahr hin, den Zollverein zu Gunsten Oesterreichs auseinander zu sprengen.

Zu jener Zeit, da das nicht=preußische Deutschland, namentlich Süd= und West=Deutschland, in zwei große politische Heerlager getheilt war, — auf der einen Seite der für die einheitliche und freiheitliche Gestaltung Deutschlands unter preußischer Führung eintretende Nationalverein mit Herrn von Bennigsen an der Spitze, — auf der anderen Seite der „großdeutsche" (oder wie man damals sagte: schwarzgelbe) „Reform=Verein", aus dessen Reihen die Parole ertönte: „Lieber Französisch als Preußisch!" — stand Varn=büler an der Spitze des letzteren und war außerordentlich thätig im Verein mit dem ebenfalls aus Schwaben stammenden Herrn von Rechberg, dem damaligen österreichischen Minister, für die anti=

preußischen Projekte auf dem Frankfurter Fürstentage von 1863, auf welchem zu erscheinen König Wilhelm von Preußen, den klugen Rathschlägen seines Minister-Präsidenten von Bismarck-Schönhausen folgend, verschmähte.

Varnbüler ist sich nur konsequent geblieben, wenn er in dem letztabgelaufenen Lustrum für das Tabaks-Monopol, für Getreide- und Viehzölle, für Industrie-Zölle, für Petroleum-Zoll und für sonstige Schutz- und Vertheuerungs-Zölle aller Art agitirte. Wie man in Preußen den Minister Friedenthal den „Vater der Kreisordnung" genannt hat, so wird man Varnbüler dereinst den „Vater der Vertheuerungszölle" nennen.

Kommen wir zu dem zweiten der württembergischen Staatsmänner, welche mit so viel Ausdauer und Geschick, und auch mit theilweisem Erfolg an der Zerstörung des Werkes Friedrich Wilhelm III. gearbeitet haben, — zu Moriz von Mohl.

Schon seit fast zwei Menschenaltern hat er die preußische Zoll- und Handelspolitik unablässig bekämpft mit einer Ausdauer, welche eines besseren Zieles würdig gewesen wäre. Von der württembergischen Regierung 1832 beauftragt, in Berlin über den Anschluß dieses Landes an den Zollverein zu unterhandeln, verstand er es in so hohem Grade, die einfachsten und klarsten Fragen zu verwickeln und schwierig zu machen und endlose Hindernisse und Verzögerungen herbeizuführen, daß der preußische Minister Eichhorn die Verhandlungen abbrach, nicht ohne die württembergische Regierung in freundlichster Weise zu bedeuten, daß man nicht gesonnen sei, dieselben mit einem solchen Unterhändler jemals wieder aufzunehmen. Die Stuttgarter Regierung erkannte selbst an, daß diese Ankündigung ihre triftige Begründung habe; denn sie schickte nun nicht mehr einen ihrer eigenen Zöllner nach Berlin, sondern übertrug dem bayerischen Finanz-Minister von Mieg, welcher dorthin ging, um für Bayern zu unterhandeln, auch das Mandat für Württemberg; und da Herr von Mieg ein wirklicher Staatsmann und ein aufrichtiger Freihändler war, so kamen die Verträge über den Beitritt von Bayern und Württemberg schon am 22. März 1833 zu Stande. Mohl konnte nichts dazu. Vielmehr hatte er 1832 eine umfangreiche Denkschrift verfaßt, in welcher er den Beweis zu führen versuchte, daß der Beitritt Württembergs auf der von Preußen vorgeschlagenen Basis den sicheren Untergang herbeiführen werde.

Dieser Ueberzeugung ist er treu geblieben in seiner amtlichen Stellung, in der Stuttgarter zweiten Kammer, in der Paulskirche 1848 in Frankfurt a. M., wo er sich vorzugsweise durch Schutzzöllnerei und Judenfresserei hervorthat, in dem Zollparlament und im Reichstag, in welchen beiden er eine Zeit lang gesessen, obgleich er vorher am 31. Oktober 1867 in Stuttgart öffentlich erklärt hatte, „Männer, welche sich selbst respektiren, würden sich nicht leicht zu einer so traurigen Rolle hergeben".

Am 4. Juni 1866 hielt er im Stuttgarter Halbmondsaal eine Rede voll Gift und Galle gegen Preußen. Sie gipfelte in dem Ausruf: „An den Galgen mit ihm". Auf wen sich dieses scharfrichterliche Gelüste bezog, darüber war unter den Zuhörern kein Zweifel.

Als ein Jahr später in derselben zweiten Kammer die Schutz- und Trutzverträge auf der Tagesordnung standen, überbot er am 29. Oktober 1867 selbst seine Leistung vom 4. Juni 1866. Er schrie:

— „Wir" (unter „Wir" versteht er niemals die Deutschen, sondern immer nur die Württemberger) „wir haben gar keinen andern Feind als Preußen. Preußen ist der Staat, der uns verschlingen will! Sonst Niemand! Und wer uns verschlingen will, ist unser Feind!"

Der Mann des Schutzes der „nationalen" Arbeit scheute sich nicht, öffentlich Preußen als den Feind und Frankreich als den Freund zu bezeichnen und gegen das Zusammengehen von ganz Deutschland zu eifern — kurz vor 1870.

Vielleicht hätte Napoléon 1870 nicht das Schwert gezogen, wenn er nicht in solchen Stimmen aus Deutschland eine gewisse Aufmunterung gefunden hätte.

Gleichzeitig publizirte Mohl eine Denkschrift, welche die von 1832 noch in den Schatten stellte, obwohl sie ganz von demselben Geiste beseelt war. Sie ist betitelt: „**Mahnruf zur Bewahrung Süddeutschlands vor den äußersten Gefahren**" und verdient, wie ich sogleich an einem Beispiel zeigen werde, auch heute noch gelesen zu werden.

Sie empfiehlt für den Fall eines bevorstehenden Krieges (1870), „daß Süddeutschland neutral bleibt und Preußen die Kriege allein ausfechten läßt".

Von 1878 an warf sich Mohl auf das Tabaksmonopol, zu dessen Gunsten er eine Reihe von „Denkschriften" und „Mahnrufen" publizirte, indem er, dem Erlkönig vergleichbar, die süßesten Worte und die glänzendsten Versprechungen an denselben Mann richtet, welchem er am 4. Juni 1866 eine etwas eigenthümliche Erhöhung gewünscht hatte.

In seinem „Mahnruf" von 1867 erörtert Mohl („getrieben von seinem Gewissen", so sagt er) u. a. auch die Tabaksteuerfrage. Er versichert, er, der Verfasser, Moriz von Mohl, habe auch die Frage, ob auf Deutschland das Tabaksmonopol paßt, einem gründlichen Studium unterzogen.

„Er" (nämlich der Verfasser, so fährt er dann fort) „hat sich jedoch aus den so höchst erfreulichen Fortschritten, welche der Tabakbau und die Cigarrenfabrikation im Zollverein, und namentlich in Baden, der bayerischen Pfalz und dem Großherzogthum Hessen, sowie im bayerischen Franken und auch wenigstens die Fabrikation in verschiedenen norddeutschen, namentlich preußischen Provinzen gemacht hat, mehr und mehr überzeugt, daß die Einführung des **Tabaksmonopols**, oder eine besondere Besteuerung des Tabakbaues und der Tabakfabrikation, im Zustande der blühenden und großartigen Entwickelung, zu welchem diese Erzeugungszweige im Zollverein sich emporgearbeitet haben, ein großer volkswirthschaftlicher Fehler wäre, und hat seither in seiner ständischen Laufbahn alle darauf gerichteten Anträge jederzeit entschieden bekämpft."

Während er sein Leben lang (er ist 1802 geboren) bis 1877 das Tabaksmonopol „entschieden bekämpft" hat, hat er es von 1878 an ebenso entschieden vertheidigt. Seine Landsleute, namentlich der Stuttgarter „Beobachter", haben ihm deshalb Inkonsequenz vorgeworfen. Gegen diesen Vorwurf muß ich ihn mit aller Entschiedenheit in Schutz nehmen. Gewiß, für Württemberg allein würde Mohl das Monopol nie in Vorschlag gebracht haben. Etwas anderes ist es mit Deutschland, und insbesondere mit Preußen. Württemberg liebt er (wenigstens in seiner eigenthümlichen Weise), Preußen durchaus nicht.

In seiner „Denkschrift für eine Reichs-Tabak-Regie" (Stuttgart, 1878) schreibt er wörtlich:

— „Nur eine Reichs-Regie kann den inländischen Tabakpflanzern Preise für ihre Blätter verwilligen, welche weit über die Verkaufspreise der freien Konkurrenz hinausgehen. Nur keine halben Maßregeln! Nur nicht in Verwilligung der Verkaufspreise für die Regie ängstlich sein, sonst kann man gegen die Tabakpflanzer nicht freigebig sein."

Man sieht, Herr von Mohl ist offenherziger, als jene preußischen Konservativen, welche versichern, das Tabaksmonopol werde dem gemeinen Mann den Tabak „um keinen Pfennig vertheuern". Mohl sagt: Nur nicht blöde, nur in die Höhe mit den Preisen. Mögen die Leute so schlecht und so theuer wie möglich bedient werden, wenn es nur dem Reich ordentlich Geld einträgt, damit es den Einzelstaaten etwas kann zukommen lassen und damit es den württembergischen Tabakpflanzern ihre Blätter recht freigebig bezahlen, d. h. übermäßig theuer abkaufen kann.

Dieser Schutz der „nationalen" Arbeit ist also hier der nackte politisch-fiskalische Partikularismus. Er hat mit Volkswirthschaft nichts mehr zu schaffen.

— „Mag das Reich sich noch so mißliebig machen, wenn es sich nur opfert für die württembergische Staatskasse und die württembergischen Tabaksbauern", scheint Herr von Mohl zu denken. Ja, er macht sich geradezu über das deutsche Reich lustig, indem er schreibt:

— „Eine macchiavellistische Regierung" (welche er bei dem deutschen Reich vorauszusetzen scheint) „müßte vielleicht schon darum eine Tabaks-Regie einführen, damit das Publikum ein möglichst unschädliches Objekt zum Schimpfen habe, wie Alcibiades seinem Hunde den Schwanz abschnitt, um den Athenienſern eine unschädliche Gelegenheit zur Médisance zu geben."

Man kann, wenn man dies liest, die Bemerkung nicht unterdrücken, daß dieser Stuttgarter Alcibiades wohl dem Reichshund den Schwanz abschneiden möchte, aber beileibe nicht dem kleinsten württemberger Hunde.

— „Denn," schreibt er, „diese Reichsumlagen haben die meisten, wenn nicht alle deutschen Staaten in ihren Finanzen weit zurückgebracht, während doch gerade ihnen die wichtigsten und edelsten Aufgaben für Unterricht, Bildung und Gesittung, für Hebung des Wohlstandes durch öffentliche Verkehrswege und gemeinnützige Anstalten aller Art, für Rechtsschutz und Polizei, für Gesundheitspflege und für die Aufgaben einer Landesregierung überhaupt, obliegen und obliegen müssen."

Das ist sein Ideal der Arbeitstheilung zwischen dem Reich und Württemberg:

Dem Reich die Arbeit, die Lasten und das Odium! Dem Einzelstaat das Geld, die Einnahmen, das Vergnügen und der Beruf des Kulturträgers und Wohlthatenspenders.

Wohin es dabei kommen soll mit der deutschen Einheit, — diese Frage ist Herrn von Mohl niemals in den Sinn gekommen. Wenigstens findet sich dafür in seinen zahl- und umfangreichen Denkschriften nirgends ein Anhalt. Gleichwohl hat das deutsche Reich alle Ursache, ihm wenigstens für seine Konsequenz und seine Aufrichtigkeit dankbar zu sein. Denn diese müssen jeden Vertreter der öffentlichen Gewalt und jeden Vertreter der Nation, welcher zu lesen versteht, über die Tragweite der Mohl'schen Pläne aufklären.

Soviel zur Geschichte des Tabaksmonopols in Deutschland, sowie zur Kritik und Charakteristik seiner Vertreter in dem letzten Viertel des neunzehnten Jahrhunderts, welches so starke Neigung zeigt, in die schlimmsten finanziellen und wirthschaftlichen Irrthümer des achtzehnten Jahrhunderts zurück zu verfallen.

Ich habe mir unter diesen Vertretern die zwei hervorragendsten, unterrichtetsten, klügsten und typischsten ausgewählt:

— „Arcades ambo.
Et cantare pares et respondere parati."

IV. Löwe-Calbe und die Zweihundertundvier.

Von den übrigen ließe sich auch noch manches vermelden. Aber ich will schweigen. Denn es ist mir nicht um eine Porträtgallerie, um einen Ahnensaal mit den Bildnissen der Väter der Staatsmonopolien und der Vertheuerungszölle zu thun, sondern um eine Genesis der Peripetie von 1879, bei welcher man leider gewissen Persönlichkeiten einen großen Einfluß zuzustehen gezwungen ist.

Wir haben bis jetzt als Motoren dieser Peripetie zwei kennen gelernt.

Erstens die Finanznoth der einzelnen Staaten, deren Finanzminister während der kritischen Zeit zu verschiedenen Kongressen zusammengetreten. Es würde der Mühe lohnen, eine Geschichte dieser Konferenzen, ihrer Wanderungen und Wandelungen zu schreiben. Ich muß mir dies für die Zukunft vorbehalten.

Zweitens die staatssozialistische Monopolwuth, welche sich anfangs auf das Tabaksmonopol beschränkte, später aber, getreu dem Grundsatz: „crescit eundo", sich auf eine ganze Reihe anderer Gebiete ausgedehnt hat, wie Versicherungswesen, Altersversorgung, Eisenbahnen, Waldeigenthum, Getreidehandel u. s. w. Gegen diese Ausdehnung ist vom Standpunkt der Taktik unsererseits nichts zu erinnern. Je mehr die Staatssozialisten mit doktrinärer Rechthaberei und Verbissenheit die Sache auf die Spitze treiben, desto mehr werden sie auch die weniger Urtheilsfähigen erschrecken und von den Urtheilsfähigen ad absurdum geführt werden.

Wir kommen nun drittens zu den Industrie-Schutzzöllnern und viertens zu den Agrariern, die sich im Jahr 1878 unter der Führung von Varnbüler und Löwe-Calbe zu jener bis jetzt in unserer parlamentarischen Geschichte einzig dastehenden Koalition der „Zweihundert und Vier" vereinigten, welche von den dreihundert Spartanern wohl an Tapferkeit übertroffen werden, aber nicht an großen Erfolgen.

Die letzteren erreichten sie unter der Parole:
— „Es muß etwas geschehen!"

Mittelst dieses Lockrufes wußte man viele wohlmeinende, unentschlossene und ängstliche Abgeordnete, welche sich mit den Tariffragen bisher wenig oder gar nicht beschäftigt hatten, für die Koalition zu gewinnen; und sobald man sie einmal darin hatte, gelang es, sie auch weiter zu schleppen oder zu treiben. Der nationalliberale Graf F., ein Mann von durchaus edlem Charakter und unabhängiger Stellung, erklärte während des Wahlkampfes vom Herbst 1881, interpellirt, warum er für die Vertheuerungszölle gestimmt habe, daß er in der angedeuteten Weise dazu überredet worden sei und es später bereut habe.

Auf unsere Bemerkung, daß es besser sei, es geschehe gar nichts, als etwas Unüberlegtes, Unkluges und Gemeinschädliches; das beste sei, die nicht über uns allein, sondern über alle Kulturvölker der Erde hereingebrochene wirthschaftliche Krisis ruhig zu tragen, in Befolgung der heilsamen Mahnung, welche Phädrus aus dem gelassenen Herzen eines aufrichtigen Menschenfreundes an uns richtet:
— „O cives, hoc sustinete,
Majus ne veniat malum!" —
auf diese Bemerkung gab man uns die bekannten Redensarten vom „herzlosen Manchesterthum", vom „Laisser-aller, laisser-faire" und

andere derartige Phrasen zur Antwort, welche aus englischen und französischen Hergängen entlehnt sind und auf unsere deutschen Verhältnisse so wenig passen, wie die, welche sie hören und lesen, sich irgend etwas dabei zu denken im Stande sind, aber es liegt gerade darin ihr Vorzug.

> — „Denn wo Begriffe fehlen,
> Da stellt zur rechten Zeit ein Wort sich ein."

„Es muß etwas geschehen!" So sagten auch unsere Vorfahren, wenn sie im Falle eines Viehsterbens viel unglückliche Frauen, welche man mit dem Titel „Hexen" heimsuchte, zu den grausamsten Martern der Tortur und zu dem Tod auf dem Scheiterhaufen verdammten. So sagte man, wenn man zur Zeit der Pest und anderer Epidemien über irgend eine Menschenklasse oder über Einzelne herfiel und sie unter dem Vorwand, sie hätten die Brunnen vergiftet, todtschlug. So sagte man bei jeder Judenverfolgung, zu welcher sich der unwissende und leidenschaftliche Pöbel von herrsch- und geldgierigen gewissenlosen Agitatoren aufhetzen ließ. So sagte man bei jeder Theuerung, indem man die Getreidehändler und Spekulanten verfolgte, die Ausfuhr (und damit ohne es zu wollen, auch die Einfuhr) unterdrückte und ein Leiden, welches bei vollkommen freiem Verkehr sich nicht eingestellt hätte oder schnell vorübergegangen wäre, künstlich hervorrief, steigerte und verlängerte.

Die Menschen, welche leiden und dabei nicht genug Geistesruhe, Kenntniß und Nachdenken anwenden können oder wollen, um den Ursachen des Uebels und den Mitteln, solches zu beseitigen, nachzuforschen, verfallen in der Regel auf den unglücklichen Einfall, sich jenes Instituts zu bedienen, welches man den „Sündenbock" nennt, in Erinnerung an die bekannten Worte im dritten Buch Mosis (Kap. 16):

— „Da soll der Priester die Hände auf des Bockes Haupt legen und bekennen auf den Bock alle Missethaten des Volkes; und man soll den Bock in die Wüste laufen lassen, also daß er alle Missethaten auf sich nehme und sie in die Wüste hineintrage."

Als einen solchen Bock hatte man Delbrück in Aussicht genommen. Man hörte überall die beweglichsten und zornigsten Anklagen gegen das „verderbliche System Delbrück", und zwar vorzugsweise aus dem Munde solcher, welche bei dieser schon seit 1808 eingeschlagenen finanzpolitischen Richtung Millionen erworben hatten, wovon sie jetzt einen Theil dazu anwandten, um die wirklichen oder vermeintlichen Urheber dieses heilsamen Systems ohne Unterlaß öffentlich schmähen zu lassen. Denn merkwürdigerweise hat niemals irgend eine Partei zu Preß- und Agitationszwecken mehr Geld aufzuwenden, als die „am Hungertuch nagenden Protektionisten", wenn sie von dem „letzten Todesröcheln der Industrie" reden und schreiben lassen.

Es war im Herbst 1878, als sich jene „Zweihundert und Vier" unter der anfänglichen formlosen Firma der „freien volkswirthschaftlichen Vereinigung" und unter dem Vorsitze des Abgeordneten Löwe-Calbe zusammenthaten, welcher letztere bis dahin, das heißt bis zum vierundsechzigsten Jahr seines Lebens, Freihändler gewesen.

In dieser „Vereinigung" kam der Bund zwischen den Industrie- und Agrar-Schutzzöllnern zu Stande. Die Agrarier, d. i. der Großgrundbesitz, versprachen den Schutzzöllnern, d. i. der Großindustrie, Fabrikatzölle; und dafür versprachen die letzteren, welche vorzugsweise die Eisenindustrie in Westdeutschland und die Baumwollspinnerei in Süddeutschland repräsentirten, den norddeutschen Rittergutsbesitzern Eingangszölle auf Schlachtvieh, Getreide und andere landwirthschaftliche Produkte.

Dieser Pakt, abgeschlossen auf Kosten aller Anderen, namentlich des bäuerlichen Besitzes und der bürgerlichen Gewerbe, ist erst allmählich dem Vollzuge entgegengereift. Allein er hat von vornherein in der Absicht derer gelegen, welche jene „Freie volkswirthschaftliche Vereinigung" zusammengebracht, gegründet und geleitet haben.

Dies beweisen die „in ihrer Art" vortrefflichen Zeitungs-Artikel des Freiherrn von Varnbüler, welche seit 1877 in der „Post" erschienen. Sie waren mit einem kleinen und einem großen Bau (v. B. = von Varnbüler) gezeichnet. Ihr Urheber machte aus seiner Autorschaft kein Geheimniß.

Löwe kommandirte die Schutzzoll-Armada nur scheinbar. Jedenfalls war Varnbüler, welcher jenem an Geist und Kenntnissen weit überlegen ist, der Chef des großen Generalstabs.

Die v. B.-Artikel von 1877 predigten damals schon die Einführung sowohl der landwirthschaftlichen, als auch der industriellen Vertheuerungszölle, bei welchen die Landwirthschaft, und namentlich der Kleingrundbesitz, sowie die Kleinindustrie und das Handwerk der übervortheilte Theil ist.

Ich halte es für nothwendig, daran zu erinnern. Denn Viele haben diesen notorischen Sachverhalt, der für den unerwarteten Fall, daß widersprochen werden sollte, mit zahlreichen Dokumenten belegt werden könnte, schon wieder vergessen, und andere versuchen ihn zu entstellen. Die letzteren möchten gern die Sache so darstellen, als seien die Industrie-Vertheuerungszölle, welche vorzugsweise den Landwirth belasten, schon beschlossene und feststehende Sache gewesen, da hätten denn die Rittergutsbesitzer, um doch auch für den Landwirth noch etwas aus dem allgemeinen Schiffbruch zu retten, sich noch in der elften Stunde die Zölle auf Schlachtvieh, Schmalz, Speck und Getreide ausbedungen.

Das diametrale Gegentheil ist die Wahrheit.

Die Konservativen hatten sich schon 1878 durch Varnbüler zu den Schutzzöllen bekehren lassen. Schon damals ist der Pakt geschlossen worden auf Kosten der Klein-Industrie, des Handwerks und des Kleingrundbesitzes, sowie der Konsumenten, einander gleichzeitig, Zug um Zug, Getreidezölle gegen Industriezölle zu bewilligen, 1879 ist der Pakt vollzogen worden; nicht blos vollzogen, sondern auch noch gesteigert, indem man paktirte: „Vertheuerst Du meinen Roggen noch höher, dann will ich Dir auch Dein Eisen noch höher vertheuern;" und vielleicht können wir schon 1883 eine Fortsetzung dieses angenehmen Gedanken und Zollaustausches erleben; denn es giebt jetzt schon protektionistische Blätter, welche behaupten, daß die Zölle auf Roggen und auf Eisen noch viel zu niedrig seien, man müsse beide verdoppeln, und zwar auf dem Wege des Paktirens, wie 1879.

Erinnert das nicht an die Kriegsknechte, welche um den Mantel des Heilandes würfeln und denselben untereinander vertheilen?

In der That, die Konservativen, die Vertreter des preußischen Großgrundbesitzes sind es, welche die Landwirthschaft mit den Industrie-Vertheuerungszöllen belastet haben. Ohne ihre Mitwirkung wäre dies ein Ding der Unmöglichkeit gewesen. Auch die konservative Partei, von welcher man seit 1866 annehmen durfte, sie habe endlich die Sonderinteressen, wie wir solche von Herrn von der Marwitz, im feindseligsten Gegensatze gegen die breiten Schichten der mittleren Stände, gegen Bürger und Bauer, vertreten sehen, aufgegeben und sich rückhaltlos der nationalen Einheitsbewegung und dem Streben nach wirthschaftlicher Freiheit angeschlossen, also auch die konservative Partei hat in diesem für unsere innere Entwicklung so verhängnißvollen letzten Lustrum eine eigenthümliche avitische Rückbildung erlitten.

Noch 1876 versicherten die preußischen Konservativen in ihrem politischen Programm mit Emphase:

— „Auf der Grundlage des Freihandels stehend, sind wir Gegner der Schutzzölle."

Drei Jahre später, 1879, stimmen sie einmüthig für diese, noch so eben mit solchem Nachdruck und ohne alle Umschweife verworfenen Zölle. Eine rühmliche Ausnahme machten nur Herr von Behr-Schmoldow, welcher seinen alten Grundsätzen bei der Abstimmung treu blieb, und die Abgeordneten Flügge und Freiherr von Maltzahn-Gültz, welche nur gleichsam „par dépit" mitstimmten, indem sie aus ihrer Meinung kein Hehl machten, daß bei dem Pakt von 1878 die Landwirthschaft der betrogene Theil sei, und daß, wenn der Getreidezoll falle, auch die Industrie-Vertheuerungszölle an dem nämlichen Tage wieder mitfallen müßten.

Wie hat nun dieser Rückfall der konservativen Partei sich vollzogen? Wie war er möglich?

Es war innerhalb der konservativen Partei Preußens wieder jene Fraktion zur Herrschaft — hoffentlich nur zu vorübergehender Herrschaft — gelangt, welche man nicht anders als „die Epigonen des Herrn v. d. Marwitz" bezeichnen kann.

Diesmal nannten sie sich „Agrarier" und behaupteten, für das Wohl und Gedeihen der Landwirthe zu kämpfen. Dies war eine Selbsttäuschung. Das, was sie verfolgten, war das einseitige (mit der Landwirthschaft nichts weniger als identische) Interesse des ritterschaftlichen Grundbesitzes, und auch dieses verfolgen sie mit falsch gewählten Mitteln.

Als sie zum ersten Mal mit ihrem Programm hervortraten, 1875, unterzog der Freiherr von der Goltz dasselbe einer scharfsinnigen wissenschaftlichen Untersuchung, deren Ergebniß er zusammenfaßt in den Worten:

„Die „Agrarier-Partei" vertritt lediglich die Interessen der Großgrundbesitzer, und zwar, wie ich hinzusetzen muß, nicht die wirklichen, sondern die vermeintlichen. Sie hat für die Interessen der mittleren und kleineren Grundbesitzer gar kein Verständniß."

Es war noch zu jener Zeit, da Fürst Bismarck der konservativen Partei, mit welcher er sich zunächst wegen Schul- und Kirchenfragen entzweite, aus Anlaß der „Aera-Artikel" der Kreuzzeitung offene Fehde angesagt hatte, als die Agrarier aufkamen. An ihrer Spitze stand damals der exaltirte Herr von Wedemeyer, früher ebenfalls ein entschiedener Freihändler. Er opferte einen großen Theil seines ansehnlichen Vermögens der agragischen Agitation und endete durch Selbstmord. Die literarischen Geschäfte lagen in der Hand des Herrn Marcus Antonius Niendorf, eines Mannes von außergewöhnlichem Talent. Vielleicht war er zum Dichter geboren. Seine

Dichtung „Die Hegler Mühle", ein Cyklus märkischer Lieder, (zweite Auflage, Berlin 1861) schien zu großen Erwartungen zu berechtigen. Allein er blieb diesem Berufe nicht treu. Sein Thun und Treiben war unstät und flüchtig. In der Politik sprang er aus einem Extrem in das andere über. Im Jahre 1869 wurde er von dem Wahlkreise Bielefeld in den norddeutschen Reichstag und das Zollparlament deputirt. Er war der unmittelbare Nachfolger des großen Waldeck. Als solcher gehörte er natürlich der Fortschrittspartei an. Im Zollparlament sprach er zum ersten Mal am 30. April 1870, als eine Revision des Vereinszolltarifs vom 1. Juli 1865 berathen wurde. Er kritisirte die Delbrück'sche Vorlage vom Standpunkte des Freihandels, indem er namentlich die noch bestehenden landwirthschaftlichen Zölle, z. B. auf Vieh aller Art, bekämpfte. Wenige Jahre danach bekämpfte derselbe Niendorf, der damals Delbrück vom Standpunkte der äußersten Linken kritisirt hatte, denselben vom Standpunkt der äußersten Rechten. Nunmehr war er Inhaber einer agrarischen Buchhandlung und bekämpfte in seiner Zeitung und in einer Anzahl von Broschüren, unter welchen sich damals schon die antisemitischen Produktionen eines Berliner Stadtgerichtsrathes bemerklich machten, den Freihandel bis auf das Messer, indem er Eingangszölle für Getreide, Butter, Vieh, Speck, Schmalz c. auf das kräftigste befürwortete und gegen die Besteuerung der Rittergüter plädirte. Seine Versuche, wieder in den Reichstag gewählt zu werden, waren vergeblich. Auch er ist in ziemlich jungen Jahren gestorben.

Die Agrarier nehmen auch heute noch die Urheberschaft der sogenannten „Steuer- und Wirthschafts-Reform von 1879" für sich in Anspruch).

Die Bescheidenen beschränken sich darauf, die Priorität für sich geltend zu machen und zu behaupten, sie hätten den Reichskanzler überredet.

Die Unbescheidenen sagen: „Wir sind die geistigen Eigenthümer und wir haben Bismarck gezwungen".

Soviel über die Agrarier.

Was die Anhänger der Vertheuerungszölle auf Industrieprodukte anlangt, so bildeten dieselben den zweiten Faktor der sogenannten „freien Vereinigung".

Vor der Krisis, welche gegen die Mitte der siebenziger Jahre eintrat, gab es gar keine Schutzzöllner mehr in Deutschland. Wenigstens dem Namen nach. Denn Zölle neu einführen oder erhöhen zum Zwecke des „Schutzes" wollte damals Niemand; diejenigen aber, welche irgend einen Zoll in seiner bisherigen Höhe noch etwas konserviren wollten, begannen ihre Rede stets mit den Worten:

— „Auch ich bin Freihändler par principe, aber in diesem konkreten Falle liegen ganz exzeptionelle Gründe vor, welche einen vorübergehenden Schutz ausnahmsweise nöthig oder nützlich erscheinen lassen. Ich erlaube mir daher, denselben zu befürworten, nicht als bleibende Maßregel, sondern nur für kurze Zeit, für wenige Jahre, nur so lange bis Das und Das eintritt ... bis das Ausland in diesem oder jenem Punkt nachgiebt ... bis diese oder jene Erfindung gemacht ... diese oder jene Verbesserung eingetreten ist ... diese oder jene Reform der Gesetzgebung eingeführt sein wird ..."

So sprachen unsere Schutzzöllner bis 1874. Bis dahin verlangten auch sie mit aller Entschiedenheit, ebenfalls als Freihändler betrachtet und behandelt zu werden. Nur Moritz Mohl war, wie immer, konsequent und predigte auch damals beharrlich den äußersten Schutzzoll. Allein, seine Stimme verhallte im Reichstag, ohne daß ihm Jemand sonderliche Aufmerksamkeit schenkte. „Vox clamantis in deserto!"

Da kam die große Produktions- und Handels-Krisis. Ueber ihre Ursachen vermag man heute besser zu urtheilen als damals. Die lange dauernden Kriege in Europa und Amerika hatten viel Kapital- und Menschenkraft zerstört. Das allgemeine Vertrauen dagegen, daß nunmehr, da Deutschland nicht allein der mächtigste, sondern auch der friedfertigste Staat sei, der Friede auf eine lange Reihe von Jahren gesichert erscheine, führte zu einer krankhaften Steigerung des Unternehmungsgeistes. Alle, auch die, welche außerhalb der eigentlichen

17

Geschäftswelt lebten, wollten ihr Kapital oder wenigstens ihre Einkünfte verzehnfachen. Sie erklärten das für eine Nothwendigkeit, weil wir in Folge des Zuströmens der Milliarden und aus anderen Ursachen an einem gemeinschädlichen Ueberflusse von zirkulirendem Medium und von anderweitigen (papierenen) Zahlungs- und Kreditmitteln laborirten und dadurch alles weit theurer geworden war; denn „billiges Geld ist theuere Waare"; das hatten unsere Banknotenschwärmer vergessen. Die Ueberschätzung unserer Kapital- sowie der Konsumtions- und Produktionskraft führte zu einer Vermehrung und Ausdehnung unserer Fabrikanlagen und unserer Fabrikation, welche einer Kapitalvergeudung gleich zu achten waren. Zwei Jahre vorher konnte unsere Eiseninduſtrie nicht soviel produziren, wie die Konsumenten verlangten. Jetzt aber konnten die Konsumenten im In- und Auslande nicht soviel konsumiren, wie jene produzirten. Auch die Milliarden hatten, wie dies Julius Faucher vorher gesagt hatte, keinen Segen gestiftet. Sie waren nicht mittelst produktiver Arbeit erworben und repräsentirten keinen wirthschaftlichen Umsatz. Vergeblich hatte Ludwig Bamberger sowohl im Reichstag, als auch in seiner Abhandlung „Die fünf Milliarden" (Preußische Jahrbücher, Bd. XXXI) vor einer raschen Ueberführung dieser Geldsummen gewarnt und gesagt:

— „Die Bereicherung um fünf Milliarden braucht mehr Zeit und Arbeit, als die bloße Zahlungsfrist andeutet; und auch die Abzahlung als solche kann nicht ohne Versündigung an der Natur der Dinge auf eine kurze Zeitspanne zusammengedrängt werden. Die Aufgabe einer umsichtigen Finanzwirthschaft geht dahin, alle diese Operationen so zu leiten, daß dabei der tägliche Verkehr möglichst wenig aus seinen Bahnen gelenkt werde. Sonst möchte leicht zur Plage werden, was bestimmt war, Wohlthat zu sein.

— „Hüten wir uns, zu verfahren, wie der Harpagon, der alles, was er zu erschwingen vermag, in den Geldkasten bringen will, auf den er sich setzen kann. Hüten wir uns zu verfahren wie der Narr des Glückes, der alles, was ihm zufließt, sofort in sichtbare Herrlichkeiten umzaubern will. Es wäre thöricht, die deutsche Nation unserer Tage mit den Spaniern Philipp's II. zu vergleichen, aber es kann nicht schaden daran zu erinnern, daß fünfzig Jahre nach dem Zutritt des peruanischen Goldstroms die Spuren des Verfalls der großen Monarchie sichtbar zu Tage traten. Am 6. Juli 1870 warf der Herzog von Grammont dem Hause Hohenzollern vor, es wolle das Reich Karls V. wieder aufrichten. Die Hohenzollern waren klug genug, auch nach dem 1. September keine Gelüste nach spanischer Herrlichkeit zu nähren. Möge ihr Reich auch bewahrt bleiben vor dem zweideutigen Segen spanischer Gallionen!

> „Nimm Hack' und Spaten, grabe selber,
> Die Bauernarbeit macht dich groß;
> Und eine Herde gold'ner Kälber,
> Sie reißen sich vom Boden los."

So schrieb Bamberger 1873. Heute werden nur wenige leugnen, daß er Recht hatte.

Damals war es anders. Seine Warnung wurde damals nicht gehört und beachtet. Die Inflation stieg immer höher, bis sie eines Tags zusammenkrachte, um Unschuldige wie Schuldige unter ihren Trümmern zu begraben.

Darüber kann wohl heutzutage kein Zweifel mehr walten, daß „Schutzzoll oder Freihandel" mit dieser Katastrophe gar nichts zu thun hatten. Denn sie trat überall ein, wo gleiche Ursachen vorhanden waren, in England, wo man dem Freihandel am nächsten, in Rußland und Amerika, wo der Schutzzoll am höchsten steht, und in Deutschland, wo man sich bis 1878 in einem juste milieu befand, das man ebensogut einen „gemäßigten Freihandel" als einen „moderirten Schutzzoll" nennen konnte.

Die wirklichen Verluste der wirthschaftlichen Krisis waren groß. Die vermeintlichen (z. B. diejenigen, die sich in dem Kurs von Werthpapieren ausdrückten, welche plötzlich von einer fiktiven Höhe herunterfielen) noch größer. Am größten und schlimmsten aber war die Verwirrung, welche sich der Geister bemächtigte. Man schmähte das handelspolitische System Friedrich Wilhelms III., unter welchem sich Deutschland aus tiefster Armuth seit 1808 zu einem behaglichen mittleren Wohlstand emporgeschwungen hatte, und wollte es verantwortlich machen für eine Krisis, die damit nicht den entferntesten Zusammenhang hatte. Man schrie nach Schutzzoll in demselben Augenblicke, in welchem uns Rußland und Amerika zeigten, daß derselbe gegen derartige Krisen nicht schützt und nur die Waaren vertheuert.

In welchen paradoxen Uebertreibungen sich damals die Schutzzöllner ergingen, dafür nur ein Beispiel.

Noch Ende 1881 behauptete Fürst Bismarck im deutschen Reichstag, 1878 seien alle Hochöfen ausgeblasen gewesen. Ohne Zweifel hatten befreundete Eisenschutzzöllner ihm dies versichert. Er hat ihnen bona fide Glauben geschenkt. Aber er hatte Unrecht, diese Angabe zu glauben. Denn sie war das direkte Gegentheil der Wahrheit. Nach den Ergebnissen der offiziellen Statistik sind im deutschen Zollgebiet im letzten Jahre vor Inauguration der neuen Zollpolitik, also in dem Jahr 1878, von den vorhandenen 298 Hochöfen 212 Hochöfen im Betrieb gewesen, wobei zu bemerken, daß schon aus technischen Gründen sich stets eine gewisse Anzahl von Hochöfen zeitweise außer Betrieb befindet. Die Produktion von Roheisen aller Art bezifferte sich 1878 auf 42 952 000 Zentner. Nur in den Zeiten einer krankhaft gesteigerten Spekulation, im Jahre 1873, ist diese Ziffer überschritten worden; in allen anderen Jahren ist die Produktion weit hinter der von 1878 zurückgeblieben.

Die Koalition der „Zweihundert und Vier", deren Kristallisations-Kern sich aus den ihres Ziels und Zwecks bewußten und entschlossenen Vertretern und Leitern der agrarischen und der protektionistischen Bewegung zusammensetzte, deren Mehrheit aber aus Parlaments-Mitgliedern bestand, welche sich durch den oben bereits charakterisirten sinnlosen und gefährlichen Ruf: „Es muß etwas geschehen!" leiten ließen, verhielt sich anfangs etwas latent. In den öffentlichen Sitzungen und in den offiziellen Verhandlungen ließ sich nichts von ihr sehen und hören. Hinter den Kulissen entstanden, blieb sie hinter den Kulissen solange, bis sich der Fürst Bismarck entschlossen hatte, sich des Beistandes der Schutzzöllner für Verwirklichung seines oben charakterisirten Finanzplanes zu bedienen, und nunmehr, wie es seine Art ist, mit der ganzen ihm eigenthümlichen Willens- und Thatkraft mit seinen Vorlagen hervortrat.

Es ist eine eigenthümliche Erscheinung — diese „Zweihundert und Vier". Neu in der parlamentarischen Geschichte, wird sie hoffentlich keine Wiederholung erleben.

Die Abgeordneten werden gewählt, auf daß sie im Parlament selbst ihre Meinung sagen, ihre Anträge stellen, ihre Stimmen abgeben. Sie sollen sich im Reichstag selber auf Grund eines öffentlichen, erschöpfenden, kontradiktorischen Verfahrens ihre Ansichten bilden und dann nach ihrer auf diese Weise frei geschöpften Ueberzeugung abstimmen.

Wenn man hierin das Charakteristische des politischen Parlamentarismus erblickt, dann wird man zugeben, die „Freie Vereinigung" der „Zweihundert und Vier" war weder politisch noch parlamentarisch.

Sie vollzog sich zwar unter Parlamentariern, aber auf nicht parlamentarischem Wege. Viele einzelne Mitglieder wurden dazu geworben, ohne daß man ihnen die letzten Ziele offenbarte. Man ließ sie eine Art Programm unterzeichnen, das die Zwecke mehr verbarg als enthüllte; und doch war es so abgefaßt, daß, wenn einer der Geworbenen nicht mehr mitthun wollte, man ihm sagen konnte: „du kannst nicht mehr zurück, das ist ja alles schon durch deine Unterschrift genehmigt, wenigstens im Prinzip, und du wirst doch nicht deine Prinzipien verleugnen"!

Vor allem vollzog sich das ganze unter dem strengsten Ausschlusse der Oeffentlichkeit. Man hütete sich im Reichstage Anträge zu stellen, oder auch nur entscheidende Debatten zu provoziren. Nur von Zeit zu Zeit ließ man eine Notiz in die Presse „glissiren", die freie volkswirthschaftliche Vereinigung habe schon wieder einmal unter dem Vorsitze des Doktor Löwe eine zahlreich besuchte Sitzung gehalten. Ueber Inhalt und Ergebniß derselben pflegte nichts zu verlautbaren. Es hieß nur, es seien wichtige Dinge „in Aussicht genommen". Infolgedessen pflegten dann gewisse Papiere zu steigen.

Diese ganze lange Zeit wurde nur dazu angewandt, unentschiedene Mitglieder zu gewinnen und zum entscheidenden Schritte vorzubereiten, den man nicht eher wagen durfte, als bis die Vorbereitung vollendet war. Es lag ein Schatten oder ein Hauch von Verschwörung über dem Ganzen.

Ein alter Sportsmann sagte: Man muß es da machen, wie mit einem Pferd, das vor irgend einem Gegenstand scheut. Man führt es ruhig und langsam, ja sogar schmeichelnd, bis zu jenem Gegenstand vorwärts. Dann setzt man ihm plötzlich die Sporen in die Weichen, und siehe da, jede Schwierigkeit ist überwunden!

Eine neue Art, die Abstimmungen auf lange im voraus zu vinkuliren!

Merkwürdig ist es indessen, daß die „Drahtzieher", welche bei dieser Operation in dem Reichstag von 1878 bis 1881 thätig waren, ohne Ausnahme bei den Wahlen vom 27. Oktober 1881, trotz eifriger Bewerbung, unterlegen sind, obgleich sie sehr verschiedenen Parteien, Fraktionen, Fraktiönchen und Gruppen angehörten. Unterlegen in ihren alten Wahlsitzen gegenüber hominibus novis!

Da indessen die Nation, wenn sie wählt, keine Entscheidungsgründe mittheilt, so enthalte ich mich, über die Ursachen dieser Erscheinung ein Urtheil abzugeben.

Jedenfalls aber liefert die Geschichte der Zweihundert und Vier einen neuen Beweis, wie irrthümlich die Ansicht ist, die Politik und die Volkswirthschaft hätten nichts miteinander zu schaffen.

Die Entstehung und Entwickelung der Hundertundvier-Koalition hatte auf die politischen Parteien einen verschiebenden, auflösenden und zersetzenden Einfluß. Am meisten ist dies bei der früher so angesehenen und hochverdienten nationalliberalen Partei zu Tage getreten.

Zum Schluß dieses Versuches einer parlamentarisch-pragmatischen Genesis unserer schutzzöllnerisch-monopolistischen Aera muß ich noch einer Episode gedenken. Ich meine die im Dezember 1877 in Varzin zwischen dem Fürsten Bismarck und Herrn von Bennigsen gepflogenen Verhandlungen, welche unmittelbar vor und in den Wahlen von 1881 zum Gegenstand eines ebenso heftigen als widerwärtigen Partei-Gezänkes gemacht wurden.

Wer Herrn von Bennigsen kennt, der weiß, daß er Gentleman durch und durch ist, und daß daher seiner Darstellung der Unterhandlungen in Varzin und dessen, was denselben gefolgt ist, unbedingter Glauben zu schenken ist.

Gleichwohl bin ich der Meinung, daß es weder damals, noch früher, noch später in der Absicht des Fürsten Bismarck gelegen hat, Herrn von Bennigsen oder irgend ein anderes Mitglied der damals noch großen und ungetheilten nationalliberalen Partei zum Minister vorzuschlagen.

Dafür sprechen folgende Thatsachen:

Erstens kennt man seine prinzipielle Abneigung, irgend einer Partei gegenüber irgend eine bindende Verpflichtung zu übernehmen; und gerade der nationalliberalen Partei gegenüber war damals diese Abneigung größer als jemals.

Zweitens hat er — das ist notorisch und nicht nur durch ihn selbst, sondern sogar von höchster Stelle bestätigt — weder Seiner Majestät dem Kaiser irgend etwas auf ein solches neues Ministerium bezügliches gesagt, oder auch nur angedeutet, noch auch die damals im Amte befindlichen Minister — denn eine Vakanz bestand nicht — darauf vorbereitet, was doch die Pflichten der Kollegialität und Loyalität erfordert haben würden.

Drittens hat der Fürst Bismarck gerade an dem Tage, an welchem Bennigsen bei ihm in Varzin war und sich mit aller Entschiedenheit gegen das Tabaksmonopol erklärte, — wenn ich nicht irre, war es der 27. Dezember 1877 — an den damals noch im Amte befindlichen Finanzminister Camphausen von Varzin aus telegraphirt, er möge seine Finanzreform-Gesetzentwürfe — darunter auch den über Einführung, oder wenigstens direkte Vorbereitung der Einführung, des Tabaksmonopols — schleunigst fertig stellen, damit sie alsbald dem Bundesrath vorgelegt werden könnten, was denn auch, wie befohlen, geschehen ist.

Dann folgte die Auflösung im Frühjahr 1878, von welcher man eher alles andere glauben kann, als daß sie den Zweck hatte, ein Ministerium Bennigsen vorzubereiten.

Wohl aber glaube ich, daß Bennigsen am 27. Dezember 1877 in Varzin zwar das Tabaksmonopol bekämpft, dagegen den Schutzzöllen weit weniger Widerstand entgegengesetzt hat; nur so vermag ich mir sein Verhalten in der Generaldebatte über den Tarif von 1879 zu erklären.

Ist dies der Fall, so kann man nicht behaupten, daß für den Reichskanzler jener 27. Dezember ganz ohne Zweck und Erfolg war. Es handelte sich um eine Rekognoszirung.

V. Das Ergebniß.

Es liegt nicht in unserer Absicht, auf die Parlaments-Debatten von 1879 bis 1881 zurückzugreifen und den Streit über Einzelheiten zu erneuern.

Wir beschränken uns darauf, das Ergebniß derselben zu würdigen und mit den zoll- und handelspolitischen Grundsätzen Friedrich Wilhelms III. zu vergleichen.

Zunächst fragen wir uns:

„Hat der Reichskanzler seinen Zweck erreicht?"

Da müssen wir denn antworten:

Nein, bezüglich des Tabaksmonopols bis jetzt gar nicht. Bezüglich der Zölle und Verbrauchs-Abgaben nur sehr unvollständig.

Auf dem Wege zum Tabaksmonopol, welcher sehr lang und sehr schwierig ist und der jahrelang fortgesetzter Zustimmung und that=

kräftiger Unterstützung einer ganzen Reihe von Parlamenten bedürfen würde, ist noch nicht einmal die erste Etappe erreicht, geschweige denn überwunden. Der jetzige Reichstag bietet ebenfalls nur wenig Aussicht auf Annahme. Diese Aussicht wird sich noch verringern im Fall einer Auflösung und Neuwahl. Selbst Mitglieder der altkonservativen (deutsch-konservativen) Partei und des Zentrums, selbst entschiedene Agrarier und Schutzzöllner können sich nicht entschließen, für dies Monopol zu stimmen. Sie fürchten, dadurch hinsichtlich ihrer Mandate die Pflicht der Selbsterhaltung zu verletzen.

Was die Eingangszölle anlangt, so haben allerdings die Agrarier und Industrie-Schutzzöllner ihre Zwecke erreicht, nicht aber der Reichskanzler.

Nicht einmal soviel ist dem letzteren gelungen, die Agrarier und die Schutzzöllner vollständig zufrieden zu stellen, — sofern überhaupt seine Hauptabsicht hierauf gerichtet gewesen sein sollte. Zuerst verlangten diese Parteien nichts, als die bekannte „ehrliche Probe".

„Lassen wir," so sagten sie, „nur einmal den Tarif von 1879 ein paar Jahre unverändert bestehen. Dann wird es sich zeigen, ob er gut ist. Das ist die Probe auf das Rechen-Exempel. Das ist alles, was wir verlangen. Mehr nicht."

Diesen Standpunkt haben sie in der kurzen Frist seit 1879 schon wieder verlassen.

Es haben trotzdem schon Aenderungen des Tarifs und Erhöhungen einzelner Sätze desselben auf Antrag von schutzzöllnerischer Seite stattgefunden. Von freihändlerischer Seite hat man sich bis jetzt auf eine Kritik des Tarifs beschränkt. Dieselbe wird unterstützt durch die Gutachten der Handelskammern. Diese Korporationen, in welchen nicht nur der Handel, sondern auch die Industrie Deutschlands vertreten ist, haben jetzt schon, abgesehen von einigen wenigen Ausnahmen, die der Gesammtheit gegenüber verschwinden, den Tarif für ein verfehltes Werk erklärt, — in dem Einzelnen, wie in dem Ganzen.

Wir gehen von der Voraussetzung aus, daß es bei dem Tarif von 1879 dem Reichskanzler nicht darum zu thun war, einzelne Klassen oder einzelne Personen auf Kosten aller übrigen zu begünstigen, sondern darum, vermöge einer anderen Einrichtung und Erhöhung von Zöllen und Verbrauchsabgaben eine von weiterer jährlicher Verwilligung völlig unabhängige, reichliche, definitive und stabile Abundanz der Reichsfinanzen herbeizuführen, durch welche nicht nur die Matrikularumlagen beseitigt, sondern auch Ueberschüsse geschaffen werden, welche dem Reiche die Möglichkeit gewähren, den Einzelstaaten nach freier Entschließung Subsidien zu gewähren.

In dieser höchsten Potenzirung und weitesten Ausdehnung ist der Zweck durchaus nicht erreicht worden.

Hier müssen wir einen Rückblick auf die parlamentarische Situation von 1879 werfen.

Dem Reichskanzler standen damals zwei Wege offen, eine Majorität für seinen Tarif zu erzielen.

Das Amendement Rudolf von Bennigsen öffnete die eine, das Amendement Arbogast von Franckenstein öffnete die andere Thür. Jenes war der national-konstitutionelle, dieses der föderalistische Weg. Ein dritter war nicht vorhanden. Es galt, eine Alternative zu entscheiden.

Ich vermuthe, daß in der That weder der eine noch der andere Weg sich des ganzen Beifalls des Reichskanzlers erfreute.

Bennigsen ließ zwar dem Reich allein das ganze Erträgniß der neuen Zölle, allein er wahrte dem Reichstag das Verwilligungsrecht, wenigstens für gewisse Eventualitäten.

Franckenstein verzichtete auf letzteres gänzlich. Er verwilligte vorbehaltlos und auf ewige Zeiten, indem er eiserne Zölle schuf, an welchen ohne Uebereinstimmung aller legislativen Faktoren nichts geändert werden konnte; allein er bedang den Einzelstaaten das wohlerworbene Recht auf den ganzen, die Summe von hundertunddreißig Millionen Mark übersteigenden Ertrag dieser Zölle, welcher Ueberschuß wie vordem die Zollvereinsintraden, unter die einzelnen Territorien nach Maßgabe der Zahl ihrer Einwohner vertheilt werden sollte.

Dort wurde der volle Ertrag geboten, jedoch ein Surrogat für das Steuerverwilligungsrecht ausbedungen.

Hier wurde von letzterem gänzlich abgesehen, jedoch ein Antheil für die Einzelstaaten ausbedungen.

Entweder — oder. An diesen Scheideweg war der Herkules der Steuer- und Wirthschaftsreform gestellt. Es fragte sich, wogegen ist seine Abneigung größer, gegen das Finanzrecht des Reichstags, oder gegen die Partizipirung der Einzelstaaten.

Er entschied sich für die Partizipirung und gegen Bennigsen, welche Entscheidung ebenfalls geeignet ist, ein retrospektives Licht auf den 27. Dezember 1877 zu werfen.

Folge der Annahme des Amendements Franckenstein durch den Reichskanzler ist, daß die Matrikularumlagen nicht nur geblieben sind, sondern auch noch gestiegen, obgleich dieselben unter allen Umständen beseitigt werden sollten, sowie, daß ein Theil der Reichseinkünfte an die Einzelstaaten vertheilt wird nach der Kopfzahl.

Man rühmt letzteres als einen richtigen Ausdruck des „föderativen" Charakters der Reichsverfassung.

Dies ist ein Irrthum. Das föderative Prinzip fordert vielmehr auch auf finanziellem Gebiete eine strenge Regelung und Evidenterhaltung der Grenze zwischen dem Gesammtstaat und den Einzelstaaten. Es widerstrebt jeder Gemeinschaft oder Vermischung der Finanzen.

Die Gestaltung, welche infolge der Realisirung des Amendements des Freiherrn von Franckenstein eingetreten, ist vielmehr nichts anderes, als ein Rückfall in den Zollvereins-Charakter. Der Zollverein war keine permanente Institution, geschweige denn ein Staat, sondern nur ein kündbares Vertragsverhältniß zwischen einer Reihe absolut souveräner Staaten, welche keinen gemeinsamen Zentralpunkt und keine gemeinsamen Finanzen besaßen. Unter diesen Umständen blieb nichts anderes übrig, als die Erträgnisse der gemeinsamen Zölle unter die einzelnen, durch Vertrag auf Zeit mit einander verbundenen politischen Individualitäten zu vertheilen, und zwar, da es nicht gelingen wollte, einen anderen Maßstab zu finden, nach dem rein äußerlichen mechanischen Kriterium der Kopfzahl. Dies war eine traurige, aber unvermeidliche Folge der damaligen Staatslosigkeit oder richtiger: Gesammtstaatslosigkeit. Der Mißstand fiel sofort und ganz von selbst weg, sobald man einen Gesammtstaat aufrichtete mit einer Zentralgewalt, mit einer Zentralkasse, mit eigenen einheitlichen gemeinsamen Ausgaben und Finanzen.

Als Mißstand wurde jene Vertheilung nach Kopfzahl auch schon zu Zollvereins-Zeiten empfunden. Hierfür berufe ich mich auf die 1862 bei Vieweg und Sohn in Braunschweig erschienenen Hefte „Der Zollverein Deutschlands und die Krisis, mit welcher er bedroht ist". Sie enthalten offizielles Material und geben der damaligen Anschauung der preußischen Regierung Ausdruck, an deren Spitze soeben der Herr von Bismarck-Schönhausen als Ministerpräsident gelangt war. In dieser Schrift wird unter Beifügung der ausgiebigsten und unangefochtenen Statistik dargethan, daß bei der Vertheilung der Zollvereins-Einkünfte nach der Kopfzahl, Norddeutschland rechtswidrig verkürzt wird, d. h. daß es danach von den Einnahmen weit weniger erhält, als es dazu beiträgt; denn die Zolleinnahme betrug damals per Kopf

    a. im Norden . . . . . . 0,792 Thaler
    b. im Süden . . . . . . 0,456 «

also im Süden weniger 0,336 Thaler; der Norden stand sonach dem Süden bei der Vertheilung ganz gleich, während er zu der vertheilenden Summe 42 Prozent mehr aufbrachte.

Dieses Aufbringungs-Verhältniß, an welchem sich seitdem etwas wesentliches nicht geändert haben wird, macht es u. a. auch erklärlich, daß die meisten der bayerischen Abgeordneten, mochten sie einer politischen Partei angehören, welcher sie wollten, sich für diese „Steuer- und Wirthschafts-Reform" sehr interessirten, trotz der erwähnten „Reichs-Einkommensteuer-Liga".

Was nun die Behauptung anlangt, der Tarif von 1879 sei nur eine Rückkehr zu dem Tarif von 1818, so nehme ich zunächst Bezug auf das oben, sowie auf das in meiner Schrift „Die Männer des Zollvereins" (Berlin, Simion, 1880) Ausgeführte. Ich kann mich aber nicht enthalten, daneben noch die Aussage eines klassischen Zeugen und Sachverständigen anzuführen, nämlich die des Reichstags-Abgeordneten Wilhelm Oechelhäuser.

In seiner vortrefflichen und noch lange nicht nach Gebühr gewürdigten Schrift: „Die Tarif-Reform von 1879" (Berlin, Springer, 1880) sagt er (Seite 85 u. ff.) wörtlich:

— „Kein Argument ward von den verschiedenfarbigen Anhängern der Tarif-Reform von 1879, von Stumm, wie Treitschke, von Kleist-Retzow, wie Windhorst, häufiger wiederholt, keines hat ihr aus den Reihen der Zweifelnden und Dilettanten eine größere Zahl von Anhängern zugeführt, als die Behauptung: es sei Unsinn (Donquixoterie, wie Herr von Kleist-Retzow in der Sitzung vom 11. Juli 1879 sagte), bei niedrigen Tarifen stehen zu bleiben, wenn die Nachbarvölker ihre Tarife erhöhten, oder zu erhöhen im Begriff seien. „Freihandel nur, wenn alle Völker Freihandel treiben," — so lautet das Freihandels-Bekenntniß aller Schutzzöllner. Und es ist gewiß ehrlich gemeint, da jeder positiv überzeugt ist, wie jene Vorbedingung ewig unerfüllbar bleibt. Es läßt sich nicht leugnen, wie die Idee des reciproken Freihandels den äußeren Anschein unerbittlicher Logik trägt; man erweckte im Reichstag geradezu Mitleid, wenn man sie bezweifelte. Nur schade, daß Erfahrung und Wissenschaft das Gegentheil jener Behauptung rechtfertigen.

Zuerst einige Worte aus der Geschichte und Erfahrung. Unser ganzes Zollsystem und dessen Entwicklung seit 1818 ruhen nämlich auf der Donquixoterie: ohne jede Rücksicht auf das gesammte, von Prohibitionen und prohibitivartigen Schutzzöllen starrende Ausland, ja im offenen und bewußten Gegensatz zu dieser Zollpolitik, mit den eigenen Prohibitionen und Monopolen gebrochen und den freisinnigen, im Lichte der damaligen Zeit geradezu radikalen Tarif von 1818 eingeführt zu haben. Herr von Kleist-Retzow wird also, wohl oder übel, vor die Alternative gestellt, entweder den wirthschaftlichen Aufschwung Deutschlands seit 1818 zu leugnen und die Tarifreform von 1818 ebenfalls als Donquixoterie zu bezeichnen, oder sich gefallen zu lassen, daß diese freundliche Bezeichnung von denen, welche auf dem Standpunkt von 1818 stehen, auf die Tarifreform von 1879 angewandt wird. Indem aber die großen preußischen Staatsökonomen von 1818 (die Gegner im Reichstag erinnerten sich kaum der Namen Maßen, Kunth, Bülow u. s. w.) mit ihren freisinnigen Maßregeln in einen positiven Gegensatz zu der übertriebenen Schutzpolitik der Nachbarstaaten traten, schritten sie nicht etwa einer Strömung voraus, welche sich in diesen Nachbarstaaten zu Gunsten ähnlichen freisinnigen Fortschreitens geltend gemacht haben könnte und baldige Nachfolge auf dem Wege Preußens verhieß. Zum Kummer von Herrn von Kleist-Retzow muß das Gegentheil geschichtlich konstatirt werden. Noch niemals, und nur mit 1879 vergleichbar, gingen die Strömungen so stark in der Richtung fernerer Steigerung des industriell-agrarischen Schutzsystems, als nach den Befreiungskriegen. Als die Berathungen über das Gesetz von 1818 begannen, hatte Frankreich soeben die alten Prohibitionen des Jahres V wieder hergestellt und jene Verbindung der Agrarier und Industriellen eingeleitet, welche in den nächsten Jahrzehnten die französische wie die englische Zollpolitik beherrschte. In England fanden fortwährend Zollerhöhungen statt und 1815 erfolgte der stärkste Schlag, der Preußen, dessen Ausfuhren damals fast nur in Getreide bestanden, treffen konnte, indem die Weizeneinfuhr vollständig verboten wurde, so lange der Preis nicht ungewöhnliche Höhe von 80 sh. erreicht hatte. Die Niederlande schritten, von dem industriellen Belgien gedrängt, in gleichem reaktionären Sinne vor. Oesterreich blieb fest auf seinem hohen Schutzzollsystem und wenn Rußland 1816 sein seit 1810 angenommenes Prohibitivsystem zu Gunsten einiger Manufakturwaaren etwas milderte, so geschah dies nur auf dem Seewege, also zu Gunsten Englands, und zum Nachtheil Preußens. Nirgendwo gewahrte man am Horizont auch nur das leiseste Zeichen, daß Preußens freisinniges Vorgehen Nachahmung finden könnte; erst ein Dezennium später begann das überraschende Fortschreiten unseres Volkswohlstandes die Aufmerksamkeit Huskisson's auf sich zu ziehen und die freisinnigen englischen Reformen der vierziger Jahre einzuleiten. So war Preußens Zollpolitik von 1818 beschaffen und keine polemische Eskamotage wird sie mit der Zollpolitik von 1879 in Einklang bringen".

Soweit Wilhelm Oechelhäuser.

VI. Glaubensbekenntniß Friedrich Wilhelms III.

Gehen wir nun über zur Ermittelung des volkswirthschaftlichen Glaubensbekenntnisses des Gründers des Zollvereins.

Die Zusammenstellung der Grundsätze, welche während der Reform-Periode von 1807 bis 1820 die Gesetzgebung des Königs Friedrich Wilhelms III. beseelten, wird uns außerordentlich erleichtert durch eine löbliche Eigenthümlichkeit der Gesetzgebung, wie solche während der Periode des Absolutismus in Preußen geherrscht hat.

Ich erinnere, indem ich mich anschicke, diese Eigenthümlichkeit zu charakterisiren, an die oben zitirte Verfügung Friedrich Wilhelms I., in welcher er das General-Direktorium anweist, den Leuten eine gute

Opinion von seinen Maßregeln beizubringen, wenn ihm das aber nicht gelinge, das Odium auf sich zu nehmen, statt sich hinter dem König zu verstecken.

Die damaligen Edikte und Gesetze enthalten eine Anleitung, in welcher der bisherige Zustand der Dinge erwähnt, der Mißstände, womit derselbe verbunden, gedacht und die Nothwendigkeit einer Reform dargethan, Plan und Absicht dieser Reform auseinander gesetzt und mancherlei Andeutung darüber, wie die Behörden die neuen Anordnungen zu vollziehen haben, gegeben wird.

Es ist das etwas ganz anderes, als die in der Regel höchst dürftigen und oft die Schwierigkeiten mehr verschweigenden und umgehenden, als erörternden und beseitigenden „Motive", mit welchen heutzutage die Gesetzentwürfe ausgestattet werden in dem Augenblick, wo sie den parlamentarischen Körperschaften zur Berathung und Beschlußfassung zugehen. Diese „Motive" sind Apostrophen des gesetzgebenden Faktors, der den Entwurf ausgearbeitet hat, an die anderen Faktoren, die ihm zustimmen sollen; also z. B. im deutschen Reich Ansprachen des Bundesraths oder des Reichskanzlers an den Reichstag; oder in Preußen Ansprachen des Ministeriums an das Abgeordnetenhaus und das Herrenhaus. Ihr Zweck ist, die Zustimmung der betreffenden Versammlung zu erwirken. Wird dieser Zweck erreicht, dann haben die „Motive" ihren Beruf erfüllt; wird er nicht erreicht, dann haben sie ihren Beruf verfehlt. Wenn es dieser Zweck erfordert, dann werden manchmal sogar während der parlamentarischen Berathung die „Motive" (oder wenigstens deren Autor) verleugnet. So geschah es seitens des Justizministers Leonhardt bei der Berathung der Justizgesetze im Reichstag. Jedenfalls dringen diese Motive nicht weit hinaus über die gouvernementalen und parlamentarischen Kreise; und wenn die Berathung vorüber ist, werden sie sogar auch in diesen Schichten in der Regel vergessen. Man stellt sie in die Bibliotheken, um sie in seltenen Fällen einmal nachzuschlagen. Die Kommentatoren benutzen sie bis zu einem gewissen Grad als „schätzbares Material" zur Auslegung der Gesetze; und selbst diese Verwendung läßt sich anfechten; denn diese „Motive" sind nicht einmal stets als eine autoritative Erklärung der Regierung zu betrachten, geschweige denn als eine übereinstimmende Ansicht der verschiedenen gesetzgeberischen Faktoren.

Jedenfalls aber sind diese „Motive" nicht juris publici. Sie werden nicht im Gesetzblatt verkündigt und gelangen überhaupt nicht auf obrigkeitlichem Wege zur Kenntniß des Volkes.

Ganz anders verhält es sich mit jenen Einleitungen zu den Edikten aus der Zeit des aufgeklärten und wohlmeinenden königlichen Absolutismus.

Diese sind Ansprachen des Königs an sein Volk. Der König fühlt das Bedürfniß, sich selbst Rechenschaft zu geben über die Nützlichkeit oder die Nothwendigkeit seiner Normen. Er erörtert die Zweifels- und die Entscheidungsgründe. Er bezeichnet Ziel und Zweck des Gesetzes. Er giebt die Gründe an, welche geeignet sind, bei seinem Volk Zustimmung zu finden, wenigstens die innere und schweigende Zustimmung, denn eine Abstimmung, sei es durch die Masse des Volkes, sei es durch dessen Repräsentanten, ist ja noch nicht üblich. Ebensowenig hat das Volk oder seine Vertretung das Gesetz zu diskutiren. Deshalb diskutirt der König. Er diskutirt mit sich selbst und er diskutirt mit seinen Räthen. Gerade deshalb, weil damals eine parlamentarisch-konstitutionelle Prüfung nicht stattfand, war der Vorbereitung der Gesetze eine desto größere Sorgfalt gewidmet. Jene eigenthümliche Sorte gesetzgeberischer Gelegenheits-Gedichte, wie wir sie zwischenzeitig kennen gelernt haben, war damals noch nicht üblich. Auch die Metapher von der „Thürklinke der Gesetzgebung" war noch nicht erfunden.

Die Entwürfe wurden sorgfältig auf einer breiten Grundlage aufgebaut, in allen Instanzen begutachtet, und im Staatsrath berathen. Der kompetente Minister legte sie dem König vor, und zwar mit jener Einleitung. Nach den in dieser enthaltenen Gesichtspunkten prüfte der König den Gesetzentwurf. Die Zustimmung, die er ihm gab, erstreckte sich auch auf die Einleitung. Auch die Einleitung, nachdem sie der König zu der seinigen gemacht hatte, erschien im Gesetzblatt. Der König, der es verschmähte ein Despot zu sein, welcher sich beschränkt auf ein „car tel est mon plaisir" oder auf das bekannte „Stat pro ratione voluntas", giebt so in jedem Gesetze zugleich dem Volke freiwillig Rechenschaft über die Gründe, aus welchen er es erlassen. Das Volk belehrt er über die Tragweite und die Bedeutung des Gesetzes, die Beamten über den Geist, in welchem dasselbe zu vollziehen.

Wenn wir die Akten von damals zur Hand nehmen, so vermögen wir daraus deutlich zu sehen, wo das betreffende Gesetz angeregt, welcher Minister es zu verantworten und durch welchen seiner Dezernenten er es hat ausarbeiten lassen; namentlich erkennt man an der Handschrift der Einleitungsworte den Konzipienten.

Heutzutage kennen wir Gesetzentwürfe, deren Autorschaft, nach einer glänzenden Niederlage in dem parlamentarischen Körper, ein jeder verleugnet, so daß man sagen muß „Pater incertus" oder „La recherche de la paternité est interdite".

Die Fassung jener Einleitungen der Gesetze aus der großen Reform-Periode Friedrich Wilhelms des Dritten ist wahrhaft bewunderungswürdig, in der Form und in der Sache. Es sind nicht nur die unverfälschten Lehren der Wissenschaft, die hier vorgetragen werden, unter sorgfältiger und vorsichtiger Anwendung auf die vorher genau festgestellten und erforschten Zustände des Landes, sondern es herrscht auch eine so knappe, präzise, kurze und klare Ausdrucksweise, daß sie Jedermann verständlich ist. Sie hat kein Wort zu viel und kein Wort zu wenig. Sie umfaßt die ganze Aufgabe und beschränkt sich auf dieselbe.

Müßte man heutzutage, da wir gleich Schwindsüchtigen an einer übermäßigen Fruchtbarkeit und einer wenig lebensfähigen und wenig dauerhaften Gesetzgebung laboriren, einem jeden Gesetz eine solche Einleitung vorauszuschicken, so müßte manches derselben, bei vorhandener Unmöglichkeit, dieser Aufgabe zu genügen, unterbleiben; und das wäre casu quo gerade kein Unglück.

Ich weiß sehr wohl, was die Männer der „legislativen Technik" von jener Art der Gesetzgebung sagen. Sie halten eine solche „Vermischung des Textes und der Motive" des Gesetzes für „inkorrekt" und „dem eigentlichen Zwecke der Gesetzgebung als solcher geradezu widersprechend". (Siehe Prof. Dr. Ernst Meier, „die Reform der Verwaltungs-Organisation unter Stein und Hardenberg", S. 137 u. ff.)

Andere haben sogar über diese Methode gespottet und dabei an des römischen Imperators Marcus Aurelius Antoninus zwölf Bücher „εἰς ἑαυτόν" oder an Friedrich Schleiermachers „Monologen, eine Neujahrsgabe", die zu Ende 1809 erschienen, erinnert. Man gönne ihnen diesen „ungesalzenen Spott" (so schreibt Schleiermacher in seinem noch heute höchst lesenswerthen Büchlein), unter der Voraussetzung, daß sie selbst wirklich Schleiermacher und Marc Aurel lesen. Sie könnten sehr viel daraus lernen.

Doch ich will den Streit über die Form und Methode der Gesetzgebung nicht weiter verfolgen. Er liegt außerhalb meines Rahmens. Ich habe daher hier dasjenige, was zur Geschichte, Charakteristik und Kritik dieser Methode eingebracht worden von der einen und von der anderen Seite, nur insoweit vollständig mitgetheilt, als es nothwendig ist, um zu erkennen, wie wichtig auch für uns jene Einleitungsworte sind, wenn es sich darum handelt, den wahren Geist jener Reform-Gesetzgebung zu erkennen. Diese Einleitungsworte enthalten das volkswirthschaftliche Glaubensbekenntniß Friedrich Wilhelms III. aus jener Zeit, da er den Bruch vollzog mit dem fiskalisch-polizeilichen, monopolistischen Geist der Vergangenheit, die Städte und das Land, die Bürger und die Bauern, die Arbeit und das Eigenthum befreite und die Gleichheit vor dem Gesetze herstellte.

Heutzutage hat man es versucht, den Geist jener Gesetzgebung zu fälschen. Um die Blößen einer Reaktion zu bedecken, welche sich für etwas Neues ausgeben will, während sie doch nur insofern auf Neuheit Anspruch machen kann, als sie ein Rückfall in alle jene verhängnißvollen Irrthümer und Maßregeln der Vergangenheit zugleich ist, mit welchen die Reform-Gesetzgebung des Zollvereins-Königs ein für allemal gebrochen, — hat man den edeln Schatten dieses schwer geprüften und stets bewährt gefundenen Monarchen heraufbeschworen und behauptet, man habe mit jener seit 1878 gepredigten „Steuer- und Wirthschafts-Reform" der „Vereinigten Schutzzöllner und Agrarier" nur das Werk Delbrücks umgestoßen, nicht aber das Friedrich Wilhelms III., — im Gegentheil der monopol- und protektionssüchtige Geist, welcher seit 1878 sich in gewissen Schichten der Bevölkerung geltend macht, sei nichts, als das „ritorno al segno", die Rückkehr zum Zeichen, die Wiederaufnahme der Wirthschaftspolitik jenes Königs.

Nichts ist leichter, als diese Behauptung zu widerlegen.

Man braucht nur jene Glaubensbekenntnisse des Königs zusammenzustellen. Das Volk hat zwar die Wohlthaten, welche ihm Friedrich Wilhelm III. erwiesen, in dankbarem Gedächtniß behalten, allein jene Worte hat die Generation von heute vergessen. Sie stehen nicht einmal in den Geschichtswerken, welche sich darauf beschränken, die Thaten zu erzählen. Man findet sie nur in den alten Jahrgängen der Gesetzsammlung und anderen Sammelwerken, welche Niemand mehr nachschlägt, als Richter und Anwälte, und auch diese nur selten.

Damals hatte die Gesetzgebung der preußischen Monarchie ihre einzige Quelle in dem Monarchen. Die Worte des letzteren sind also zugleich eine authentische Erläuterung der Gesetze, und Jeder ist selbst der beste Interpret seiner Worte.

Indem ich wegen der historischen Ereignisse auf die Geschichtswerke von Pertz (Stein) und von L. v. Ranke (Hardenberg) und wegen der staatsrechtlichen Bedeutung derselben auf die vortrefflichen Werke von Ludwig von Rönne und Hermann Schulze verweise, beschränke ich mich darauf, hier eine Zusammenstellung der Glaubensbekenntnisse des Königs zu geben, wie sie niedergelegt sind in seinen Edikten, Verordnungen und Instruktionen. Ich gebe mit Rücksicht auf Zweck und Raum, wie ich mir solche vorgesetzt und abgesteckt habe, nur eine Auswahl, welche auf Vollständigkeit keinen Anspruch macht. Wollte sie das, so würde sie den zehnfachen Raum einnehmen. Jedenfalls aber wird man aus jener wirklichen Reform-Periode kein Wort des Königs anführen können, das in einem entgegengesetzten Sinne aufgefaßt, gedacht oder gedeutet werden könnte. Das also sind die Grundsätze und die Grundlagen, auf welchen zuerst das aus seiner Zersplitterung und aus seinem Verfall erlöste, wirthschaftlich geeinigte und befreite Preußen, dann der deutsche Zollverein und endlich das deutsche Reich aufgerichtet wurde.

An ihre Spitze gestellt zu werden verdient die auf Befehl des Königs an sämmtliche preußische Regierungen erlassene Instruktion vom 26. November 1808, welche zu der Instruktion Friedrichs d. Gr., die ich oben, Buch II, Kap. 7, mitgetheilt habe, einen diametralen Gegensatz bildet.

Der § 34 dieser Regierungs-Instruktion stellt das Prinzip auf:

„Bei allen Ansichten, Operationen und Vorschlägen der Regierungen muß der Grundsatz leitend bleiben, Niemanden in dem Genuß seines Eigenthums, seiner bürgerlichen Gerechtsame und Freiheiten, so lange er in den gesetzlichen Grenzen bleibt, weiter einzuschränken, als es zur Befriedigung des allgemeinen Wohls nöthig ist, einem Jeden innerhalb der gesetzlichen Schranken die möglichst freie Entwickelung und Anwendung seiner Anlagen, Fähigkeiten und Kräfte in moralischer sowohl, als physischer Hinsicht zu gestatten, und alle dagegen noch obwaltenden Hindernisse baldmöglichst auf eine legale Weise hinwegzuräumen."

Der § 50 der Regierungs-Instruktion enthält die nähere Ausführung:

„Die Wirksamkeit der Regierungen bei Ausübung der Polizeigewalt muß nicht bloß auf die Abwendung von Gefahren und Nachtheilen und Erhaltung dessen, was schon da ist, sondern auch auf die Mehrung und Beförderung der allgemeinen Wohlfahrt sich erstrecken. Dieses kann nur durch eine feste Ausübung des in § 34 enthaltenen Grundsatzes und durch die möglichste Gewerbefreiheit, sowohl in Absicht der Erzeugung und Verfeinerung, als des Vertriebs und Absatzes der Produkte, geschehen. Es ist dem Staate und seinen einzelnen Gliedern immer am zuträglichsten, die Gewerbe jedesmal ihrem natürlichen Gange zu überlassen, das heißt: keine derselben vorzugsweise durch besondere Unterstützungen zu begünstigen und zu heben, aber auch keine in ihrem Entstehen, ihrem Betriebe und Ausbreiten zu beschränken, insofern das Rechtsprinzip dabei nicht verletzt wird, oder sie nicht gegen Religion, gute Sitten und Staatsverfassung anstoßen. Es ist unstaatswirthschaftlich, den Gewerben eine andere, als die eben bemerkte Grenze anweisen und verlangen zu wollen, daß dieselben von einem gewissen Standpunkt ab in eine andere Hand übergehen, oder nur von gewissen Klassen betrieben werden."

„Neben dieser Unbeschränktheit bei Erzeugung und Verfeinerung der Produkte ist Leichtigkeit des Verkehrs und Freiheit des Handels, sowohl im Innern, als mit dem Auslande, ein nothwendiges Erforderniß, wenn Industrie, Gewerbfleiß und Wohlstand gedeihen soll, zugleich aber auch das natürlichste, wirksamste und bleibendste Mittel, ihn zu befördern."

„Es werden sich alsdann diejenigen Gewerbe von selbst erzeugen, die mit Vortheil betrieben werden können, und diese sind wieder diejenigen, welche dem jedesmaligen Produktionszustande des Landes und dem Kulturzustande der Nation am angemessensten sind. Es ist unrichtig, wenn man glaubt, es sei dem Staate vortheilhaft, Sachen dann noch selbst zu verfertigen, wenn man sie im Auslande wohlfeiler kaufen kann. Die Mehrkosten, welche ihm die eigene Verfertigung verursacht, sind rein verloren, und hätten, wären sie auf ein anderes Gewerbe angelegt worden, reichhaltigen Gewinn bringen können. Es ist eine schiefe Ansicht, man müsse in einem solchen Fall das Geld im Lande zu behalten suchen und lieber nicht kaufen. Hat der Staat Produkte, die er ablassen kann, so kann er sich auch Gold und Silber kaufen und es münzen lassen."

„Je vortheilhafter der Produzent und Fabrikant seine Erzeugnisse absetzen kann, je mehr bestrebt er sich, sie hervorzubringen, und je mehr davon hervorgebracht wird, um so weniger läßt sich Mangel davon besorgen. Ausfuhrfreiheit ist also gerade dahin gerichtet, dem Mangel vorzubeugen, statt, wie man gewöhnlich glaubt, ihn herbeizuführen. Freiheit des Handels macht den Spekulationsgeist des Kaufmanns rege. Dieser wird seine Waaren nicht sofort absetzen, wenn er noch Aussicht hat, solches vortheilhafter thun zu können, oder gerne das Steigen der Preise abwarten wollen, wenn er sie höher eingekauft hat; er wird sie also auch nicht ausführen, wenn er sie im Lande selbst noch mit Vortheil abzusetzen hoffen darf. Auf diese Weise schafft sich der Staat Vorräthe und Magazine im Lande, ohne daß er besondere Kosten darauf verwenden darf. Leichtigkeit des Verkehrs und der Kommunikation wird die Waaren im Lande jedesmal dahin bringen, wo sie am nöthigsten sind, weil sie da am theuersten bezahlt werden."

„Es ist nicht nothwendig, den Handel zu begünstigen, er muß nur nicht erschwert werden."

„Eben diese Freiheit im Handel und Gewerbe schafft zugleich die möglichste Konkurrenz in Absicht des produzirenden und feilbietenden Publikums, und schützt daher das konsumirende Publikum am sichersten gegen Theuerung und übermäßige Preissteigerung."

„Es ist falsch, das Gewerbe an einem Ort auf eine bestimmte Anzahl von Subjekten einschränken zu wollen. Niemand wird dasselbe unternehmen, wenn er dabei nicht Vortheil zu finden glaubt; und findet er diesen, so ist es ein Beweis, daß das Publikum seiner noch bedarf; findet er ihn nicht, so wird er das Gewerbe von selbst aufgeben."

„Man gestatte daher einem jeden, so lange er die vorbemerkte Grenzlinie hierin nicht verletzt, sein eigenes Interesse auf seinem eigenen Wege zu verfolgen, und sowohl seinen Fleiß, als sein Kapital in die freieste Konkurrenz mit dem Fleiße und dem Kapitale seiner Mitbürger zu bringen."

„Dieses sind die Grundzüge, nach denen die Regierungen bei Verwaltung der Gewerbe- und Handelspolizei zu verfahren haben."

„Nicht staatswirthschaftliche, sondern blos politische Gründe (oder allenfalls Bedürfniß des Augenblicks, welchem aber, wenn diese Maximen befolgt werden, der Regel nach immer wird vorgebeugt werden können) können es nöthig und räthlich machen, anderweite Maßregeln zu ergreifen. Von einem solchen Falle werden die Regierungen aber jedesmal höhern Orts benachrichtigt werden, vorzüglich in Absicht der Getreideausfuhr.

„Ihr Augenmerk muß dahin gehen, die Gewerbe- und Handelsfreiheit soviel als möglich zu befördern und darauf Bedacht zu nehmen, daß die verschiedenen Beschränkungen, denen sie noch unterworfen ist, abgeschafft werden, jedoch nur allmählich auf eine legale Weise, und selbst mit möglichster Schonung des Vorurtheils, da jede neue Einrichtung mit Reibungen verbunden ist, und ein zu schneller Uebergang von Zwang zur Freiheit manchmal nachtheiligere Folgen hervorbringt, als der Zwang selbst. Auf keinen Fall aber müssen die Regierungen von jetzt ab Konzessionen oder Berechtigungen zu Gewerben, von welcher Gattung diese sein mögen, ertheilen, durch welche ein Exklusiv- oder gar Zwangs- und Bannrecht begründet werden soll. Letztere sollen von jetzt ab unter keinen Umständen mehr verliehen, und Exklusivrechte gleichfalls, soviel als möglich, vermieden, höchstens nur dann und auf gewisse Jahre gegeben werden, wenn bei einem neuen Gewerbe der Versuch gemacht werden soll, ob es gedeihen werde. Es ist dazu auch jedesmal die Genehmigung der höhern Behörde nothwendig."

Soweit die Instruktion.

Ueber die Entstehung dieser Paragraphen, sagt Professor Dr. Ernst Meier (a. a. O. Seite 231 u. ff.), ergiebt sich aus den Akten nur weniges. Die Fassung rührt, wie die Fassung der Regierungs-Instruktion überhaupt, von Friese her, der zur Rechtfertigung in dem Berichte Schrötters vom 19. November nur bemerkt, es habe nothwendig geschienen, die Kammern wenigstens mit allgemeinen Bestimmungen über den materiellen Geschäftsbetrieb zu versehen, und ihnen die Grundsätze der neuen geläuterten Staatswirthschaft als legale Norm aufzustellen, da es bekannt sei, wie sehr die übrigen Provinzen noch an Vorurtheilen und an dem Zwangssystem klebten. Klewitz hat sich damit in dem Gutachten vom 22. Dezember ausdrücklich einverstanden erklärt, und nur temporelle Abweichungen, namentlich hinsichtlich der Getreide-Polizei, vorbehalten, deren dann auch noch besondere Erwähnung geschah.

Man folgte übrigens in dieser Hinsicht nur dem Vorbilde der älteren Instruktionen; denn wie hier ein Programm des Freihandels aufgestellt wurde, so hatte einst die Fridricianische Instruktion für das General-Direktorium im Artikel 11 „Von den Zöllen und Kommerzien" und im Artikel 12 „Von den Manufakturen" eine ebenso breite theoretische Darlegung und Vertheidigung des Monopol- und Merkantilsystems gegeben.

Schon am 24. Oktober hatte der König in dem Edikte wegen Aufhebung des Zunftzwangs und Verkaufsmonopols der Bäcker-, Schlächter- und Höker-Gewerbe erklärt, „daß der den genannten Gewerbetreibenden zustehende Zunftzwang und das Verkaufs-Monopol den sämmtlichen übrigen Einwohnern der Städte zum großen Nachtheile gereicht, und die zur Beschränkung willkürlicher Verkaufspreise der nothwendigsten Lebensmittel angeordneten monatlichen Viktualien-Taxen den Zweck nicht erfüllen, und in sich keine feste Grundlage haben; daß dagegen nur völlige Gewerbefreiheit und uneingeschränkte Konkurrenz von Verkäufern die möglichst wohlfeilen Preise herbeiführen kann."

Das Gesetz über die Zinsen, datirt vom 15. Februar 1809, verfügt:

„Bei Darlehns- und anderen rechtlichen Geschäften soll es jedermann, ohne Unterschied zwischen Christen und Juden, freistehen, auf die Zeit bis zum letzten Dezember 1810 beliebige Zinsen mit rechtlicher Wirkung auszubedingen."

Der König motivirt diese Maßregel damit, daß der im Landrecht bestimmte Zinssatz „dem durch die Zeitumstände so hoch gestiegenen Werth des Gebrauches des baaren Geldes nicht mehr angemessen ist".

In dem Edikt vom 5. März 1809 heißt es:

„Die von den Rittergutsbesitzern geäußerten Besorgnisse, daß die Unterthanen nach erlangter Freiheit
    a) sich von dem Landbau entfernen und in die Städte drängen,
    b) lieber als Tagelöhner, denn als Gesinde arbeiten,
    c) übermäßiges Lohn und bessere Kost fordern, und
    d) sich dem Müßiggange ergeben, und vagabondiren würden,
sind unbegründet; denn

zu a) entsteht durch die Aufhebung der Erbunterthänigkeit kein Erwerbszweig mehr in den Städten: es können daher auch dort nicht mehr Menschen als bisher Unterhalt finden. Ein häufigeres Anziehen der Leute nach den Städten würde zudem das Arbeitslohn daselbst bald so sehr herabziehen, daß alle Neigung, in die Städte zu wandern, dadurch verschwinden müßte. Ueberhaupt ist nicht abzusehen, wie der Hang der Landbewohner, in die Städte zu ziehen, dadurch vermehrt werden kann, daß ihnen der Aufenthalt auf dem Lande durch persönliche Freiheit angenehmer gemacht wird; viel eher zu erwarten steht, daß mehr städtische Arbeitsleute auf das Land ziehen werden, weil die Nahrung in den Städten stockt, und die Beschränkungen der persönlichen Freiheit aufgehoben sind, welche vormals den Städter vom Landbau zurückschreckten;

zu b) ist ebenfalls die Masse der Tagelöhnerarbeit durch Aufhebung der Erbunterthänigkeit keineswegs vermehrt. Wollen mithin mehr Menschen als bisher sich durch Tagelöhnerarbeit nähren, so wird durch ihren Zutritt das Lohn erniedrigt, und mithin der Reiz, sich der Tagelöhnerarbeit zu widmen, bald vermindert werden. Ueberdies kommt das Gesinde durch die Aufhebung des Dienstzwanges in eine weit bessere Lage, und es kann daher weniger als sonst Veranlassung finden, das Dienen gegen das Tagelöhnergewerbe zu vertauschen;

zu c) so wird freilich da, wo dem Zwangsgesinde seither nicht soviel gereicht worden ist, daß es ohne Beihülfe seiner Eltern hatte bestehen können, einige billige Erhöhung nothwendig eintreten. Aber eine übermäßige Erhöhung des Lohnes und der Zehrungskosten ist nicht zu besorgen; denn durch die Aufhebung der Erbunterthänigkeit ist nicht ein Mensch weniger und nicht eine Arbeit mehr geworden; auch braucht der Mensch, der kein anderes Kapital hat, als seine körperlichen Kräfte, ebenso dringend, und noch dringender Nahrung, als der Gutsherr Arbeit. Mit Wahrscheinlichkeit läßt sich sogar annehmen, daß der Preis der freien Arbeit sich erniedrigen werde, indem jetzt alle die Menschen, welche vormals in Zwangsverhältnissen standen, freie Arbeit suchen müssen, mithin die Konkurrenz dazu vermehrt wird; und weil freie Leute mit mehr gutem Willen arbeiten, und mithin mehr Arbeit mit weniger Händen verrichtet werden kann, als vormals. Der Entwurf zu einer Gesinde-Ordnung aber, wie solcher von den Rittergutsbesitzern eingereicht worden ist, geht von Zwangsverhältnissen aus, die dem Geiste des Edikts vom 9. Oktober 1807 durchaus entgegen sind, und kann daher keines Falles in Anwendung kommen;

zu d) ist es eine durchaus unrichtige Behauptung, daß der Mensch, welcher sich freier und glücklicher fühlt, mehr Neigung zur Unsittlichkeit habe, als der, welcher in der Knechtschaft lebt.

Im Gegentheil ist größere Sittlichkeit und erhöhter Fleiß eben gerade in den Provinzen zu finden, in welchen der gemeine Mann freier ist und wohlhabender, wie Schlesien selbst einen Beweis dieses Satzes in seinen Distrikten darbietet. Diejenigen Unglücklichen, welche durch knechtische Behandlung und Mangel verwildert, Anfangs die erlangte Freiheit zu Gefährdung der öffentlichen Ruhe und Ordnung mißbrauchen sollten, werdet Ihr durch gesetzliche Zwangsmittel in die Schranken der Ordnung und des Gehorsams zurückzuweisen, Euch angelegen sein lassen." (Rabe, Sammlung der preußischen Gesetze und Verordnungen, Band X, Seite 60—62.)

In dem berühmten Edikt vom 27. Oktober 1810, welches zur Beruhigung der Unterthanen und der Staats-Gläubiger die für die Finanzen des Staats und die Reform der öffentlichen Abgaben maßgebenden Grundsätze verkündet, sagt Friedrich Wilhelm III.:

— „Wir wollen völlige Gewerbefreiheit. Wir wollen das Zollwesen simplifiziren lassen, die Bann- und Zwangsgerechtigkeiten aufheben, dem Theile Unserer Unterthanen, welcher sich bisher keines Eigenthums seiner Besitzungen erfreute, dieses ertheilen und sichern, auch mehrere drückende Einrichtungen und Auflagen gänzlich abschaffen."

Dies Versprechen hat der König getreulich gehalten.

In dem Edikt vom 28. Oktober desselben Jahres sagt der König:

— „Wir haben den Plan (in Betreff dieser Steuern) mit aller Sorgfalt bearbeiten und dabei auch darauf Rücksicht nehmen lassen, das indirekte Besteuerungs-System zu vereinfachen, und dadurch diejenigen Erleichterungen möglich zu machen, welche die Erreichung des Zweckes verstattete."

Das Edikt vom 28. Oktober über die Einführung einer allgemeinen Gewerbesteuer sagt in der Einleitung:

„Die Einführung (dieser Steuer) ist uns weniger lästig erschienen, da Wir damit die Befreiung der Gewerbe von ihren drückendsten Fesseln verbinden, Unsern Unterthanen die ihnen beim Anfange der Reorganisation des Staates zugesicherte vollkommene Gewerbefreiheit gewähren und das Gesammtwohl derselben auf eine wirksame Weise befördern."

Das Edikt vom 20. November 1810 hebt das Verbot der Vor- und Aufkäuferei auf, weil dasselbe

    a) den Vertrieb der Produkte erschwert, die Produktion und zuletzt mithin auch die Konsumtion beschränkt und

    b) mit den Grundsätzen der Gewerbefreiheit und dem neuen Besteuerungs-System in Widerspruch steht.

In dem, zur Ergänzung des Edikts vom 27. Oktober 1810 erlassenen Edikt vom 7. September 1811 sagt Friedrich Wilhelm III.:

„Die Grundlagen, auf welchen das im vorigen Jahre ausgesprochene Abgaben-System und die neuere Gesetzgebung beruhen: Gleichheit vor dem Gesetz, — Eigenthum des Grundes und Bodens, — freie Benutzung desselben und freie Verfügung über solchen, — Gewerbefreiheit, — Aufhören der Zwangs- und Bann-Gerechtigkeiten und der Monopole, — Tragung der Abgaben nach gleichen Grundsätzen von Jedermann, — Vereinfachung derselben und ihrer Erhebung — wollen Wir nicht verlassen. Wir wollen den Zweck auf einem langsameren, aber sicheren Wege erreichen und sind entschlossen, gegen Diejenigen mit Ernst und Nachdruck zu verfahren, die sich aus bloßem Privatinteresse Unseren landesväterlichen Ansichten entgegensetzen möchten."

Man sieht, mit welchem sittlichen Ernste der König die privilegirten Kasten tadelt, welche mit schamlosem Egoismus nur ihre Privatinteressen verfolgen und dieselben höher stellen, als das Wohl der Gesammtheit. Des Königs Worte sind gerichtet wider die Junker, welche die Gewerbefreiheit und die Freizügigkeit bekämpfen, um die Erbunterthänigkeit und die Leibeigenschaft aufrecht zu erhalten, und wider die Großindustriellen, welche für die von Napoleon I. während der Fremdherrschaft eingeführte Kontinentalsperre schwärmten und sich der Verwirklichung der durch die Regierungsinstruktion von 1808 aufgestellten Grundsätze widersetzen.

Durch sein ruhiges und planmäßiges, echt konservatives Vorgehen hat Friedrich Wilhelm III. in Deutschland die Reformen durchgeführt, welche in Frankreich durch den revolutionären Beschluß vom vierten August 1789 eingeleitet wurden. In Frankreich folgte ein Menschenalter von Staatsumwälzungen; in Deutschland hat ein weiser König, der seine Zeit verstand, uns das traurige Schicksal erspart, durch ein Meer von Blut und Thränen zu waten, um diesen Erfolg zu erzielen.

Wenn der geneigte Leser das Merkantil- und Monopol-System Friedrichs des Großen vergleicht mit dem unserer „Steuer- und Wirthschafts-Reformen" und „Staatssozialisten" von heute, so wird er zwischen beiden einige Aehnlichkeit und deshalb in den letzteren wenig oder gar nichts Neues entdecken.

Dagegen den größten Gegensatz wird er finden zwischen jenen Monopol- und Merkantil-Systemen und dem volkswirthschaftlichen Glaubensbekenntniß Friedrich Wilhelm III., dessen Verwirklichung durch die Männer der Stein-Hardenberg'schen Reformen und durch die Männer des Zollvereins wir so Großes verdanken.

VII. Glaubensbekenntniß des Kaisers Wilhelm.

Der jetzige deutsche Kaiser, König Wilhelm von Preußen, ist in den Traditionen der Wirthschaftspolitik seines Vaters, wie wir solche in dem vorigen Abschnitt dargestellt haben, aufgewachsen und hat sich stets zu denselben bekannt, sowohl nachdem er auf den preußischen und den deutschen Thron gelangte, als auch vorher; — sowohl in offiziellen Kundgebungen, als auch in streng vertraulichen Mittheilungen. Erst seitdem der deutsche Reichskanzler und preußische Ministerpräsident Fürst Bismarck (welcher zur Zeit auch das Amt des preußischen Handelsministers bekleidet und in dieser letzteren Eigenschaft den preußischen Handelskammern gegenüber eine neue und eigenthümliche Thätigkeit entfaltet) eine entgegengesetzte Richtung eingeschlagen, erst seitdem ist die Anschauung, deren Aeußerungen wir in dem Nachfolgenden zusammenstellen wollen, hinter der des verantwortlichen Ministers mehr zurückgetreten.

Es ist bekannt, daß Kaiser Wilhelm sich schon auf dem Vereinigten Landtage, welchem er als Prinz von Preußen angehörte, mit allem Nachdruck für die Freihandelspolitik seines Vaters ausgesprochen hat.

Nachdem er Prinz-Regent geworden und auf seinen Befehl am 6. November 1858 ein neues in politischer und volkswirthschaftlicher Beziehung liberales Ministerium gebildet worden war, empfing er am 8. desselben Monats seine neuen Minister und richtete eine Ansprache an dieselben, welche, heute leider vielfach vergessen, umsomehr der Nachwelt überliefert zu werden verdient, als sie nicht etwa blos ein Ministerprogramm ist, sondern das wohlerwogene Glaubensbekenntniß des besonnensten und entschlossensten, des einsichtsvollsten und thatkräftigsten Herrschers des neunzehnten Jahrhunderts.

Diese Ansprache lautet wörtlich wie folgt:

— „Nachdem wir durch eine ernste Krisis gegangen sind, sehe ich Sie, die Mein Vertrauen zu den ersten Räthen der Krone berufen hat, zum ersten Male um Mich versammelt. Augenblicke der Art gehören zu den schwersten im Leben des Monarchen; und Ich als Regent habe sie noch tiefer empfunden, weil ein unglückliches Verhängniß Mich in Meine Stellung berufen hat. Die Pietät gegen Meinen schwer heimgesuchten König und Herrn ließ Mich lange schwanken, wie manche Erlebnisse, die Ich unter Seiner Regierung wahrnahm, in eine bessere Bahn wieder überzuleiten seien, ohne Meinen brüderlichen Gefühlen und der Liebe, Sorgfalt und Treue, mit welcher unser allergnädigster König seine Regierung führte, zu nahe zu treten.

„Wenn Ich Mich jetzt entschließen konnte, einen Wechsel in den Räthen der Krone eintreten zu lassen, so geschah es, weil Ich bei Allen von Mir erwählten dieselbe Ansicht traf, welche die Meinige ist: daß nämlich von einem Bruche mit der Vergangenheit nun und nimmermehr die Rede sein soll. Es soll nur die sorgliche und bessernde Hand angelegt werden, wo sich Willkürliches oder gegen die Bedürfnisse der Zeit Laufendes zeigt. Sie Alle erkennen es an, daß das Wohl der Krone und des Landes unzertrennlich ist, daß die Wohlfahrt beider auf gesunden, kräftigen, konservativen Grundlagen beruht. Diese Bedürfnisse richtig zu erkennen, zu erwägen und in's Leben zu rufen, das ist das Geheimniß der Staatsweisheit, wobei von allen Extremen sich fern zu halten ist. Unsere Aufgabe wird in dieser Beziehung keine leichte sein, denn im öffentlichen Leben zeigt sich seit Kurzem eine Bewegung, die, wenn sie theilweise erklärlich ist, doch andererseits Spuren von absichtlich überspannten Ideen zeigt, denen durch unser ebenso besonnenes, als gesetzliches und selbst energisches Handeln entgegengetreten werden muß. Versprochenes muß man treu halten, ohne sich der bessernden Hand dabei zu entschlagen. Nicht-Versprochenes muß man muthig verhindern. Vor Allem warne ich vor der stereotypen Phrase, daß die Regierung sich fort und fort treiben lassen müsse, liberale Ideen zu entwickeln, weil sie sich sonst von selbst Bahn brächen. Gerade hierauf bezieht sich, was ich vorhin Staatsweisheit nannte. Wenn in allen Regierungshandlungen sich Wahrheit, Gesetzlichkeit und Konsequenz ausspricht, so ist ein Gouvernement stark, weil es ein reines Gewissen hat, und mit diesem hat man ein Recht, allem Bösen kräftig zu widerstehen.

„In der Handhabung unserer inneren Verhältnisse, die zunächst vom Ministerium des Innern und der Landwirthschaft ressortiren, sind wir von einem Extreme zum andern seit 1848 geworfen worden. — Von einer Kommunalordnung, die ganz unvorbereitet Selfgovernment einführen sollte, sind wir zu den alten Verhältnissen zurückgedrängt worden, ohne den Forderungen der Zeit Rechnung zu tragen, was sonst ein richtiges Mittelhalten bewirkt haben würde. Hieran die bessernde Hand dereinst zu legen, wird erforderlich sein; aber vorerst müssen wir bestehen lassen, was eben erst wieder hergestellt ist, um nicht neue Unsicherheit und Unruhe zu erzeugen, die nur bedenklich sein würde.

„Die Finanzen haben sich in 8 Jahren von einem sehr unglücklichen Stande so gehoben, daß nicht nur das Budget gut balanzirt, sondern Ueberschüsse sich ergeben. Aber noch kann bei Weitem nicht allen Bedürfnissen entsprochen werden, die sich in allen Branchen und Administrationen kundgeben. Hätte man vor zwei Jahren in den Steuervorlagen richtiger operirt, so würden wir durch Bewilligung derselben jetzt auf viele Jahre hinaus drängenden Bedürfnissen haben gerecht werden können. Wie zu diesen Bedürfnissen die Mittel zu beschaffen sein werden, wird eine Hauptaufgabe der Zukunft sein.

Die wahre Besteuerungsfähigkeit des Landes ist dabei vor Allem in's Auge zu fassen.

„Handel, Gewerbe und die damit eng verbundenen Kommunikationsmittel haben einen nie geahnten Aufschwung genommen, doch muß auch hier Maß und Ziel gehalten werden, damit nicht der Schwindelgeist uns Wunden schlage. Den Kommunikationswegen müssen, nach wie vor, bedeutende Mittel zu Gebote gestellt werden; aber sie dürfen nur mit Rücksicht auf alle Staatsbedürfnisse bemessen und dann müssen die Etats inne gehalten werden.

„Die Justiz hat sich in Preußen immer Achtung zu erhalten gewußt. Aber wir werden bemüht sein müssen, bei den veränderten Prinzipien der Rechtspflege das Gefühl der Wahrheit und der Billigkeit in alle Klassen der Bevölkerung eindringen zu lassen, damit Gerechtigkeit auch durch Geschworene wirklich gehandhabt werden kann.

„Eine der schwierigsten und zugleich zartesten Fragen, die in's Auge gefaßt werden muß, ist die kirchliche, da auf diesem Gebiete in der letzten Zeit viel vergriffen worden ist. Zunächst muß zwischen beiden christlichen Konfessionen eine möglichste Parität obwalten. In beiden Kirchen muß aber mit allem Ernste den Bestrebungen entgegengetreten werden, die dahin abzielen, die Religion zum Deckmantel politischer Bestrebungen zu machen. In der evangelischen Kirche, wir können es nicht leugnen, ist eine Orthodoxie eingekehrt, die mit ihrer Grundanschauung nicht verträglich ist und die sofort in ihrem Gefolge Heuchler hat. Diese Orthodoxie ist dem segensreichen Wirken der evangelischen Union hinderlich in den Weg getreten, und wir sind nahe daran gewesen, sie zerfallen zu sehen. Die Aufrechthaltung derselben und ihre Weiterbeförderung ist Mein fester Wille und Entschluß, mit aller billigen Berücksichtigung des konfessionellen Standpunktes, wie dies die dahin einschlagenden Dekrete vorschreiben. Um diese Aufgabe lösen zu können, müssen die Organe zu deren Durchführung sorgfältig gewählt und theilweise gewechselt werden. Alle Heuchelei, Scheinheiligkeit, kurzum alles Kirchenwesen als Mittel zu egoistischen Zwecken ist zu entlarven, wo es nur möglich ist. Die wahre Religiösität zeigt sich im ganzen Verhalten des Menschen, dies ist immer in's Auge zu fassen und von äußerm Gebahren und Schaustellungen zu unterscheiden. Nichts desto weniger hoffe ich, daß, je höher man im Staate steht, man auch das Beispiel zum Kirchenbesuche geben wird. — Der katholischen Kirche sind ihre Rechte verfassungsmäßig festgestellt. Uebergriffe über diese hinaus sind nicht zu dulden. — Das Unterrichtswesen muß in dem Bewußtsein geleitet werden, daß Preußen durch seine höheren Lehranstalten an der Spitze geistiger Intelligenz stehen soll, und durch seine Schulen, die den verschiedenen Klassen der Bevölkerung nöthige Bildung gewähren, ohne diese Klassen über ihre Sphären zu heben. Größere Mittel werden hierzu nöthig werden.

„Die Armee hat Preußens Größe geschaffen und dessen Wachsthum erkämpft, ihre Vernachlässigung hat eine Katastrophe über sie und dadurch über den Staat gebracht, die glorreich verwischt worden ist durch die zeitgemäße Reorganisation des Heeres, welche die Siege des Befreiungskrieges bezeichneten. Eine vierzigjährige Erfahrung und zwei kurze Kriegs-Episoden haben uns indeß auch jetzt aufmerksam gemacht, daß Manches, was sich nicht bewährt hat, zu Aenderungen Veranlassung geben wird. Dazu gehören ruhige politische Zustände und — — Geld, und es wäre ein schwer sich bestrafender Fehler, wollte man mit wohlfeiler Heeresverfassung prangen, die deshalb im Momente der Entscheidung den Erwartungen nicht entspräche. Preußens Heer muß mächtig und angesehen sein, um, wenn es gilt, ein schwerwiegendes politisches Gewicht in die Wagschale legen zu können.

„Und so kommen wir zu Preußens politischer Stellung nach außen, — Preußen muß mit allen Großmächten im freundschaftlichsten Vernehmen stehen, ohne sich fremden Einflüssen hinzugeben und ohne sich die Hände durch Traktate frühzeitig zu binden. Mit allen übrigen Mächten ist das freundliche Verhältniß gleichfalls geboten. In Deutschland muß Preußen moralische Eroberungen machen, durch eine weise

Gesetzgebung bei sich, durch Hebung aller sittlichen Elemente und durch Ergreifung von Einigungs-Elementen, wie der Zollverband es ist, der indeß einer Reform wird unterworfen werden müssen. — Die Welt muß wissen, daß Preußen überall das Recht zu schützen bereit ist. Ein festes, konsequentes und wenn es sein muß, ein energisches Verhalten in der Politik, gepaart mit Klugheit und Besonnenheit, muß Preußen das politische Ansehen und die Machtstellung verschaffen, die es durch seine materielle Macht allein nicht zu erreichen im Stande ist.

Auf dieser Bahn Mir zu folgen, um sie mit Ehren gehen zu können, dazu bedarf Ich Ihres Beistandes, Ihres Rathes, den Sie Mir nicht versagen werden. — Mögen wir uns immer verstehen zum Wohle des Vaterlandes und des Königthums von Gottes Gnaden".

Diese Ansprache des Prinz-Regenten an sein neues liberales Ministerium war das Erzeugniß einer langen Periode des Beobachtens und Nachdenkens während der Regierung seines Bruders Friedrich Wilhelms IV., — der Ausdruck der reifsten, tiefsten und innigsten Ueberzeugung.

Man sieht es jedem einzelnen Satze und jedem einzelnen Gedanken an, wie er allmählich entstanden und gereift ist in banger und zum Theil bitterer Erfahrung.

Wenn aber der Inhalt ein Ergebniß reiflicher Ueberlegung war, so ist die Form als ein Produkt des Augenblicks zu betrachten. Sie ist eine Improvisation des, des Wortes in so hohem Grade mächtigen Kaisers und ist erst ex post zu Papier gebracht worden, woraus es denn auch zu erklären, daß es länger als vierzehn Tage dauerte, ehe sie damals an die Oeffentlichkeit gelangte.

Die formelle Improvisation ist es, welche der Ansprache den Charakter einer lebhaften Unmittelbarkeit, ohne allen Rückhalt und ohne alle Retinenzen, eines offenherzigen und getreulichen Glaubensbekenntnisses giebt, welcher Charakter sie weit emporhebt über die wechselnden Strömungen des Tages und die für zu spezielle und vorübergehende Zwecke berechneten Publikationen, und ihr eine generelle Bedeutung giebt für die ganze glorreiche Regierung des Monarchen.

Ich möchte sagen: Was für König Friedrich Wilhelm III. die Regierungs-Instruktion vom 26. November 1808 gewesen, das bedeutet für König Wilhelm die Ansprache vom 8. November 1858. Zwischen Beiden liegt ein halbes Jahrhundert, aber der Geist ist derselbe geblieben, bei dem Sohne, wie bei dem Vater.

Der damaligen Sachlage entsprechend, tritt zwar in der Ansprache vom 8. November 1858 die volkswirthschaftliche Frage weniger in den Vordergrund, als in der Instruktion vom 26. November 1808, aber wenn man beide Urkunden neben einander legt, so kann man nicht daran zweifeln, daß sie materiell nicht von einander abweichen.

Die Zollvereins-Politik seines Königlichen Vaters ist es, an welcher der Prinz-Regent festhält. Er betrachtet sie als das beste Einigungsmittel, aber er bezeichnet schon 1858 jene Reform der Zollvereins-Verfassung als nothwendig, welche er, in seiner Eigenschaft als Oberhaupt und Schirmherr des Norddeutschen Bundes, zehn Jahre später, 1868, selber ausführte.

Eine vortreffliche Ergänzung und eine wichtige Beleuchtung erhält diese Ansprache durch ein Werk, über welches Allewelt einig ist, es als eine wichtige, lautere und zuverläßige Geschichtsquelle zu betrachten.

Es ist die Beschreibung des Lebens des Prinzen Albert, welche in London (Smith, Elder & Co.) in fünf umfangreichen Bänden unter dem Titel: „The Life of His Royal Highness the Prince Consort, by Theodore Martin" erschienen. Von diesem ausgezeichneten Werke, dessen Verfasser von Niemand Geringerem, als von der Königin Victoria, inspirirt und mit dem werthvollsten Material unterstützt worden ist, interessiren uns besonders die beiden letzten Bände, welche einen Theil des vertraulichen Briefwechsels zwischen unserem Kaiser Wilhelm, dem damaligen Prinz-Regenten von Preußen, und dem Prince-Consort von England enthalten, jenem für Deutschland, sein Vaterland, sowohl, als für England, das Land seiner Wahl, gleich unvergeßlichen Fürsten, welchen Niemand besser charakterisirt hat, als seine eigene Tochter, die deutsche Kronprinzessin, in der schönen deutschen Strophe:

— „Gott im Herzen, vorwärts schauend,
Stets sich opfernd, auf ihn bauend,
Aufwärts strebend,
Mit sich hebend,
Geist und Wissen seiner Zeit,
Diente er der Ewigkeit."

Obgleich der Prinz-Gemahl mehr als zwanzig Jahre jünger war als Kaiser Wilhelm, so bestand doch zwischen Beiden ein festes Band aufrichtiger Freundschaft und ein rückhaltloser Gedanken-Austausch in den wichtigsten und schwierigsten Fragen.

Schon das erste Mal, da der ritterliche Prinz von Preußen bei dem Hofe von St. James erschien — es war im Herbst 1844 — wußte er sich das volle Vertrauen des Prinz-Gemahl und der Königin Victoria zu gewinnen. Die Letztere schreibt von ihm damals:

— „Er ist sehr unterhaltend, verständig und offen, heiter und bequem im persönlichen Umgang. Ueber die öffentlichen Angelegenheiten sprach er ohne allen Rückhalt, milde und verständig. Er würde, so glaube ich, ein zuverläßigerer und stätigerer (beständigerer) König sein, als der gegenwärtige."

Als der Prinz von Preußen im Jahre 1848, ein Opfer seines geraden militärischen Sinnes und einer vorübergehend irre geleiteten öffentlichen Meinung, in England verweilte, schrieb der Prinz-Gemahl von ihm:

— „Auf den Prinzen von Preußen dürfen wir nichts kommen lassen! Er wird angefeindet, weil er gefürchtet wird. Aber er ist nobel und ehrlich und ganz der neuen Bewegung für Deutschland (d. i. der Einheits-Bewegung) ergeben. Er betrachtete die Sache vom Standpunkte der militärischen Ehre und vertheidigte den ihm anvertrauten Posten."

Wir finden sowohl in den Urkunden, welche dem Buche von Th. Martin einverleibt sind, als auch in dem von Leopold von

Ranke herausgegebenen Briefwechsel zwischen König Friedrich Wilhelm IV. und dem Ritter von Bunsen, dem langjährigen Gesandten Preußens bei dem Hofe von St. James, die unzweifelhaften Beweise, mit welchem Eifer der Prinz von Preußen bei seiner wiederholten Anwesenheit in England die parlamentarischen und sonstigen öffentlichen Institutionen und die Handelspolitik dieses Landes studirte; wie er in diesem Studium immer weiter vorschritt; wie er, was Preußen und Deutschland anlangt, sich in der Ueberzeugung von der Nothwendigkeit der konstitutionellen Monarchie und einer freisinnigen, auf der Grundlage von 1818 besonnen vorschreitenden Zollvereins-Politik immer mehr befestigte; und wie er, nicht auf dem Wege schablonenhafter Uebertragung, sondern auf dem der freien Modifikation das Ergebniß seiner englischen Studien für Preußen und Deutschland nutzbar zu machen wußte.

In dem Prinzen Albert verehrte er, obgleich ihm an Alter überlegen, nicht nur den aufrichtigen Freund, sondern auch den klugen Rathgeber, welcher durch die Gunst seiner Stellung in einem mächtigen und großen Reiche, das den Mittelpunkt des wirthschaftlichen Welt-Verkehrs bildet und zu allen Welttheilen die engsten und mannigfachsten Beziehungen unterhält, die Gelegenheit hatte, die reichlichsten Erfahrungen auf dem politischen und auf dem volkswirthschaftlichen Gebiete zu sammeln.

Am 18. November 1858 übersandte der Prinz-Regent dem Prinzen Albert eine von ihm selbst unterzeichnete Ausfertigung jener an sein neues Ministerium gerichteten Ansprache, welche wir oben mitgetheilt haben, und fragte ihn um seine Meinung über dieselbe. Die Antwort des Prinz-Gemahl ist datirt „Windsor Castle, den 26. November 1858" und lautet:

— „Mein lieber Vetter!

„Ich darf nicht länger säumen, Deinen lieben Brief vom 18. d. M. zu beantworten. Du hast mir durch Uebersendung Deiner Anrede an das neue Staatsministerium eine große Freude gemacht; denn die

Sprache derselben ist so würdig, männlich, billig und freidenkend, daß sie meinem Herzen wohlthat. Der Standpunkt, den Du sowohl in der auswärtigen, als in der inneren Politik, in weltlichen und kirchlichen, in preußischen und deutschen Dingen eingenommen hast, scheint mir ganz der richtige und verbürgt gewiß eine glückliche Zukunft für Dich und Preußen.

„Was mich besonders freut, ist die Aussicht, unter den fünf Mächten in Zukunft eine Kontinentalmacht zu sehen, welche sich ganz auf das Gebiet der Billigkeit und Gerechtigkeit stellen will und so ein sehr wichtiges korrektives Element in der großen Intriguen-Politik des Kontinents werden wird."

Prinz Albert beglückwünscht den Prinz-Regenten zu dem neuen Ministerium. Ueber das alte, das Kabinet Manteuffel, hatte er ihm schon am 8. Mai 1858 ohne alle Umschweife seine Meinung gesagt:

— „Die Art der Wahlumtriebe," schrieb er damals an den Prinzen von Preußen, „welche sich das Manteuffel'sche Ministerium das letzte Mal" (dies Wort war prophetisch; denn es ist wirklich der letzte politische Mißbrauch und der letzte gewaltthätige Akt dieser Minister gewesen) erlaubt hatte, indem es alle Behörden zu Wahlagenten für seine Partei herabwürdigte und mißbrauchte, hat bei allen patriotisch und rechtlich Denkenden einen so tiefen und gerechten Abscheu erregt, daß Du sowohl die Berechtigung als auch die Pflicht hast, eine Wiederholung dieser Schmach unter Deinem Namen zu verbieten und zu verhindern. Daß man aus der Popularität Deines Namens bei der Gelegenheit auch politisches Kapital wird schlagen wollen, muß erwartet werden. Die Rettung desselben und die Zurückgabe der unbehinderten Ausübung des Wahlrechts an das Volk, welches Recht der König feierlich in der Verfassung verliehen, wird aber ein Schatz reichen Segens werden für Dich und für Preußen."

Nachdem der französisch-englische Handelsvertrag zwischen Napoleon III. und Richard Cobden verabredet worden, schreibt Prinz Albert am 25. Januar 1860 an den Prinz-Regenten über die französische Politik, und über den Handelsvertrag insbesondere, folgendes:

— „Der Kaiser Napoleon befindet sich wie in einem Schraubstock zwischen den Versprechungen, welche er der italienischen Revolution, und den Versprechungen, welche er dem Papste gemacht hat. Er versucht nun die öffentliche Meinung zu versöhnen, wozu große Anstrengungen und große Maßregeln erforderlich sind. Er hat sowohl mit dem ganzen Klerus, als auch mit der französischen Schutzzoll-Partei gebrochen und scheint über Das, was er noch vor sich hat, ganz unbesorgt zu sein. Ich glaube in der That, daß weder der Katholizismus noch der Protektionismus so stark sind, als sie sich einbilden. Napoleon wird ihrer vollständig Herr werden.

„Was die öffentliche Meinung in England anlangt, so hat der Kaiser sein Ziel noch nicht erreicht. Die Broschüre „Le pape est le congrès" hat zweifellos eine herzliche Zustimmung gefunden; aber trotz alledem fürchtet man die Veränderlichkeit und die Verantwortlichkeit, welche zwischen Abend und Morgen mit Allem brechen kann, was, als man zu Bette ging, noch für zu heilig und unverbrüchlich gehalten ward, um angetastet werden zu können.

„Der Handelsvertrag zwischen England und Frankreich, der vor zwei Tagen in Paris unterzeichnet wurde, wird hier nicht ganz befriedigen, da er Frankreich unser Eisen und unsere Kohlen giebt, welche die beiden Grundlagen unserer bisherigen Ueberlegenheit bilden, und zum Dank dafür durch den Verlust an Zöllen auf Wein und Luxus-Artikel ein unmittelbares Defizit an Einnahmen von zwei Millionen Pfund Sterling verursacht, während es achtzehn Monate dauern wird, bis der Einfuhr unserer Waaren Erleichterungen gewährt werden.

„Der Vertrag wird den Interessen Preußens und Deutschlands nicht nachtheilig sein. Da sie, wie ich glaube, in ihren Verträgen mit England und Frankreich die Meistbegünstigungs-Klausel haben oder erhalten, so macht ihnen dieser Vertrag, indem er die Zölle in beiden Ländern herabsetzt, thatsächlich ein bedeutendes Geschenk, ohne irgend welche Gegenleistung ihrerseits zu verlangen.

„Ueberdies aber sehe ich voraus, daß die Annahme des Freihandels-Systems durch Frankreich für Deutschland einen neuen Impuls geben wird, dieselbe Richtung einzuschlagen, und daß die Vortheile dieses Systems für Deutschland größer sein werden, als die irgend eines andern, welches für Frankreich vorgesehen werden könnte."

Der Prinz-Regent antwortet am 14. März 1860. Ich will aus seinem Briefe, welcher auch die politische Situation, und namentlich die italienische Frage, ausführlich behandelt, nur den Schluß hierher setzen.

Dieser lautet:

— „Daß Napoléon in den Kirchen- und Handelsfragen Herr der Situation bleiben würde, ist von Anfang an meine Ueberzeugung gewesen. Dagegen war ich nicht in gleichem Maße von der Ansicht durchdrungen, daß es ihm gelingen würde, in dem Maße die öffentliche Meinung in England zu gewinnen, daß dieselbe den Handels-Vertrag mit günstigen Augen betrachte. Nach dem Parlaments-Votum ist es ja über allen Zweifel erhaben, daß er wird angenommen werden.

„Ich stimme Dir darin vollständig bei, daß der Vertrag für Deutschland von Bedeutung werden kann, und daß der Zollverein schließlich selbst das Freihandelsprinzip annehmen wird, nach welchem Preußen beständig gestrebt, aber leider bisher immer vergeblich gestrebt hat."

In Betreff der italienischen Krisis bemerkt der Prinz-Regent (wie mir scheint nicht ohne einen Seitenblick auf die angestrebte weitere Entwickelung der Freihandels-Grundsätze im Zollverein und die Reform der Verfassung derselben, welche bei verschiedenen deutschen

Fürsten auf den hartnäckigsten Widerstand stießen und für den Zollverband wiederholte ernsthafte Krisen, ja die Gefahr der Sprengung desselben hervorriefen) folgendes:

— „In Italien stehen den Souveränen durch Verträge gesicherte Rechte zur Seite, und Alles, was das Volk wünscht, sind zeitgemäße Reformen. Unglücklicher Weise haben die Souveräne versäumt, dieselben zur rechten Zeit zu gewähren, und es liegt die Wahrscheinlichkeit vor, daß dies Versäumniß der Souveräne mit ihrer Entthronung (déchéance) enden wird. Möchte doch dies verhängnißvolle Beispiel manchem deutschen Souveräne die Augen öffnen. Aber weit entfernt davon, daß dies geschehe, werden sie immer blinder und blinder (verblendeter)."

Prinz Albert theilt diesen Brief des Prinz-Regenten unter dem 12. März 1860 John Russel zur Einsicht mit, indem er schreibt:

— „Des Prinz-Regenten Geist ist so vollständig und klar darin ausgesprochen, daß ich den Brief für Ihre und Lord Palmerston's Kenntnißnahme und Einsicht habe übersetzen lassen."

Lord Russel giebt den Brief zurück mit der Bemerkung, die Ansichten des Prinz-Regenten seien „very fairly and honestly expressed".

Nun folgt im Verlaufe des Jahres 1860 zuerst die Entrevue zwischen Napoléon und dem Prinz-Regenten (und einigen der übrigen deutschen Fürsten) in Baden-Baden; dann die Zusammenkunft des Kaisers von Oesterreich und des Prinz-Regenten in Teplitz.

Ueber beide Zusammenkünfte macht der Prinz-Regent dem Prinzen Albert ausführliche Mittheilungen. Die Korrespondenz, durch welche sich ein entschiedenes Mißtrauen gegen Frankreich hindurchzieht, liegt nicht vollständig vor. Aber die beiden hohen Korrespondenten scheinen in einem Punkte einig zu sein, welchen Prinz Albert so formulirt:

Die einzige Macht, welche Deutschland einem Angriffe Frankreichs mit Erfolg entgegensetzen kann, ist die, welche zum Krieg von 1813 und 1814 geführt hat: Patriotismus und Freiheitsliebe.

An der Jahreswende von 1860 auf 1861 erreichten die schweren Leiden Friedrich Wilhelms IV. ihr Ende.

Der Prinz-Regent bestieg den Thron als König Wilhelm I.

In der Rede, mit welcher er am 14. Januar 1861 den preußischen Landtag eröffnet, kündigt er eine Reihe von Erleichterungen und Befreiungen des wirthschaftlichen Verkehrs an. Er erwähnt namentlich die von seiner Regierung in Aussicht genommenen Unterhandlungen, welche „die vertragsmäßige Gestaltung der Verkehrsbeziehungen zwischen dem Zollverein und Frankreich" betreffen — Verhandlungen, zu welchen der Abschluß des englisch-französischen Handels-Vertrags den Anstoß gegeben hatte.

Am 5. Juni 1861 schließt König Wilhelm den Landtag. Er wirft dabei einen Rückblick auf die im Interesse der Freiheit des wirthschaftlichen Verkehrs im Inlande und mit dem Auslande in das Leben getretenen Verträge, Gesetze und Einrichtungen. U. a. heißt es in dieser Thronrede:

— „Verträge und Gesetze, welche dem Handel neue Wege öffnen, den Verkehr von Belästigungen, den Betrieb des Gewerbes von Beschränkungen befreien, sind unter Ihrer Zustimmung in's Leben getreten.

„Das Netz der vaterländischen Eisenbahnen ist durch Ihre bereitwilligen Gewährungen wesentlich erweitert worden und die Verbindung mit unseren westlichen Provinzen wird bald durch eine neue Bahn nicht blos abgekürzt, sondern auch besser gesichert sein.

„Dem Vertrage, welcher die Wasserstraßen Preußens und Frankreichs näher zu vereinigen bestimmt ist, haben Sie Ihre Genehmigung ertheilt.

„Die Rheinzölle sind erheblich ermäßigt, die Durchgangs-Abgaben aufgehoben. Die Abgaben, welche den Aufschwung eines immer bedeutsamer werdenden Zweiges unserer Industrie, des Bergbaues, verzögern konnten, sind wiederum vermindert und die Aufsicht über denselben ist vereinfacht worden.

„Die Erschwerungen, welche dem Gewerbebetriebe der Ausländer entgegenstanden, sind beseitigt, und die Ergänzung des Gewerbesteuergesetzes verbürgt die Umlegung dieser Steuer nach zweckmäßigeren und gerechteren Normen.

„Ich freue Mich der einmüthigen Zustimmung, welche Sie dem deutschen Handelsgesetz entgegengebracht haben. Damit ist ein tüchtiges Werk deutschen Geistes zum Eigenthum unseres preußischen Vaterlandes geworden, damit ist ein neues Zeugniß unseres eifrigen Strebens abgelegt, die deutschen Staaten durch das Band gemeinsamer Gesetze enger zu verbinden."

Die Thronrede, mit welcher König Wilhelm am 10. September 1867 den ersten ordentlichen Reichstag des Norddeutschen Bundes eröffnet, kündigt eine Reihe von Maßregeln an zur Befreiung des wirthschaftlichen Verkehrs von veralteten Fesseln. Sie enthält u. a. folgendes:

— „Dem Bundesrathe sind Gesetz-Entwürfe vorgelegt und verheißen, welche den Zweck haben, auf den verschiedenen Gebieten der Bundesgesetzgebung das zu ordnen, dessen Ordnung der Augenblick erfordert und die Zeit gestattete. Ein Gesetz über die Freizügigkeit soll die weitere Entwickelung des durch die Verfassung begründeten gemeinsamen Indigenats anbahnen. Ein Gesetz über die Verpflichtung zum Kriegsdienste soll dieses gemeinsame Indigenat für das Heer zur Geltung bringen und zugleich die Bestimmungen übersichtlich zusammenfassen, welche in der Verfassung theils selbständig, theils durch Hinweisung auf die Gesetzgebung Preußens über die Dienstpflicht getroffen sind. Ein Gesetz über das Paßwesen ist dazu bestimmt, veraltete Beschränkungen des Verkehrs aus dem Wege zu räumen und die Grundlagen zu einer, dem nationalen Interesse entsprechenden Vereinbarung zwischen dem Bunde und den süddeutschen Staaten zu bilden."

Denselben Geist athmet die Thronrede, mit welcher dieser Reichstag am 26. Oktober 1867 geschlossen wird. Sie sagte:

— „Der von Ihnen genehmigte Vertrag über die Fortdauer des Zollvereins ist im Verhältniß zu allen süddeutschen Staaten noch nicht gesichert. Die verbündeten Regierungen würden es mit Ihnen beklagen, wenn eine Einrichtung, deren segensreiche Wirkungen allen dazu gehörenden Ländern zu Gute gekommen sind, sich fortan nicht mehr auf alle diese Länder erstrecken sollte. Sie sind sich aber mit Ihnen bewußt, daß die unentbehrlichen Reformen der Verfassung des Zollvereins vorübergehenden Schwierigkeiten nicht geopfert werden dürfen, und daß die Gemeinschaft der wirthschaftlichen Interessen die nationale Verpflichtung zum gemeinsamen Schutze derselben zur vertragsmäßigen Voraussetzung hat.

„Der Schifffahrts-Vertrag mit Italien, welchem Sie Ihre Genehmigung ertheilt haben, wird dazu beitragen, die Beziehungen zu einem Lande zu befestigen, mit welchem uns große gemeinsame Interessen verbinden."

Die Rede, mit welcher der König am 23. März 1868 die zweite Session dieses Reichstags eröffnet, verheißt die Erweiterung der Gewerbefreiheit und die Einführung der Verehelichungs- und Niederlassungsfreiheit.

Am 27. April 1868 wird das Zollparlament eröffnet, welches gleichsam die Brücke bildete, um aus dem Norddeutschen Bund in das Deutsche Reich zu gelangen.

Die Eröffnungsrede des Königs Wilhelm ist höchst charakteristisch. Ich will deshalb den ganzen Anfang derselben hierhersetzen. Er lautet:

— „Vierzig Jahre sind verflossen seit der Begründung des Vereins, welcher heute in eine bedeutungsvolle Epoche seiner Entwickelung eintritt. Von kleinen Anfängen ausgehend, aber getragen von dem Bedürfnisse des deutschen Volkes nach der Freiheit inneren Verkehrs, hat der Zollverein sich allmählich, durch die Macht des nationalen Gedankens, welchem er Ausdruck gab, über den größten Theil Deutschlands ausgedehnt. Er hat zwischen seinen Gliedern eine Gemeinsamkeit der Interessen geschaffen, welche ihn schwere Proben siegreich hat bestehen lassen, und im Weltverkehr nimmt er eine Stellung ein, auf welche jeder Deutsche mit Befriedigung blickt.

„Die ihm bei seiner Gründung gegebenen Einrichtungen haben im Laufe der Zeit durch die Sorgfalt der Vereinsregierungen einen hohen Grad der Ausbildung erhalten. Sie vermochten jedoch auf die Dauer weder den Anforderungen zu genügen, welche die rasche Entwickelung und die zunehmende Vielseitigkeit des Verkehrs an die Gesetzgebung stellt, noch dem berechtigten Verlangen des deutschen Volkes nach einer wirksamen Theilnahme an dieser Gesetzgebung zu entsprechen. Die Veränderungen, welche das wirthschaftliche und politische Leben Deutschlands erfahren hat, erheischten die Fortbildung der dem Zollverein bei seiner Gründung gegebenen Organe und es ist die Frucht einer naturgemäßen Entwickelung, wenn heute Vertreter der ganzen Nation sich zur Berathung der gemeinsamen wirthschaftlichen Interessen Deutschlands vereinigen.

„Diese Berathung wird sich auf fast alle Gebiete der nach dem Vertrage vom 8. Juli v. J. gemeinschaftlichen Gesetzgebung erstrecken und kann dabei die Ausdehnung des Vereins auf Mecklenburg und Lübeck als nahe bevorstehend in's Auge fassen. Sie wird zunächst die dauernde Regelung der Verkehrs-Beziehungen zu einem Nachbarlande zum Gegenstande haben, welches durch Stammes-Verwandtschaft und die mannigfaltigsten materiellen Interessen eng mit Deutschland verbunden ist. Der mit Oesterreich am 9. März d. J. abgeschlossene Handels- und Zollvertrag wird dem gegenseitigen Verkehr umfassende, seit Jahren angestrebte Erleichterungen gewähren und Anknüpfungspunkte zu weiterer Fortbildung darbieten. Ein Gesetz über Abänderung der Zollordnung soll durch Beseitigung der mit den Formen des Verkehrs nicht mehr verträglichen Formen des Zollverfahrens die Grundlage für eine allgemeine Revision der Zollgesetzgebung feststellen."

Und in der Rede, mit welcher König Wilhelm dieses Zollparlament schließt, heißt es:

— „Durch den von Ihnen genehmigten Vertrag mit Oesterreich ist die Einfuhr von wichtigen Materialien für die Fabrikation und von Gegenständen des Verbrauchs erleichtert, die Ausfuhr zahlreicher Erzeugnisse des Bodens und der Gewerbe gefördert und die sofortige Ausdehnung des Zollvereins auf Mecklenburg ermöglicht. Das im Zusammenhange mit diesem Vertrage stehende Tarifgesetz dehnt die an Oesterreich eingeräumten Verkehrs-Erleichterungen fast ausnahmslos auf alle Länder aus. Die Verträge mit dem Kirchenstaat und mit Spanien sichern dem Zollvereine in beiden Ländern die Rechte der meistbegünstigten Nation und werden dem Verkehr mit denselben einen neuen Aufschwung geben. Die größere Einfachheit und Beweglichkeit in den Formen des Zollverfahrens wird dem Verkehr mit allen Ländern und allen Theilen des Vereins zu Gute kommen. Die Herstellung der Gleichmäßigkeit in der Besteuerung des Tabakbaues endlich wird die Aufhebung einer, den Verkehr im Innern des Vereins belästigenden Schranke gestatten."

Die Thronrede, mit welcher der König die dritte Session der ersten Legislaturperiode des Norddeutschen Bundes am 4. März 1869 eröffnet, enthält ebenfalls die Ankündigung weiterer Vorlagen zur Verwirklichung des großen Grundrechtes der wirthschaftlichen Freiheit und preist den Werth der letzteren für Verwirklichung und Stärkung des nationalen Gedankens.

— „Im Innern des Bundes," sagt König Wilhelm, „haben die Freiheit der Niederlassung, der Eheschließung und des Gewerbebetriebes den, dem Bunde zum Grunde liegenden nationalen Gedanken in das Leben des Volkes eingeführt. Eine Gewerbe-Ordnung, welche Ihnen vorgelegt werden wird, und ein Gesetz über den Unterstützungs-Wohnsitz, welches der Berathung des Bundesrathes unterliegt, sollen diesem Gedanken eine weitere Entwickelung sichern."

Ueber die Gewerbe-Ordnung von 1869, welche zur Zeit die Hauptzielscheibe der Angriffe der sogenannten „Conservativen" und „Christ=

lich-Sozialen" bildet und als die Quelle allen Unheils verschrieen wird, — über diese Gewerbe-Ordnung, welche das Prinzip der wirthschaftlichen Freiheit auf breitester Grundlage realisirt hat, — über diese Gewerbeordnung sagt König Wilhelm am 22. Juni 1869, da er den Reichstag schließt, welcher diese Magna charta des freien deutschen Bürgerthums zu Stande gebracht hat, folgendes:

— „Der Entwurf einer Gewerbe-Ordnung ist von Ihnen mit der eingehenden Sorgfalt berathen worden, welche der Wichtigkeit und Vielseitigkeit seines Inhalts entsprach. Nachdem der Bundesrath Ihren Beschlüssen seine Zustimmung ertheilt hat, ist durch allseitiges Entgegenkommen in den zahlreichen Einzelnheiten, welche zu Meinungsverschiedenheiten Veranlassung geben konnten, ein Werk zu Stande gebracht, welches der freien Bewegung gewerblicher Thätigkeit neue, und der gesammten Bevölkerung des Bundesgebietes gemeinsame Bahnen eröffnet."

Ganz in derselben Weise, wie hier die Gewerbefreiheit, wird in der Thronrede, mit welcher der König, als Schirmherr des Norddeutschen Bundes, die vierte Session dieser Legislaturperiode des Reichstages am 14. Februar 1870 eröffnet, die Zugfreiheit verherrlicht und das Institut des Unterstützungswohnsitzes gepriesen, — beides gegenwärtig ebenfalls Gegenstände der heftigsten Anfeindung jener sogenannten „Conservativen", welche für sich das Privileg und Monopol der „Königstreue" ohne Fug und Recht in Anspruch nehmen.

Der König also sagt:

— „Das in der Bundesverfassung begründete, in den Gesetzen über die Freizügigkeit, sowie in der Gewerbe-Ordnung weiter ausgebildete gemeinsame Indigenat wird in den Ihnen zugehenden Gesetzvorlagen nach verschiedenen Richtungen eine abschließende Entwickelung erhalten. Eine Gesetzvorlage über den Erwerb und Verlust der Bundes- und Staatsangehörigkeit wird dem von Ihnen in der vorigen Session ausgesprochenen Wunsche entgegenkommen. Bei der Verschiedenartigkeit der landesgesetzlichen Bestimmungen über Heimathsrechte und Armenpflege hat das Institut der Freizügigkeit Ungleichheiten hervorgerufen, deren auch von Ihnen angeregte Beseitigung nicht länger verschoben werden darf. Eine Ihnen über den Unterstützungswohnsitz zugehende Gesetzvorlage ist bestimmt, den empfindlichsten Uebelständen Abhülfe zu schaffen. Die Hemmnisse, welche der vollen Entfaltung der Freizügigkeit durch die Landesgesetze über die direkte Besteuerung noch entgegenstehen, sollen durch ein dem Bundesrathe vorliegendes Gesetz beseitigt werden."

Am 7. Mai 1870 schließt der König das zweite Zollparlament.

Ueber die jetzt von unseren politischen und volkswirthschaftlichen Reaktionären so sehr geschmähte sogenannte „Delbrück'sche Tarif-Reform" sagt der König:

— „Diese Reform, indem sie den Tarif vereinfacht und die Beschaffung von Gegenständen des unmittelbaren Verbrauchs, von Hülfsmitteln für die Arbeit und von Materialien für die Gewerbe in ausgedehntem Maße erleichtert, eröffnet der Produktion neue Bahnen, sichert dem Verkehr einen weiteren Aufschwung und verheißt dem Wohlstande im deutschen Zollverein eine steigende Entwickelung, während sie durch geringe Mehrbelastung eines Verbrauchs-Gegenstandes die finanziellen Grundlagen des Tarifsystems wahrt."

Am 26. Mai 1870 schließt der König die vierte Session des norddeutschen Reichstags mit einer Thronrede, welche ebenfalls von dem Geiste der wirthschaftlichen Freiheit, als einer der wichtigsten Grundlagen der nationalen Entwickelung, beseelt ist; es heißt darin unter anderm:

— „Norddeutschland verdankt der hingebenden Thätigkeit des Reichstages die Verwirklichung der wichtigsten Konsequenzen, des gemeinsamen Indigenates, der Freiheit der Niederlassung, des Erwerbes von Grundbesitz und des Betriebes der Gewerbe, die Regelung der Bedingungen für den Erwerb und Verlust der Bundesangehörigkeit und der Staatsangehörigkeit, die Beseitigung der mehrfachen Besteuerung desselben Einkommens, die Aufhebung der polizeilichen Beschränkungen der Eheschließung und die Beseitigung der Abhängigkeit staatsbürgerlicher Rechte von konfessionellen Unterschieden."

In diesen letzten Worten finden wir zugleich ein glänzendes Zeugniß des Königs wider den später unter dem Beistand eines Hof- und Dompredigers zum Ausbruch gelangten „Antisemitismus".

Auch nach dem großen Kriege von 1870 und 1871 bleibt die Anschauung dieselbe. Die Thronreden, mit welchen der Reichstag entweder von dem Kaiser selbst oder in dessen Auftrage eröffnet wird, halten unentwegt fest an den Grundsätzen volkswirthschaftlicher Freiheit, welche die Grundlage unserer nationalen Einigung bildet, und konstatiren die heilsamen Wirkungen jener Tarifreformen, welche heutzutage unsere Reaktionäre aller Arten als das „unheilvolle System Delbrück" zu stigmatisiren lieben.

Die Thronrede von 1872, von dem Fürsten Bismarck selbst im Auftrag Seiner Majestät des Kaisers verlesen, konstatirt „die erfreuliche Steigerung des Verkehrs und Verbrauchs", welche unter der Herrschaft unserer damaligen Zoll- und Wirthschafts-Reform stattgefunden. Unter dem Tarif von 1879 kann man nur entweder den Rückgang des Verkehrs und Verbrauchs konstatiren, oder — schweigen.

Dieselbe Thronrede enthält eine Lobrede auf die Wissenschaft der Volkswirthschaft und der Statistik, welche gegenwärtig Fürst Bismarck — er versäumt keine Gelegenheit hierzu — mit wenig schmeichelhaften und vielleicht auch wenig wohlwollenden Sarkasmen überschüttet.

Sie fordert nämlich in einem Nachtrag zum Reichs-Haushalts-Etat für das Jahr 1872 zum ersten Mal die Mittel für das statistische Amt, welches, so heißt es wörtlich, „im Stande sein werde, durch einheitliche wissenschaftliche Bearbeitung der Ergebnisse statistischer Erhebungen im Reiche, der Gesetzgebung und der Verwaltung, sowie der wissenschaftlichen Erkenntniß der staatlichen und der gesellschaftlichen Zustände wesentliche Dienste zu leisten."

In der Thronrede vom 12. März 1873 spricht der Kaiser von

„den Gütern, welche Deutschland auf geistigem und wirthschaftlichem Gebiete erwirbt".

Die Eröffnungs-Rede vom 5. Februar 1874, welche ebenfalls Fürst Bismarck verlas, sieht die wirthschaftlichen Verhältnisse in dem günstigsten Lichte. Sie sagt u. a.:

— „Die Ergebnisse des vorigjährigen Reichshaushalts sind bereits ausreichend bekannt, um die Zuversicht zu gewähren, daß die Einnahme des letzten Jahres, nach Abzug der in der letzten Session über den Etat hinausverwilligten sehr erheblichen Summen, einen namhaften Ueberschuß ergeben haben."

Die Thronrede vom 29. Oktober 1874 findet an den wirthschaftlichen und finanziellen Zuständen gar nichts zu tadeln. Sie bedauert nur die Steigerung der Lebensmittel-Preise, — ein Beweis, daß man damals an Zölle auf Getreide, Fleisch, Schmalz, Fett u. s. w. noch nicht gedacht hat.

In der Eröffnungs-Rede vom 27. Oktober 1875 wird zunächst der gute Fortgang der Münz- und Bank-Reform gepriesen. Die Gewerbe-Ordnung soll durchaus nicht zurück revidirt, sondern durch ein Hülfskassengesetz rc. weiter entwickelt und in ihrem ursprünglichen Sinne ausgebaut werden.

Der wichtigste Passus aber betrifft die damals bereits seit längerer Zeit (seit Mai 1873) bestehende, „der Krach" genannte, wirthschaftliche Krisis und lautet wörtlich so:

— „Wenn im Handel und Wandel gegenwärtig eine der Stagnationen stattfindet, wie sie im Laufe der Zeit periodisch wiederkehren, so liegt es leider nicht in der Macht der Regierungen, diesem Uebelstande abzuhelfen, der sich in anderen Ländern in gleicher Weise zeigt, wie in Deutschland. Jedenfalls aber hat diese Erscheinung keine Unsicherheit der politischen Verhältnisse und namentlich des äußeren Friedens zum Grunde" u. s. w.

In der Eröffnungs-Rede vom 30. Oktober 1876 wird dieser Gedanke von Neuem, jedoch in weit schärferer, entschieden freihändlerischer Weise ausgesprochen.

— „Der Druck," sagt sie, „welcher auf Handel und Verkehr nicht blos in Deutschland, sondern auch in den meisten anderen Ländern schon seit geraumer Zeit (seit etwa viertehalb Jahren) lastet, ist Gegenstand der unausgesetzten Aufmerksamkeit der verbündeten Regierungen. Eine unmittelbare und durchgreifende Abhilfe liegt bei der Allgemeinheit der obwaltenden Umstände und nach der Natur derselben nicht in der Macht eines einzelnen Landes, wie lebhaft immer der gute Wille und die Bethätigung desselben bei denen sein mag, welche an seiner Spitze stehen. Wohl aber wird es als eine Aufgabe der deutschen Handelspolitik zu betrachten sein, von der heimischen Industrie Benachtheiligungen abzuwenden, welche ihr durch die Zoll- und Steuer-Einrichtungen anderer Staaten bereitet werden. Auf dieses Ziel wird die kaiserliche Regierung, namentlich bei den bevorstehenden Unterhandlungen über die Erneuerung von Handelsverträgen, bemüht sein."

Ganz auf demselben Standpunkt steht die Thronrede, mit welcher der Kaiser selbst den Reichstag am 22. Februar 1877 eröffnet.

Der erste Satz enthält eine Begrüßung des neuen Reichstags, dessen glückliche Zusammensetzung dem Kaiser, wie er versichert, die besten Hoffnungen einflößt. Es ist dies derselbe Reichstag, welchen ein Jahr später Fürst Bismarck wegen seiner schlechten Zusammensetzung auflöste.

Dann folgt nachstehender Passus über die wirthschaftliche Lage:

— „Leider dauert die gedrückte Lage, in welcher Handel und Verkehr sich in den letzten beiden Jahren befunden haben, bei uns wie in anderen Ländern noch heute fort. Die unausgesetzten Erwägungen der verbündeten Regierungen über die Mittel, derselben abzuhelfen, haben Mir nicht die Ueberzeugung gegeben, daß die inneren Zustände des Deutschen Reichs einen wesentlichen Antheil an den Ursachen der Uebelstände haben, die in allen anderen Ländern gleichmäßig gefühlt werden; die Aufgabe, augenblicklichem und örtlichem Mangel an Beschäftigung arbeitsuchender Kräfte abzuhelfen, liegt den einzelnen Staaten näher, als dem Reich. Insoweit der Wiederbelebung des Verkehrs ein Mangel an Vertrauen auf die zukünftige Sicherheit der Rechtszustände innerhalb Deutschlands etwa im Wege steht, werden Sie mit Mir solche Besorgnisse für unbegründet halten. Die Organisation des Reichs und der gesunde Sinn des deutschen Volkes bilden eine starke Schutzwehr gegen die Gefahren, welche anarchische Bestrebungen der Sicherheit und der regelmäßigen Entwickelung unserer Rechtszustände bereiten könnten."

Gleichzeitig spricht die Thronrede die Hoffnung auf einen baldigen Abschluß der Verhandlungen mit Oesterreich-Ungarn über Erneuerung des Handelsvertrags aus, welcher Abschluß die Vorbedingung und die Grundlage unserer handelspolitischen Reformen bilde.

Auch in der Rede, mit welcher am 6. Februar 1878 Camphausen den Reichstag im Auftrage des Kaisers eröffnet, hat die kaiserliche Regierung ihren Standpunkt noch nicht geändert. Sie bedauert vielmehr, daß die Verhandlungen mit Oesterreich-Ungarn noch nicht zum Abschlusse gelangt sind, hofft jedoch, daß bis zu Ende Juni 1878 eine Vereinbarung zu Stande komme, „welche den beiderseitigen handelspolitischen Interessen und dem zwischen Deutschland und Oesterreich-Ungarn bestehenden freundnachbarlichen Verhältnisse entspricht".

Die verhängnißvolle Wendung findet sich erst in der Thronrede vom 12. Februar 1879, in welcher es heißt:

— „Die Vorschläge, welche Ich Meinen Bundesgenossen gemacht habe — —, haben zunächst den Zweck, durch Beschaffung neuer Einnahme-Quellen für das Reich die einzelnen Regierungen in den Stand zu setzen, daß sie auf Forterhebung derjenigen Steuern zu verzichten vermögen, welche sie und ihre Landesvertretungen als die am schwersten aufzubringenden erkennen. Zugleich bin ich der Meinung, daß unsere wirthschaftliche Thätigkeit in ihrem gesammten Umfange auf diejenige Unterstützung vollen Anspruch hat, welche die Gesetzgebung über Steuern und Zölle ihr zu gewähren vermag und in den Ländern, mit denen wir verkehren, vielleicht über das Bedürfniß hinaus gewährt. Ich halte es für Meine Pflicht, dahin zu wirken, daß wenigstens der deutsche Markt der nationalen Produktion insoweit erhalten werde, als dies mit unseren Gesammtinteressen verträglich ist, und daß demgemäß unsere Zollgesetzgebung den bewährten Grundsätzen wiederum näher trete, auf welchen die gedeihliche Wirksamkeit des Zollvereins fast ein halbes Jahrhundert beruht hat, und welche in unserer Handelspolitik seit dem Jahre 1865 in wesentlichen Theilen verlassen worden sind. Ich vermag nicht zu erkennen, daß thatsächliche Erfolge dieser Wendung unserer Zollpolitik zur Seite gestanden haben."

In dieser Thronrede, welche der damalige Präsident des Reichskanzler-Amtes Hofmann (jetzt in Elsaß-Lothringen) mit der ihm eigenthümlichen Vorsicht und Zurückhaltung abgefaßt hat, hat die inzwischen eingetretene Peripetie ihren ersten Ausdruck gefunden, der, trotz seiner diplomatischen Fassung, doch schon in diametralem Gegensatze steht zu den vorausgegangenen Thron- und Eröffnungs-Reden. Letztere lehnen eine Intervention des Staats in die wirthschaftlichen Dinge ab, indem sie mit Recht sagen, die wirthschaftliche Krisis, welche alle Länder gleichmäßig ergriffen, die freihändlerischen, wie die schutzöllnerischen — und sogar letztere in weit höherem Grade — habe mit der Handelspolitik nichts zu schaffen, „der Staat hat die Krisis nicht geschaffen, er kann sie nicht abschaffen; sie muß von Innen heraus heilen, ein Eingreifen der Gesetzgebung kann die Sache nur verschlimmern."

Die Rede von 1879 spricht von „nationaler Produktion" und von „Unterstützung". Wenn aber nur diejenige Produktion „national" ist, welche der „Unterstützung" bedarf, so kommt man leicht dahin, daß die lebensunfähige Industrie unterstützt wird auf Kosten der lebensfähigen. Dieser Industrie soll „der deutsche Markt" gesichert werden. Den deutschen Markt monopolisiren, das heißt die Waaren vertheuern und den Export unterdrücken; denn wo kein Import gestattet wird, da ist auch ein Export nicht möglich.

Damit kommen wir dann wieder auf den Standpunkt des Mer=
kantilsystems und der veralteten Feindseligkeiten, wie wir solche aus
der Geschichte und der Kritik der Handelspolitik Friedrichs des
Großen und Napoléons I. kennen gelernt haben.

VIII. Der Fürst von Bismarck und die deutsche Freihandelspartei.

Ich habe im Verlaufe meiner Auseinandersetzung schon wieder=
holt (zum ersten Male auf Seite 11) den Unterschied markirt zwischen
dem Chaos, welches das sinkende Mittelalter in Deutschland hinter=
lassen, sowie dem darauffolgenden aussaugenden polizeilich=fiskalischen
Territorialstaat, auf der einen, und dem einheitlichen freien modernen
Wirthschafts= und Rechtsstaate, auf der anderen Seite.

Wenn ich in einer Zeit ruhiger wissenschaftlicher Erörterung
schriebe, würde ich es nicht für nöthig erachten, mich gegen Mißver=
ständnisse zu sichern, indem ich den Ausdruck „Rechtsstaat" gebrauche.
Allein heutzutage, wo man mit den Worten ein so seltsames Spiel
treibt, wo man „Rechtsstaat" und „Nachtwächterstaat" mit einander
zu identifiziren sucht, ist eine Verwahrung nöthig. Die erste Aufgabe
des Staates ist allerdings der Rechtsschutz im Innern und der Macht=
schutz nach Außen. Allein damit ist seine Aufgabe nicht erschöpft.

Ich will hier nicht den Versuch machen, die Grenzen der staat=
lichen Aufgabe nach allen Seiten hin festzustellen. Daß selbst die
größten Geister unserer Zeit und unserer Nation der Meinung waren,
der moderne Staat thue wohl daran, seiner Thätigkeit gewisse, nicht
überschreitbare Grenzen zu ziehen, dafür berufe ich mich auf die Ab=
handlung von Wilhelm von Humboldt, „Ideen zu einem Versuche,
die Grenzen der Wirksamkeit des Staats zu bestimmen". (Neu heraus=
gegeben von Dr. Eduard Cauer, Breslau, Eduard Trewendt, 1851.)

In neuerer Zeit ist namentlich in Deutschland und Preußen der
Streit über die Grenzregulirung auf zwei Gebieten sehr lebhaft ent=

brannt. Zuerst auf dem der Kirche und dann auf dem der Volks=
wirthschaft.

Jener Streit, genannt der „Kulturkampf", ist von dem Staate
mit allen ihm zu Gebote stehenden Machtmitteln geführt worden.
Er hat nunmehr beinahe zwei Lustra gedauert und beiden streitenden
Theilen große Opfer und schwere Leiden auferlegt, von welchen selbst
die direkt nicht betheiligte bürgerliche und wirthschaftliche Gesellschaft
nicht ganz verschont blieb. Jetzt scheint er sich seinem Ende zuzu=
neigen; und wenn nicht alle Anzeichen täuschen, wird die Regierung
nicht allzuviel Ursache haben, zu triumphiren. Vielmehr wird sie sich
an die Worte des alten Dichters erinnern:

„Bella geri placeat nullos habitura triumphos."

Der Streit über die Grenzen der staatlichen Wirksamkeit auf
volkswirthschaftlichem Gebiete hat seit dem Abgange Delbrück's be=
gonnen.

Viele, und nicht gerade die schlechtesten Patrioten, glaubten,
dieser Streit, der ja in der Theorie noch immer fortgeführt wird, —
vgl. John Stuart Mill in seinen „Grundsätzen der politischen Oeko=
nomie" (Buch V, Kap. 8 bis 11) — sei für Deutschland praktisch
und faktisch entschieden, und zwar definitiv dahin entschieden, daß der
Staat die rein wirthschaftliche Thätigkeit in der Regel der bürgerlichen
Gesellschaft überlasse und nur ausnahmsweise sich selbst einer wirth=
schaftlichen Aufgabe unterziehe oder sich in die Thätigkeit der wirth=
schaftlichen Gesellschaft durch hemmende oder fördernde Maßregeln,
oder durch Subventionen und Begünstigungen auf Kosten der Kon=
sumenten, einmische, und zwar letzteres nur dann, wenn der Beweis
der Nothwendigkeit einer solchen Einmischung oder eines solchen Ueber=
griffs unzweifelhaft erbracht ist; — daß aber im Uebrigen die Auf=
gabe des Staates sich auf wirthschaftlichem Gebiete darauf beschränke,
der bürgerlichen Gesellschaft den Rechtsschutz zu gewährleisten, auf
daß keine gesunde wirthschaftliche Thätigkeit zu Gunsten Anderer ge=
schädigt oder unterdrückt werde, und Jeder im Stande sei, seine

ökonomischen Kräfte frei zu entfalten und die Früchte derselben in Ruhe und Sicherheit zu genießen.

Dies verstehen wir unter dem „modernen Wirthschafts- und Rechtsstaat".

Wir wollen also nicht den „Nachtwächterstaat". Wir lieben denselben so wenig, daß wir sogar schwach genug sind, uns darüber zu ärgern, wenn heutzutage die reaktionären Nachtwächter sogar bei hellem Tage tutend umhergehen und uns vor Verbreitung des Lichtes warnen, indem sie uns das Petroleum vertheuern.

Wir wollen ebensowenig den exklusiv juristischen Staat, oder wie jener konservative Abgeordnete sagte, — „den Kreisrichterstaat", in welchem der Richter die alleinige oder die oberste Instanz ist.

Wir gönnen dem Staat seine ganze militärische, politische und finanzielle Machtfülle. Wir haben bereitwillig geholfen, sie zu vermehren.

Aber wir wollen nicht, daß der Staat dem Einen nimmt, um dem Andern zu geben, daß er fortwährend grundstürzende Neuerungen vornimmt, bei welchen Viele verlieren und Wenige gewinnen; wir wollen nicht, daß er sich auf sozialistische Experimente einlasse, welche dem bekannten „Sprung in das Dunkle" vergleichbar, — Experimente, bei welchen, wie uns das Frankreich von 1794 und das von 1848 gezeigt hat, die Reichen arm, aber die Armen nicht reich werden, welche die Macht des Staates von seinem eigentlichen und wahren Gebiete ableiten und ihm Aufgaben stellen, denen er selbst bei dem höchsten Geschicke seiner Leiter und bei den größten Opfern seiner Unterthanen, nicht gewachsen ist.

Wir wollen das nicht im Interesse des Staats; denn der Staat, indem er seine Thätigkeit ausdehnt über die Grenzen hinaus, welche ihm durch die Natur der Dinge gesetzt sind, indem er sich Aufgaben stellt, welche seine Kräfte weit übersteigen, wird schwach und leistungsunfähig nach dem Grundsatze, daß Der schlecht festhält, der zuviel umfaßt. „Qui trop embrasse mal étreint." Solche Umwälzungen im Innern, solche Experimente, welche den letzten Mann und den letzten Thaler in Anspruch nehmen, machen ihn auch leistungsunfähig nach Außen, indem sie die Kräfte für sich in Anspruch nehmen, welche erforderlich sind zur Erhaltung der staatlichen Wehr- und Finanzkraft. Die Kaserne und das sozialistische „Phalanstère" haben Aehnlichkeit, aber sie vertragen sich nicht mit einander. Darüber hegt Niemand einen Zweifel, der die sozialistische Lehre gründlich studirt hat. Selbst Karl Marx und Albert Schäffle, der Verfasser der „Quintessenz des Sozialismus", werden das nicht bestreiten.

Wir wollen das nicht im Interesse der Volkswirthschaft; denn unter einem solchen Regiment vermag die wirthschaftliche Thätigkeit der bürgerlichen Gesellschaft nicht zu gedeihen, und ohne ein solches Gedeihen kann sie dem Staat nicht den Zuwachs an Gut und Blut liefern, dessen er bedarf. Wenn man nicht seiner ungestörten Arbeit versichert ist, wenn man nicht weiß, ob nicht in der nächsten Stunde der Staat zum Nachtheil der Einen und zum Vortheil der Andern einen Eingriff vornimmt, welcher die bisherige Ordnung der Dinge auf den Kopf stellt, welcher dem Einen nimmt und dem Andern giebt, welcher nicht nur die Verhältnisse des einheimischen Marktes ändert, sondern auch den Bezug aus dem Auslande erschwert und durch Akte der Handelsfeindseligkeit, welche die Tendenz haben, sich wechselseitig auf dem Wege der Retorsion und der Repressalien zu steigern, den Absatz nach dem Auslande hindert, welcher den heilsamen Grundsatz der internationalen Arbeitstheilung außer Anwendung setzt und schon für die nächste Zukunft einen sicheren Calkül nicht mehr gestattet: dann ist eine solide Wirthschaft unmöglich. Sie verträgt sich nicht mit der Unsicherheit, mit der Wandelbarkeit, mit der Willkür, mit der Gefahr, daß man über Nacht die Finanz- und Wirthschaftsgrundsätze wechselt.

Der Unterschied zwischen dem „modernen Wirthschafts- und Rechtsstaat" und dem fiskalischen oder sozialistischen Zwangsstaat hat Niemand besser charakterisirt, als Frederik Bastiat in dem berühmtesten seiner „Pamphlets", welches den Titel führt: „l'état" (Oeuvres complètes de Frédéric Bastiat 2e. éd., tom. IV, pag. 326—341).

Ich will die maßgebende Stelle, nach meiner Uebersetzung („Friedrich Bastiat, eine Auswahl aus seinen Werken", Berlin, Herbig, 1880, Seite 4—6) hierhersetzen:

— „Der Mensch widerstrebt dem Unglücke und dem Leiden, ja sogar der Anstrengung. Indessen hat es die Natur doch einmal so eingerichtet, daß er verurtheilt ist, sich dem Leiden und der Entbehrung zu unterziehen, wenn er nicht die Anstrengung der Arbeit auf sich nimmt. Er hat also doch nur die Wahl zwischen diesen beiden Uebeln: entweder fürchtet er den Hunger mehr als die Arbeit — oder er fürchtet die Arbeit mehr als den Hunger; und danach wird er sich dann verhalten. Sehr natürlich ist es jedoch, daß er sich mit dem Gedanken trägt, ob es nicht möglich wäre, diese beiden Uebel zugleich zu vermeiden. Bis jetzt aber hat man hierfür kein anderes Mittel gefunden, und man wird wohl auch in alle Ewigkeit kein anderes finden, als sich der Arbeit Anderer für seinen eigenen Genuß zu bedienen, d. h. die Welt so einzurichten, daß Arbeit und Genuß nicht einem Jeden nach Maßgabe der natürlichen Verhältnisse zu Theil werden, sondern daß alle Anstrengungen für die Einen und aller Genuß für die Andern bestimmt wird. In dieser Idee finden wir den Ursprung der Sklaverei und der Beraubung unter den verschiedensten Formen, wie des Krieges, der Täuschung, der Gewaltthat, des Betruges u. s. w. Das sind arge Mißbräuche, aber sie entsprechen vollständig dem Gedanken, der sie hat entstehen lassen. Man kann die Unterdrücker hassen und bekämpfen, aber man kann nicht behaupten, daß sie unsinnig und inkonsequent seien. Die Sklaverei ist Gottseidank im Verschwinden, und die Lage, in der wir uns befinden, giebt uns die Möglichkeit, uns gegen den direkten und naiven Raub zu vertheidigen. Etwas ist jedoch von jenem Zustande geblieben; das ist die ursprüngliche unglückliche Neigung, welche mehr oder weniger alle Menschen in sich fühlen, das gemischte Loos des Lebens und die Gesetze der Natur künstlich dahin zu korrigiren, daß sie alle Arbeit den Andern und allen Genuß sich selber zutheilen. Wir haben also nur noch zu untersuchen, unter welcher neuen Form sich diese traurige

Neigung heutzutage offenbart. Der Unterdrücker zwingt nicht mehr direkt, durch seine eigenen physischen Kräfte, den Unterdrückten; dazu ist denn doch unser Gewissen zu bedenklich geworden. Es giebt noch einen Tyrannen und ein Opfer, aber als Zwischenstation zwischen beiden stellt man den Staat hin, d. h. das Gesetz selber. Was giebt es auch Besseres, um unsere Zweifel zum Stillschweigen zu verdammen und allen Widerstand zu besiegen? Also aus irgend einem Grunde oder unter irgend einem Vorwande wenden wir uns an den Staat, indem wir ihm sagen: ich finde, daß zwischen meinem Genuß und meiner Arbeit kein Verhältniß obwaltet, das mich befriedigt, ich wünschte wohl, ein befriedigenderes Verhältniß herbeizuführen, ein bischen die Anderen heranzuziehen; aber das wäre, wenn ich es selbst thue, gefährlich für mich); — kannst du, Staat, mir nicht die Sache erleichtern, kannst du mir nicht eine günstige Stellung anweisen, oder vielmehr kannst du nicht meinem Konkurrenten eine ungünstigere anweisen, kannst du mir nicht eine besondere „Protektion" angedeihen lassen, mir nicht extra „Kapital" anweisen, indem du es denjenigen Besitzern und denjenigen Stellen entziehst, wo es bisher gearbeitet hat — oder kannst du nicht meine Kinder auf öffentliche Kosten erziehen, oder mir Ermuthigungsprämien zu Theil werden lassen, oder mich auf deine Kosten versichern, oder auf Kosten aller Anderen mir eine würdige Muße garantiren von der Zeit ab, wo ich 50 Jahre alt werde? Durch Anordnung irgend eines dieser Mittel würde ich mit vollkommen ruhigem Gewissen meinen Zweck erreichen können; denn in diesem Falle würde das Gesetz für mich handeln, und ich würde alle Vortheile der Ausbeutung haben, ohne deren Wagnisse und deren Gehässigkeit.

Da es nun gewiß ist, daß einerseits wir Alle dem Staate diese oder ähnliche Zumuthungen machen, und daß andererseits der Staat dem Einen nichts geben kann, ohne es dem Anderen zu nehmen, glaube ich mich in Erwartung einer besseren Definition des Staates berechtigt, einstweilen, vorbehaltlich einer besseren, die meinige zu geben — wer weiß, ob sie nicht etwa den Preis davontragen wird?

Sie lautet so: „Der Staat ist die große Fiktion, mittelst deren alle Welt leben will auf Kosten von aller Welt". Denn auch heute noch ebenso wie ehedem empfindet ein Jeder, der Eine mehr, der Andere weniger, das Gelüste, aus der Arbeit des Anderen Nutzen zu ziehen; aber man schämt sich, dies Gelüste zu proklamiren, und sucht sich daher selber zu täuschen. Und was thut man dann? Man erfindet einen Vermittler, man wendet sich an den Staat; und eine Klasse der Gesellschaft nach der anderen kommt zu ihm und sagt: „Du, der du die Gewalt hast, zu nehmen, wo du es findest, der du das Recht hast, gesetzlich und ehrlich zuzugreifen, nimm so und so viel dem Publikum ab, und dann wollen wir Zwei, du und Ich, mit einander theilen."

Man sieht, diese Worte Bastiat's passen ebenso gut auf den protektionistisch-monopolistischen Feudalstaat, als auch auf den sozialistischen Zwangsstaat. Sie werden ergänzt durch seine vortreffliche Abhandlung über „Schutzzöllnerei und Kommunismus" (siehe meine „Auswahl", Seite 17 bis 55), welche er in die Form eines offenen Sendschreibens an Herrn Adolf Thiers eingekleidet hat. Thiers hatte damals ein Buch über „das Eigenthum" geschrieben, in welchem er diese Institution wider die Angriffe der Sozialisten und Kommunisten zu vertheidigen sucht. Das Buch wimmelt von volkswirthschaftlichen Irrthümern und Sophismen, sowie von historischen und juristischen Schnitzern; und wenn sich für das Eigenthum nichts Besseres sagen ließe, dann würden die Kommunisten, Anarchisten und Vertheidiger des sozialistischen „Kollektiv-Eigenthums" gewonnenes Spiel haben. Daneben aber weist Bastiat noch dem Schutzzöllner Thiers nach, daß der Schutzzoll und der Kommunismus beide dieselbe unwirthschaftliche oder eigenthumsfeindliche Grundlage haben, und daß wahres Eigenthum nur gedeihen kann in dem wirthschaftlich-freien einheitlichen Rechtsstaat, welcher Jeden in dem Besitze des Erworbenen schützt, so daß er nicht (ohne Gegenleistung) gebrandschatzt und ausgebeutet werden kann von denjenigen, welche es, wie Calderon singt,

> „Nach den Früchten fremden Fleißes
> Stets in allen Fingern juckt".

In der That kommt es dabei auf Zweck und Beweggrund nicht an. Ob der zwangsweise Eingriff des Staates in die freie wirthschaftliche Gestaltung erfolgt, um eine erzwungene Ungleichheit, oder um eine erzwungene Gleichheit herbeizuführen, — um die Reichen auf Kosten der Armen noch reicher, oder um die Reichen zu Gunsten der Armen arm zu machen, — das ändert nichts an einem Bestreben, welches dahin gerichtet erscheint, die Naturgesetze der wirthschaftlichen Entwickelung umzustoßen.

Die Absicht Friedrichs des Großen war dahin gerichtet, die Schatzkammern des Fiskus von Gold und Silber strotzen zu machen. Er hat diesen Zweck erreicht; und seine Absicht ist nur zu begreiflich bei einem König, einem Feldherrn, der mittelst seines militärischen Genies und seiner fiskalischen Künste einem kleinen Staate zu großer Bedeutung verholfen. Sein Fehler war der, daß er das System nicht änderte, als es noch Zeit war.

Heutzutage ist der Julius-Thurm gefüllt, die Armee ist in der besten Verfassung, Preußen ist groß und Deutschland noch größer.

Für uns liegen jene zwingenden Gründe nicht vor, wie für Friedrich den Großen.

Für uns war es daher eine Ueberraschung, als am 15. Dezember 1878 der Fürst Bismarck in seiner Eigenschaft als Bundeskanzler einen Erlaß publizirte, welcher mit den Traditionen der preußisch-deutschen Handels- und Volkswirthschaftspolitik, wie wir solche in Obigem kennen gelernt, und wie sie sich seit 1808 in einer ununterbrochenen, kontinuirlichen, ohne große Schwankungen fortschreitenden organischen Entwickelung festgestellt hatte, brach, um an deren Stelle jenes System zu setzen, welches in dem Zolltarif von 1879 seinen typischen Ausdruck gefunden.

Bis dahin waren die Anhänger der wirthschaftlichen Freiheit und der nationalen Einheit Hand in Hand miteinander gegangen. Oder um es noch präziser auszudrücken: Beide Ziele erschienen in untrennbarem Zusammenhange oder galten gar für identisch; und es waren die nämlichen Personen, welche vereint diesen Zielen zustrebten.

Bismarck selbst war von seinem ersten Auftreten in der politischen Arena an entschiedener Freihändler. Man lese nur seine geistreichen Reden aus dem ersten Vereinigten Landtag (11. April bis 25. Juni 1847), aus dem zweiten Vereinigten Landtag (2. bis 10. April 1848), aus der zweiten Kammer (vom 26. Februar bis 27. April 1849), aus der nächstfolgenden Sitzung (vom 7. August 1849 bis 26. Februar 1850) und aus der weitern Session vom 21. November 1850 bis zum 9. Mai 1851, welche Reden der Redakteur des offiziellen Reichs- und Staatsanzeigers, Th. Riedel, — gewiß nicht gegen den Willen des Reichskanzlers — (Berlin, Heymann 1881) herausgegeben hat.

Sie sind ein ununterbrochener Kampf gegen jenen schutzzöllnerischen „Industrialismus", zu dessen alleinigem Vortheil der Tarif von 1879 ausschlägt, — ein Kampf gegen die Schutzzöllner überhaupt und namentlich gegen die aus Rheinland und Westphalen, mögen sich dieselben auf den Bänken der Abgeordneten oder auf den Sesseln der Minister befinden.

Bismarck kann die letzte Sitzung des zweiten Vereinigten Landtages (10. April 1848) nicht vorübergehen lassen, ohne die Befürchtung auszusprechen, daß der damalige Finanzminister Hansemann, den er „das leitende System der Finanzen" nennt, die Zustände unseres Vaterlandes mehr durch die Brille des Industrialismus auffaßt, als mit dem klaren Auge des Staatsmannes, der alle Interessen des Landes mit gleicher Unparteilichkeit überblickt.

Am 18. Oktober 1849 tadelt Bismarck gegenüber dem Staatsminister von der Heydt, „daß man sich nicht fürchte, die Freiheit des Einzelnen zu beschränken, indem man den Schutzzöllnern durch die Gesetzgebung zu Hülfe kommt"; — „daß wir das wohlfeile englische Eisen theurer bezahlen müßten, um den schlesischen Bergmann zu erhalten"; — „daß wir den Rothwein von Bordeaux, das naturgemäße Getränk des Norddeutschen, theurer bezahlen müßten, um den sauren Reben von der Ahr und Nahe aufzuhelfen".

Am folgenden Tage polemisirte er gegen den Abg. von Beckerath mit folgenden Worten:

— „Der Herr Abgeordnete für Crefeld sieht in dem Schutzzolle den Schutz der Fabriken gegen das Ausland. Ich hingegen sehe darin den Schutz (den Zwang) gegen die Freiheit der Inländer, da zu kaufen, wo es ihm am wohlfeilsten und bequemsten erscheint, — also einen Schutz des Inlandes gegen das Inland. Der Schutzzoll und der Zunftzwang legen einem Theil der Bevölkerung zum Vortheil des andern Opfer auf, nämlich die Waaren theurer zu bezahlen, als sonst, um den andern Theil in Brot zu erhalten und zu beschützen. Der Schutzzoll hat dabei noch den Nachtheil, im Vergleich, daß er im Wesentlichen nur einzelne Fabrikanten bereichert". Er spricht dann im ferneren Verlaufe dieser Rede von „den Schutzzöllnern, die von unserem Gelde leben, welches der Fiskus uns abfordert, damit sie es in ihre Tasche stecken können!"

Möge es mit diesen Proben genug sein. Bismarck war damals hochkonservativ und rühmte sich dessen. Er hatte den Muth, sich mitten in den Stürmen der Revolution als einen „Junker" zu bezeichnen, und uns zu versprechen, er werde den Titel eines Junkers wieder zu Ehren bringen. Er hat das Versprechen gehalten. Er hat in seiner eigenen Person den Beweis geliefert, daß es Verleumdung ist, wenn die Reptilien versichern, die Freihandelspartei — oder wie sie zu sagen belieben „das Manchesterthum", ein Wort, das der Kreuzzeitungs-Wagener, vormals Abgeordneter für Neu-Stettin, zuerst erfunden oder richtiger gesagt, von England mißbräuchlich übertragen hat auf deutsche Verhältnisse, auf welche es, wie der große Lehrer der Volkswirthschaft, Professor Dr. Wilhelm Roscher in Leipzig, in seiner klassischen „Geschichte der Deutschen Nationalökonomik", ohne irgendwo in der Wissenschaft auf Widerspruch zu stoßen, nachgewiesen hat, paßt, wie die Faust auf das Auge — sei vaterlands- und herzlos, oder wenn gar ein ultramontaner Redner im Reichstag die von ihm gemachte Entdeckung verkündigt, das Menschenthum sei eine Brutstätte der Sitten- und Gottlosigkeit.

Das wirkliche und wahre märkische Junkerthum, das Theodor Fontane in dem Schluß-Kapitel des letzten Bandes seiner vortrefflichen „Wanderungen durch die Mark Brandenburg" so richtig charakterisirt hat, dieses Junkerthum, das einen Alexander und Wilhelm von Humboldt produzirt hat, war damals, wie sein Organ, die Kreuzzeitung von damals, an welcher auch Bismarck eifrig mitarbeitete, darthut, streng freihändlerisch und es ist viel zu klug und zu praktisch, noch lange Schutzzöllner zu bleiben, sobald es einsieht, daß es bei dem Pakt von 1879 der übervortheilte Theil war, und daß es auch mit dem Tabak-Monopol und dessen allein seligmachender Kraft, der Grundsteuer-Befreiung nichts ist.

Auch der Fürst Bismarck ist, so lange er im Zenith seines Glückes und seiner Macht, seines Ruhmes und seiner Größe stand, immer Freihändler geblieben; und das ist auch keineswegs, wie ja die oben zitirten Reden von 1848 und 1849 beweisen, das ausschließliche Verdienst Delbrück's; denn zu jener Zeit hat Fürst Bismarck seinen späteren Rathgeber Delbrück gar nicht gekannt, geschweige denn unter dessen Einflusse gestanden.

Bismarck hat im Alter von mehr als sechzig Jahren seine Ansicht gewechselt; und er hat ohne Zweifel Recht, wenn er behauptet, man müsse selbst im Alter noch lernen und man dürfe sich niemals einer besseren Ansicht verschließen. Allein dieser verspätete oder wenigstens späte Wechsel der Meinung involvirt weder die Vermuthung noch gar die Gewißheit, daß die neueste Ansicht die unzweifelhaft richtige sei, noch giebt er irgend Jemandem das Recht, diejenigen, welche sechzig Jahre lang derselben Ansicht waren, wie Bismarck, der „Vaterlandslosigkeit" oder der „Reichsfeindschaft" blos deshalb zu beschuldigen, weil es Fürst Bismarck war, der im Alter von dreiundsechzig Jahren die Meinung, an welcher er ein langes und glorreiches Leben hindurch festgehalten, gewechselt.

Wenn der bloße Wechsel der Grundauffassung genügte, um Semanden die höchste Autorität zu verleihen, so würde auf letztere Niemand größeren Anspruch besitzen, als Herr Professor Dr. Adolf Wagner in Berlin, welcher z. B. in der Währungsfrage so oft schon seine Ansicht geändert hat und jedesmal für die jeweilige neueste Phase mit derselben Bescheidenheit die unbedingte Unfehlbarkeit beansprucht, wie

vorbem für die alten. Gewiß ist der Meinungswechsel kein Verbrechen.
Nur in der Türkei werden die Renegaten, welche von ihrem neuen
mohamedanischen Glauben wieder zum alten zurückkonvertiren, gehenkt.
Das Beharren bei der nämlichen Ueberzeugung ist ebensowenig
ein Verbrechen, oder ein Laster, wie der Glaubenswechsel an und für
sich schon eine Heldenthat oder eine Tugend. Nur allzu häufig wieder-
holter Glaubenswechsel mißfällt, und zwar nicht blos den Türken.
Dies nur beiläufig an die Adresse unserer Münz-Gelehrten, welche,
als eifrige Parteigänger, sich zwischen Goldwährung und Bimetallis-
mus hin und her bewegen und soviel in ihren Kräften steht, zur
Verwirrung der öffentlichen Meinung beitragen.

Um nun wieder auf den Fürsten Bismarck zurückzukommen, so
ist er am Beginn seiner ministeriellen Laufbahn der eifrigste Förderer
des Systems der ersteuropäischen Handelsverträge, welches durch den,
unter Vermittelung von Richard Cobden, abgeschlossenen französisch-
englischen Handelsvertrag inaugurirt wurde und die Tendenz hatte,
den Differenzialtarifen ein Ende zu machen. Der deutsch-französische,
oder wie damals die „Großdeutschen", Herrn von Varnbüler an
der Spitze, ihn verächtlich nannten, der „preußisch"-französische
Handelsvertrag vom 2. August 1862 fällt zwar noch in die Zeit des
„Ministeriums der neuen Aera", allein durchgesetzt und in Vollzug
gesetzt wurde er unter dem Ministerium Bismarck, welches nicht nur
den Widerstand der frondirenden Zollvereins-Staaten unter Beistand
der Freihandelspartei überwand, sondern auch die Einmischungsgelüste
Oesterreichs zurückwies. Oesterreich hatte nämlich die Zollvereins-
krisis, welche aus Anlaß des von Preußen am 1. September 1851
mit Hannover wegen des Beitritts des nordwestdeutschen Steuer-
Vereins zum Zollverein abgeschlossenen Vertrages, von den schwarz-
gelb gesinnten Staaten der „Darmstädter Coalition" heraufbeschworen
worden war, benutzt, um in den sogenannten „Februar-Vertrag" (von
1853) die unglückliche Clausel zu bringen, wonach demnächst über
„Anbahnung einer Zolleinigung" zwischen Deutschland und
Oesterreich-Ungarn verhandelt werden sollte.

Auf Grund dieser Clausel protestirte nun Oesterreich gegen den Handels-Vertrag mit Frankreich vom 2. August 1862. Dieser Vertrag enthielt im § 31 die bekannte Vorschrift über das Recht der meistbegünstigten Nationen. Hierin erblickte Oesterreich eine Verletzung jener Clausel des Februar-Vertrages; denn wenn Frankreich das Recht der meistbegünstigten Nation hatte und wenn, wie vorauszusehen, auch noch andere Länder und Völker das nämliche Recht durch Vertragsabschlüsse erhielten, dann konnte natürlich Oesterreich nicht noch mehr begünstigt sein, als „meistbegünstigt"; denn über den Superlativ geht nichts. Mit der „Anbahnung" hatte es dann ein Ende.

Oesterreich hatte also, wenn man seine Auslegung der Anbahnungs-Clausel für die richtige hält, formell Recht. Freilich ist dagegen zu sagen, daß jene Clausel, wie alle Verträge über demnächst erst noch zu schließende Verträge — pacta de paciscendo — eine Kautschuk-Natur haben, welche ihnen den Charakter des Konkreten und der Erzwingbarkeit raubt. Sie haben materiell einfach keinen Inhalt. Und deshalb war es für Preußen, als Vormacht des Zollvereins, nicht schwer, sich den Schlingen jener „Anbahnung" zu entwinden, hinter welchen die Gefahren einer neuen Kontinentalsperre lauerten.

Es ist Delbrück, welcher das Verdienst hat, diese Gefahren eines Projekts, welches mit großer Hartnäckigkeit periodisch wiederkehrt, richtig erkannt und gewürdigt zu haben.

Selbst auf die Gefahr hin, episodisch abzuschweifen, oder wenigstens dessen beschuldigt zu werden, will ich die Gelegenheit nicht vorübergehen lassen, die sich bietet zu einem Exorcismus gegen jenes Gespenst der erneuerten mitteleuropäischen Kontinentalsperre, das in der jüngsten Vergangenheit schon wiederholt aufgetaucht ist und ohne Zweifel auch in der nächsten Zukunft wieder auftauchen wird. Es wird uns nämlich von Oesterreich-Ungarn aus mit stets steigender Dringlichkeit der Vorschlag gemacht, daß sich Deutschland, Oesterreich-Ungarn und Frankreich, sowie „die kleineren Länder Europa's", zu einem großen Zollbunde zusammenthun sollen zu dem Zwecke, sich gemeinsam durch hohe Schutzzölle gegen den Waarenimport aus Rußland, England und Nord-Amerika (Vereinigte Staaten) abzuschließen.

Das Projekt hat von vornherein ein großes Loch; denn Frankreich würde auf einen solchen Vorschlag einfach antworten: „Pas si bête"! Und es würde Recht damit haben; denn einen Zollverein kann man nur bei vollkommener Identität der politisch-militärischen Interessen miteinander abschließen.

In Ermangelung Frankreichs würden natürlich auch „die kleineren Länder Europa's" nicht kommen. Bliebe also Deutschland und Oesterreich-Ungarn. Letzteres hat nicht eine solche Export-Industrie wie Deutschland. Deutschland würde durch einen schutzzöllnerischen Bund mit Oesterreich auf den Bezug fremder Rohmaterialien, (wie Baumwolle, Tabak, Jute u. dgl., die es nicht entbehren kann), und auf den Export seiner Fabrikate verzichten. Es würde freiwillig sich vom Weltmarkte und von der See ausschließen, wie es weiland unter Napoléon I. gezwungen gethan hat.

Sodann würde sich Deutschland des Bezugs von Getreide aus Rußland und Amerika berauben, um für sein Gebiet den Getreideproduzenten und Händlern Oesterreich-Ungarns ein ausschließliches und prohibitives Monopol zu verleihen. Das Deutsche Reich bedarf alljährlich einer Mehr-Einfuhr an Mehl und Brotfrüchten von 340 Millionen Mark; Oesterreich-Ungarn hat eine Mehr-Ausfuhr von 211 Millionen Mark. Die übrige Getreideproduktion (Rumänien, Egypten, Japan, Nordafrika ꝛc.) genügt nicht. Wenn wir also von Rußland, Amerika und den englischen Kolonien abgeschnitten wären, wovon sollten wir uns dann ernähren? Wir würden die Wahl haben, entweder zu verhungern, oder den Oesterreichern und Ungarn jeden Preis zu bezahlen, den sie begehren; und selbst dann würde unser ganzer Bedarf noch nicht gedeckt werden.

Wir hoffen, unsere wirklichen Freunde in Oesterreich werden uns in Zukunft mit solchen „Anbahnungs"-Projekten verschonen.

Doch kehren wir von diesem Kontinentalsperre-Projekt von 1882 wieder zurück zu der Zollvereins-Krisis von 1864. Preußen marschirte damals mit Oesterreich nach Schleswig-Holstein. Diese Kooperation war eines der Meisterwerke der Bismarck'schen Politik. Mit Recht legte er den höchsten Werth auf dieselbe. Unter diesen Umständen war es begreiflich, daß in Preußen der Gedanke auftauchte, den § 31 des deutsch-französischen Handels-Vertrages dem guten Einvernehmen mit Oesterreich im Sinne eines „anzubahnenden" Zollbundes zum Opfer zu bringen. Da war es nun das Verdienst Delbrück's, diesem Bestreben energisch entgegen zu treten, indem er darauf hinwies, daß ja gerade dieser § 31 der Kern und das leitende Prinzip der westeuropäischen Handelsverträge sei, und daß durch seinen Wegfall überhaupt jeder Eintritt in diesen Vertrags-Nexus unmöglich werde, ohne einen solchen Eintritt aber die in den Nexus eingetretenen und noch eintretenden Länder einen solchen Vorsprung gewinnen würden, daß der Ausschluß der deutschen Industrie vom Weltmarkte in sicherer Aussicht stehen würde. So wurde uns damals das „Recht der meistbegünstigten Nationen" errungen, das uns Frankreich gegenüber trotz des Krieges von 1870 bis heute bewahrt geblieben ist, zum großen Vortheil beider Gebiete.

Dem Vertrage mit Frankreich folgte dann eine Reihe von Verträgen mit anderen Staaten, welche alle auf derselben freihändlerischen Grundlage ruhen und alle unter dem Ministerium Bismarck, oder unter dessen Bundes- und Reichskanzlerschaft, abgeschlossen wurden.

Ich will die wichtigsten derselben hier zusammenstellen, unter Bezeichnung des Tages, an welchem dieselben in Kraft getreten:

    1865, Juli 1 . . . . . . Belgien,
    1865, Juli 1 . . . . . . England,
    1866, März 3 . . . . Italien,
    1868, Juni 1 . . . . . Oesterreich,
    1868, Juni 6 . . . . . Spanien,
    1869, Februar 20 . . . Japan,
    1869, September 1 . . . Schweiz,
    1870, August 26 . . . Mexiko,
    1872, Juni 26 . . . . Portugal,
    1873, September 10 . Persien.

Schon vor dem kritischen Jahre 1859 hatte Bismarck — das beweisen die von seinen Biographen publizirten Korrespondenzen — die Bedeutung des Zollvereins, im Gegensatze zu der Bundesversammlung, erkannt. In dem alten Bunde herrschte der Dualismus und soweit von einer Hegemonie die Rede sein konnte, wurde dieselbe durch Oesterreich mittels der K. K. Bundespräsidialgesandtschaft geübt. Im Zollverein dagegen gab es nur eine Vormacht, und das war Preußen. Das wirthschaftliche Band, das die Zollvereinsstaaten aneinander fesselte, war zwar nicht de jure, aber de facto unzerreißbar. Hat es ja doch den Krieg von 1866 überdauert. Jedenfalls war es viel stärker als das „lien fédératif" des Bundestags, das einer schweren europäischen Krisis nicht zu widerstehen vermochte. Das Alles hatte Bismarck schon vor mehr als zwanzig Jahren richtig erkannt. Während er den Bundestag als dem Untergang geweiht betrachtete, erkannte er in dem freien und einheitlichen Wirthschafts-Gebiet, welches der Zollverein wenigstens für den Verkehr der Waaren (freilich noch nicht für den Verkehr der Menschen und der menschlichen Arbeitskraft) geschaffen hatte, eine richtige Voraussetzung und praktische Basis für die Zusammenfassung der militärischen und politischen Kräfte Deutschlands, unter Ausscheidung Oesterreichs und unter der Führung von Preußen. Er hegte schon damals den Plan, den Zollverein aus einem jederzeit kündbaren und nur auf eine beschränkte Periode geschlossenen internationalen Vertrags-Nexus umzuwandeln in eine bleibende nationale politische Institution, mit einer regierenden Zentralgewalt, einer gemeinsamen Kasse und gemeinsamen Finanzen, einer zentralen Volksvertretung und Gesetzgebung.

In derselben Richtung und nach dem nämlichen Ziel ging die freihändlerische Bewegung in Deutschland. Wir, die Mitglieder der deutschen Freihandelspartei, die wir seit vierzig Jahren mitten in dem öffentlichen Leben stehen, die wir, so lange Deutschland noch nicht politisch geeinigt war, in den Einzelstaaten, in der Presse, in den Versammlungen, namentlich in den seit 1858 abgehaltenen volkswirthschaftlichen Kongressen thätig waren, wir hatten von Haus aus die

Ueberzeugung, daß in Deutschland die wirthschaftliche Freiheit nicht anders durchführbar sei, als mit der Beihülfe und auf der Grundlage der politischen Einheit. Wir haben auf Grund dieser Ueberzeugung mit voller bewußter Absichtlichkeit stets hingewirkt auf Errichtung einer deutschen Zentralgewalt und auf möglichste Stärkung derselben; denn wir glaubten, daß dieselbe durch ihr eigenes Interesse, durch das Interesse der Nation und der Einheit, dazu gezwungen sein werde, die Forderungen der Freiheit, der wirthschaftlichen Freiheit zu realisiren.

Was Deutschland fehlte, das war zunächst die allgemeine Zug- und Gewerbefreiheit durch das ganze Gebiet unseres großen Vaterlandes. Alle europäischen Kulturstaaten hatten die betreffenden Hindernisse der wirthschaftlichen Thätigkeit längst beseitigt. In Deutschland bestanden sie noch, in dem einen Staate in stärkerem, in dem andern in geringerem Grade. Selbst in Preußen hatte man die Reform des Königs Friedrich Wilhelm III. nicht gerade beseitigt, aber doch verunstaltet durch eine, hauptsächlich reaktionäre Wahlzwecke verfolgende Innungsordonnanz von 1849. Von einer großen Anzahl deutscher Einzelregierungen war eine Beseitigung dieser Hindernisse und Beschränkungen nicht zu erwarten. Sie hatten z. B. gegen die Zug- und Verehelichungsfreiheit eine entschiedene Abneigung. „Da respektirt man nicht mehr unsere Landes-Grenzen und das spezifisch-partikularistische Unterthanen-Bewußtsein geht verloren, oder wird wenigstens verdunkelt." Ich erinnere mich, daß dieses Argument gegen die Gewerbe- und Zugfreiheit in dem offiziellen Blatte des Welfenreiches mit Vorliebe variirt wurde.

Der Zollverein hatte, wie gesagt, den Waaren gestattet, frei zu zirkuliren; den Menschen war es immer noch verboten. Der Einzelstaats-Partikularismus ließ seine Unterthanen lieber nach Paris gehen, welches die, bis heute von ihm behauptete Ueberlegenheit in gewissen Branchen zum Theil den durch die wirthschaftlich-unfreie Gesetzgebung der einzelnen Bundesstaaten vertriebenen Deutschen verdankt, oder gar nach Amerika auswandern, wo die Menschen und das Vermögen für Deutschland für immer verloren gingen.

Gegenüber diesen verrotteten Zuständen entfaltete der 1858 von der deutschen Freihandelspartei begründete „Kongreß deutscher Volkswirthe" bei seinem ersten Zusammentritt das Banner der Gewerbefreiheit, indem er zugleich eine Kommission niedersetzte, um die Lage der Gewerbegesetzgebung in allen Einzelstaaten zu studiren und darüber zu berichten. Diese Kommission fand nun die bunteste Musterkarte einer höchst unsinnigen Gesetzgebung in dem größeren Theile der deutschen Territorien. Sie konstatirte, wie sich Territorium gegen Territorium, Gemeinde gegen Gemeinde, Land gegen Stadt und Stadt gegen Land abschloß, wie zwischen einzelnen Arten der gewerblichen Thätigkeit Schranken und Grenzen aufrecht erhalten werden sollten, welche durch den Fortschritt der Technik und die gesteigerten Bedürfnisse längst überwunden und verwischt worden waren.

Wir gingen nun in den Einzelstaaten energisch an die Arbeit. Auf jedem neuen Kongresse wurde von einer Anzahl Staaten berichtet, daß wir in ihnen das Prinzip der Gewerbefreiheit durchgesetzt hatten. Freilich war das Alles immer nur Stückwerk. Denn wenn auch alle Staaten das Prinzip anerkannt hätten, so blieben bei dem Vorschreiten im Wege der Einzelgesetzgebung immer noch in jedem derselben abweichende Modifikationen, so daß von einer wirklichen allgemeinen Gewerbe- und Zugfreiheit nur die Rede sein konnte bei einer gemeinsamen Gesetzgebung; und die Voraussetzung der letzteren war die politische Einheit. Die politische Einheit aber bedurfte wieder der wirthschaftlichen Freiheit; und der Nationalstaat konnte nicht anders aufgerichtet werden, als auf der Grundlage des einheitlichen Gebietes des wirthschaftlich-freien Rechtsstaats.

Wir wußten also, daß mit unseren Eroberungen auf dem Gebiete der Einzelgesetzgebungen noch nichts Großes erreicht war. Wir betrachteten sie als Vorbereitungen. Wir wollten fertig und bereit sein in dem Augenblick, wo die politische Wiedergeburt erfolgte; sie war das Ziel unserer heißesten Wünsche. Ich betitelte deshalb meine 1859 erschienene, die Gewerbefreiheit in dem Herzogthum Nassau einführende Schrift: „Für Gewerbefreiheit und Freizügigkeit durch

ganz Deutschland". Die Vertreter des wirthschaftlichen Rück-
schritts hielten die Worte „durch ganz Deutschland" für einen
sprachlichen Fehler. Jetzt wissen sie's besser.

Wir gelobten uns, die Frage der Gewerbefreiheit nicht eher
wieder von der Tagesordnung abzusetzen, als bis das Postulat erfüllt sei. Jetzt ist es erfüllt. Die Gewerbeordnung von 1869 ist
unser Werk. Sie ward im Bundesrathe und im Reichstage ein-
stimmig angenommen. Auch die Konservativen und die Klerikalen
haben ohne Ausnahme dafür gestimmt. Jetzt findet man es zweckmäßig, dagegen zu zetern. Aber kein Sterblicher, und wenn es der
Mächtigste wäre, ist im Stande, die Beschränkungen, welche vor 1869
in den Einzelstaaten bestanden, wiederherzustellen, er würde damit die
Grundlage des deutschen Nationalstaates zerstören. Außerdem wird
auch Niemand die Verwegenheit haben, eine solche Verantwortung
auf seine Kappe zu nehmen. Es wird also auch hier lediglich bei
dem rath- und thatlosen reaktionären Gezeter sein Bewenden behalten.

Ganz in derselben Weise sind wir vorgegangen bezüglich der
Zug- und Verehelichungsfreiheit. Zuerst feierten wir unsere Triumphe
in einzelnen Staaten, dann im Norddeutschen Bunde und im Deutschen
Reich. Die Gesetzgebung der letzteren adoptirte fast wörtlich unsere
Beschlüsse bezüglich der Zugfreiheit in dem Gesetz von 1867, bezüglich
der Verehelichungsfreiheit in dem von 1868. So wurde auch die
untere Volksklasse in Mecklenburg erlöst aus der Sklaverei, die ich
oben (Seite 80) geschildert habe.

Was die Handelspolitik anlangt, so hat der Kongreß deutscher
Volkswirthe ebenfalls schon bei seinem ersten Zusammentritte 1858
Farbe bekannt und seitdem bis heute an seinen freihändlerischen
Grundsätzen festgehalten. Er hat denselben auch auf dem Wege der
Gesetzgebung zum Siege verholfen. Wie darauf die schwere Niederlage von 1879 gefolgt ist, und was uns die Hoffnung giebt, es
werde auf die Dauer bei der letzteren nicht sein Bewenden behalten,
das ist zur Genüge oben erzählt und erörtert. Vergessen wir darüber
nicht unsere bleibenden Erfolge.

Den Beschlüssen und der Agitation des Kongresses verdanken wir die Abschaffung der Transit-, Fluß- und sonstigen Passage-Zölle, namentlich auch desjenigen, welchen Mecklenburg sogar auf der Berlin-Hamburger Eisenbahn hob, — sowie die Abschaffung der „allgemeinen Eingangsabgabe", welche von allen Artikeln gehoben wurde, welche in dem Tarif nicht ausdrücklich genannt waren. Der Kongreß hat stets dafür gearbeitet, daß die finanziell uneinträglichen Zölle abgeschafft werden. Die jetzige „Finanz-Reform" freilich hat eine Reihe von Zöllen eingeführt, welche einen so starken Schutz gewähren, daß sie wenig oder gar nichts eintragen. Damit kann man denn wohl schwerlich die versprochene Entlastung bezüglich der direkten Steuern herbeiführen.

Der Kongreß hat ferner stets gegen Zölle auf die nothwendigsten Lebensmittel und auf die Roh- und Hilfsstoffe für Handwerks- und Fabrik-Betrieb gewirkt; und er wird diese Wirksamkeit Angesichts des Tarifs von 1879 erst recht wieder aufnehmen.

Diese Wirksamkeit hat früher, vor dem Jahre des Heils 1879, die deutschen Regierungen und die Reichsregierung, den Reichstag und den Bundesrath, nicht gehindert, den Verhandlungen und Beschlüssen des volkswirthschaftlichen Kongresses in Betreff der Genossenschafts-Gesetzgebung, der Schuldhaft, der Koalitionsfreiheit, der Haftbarkeit der Unternehmer, insbesondere der Eisenbahnen und Fabriken, für die durch den Betrieb veranlaßten Schädigungen, der Münz- und der Bankfrage u. s. w. die eingehendste Berücksichtigung zu Theil werden zu lassen. Sollte es bestritten werden, so kann ich den Beweis führen, daß die Reichsgesetzgebung in diesen Materien die vorausgegangenen Verhandlungen und Beschlüsse des volkswirthschaftlichen Kongresses zur Grundlage hat. Das Haftpflichtgesetz z. B., welches in der That den Namen eines Unfallversicherungsgesetzes verdient (vgl. Dr. Hans Blum, vorm. Mitglied des Reichstags, „Die erste Frucht des deutschen Staatssozialismus. Kritik des Entwurfes eines Unfallversicherungs-Gesetzes für das Deutsche Reich", Leipzig, Thiel, 1881), — denn auf Grund dieses Gesetzes sind mehr als siebzehn Millionen Mark an verunglückte und geschädigte Arbeiter thatsächlich zur Auszahlung gekommen, während alle die staatssozialistischen Projekte, welche seit drei Jahren gleich Pilzen aus der Erde emporschießen, außer etwa ihren Urhebern, noch keinem Menschen einen Pfennig eingetragen haben, wohl aber zum Theil die Selbstständigkeit und Selbstverantwortlichkeit der Arbeiter bedrohen —, das Haftpflichtgesetz, sage ich, verdankt seinen Ursprung nicht den reaktionären, sondern den freihändlerischen und liberalen Kreisen, namentlich auch den Verhandlungen des volkswirthschaftlichen Kongresses.

Der deutsch-französische Handelsvertrag, das Werk des Ministeriums Bismarck, ist nur durch den Beistand der deutschen Freihandelspartei zu Stande gekommen. Alle Anhänger der jetzigen „Steuer- und Wirthschafts-Reform" (von Varnbüler bis auf Schäffle) haben in der Zeit von 1862 bis 1864 mit allen ihnen zur Verfügung stehenden Kräften dagegen gestritten. Im preußischen Abgeordnetenhause waren es der Regierungskommissar Delbrück und der Abgeordnete Dr. Michaelis, welche die Sache des Vertrags mit Geschick und glänzendem Erfolge vertraten.

Der volkswirthschaftliche Kongreß beschäftigte sich schon 1860 mit dem abzuschließenden Vertrage. Der Kongreß sprach sich damals für Abschluß des Vertrags und gegen das bisherige System der Differenzialzolltarife aus, indem er befürwortete, daß alle Verkehrserleichterungen, welche die Zollvereinsregierungen Frankreich einräumen würden (wie Aufhebung der Schifffahrtsabgaben in den preußischen Häfen, Abschaffung von Ausfuhr- und Durchfuhr-Zöllen, Herabsetzung von Einfuhrzöllen und Verwandlung von nichts eintragenden Schutzzöllen in ergiebige Finanzzölle), gleichzeitig auch allen andern Ländern der Erde in derselben Weise zugutkommen sollten.

Im Jahre 1862 kam der Kongreß auf den inzwischen, am 2. August 1862, zwischen Preußen und Frankreich zur Unterzeichnung gelangten Handelsvertrag zurück, indem er sich von der dadurch bewirkten Tarifreform eine Belebung unseres gesammten wirthschaftlichen

Verkehrs versprach und dabei nachdrücklich betonte, daß, nachdem bereits England und Belgien solche Handelsverträge mit Frankreich abgeschlossen hätten, es die höchste Zeit sei, daß auch Deutschland zu einem Abschluß schreite, weil sonst die anderen Länder durch den Vorsprung an Zeit, den sie hätten, uns den Markt abgewinnen und sperren würden.

Gleichzeitig erließ der Kongreß eine Warnung an die Großherzogthümer Mecklenburg, welche im Begriff standen, sich zu einem separaten Zollgebiet zu vereinen, Zollschranken, auch Deutschland und dem Zoll-Verein gegenüber, aufzurichten und mit Frankreich einen Separatvertrag abzuschließen. Das war 1862. Die beiden Mecklenburg hörten nicht auf die Warnung. Nur wenige Jahre später waren sie genöthigt, die falschen Schritte zurückzuthun und den Vertrag mit Frankreich wieder aufzulösen. Sie mußten große Opfer bringen, um das Alles wieder rückgängig zu machen. Sie würden diese Opfer gespart haben, wenn sie bei Zeit auf den wohlmeinenden Rath der Freihandelspartei gehört hätten.

Der volkswirthschaftliche Kongreß wurde nicht müde, den deutsch-französischen Handelsvertrag zu befürworten, gegenüber den Varnbüler und Genossen, welche auf der großdeutschen und schutzzöllnerischen Seite standen und kein Mittel unversucht ließen, Preußen eine schwere Niederlage zu bereiten, welche die Auflösung des Zollvereins zur Folge gehabt haben würde.

Wir waren es, die auch in den Volksvertretungen der Einzelstaaten, namentlich gegenüber den preußenfeindlichen Regierungen, unseren Einfluß geltend machten. Wir waren es, welche für Preußen, für den Zollverein, für den Handelsvertrag, für die wirthschaftliche Freiheit eintraten und ihnen zum Siege verhalfen.

Auch auf dem „Deutschen Handelstag" traten wir für die gute Sache ein, welche die wirthschaftliche Freiheit und die nationale Einheit zugleich repräsentirte.

Der Handelstag war auf den 14. bis 18. Oktober 1862 nach München einberufen. Auf der Tagesordnung stand der Handelsvertrag. Nach der Absicht der Veranstalter sollte der Handelstag, (zu welchem man auch eine Menge österreichischer Vereine und Gesellschaften eingeladen hatte, selbst aus solchen Territorien, welche nicht zum Gebiete des damaligen deutschen Bundes gehörten,) den Handelsvertrag verwerfen und dadurch für immer Preußen die handelspolitische Führung Deutschlands entreißen. Auf dem handelstäglichen Festessen ließ man unter dem Jubel der großdeutsch-schwarzgelben Schutzzöllner den Radetzky-Marsch spielen und in der Debatte schrie uns der österreichische Abgeordnete Szabel zu, er rieche Lunte, es sei schon sehr weit gekommen, Preußen habe die Zollvereinsstaaten schon halb mediatisirt, es sei daher hohe Zeit, daß Oesterreich komme und in den Zollverein eintrete, um diesem Mediatisirungs-Schwindel ein Ende zu machen. Wir, die Freihandelspartei, waren ebenfalls auf dem Handelstage erschienen. Wir machten dem großdeutschen Zauber ein Ende. Wir setzten am 18. Oktober, dem Gedenktag der Leipziger Schlacht, ein Votum zu Gunsten des Handelsvertrages durch und zwangen den großdeutsch-schutzzöllnerischen Präsidenten — es war derselbe Minister Hansemann, welchen Bismarck schon am 10. April 1848 in der letzten Sitzung des zweiten Vereinigten Landtages beschuldigt hatte, daß er nur die einseitigen Interessen des schutzzöllnerischen Industrialismus im Auge habe — zum Rücktritt. Wir setzten an seine Stelle Hermann von Beckerath, der sich zum gemäßigten Freihandel gewandt und in einer trefflichen Rede, die vom warmen Hauche patriotischen Sinnes belebt war, die in ihrer Art meisterhaften schutzzöllnerischen Sophismen Hansemann's widerlegt hatte. Am 19. November 1862 hatte Beckerath in seiner Eigenschaft als Präsident des Vorstandes des Handelstags Audienz bei König Wilhelm. Der König sprach der freihändlerischen Majorität des Handelstags seinen Dank aus dafür, daß sie so entschieden für den Handelsvertrag und die Aufrechterhaltung des vereinsländischen Handelsgebietes und gegen die Aufnahme Oesterreichs in den Zollverein sich ausgesprochen habe. (Siehe: Hugo Kopstadt, Hermann von Beckerath, ein Lebensbild. Braunschweig, 1875.)

Auf den 4. August 1866 — einen Monat nach der Schlacht von Königgrätz, vierzehn Tage nach der Okkupation von Hessen-Darmstadt,

Nassau und Frankfurt a. Main, acht Tage nach der Niederlage der Württemberger bei Tauberbischofsheim, einige Tage nach Abschluß des Waffenstillstandes zwischen Preußen und Oesterreich, zu einer Zeit, da im Süden Deutschlands die Fahnen Preußens noch unaufhaltsam vorwärts eilten, bis ihnen die Waffenstillstandsverträge ein Ziel setzten — also auf den 4. August 1866 waren der Ausschuß des Nationalvereins und die nur aus Freihändlern bestehende erweiterte ständige Deputation des volkswirthschaftlichen Kongresses nach Braunschweig einberufen. Der Nationalverein war bekanntlich ein Jahr jünger als der volkswirthschaftliche Kongreß. Er war 1859 aus einer Versammlung, welche sich unmittelbar an die vorausgegangene Sitzung des Kongresses anschloß und zum Theil aus denselben Mitgliedern bestand, hervorgegangen.

Beide Versammlungen, die volkswirthschaftliche wie die politisch-nationale, wollten in Braunschweig zwar getrennt, aber doch in enger Fühlung miteinander, die brennende Frage der bevorstehenden Neugestaltung Deutschlands berathen. Der Nationalverein hat in Braunschweig keinen Beschluß gefaßt, sondern vertagte sich, um die preußische Thronrede abzuwarten. Der volkswirthschaftliche Kongreß dagegen bekannte mit aller Entschiedenheit Farbe, indem er die Nothwendigkeit der Begründung der wirthschaftlichen Freiheit und der politischen Einheit durch den aufzurichtenden Bundesstaat proklamirte und die Annäherung der noch getrennten Südstaaten mittels des vorläufig beizubehaltenden Zollvereins als zweckmäßigstes Mittel der schließlichen Einigung Gesammtdeutschlands bezeichnete.

Er faßte am 4. August 1866 namentlich eine Reihe von Beschlüssen über

1. die Zukunft des Zollvereins und sein Verhältniß zu dem zu errichtenden Bundesstaat,
2. die Beschaffung der Einkünfte dieses Bundesstaates,
3. das Einnahme- und Ausgabe-Budget des Bundesstaates, die Einnahmen- und Ausgaben-Verwilligung der zentralen Volks-

Vertretung, das Verhältniß der Bundessteuern zu den Steuern der Einzelstaaten,

4. die Durchführung der wirthschaftlichen Einheit innerhalb des ganzen Bundesstaatsgebiets, auf der Grundlage wirthschaftlicher Freiheit,

5. die Beseitigung der Monopole in den Einzelstaaten, namentlich Abschaffung des Salzmonopols,

6. Aufhebung der Beschränkungen der Freiheit der Niederlassung und des Gewerbebetriebs, Beseitigung der interterritorialen, interkonfessionellen und interkommunalen Hemmnisse, Abschaffung des Unterschieds zwischen deutschen Inländern und „deutschen Ausländern",

7. Einheit des Post= und Telegraphen=Wesens im ganzen Bundesgebiet, Beseitigung der Vielköpfigkeit der Verwaltung und des Systems der Ausbeutung (Thurn und Taxis), Steigerung des Verkehrs und der Erträgnisse durch Herabsetzung der Taxen, einstufige Brieftaxe, einheitliche Franko=Marke, Beschränkung des Postmonopols, Zuwendung der Ueberschüsse des Postbetriebs an die Bundeskasse,

8. Regelung der Eisenbahn=Angelegenheiten und des Eisenbahn=Konzessions=Wesens durch Reichsgesetz, Uebertragung des Oberaufsichts= und des Konzessionsrechts an die Zentralgewalt.

Ich habe die Braunschweiger Verhandlungen und die Beschlüsse zusammengestellt in meinen „Bildern aus der deutschen Kleinstaaterei" (dritte Auflage, 1881, Seite 187—241).

Wer diese Beschlüsse vergleicht mit dem Inhalt der Bundes=, jetzt Reichsverfassung, der wird nicht bestreiten können, daß sie die Grundlage der finanziellen und volkswirthschaftlichen Vorschriften unserer Konstitution bilden; und wenn Einzelnes noch nicht ausgeführt ist, so bin ich der Meinung, daß sich das Reich und die Nation besser dabei ständen, wenn es ausgeführt wäre.

Auch die Angelegenheiten des Zollvereins haben sich nach unseren Beschlüssen gestaltet.

Am 26. Oktober 1867 genehmigte der Reichstag die ihm vorgelegten neuen Zollverträge mit den süddeutschen Staaten. Es wurde jedoch auf meinen Antrag mit 177 gegen 26 Stimmen beschlossen, diese Genehmigung, was den Beitritt von Baden, Württemberg und Bayern anlange, bezüglich eines jeden der genannten Staaten nur unter der Bedingung zu ertheilen, daß die rechtliche Verbindlichkeit des mit einem jeden derselben abgeschlossenen Bündniß-Vertrages von ihm nicht in Frage gestellt werde, d. h. daß die Landtage von Baden, Württemberg und Bayern die Schutz- und Trutzbündnisse von 1866 ratifiziren, oder aus dem Zollverein ausscheiden müssen.

König Wilhelm würdigte in der Thronrede, womit er an demselben Tage den Reichstag schloß, meinen Antrag der Ehre, ihm mit ausdrücklichen Worten die allerhöchste Zustimmung zu ertheilen, indem er erklärte, daß „die Gemeinschaft der wirthschaftlichen Interessen die nationale Verpflichtung zum gemeinsamen Schutze derselben zur vertragsmäßigen Voraussetzung habe". Wer also mit mir nicht zu Schutz und Trutz zusammensteht, mit dem will ich auch nicht zusammenstehen zu Handel und Wandel.

Die Landtage der Südstaaten haben darauf die Schutz- und Trutzbündnisse von 1866 genehmigt. Die zweite Kammer in Stuttgart hätte es gewiß nicht gethan, wenn sie nicht durch den Parlamentsbeschluß vom 26. Oktober in Kenntniß gesetzt gewesen wäre, daß, wenn sie „Nein" sagte, Württemberg aus dem Zollverein entfernt werden würde.

Der Nutzen des auf meinen Antrag gefaßten Beschlusses zeigte sich denn auch 1870.

Daß während der preußischen Konfliktszeit es die Freihändler waren, welche im Abgeordnetenhause die Schleswig-Holstein-Politik des Reichskanzlers unterstützten, indem sie die Entstehung eines neuen Kleinstaates bekämpften, — daß sie es waren, welche 1866 die Bildung eines neuen Kriegsschatzes durchsetzten, welcher sich 1870 so vortrefflich bewährte, — das will ich nur beiläufig erwähnen, — hauptsächlich deshalb, weil der Minister von Puttkamer, wie uns seine kürzlich im Reichstag gegebene retrospektive Betrachtung gezeigt hat, alles das entweder nicht weiß, oder es vergessen hat anzuführen.

Das also sind die „Schandthaten der vaterlandslosen Manchester-Partei".

Ich beschränke mich auf die Thatsachen. Ein Kommentar ist nicht nöthig.

Nur eine bescheidene Frage möchte ich meiner thatsächlichen Zusammenstellung beifügen. Sie lautet:

Wo steckten denn damals die, welche jetzt den Mund so voll nehmen, und warum sind damals diese Helden nicht herbeigeeilt, um „das theure Vaterland zu retten" und es vor den Gefahren des „gottlosen Manchesterthums" zu bewahren?

Wir unsererseits gehen solchen Fragen nicht aus dem Wege. Wir haben dazu keinen Anlaß. Wir pflegen unsere Thaten nicht zu verleugnen oder sie auf Andere abzuschieben. Wir ereifern uns nicht einmal sonderlich über das groteske Treiben unserer Gegner. Denn

> „Das Spiel des Lebens sieht sich heiter an,
> Wenn man den sichern Schatz im Busen trägt."

www.ingramcontent.com/pod-product-compliance
Lightning Source LLC
Chambersburg PA
CBHW021200230426
43667CB00006B/492